Göttinger Wirtschaftsinformatik

Herausgeber: J. Biethahn[†] · L. M. Kolbe · M. Schumann

Band 84

Björn Pilarski

Mobile Personalinformationssysteme
Empirische Erkenntnisse und Gestaltungsansätze zum
Einsatz mobiler Anwendungen im Personalmanagement

CUVILLIER VERLAG

Herausgeber

Prof. Dr. J. Biethahn[†] Prof. Dr. L. M. Kolbe Prof. Dr. M. Schumann

Georg-August-Universität
Wirtschaftsinformatik
Platz der Göttinger Sieben 5
37073 Göttingen

Bibliografische Information der Deutschen Nationalbibliothek
Die Deutsche Nationalbibliothek verzeichnet diese Publikation in der Deutschen
Nationalbibliografie; detaillierte bibliografische Daten sind im Internet über
http://dnb.d-nb.de abrufbar.
1. Aufl. - Göttingen : Cuvillier, 2016
Zugl.: Göttingen, Univ., Diss., 2016

© CUVILLIER VERLAG, Göttingen 2016
Nonnenstieg 8, 37075 Göttingen
Telefon: 0551-54724-0
Telefax: 0551-54724-21

ISBN 978-3-7369-9291-7
eISBN 978-3-7369-9291-8

Mobile Personalinformationssysteme

Empirische Erkenntnisse und Gestaltungsansätze zum Einsatz mobiler Anwendungen im Personalmanagement

Dissertation

zur Erlangung des Doktorgrades

der Wirtschaftswissenschaftlichen Fakultät

der Georg-August-Universität Göttingen

vorgelegt von

M.Sc. in Wirtsch.-Inf. Björn Pilarski

Geboren in Wolfsburg

Göttingen, 2016

Betreuungsausschuss

Erstbetreuer: Prof. Dr. Matthias Schumann

Weitere Betreuer: Prof. Dr. Lutz Kolbe

Prof. Dr. Johann Kranz

Weitere Mitglieder der Prüfungskommission: Prof. Dr. Fabian J. Froese

Tag der mündlichen Prüfung: 10.06.2016

Geleitwort

von Prof. Dr. Matthias Schumann

Neben dem privaten Bereich finden sich auch im betrieblichen Kontext viele Anwendungen mobiler Informationssysteme. Für den Querschnittsbereich des Personalwesens scheint dieses Themengebiet allerdings bislang weitgehend unberücksichtigt zu sein. Abgesehen von Marketing- und Bewerberportalaktivitäten findet sich wenig, was sich mit mobilen Endgeräten nutzen lässt. Hier setzt Herr Pilarski mit seiner Arbeit an. Er will Einsatzgebiete für mobile Personalinformationssysteme identifizieren und anhand von prototypischen Implementierungen Designempfehlungen für solche Lösungen entwickeln.

Mit Hilfe einer Befragung von Spezialisten aus Personalabteilungen und Fachleuten für die Entwicklung und das Angebot von Human Ressource-Software wird der bisherige Einsatz dieser Systeme in Unternehmen abgeschätzt sowie das Leistungsspektrum der angebotenen mobilen Anwendungen erfasst. Dieses bestätigt die bislang geringe Durchdringung des Personalwesens mit mobilen Informationssystemen. Auf Basis einer Systematisierung des Personalmanagements in Prozesse zum Steuern der Mitarbeiterbereitstellung, Prozesse zum Steuern der Mitarbeiterleistungsbereitschaft und Querschnittsprozesse wird systematisch erarbeitet, wo sich lohnende Einsatzgebiete für die mobilen Lösungen ergeben können. Dazu werden die entsprechenden Eigenschaften der mobilen Systeme mit den Anforderungen der jeweiligen Anwendungsfelder verglichen, um so potentielle Einsatzgebiete abzuleiten. Auch hier belässt es Herr Pilarski nicht bei einer theoretischen Herleitung. Es werden wiederrum diese Ergebnisse anhand von umfangreichen Interviews mit Einschätzungen aus der Praxis abgeglichen, um eine erste Validierung vorzunehmen. Dabei stellt sich insgesamt heraus, dass mobile Lösungen im Personalbereich bei Prozessen, die zumindest eines der nachfolgenden drei Merkmale aufweisen, besonders nützlich sein können. Es werden stark arbeitsteilige HR-Workflows unterstützt, an denen insbesondere Personen aus dem Management beteiligt sind, was häufig zu Schwierigkeiten bei Terminabstimmungen führt. Es sind Informationen dezentral bereitzustellen, die zentral gesammelt und aufbereitet werden. Die mobilen Lösungen werden eingesetzt, um Mitarbeitergespräche zu unterstützen. Darauf aufbauend werden drei prototypische Anwendungen entwickelt, die die herausgearbeiteten generischen Unterstützungskategorien in den Fokus nehmen. Dazu verwendet Herr Pilarski das Vorgehen nach der Design Science-Methode. Der Prototyp MobiRecruit koordiniert und wickelt die HR-Workflows für einen Rekrutierungsprozess im Rahmen der externen Personalbeschaffung ab. Der zweite Prototyp, MobFIS, unterstützt das Führungskräftereporting. Mit der Anwendung werden HR-bezogene Informationen an Führungskräfte auf die mobilen Endgeräte, insbesondere Tablets, distribuiert. Die dritte Applikation, ThreeSixty, hilft bei der Datenerfassung für Gespräche zur Mitarbeiterbeurteilung. Dabei geht es um eine Kompetenzerfassung über 360-Grad Feedbackevaluationen. Für sämtliche entwickelten Anwendungen wird eine Evaluation mit Praktikern durchgeführt und es werden Design-Prinzipien für eine Systemunterstützung abgeleitet. Die Arbeit von Herrn Pilarski gibt dabei nicht nur wertvolle Empfehlungen für die praktische Umsetzung der Themenstellungen. Sie gefällt auch durch die methodische Fundierung der jeweiligen Aussagen und Entscheidungen. So wurden auch die Aufgaben, die mit den drei Prototypen unterstützt werden, jeweils theoriegeleitet erarbeitet. Dadurch ergeben sich vielfältige Anknüpfungspunkte für Wissenschaftler, die auf diesen Themengebieten arbeiten. Ich wünsche dem Werk daher einen breiten Leserkreis aus Theorie und Praxis.

Göttingen, im Juni 2016   Matthias Schumann

Vorwort

Die vorliegende Arbeit untersucht, in welchen Bereichen des Personalmanagements mobile Applikationen sinnvoll eingesetzt werden können und zeigt auf, wie diese gestaltet werden müssen, um positive Wirkungen zu erzeugen. Die Idee für diese Arbeit entstand während meiner Tätigkeit als wissenschaftlicher Mitarbeiter an der Professur für Anwendungssysteme und E-Business an der Georg-August-Universität Göttingen und wurde im Juni 2016 als Dissertation angenommen. An dieser Stelle möchte ich mich bei all denjenigen bedanken, die mich über die vielen Jahre des Studiums und der Promotion begleitet und zum Gelingen der Arbeit durch Anregungen, Ratschläge, Kritik und die eine oder andere Stunde der Ablenkung beigetragen haben.

Besonderer Dank gebührt meinem Doktorvater, Herrn Prof. Dr. Matthias Schumann. Er ermöglichte mir die Promotion und hat durch seine fördernde und fordernde Haltung sowie seine konstruktiven Anregungen und Hinweise einen wesentlichen Anteil an deren gelingen. Ebenso möchte ich mich ganz herzlich bei Herrn Prof. Dr. Lutz M. Kolbe für die Übernahme der Rolle des Zweitgutachters sowie viele interessante Diskussionen und Anregungen bedanken. Bei meinem Drittprüfer Prof. Dr. Dr. Fabian J. Froese bedanke ich mich ebenfalls ganz herzlich.

Weiterer Dank gilt meinen aktuellen und ehemaligen Kollegen am Lehrstuhl, die durch angeregte Diskussionen und Hilfestellungen sowie ein angenehmes, freundliches Arbeitsklima und einen starken Zusammenhalt wesentlich zum Gelingen der Arbeit beigetragen haben. Besonderer Dank gilt zunächst Dr. Hendrik Hilpert und Dr. Christian Tornack für die hervorragende Zusammenarbeit in zahlreichen Forschungs- und Praxisprojekten, für die vielen guten Anregungen sowie zahlreiche außeruniversitäre Aktivitäten, die mir lange im Gedächtnis bleiben und im Laufe der Zeit mit Sicherheit durch viele weitere herausragende Erinnerungen ergänzt werden. Ebenso bedanke ich mich bei Dr. Stefan Bitzer, Dr. Arne Frerichs und Dr. Marco Klein, die mir vor allem in der Anfangszeit meiner Promotion geholfen und mich in das „Lehrstuhlleben" integriert haben. Die gute Atmosphäre und Zusammenarbeit in Forschung und Lehre an der Professur werde ich in Zukunft mit Sicherheit vermissen. Hierfür danke ich insbesondere Dr. Stefan Christmann, Dr. Matthias Kießling, Dr. Stefan Friedemann, Dr. Stefan Gröger, Dr. Shanna Appelhanz, Janne Kleinhans, Sebastian Rohmann, Aaron Mengelkamp, Sebastian Hobert, Pascal Freier, Jan Moritz Anke, Benjamin Löwe und Thierry Jean Ruch. Außerdem danke ich den beiden Sekretärinnen der Professur, Nicole Fiedler und Maria Wiederhold, die mir im Laufe der Jahre viel Arbeit abgenommen haben und ohne die der Arbeitsalltag wesentlich komplizierter gewesen wäre. Des Weiteren bedanke ich mich bei einer Reihe engagierter Studierender, die durch zahlreiche Abschluss- und Projektarbeiten sowie Unterstützung im Rahmen von Lehrveranstaltungen und Forschungsprojekten wesentlich zum erfolgreichen Abschluss meiner Promotion beigetragen haben. Hierzu zählen insbesondere Arne Becker, Fabian Kretzer, Anja Pengl, Sebastian Praël, Sebastian Steiner, Albert Torno, Christian Trümper und Markus Werner.

Darüber hinaus möchte ich mich bei meinen Kollegen Bettina Bube, Ricarda Oehlmann, Dr. Wolfgang Radenbach, Anke Rehbein, Dr. Kristin Stroth und Laura Stockmann vom FlexNow-Team sowie dem gesamten E-Learning-Team der Abteilung Studium und Lehre bedanken. Die gute Zusammenarbeit in den vergangenen Jahren war mir stets eine Freude und ich werde die kollegiale und freundliche Arbeitsatmosphäre mit Sicherheit vermissen.

Außerhalb der Universität möchte ich meinem guten Freund Maximilian Blaeser danken, der mich immer unterstützt hat und mir immer mit einem Rat zur Seite stand oder es verstand mich wieder aufzumuntern.

Der größte Dank gilt meiner Partnerin Jasmin Decker, die mir bedingungslos den Rücken freigehalten und in jeder Situation zu mir gehalten hat. Gerade in den schwierigen Wochen vor Abschluss meiner Promotion war sie mein Ruhepol und Halt. Hierfür danke ich Dir von ganzem Herzen! Ebenso bedanke ich mich bei meiner Familie, insbesondere bei meinen Eltern Elke und Hartmut Pilarski sowie Sven, Claudia und Jona Pilarski. Ohne Eure Unterstützung über die Grenzen meiner Promotion und des Studiums hinaus wäre der von mir eingeschlagene Weg in dieser Form mit Sicherheit nicht möglich gewesen.

Von tiefstem Herzen danke ich auch meiner lieben Oma Marlis, die leider kurz vor Fertigstellung der Dissertation überraschend verstarb. Ihr widme ich in liebevoller Erinnerung diese Arbeit.

Göttingen, im Juni 2016   Björn Pilarski

Inhaltsüberblick

Inhaltsverzeichnis

Abbildungsverzeichnis

Tabellenverzeichnis

Abkürzungsverzeichnis

App .... Application[1]

BDSG.............................. Bundesdatenschutzgesetz

DSR .... Design Science Research

E-Business .... Electronic Business

E-Commerce .... Electronic Commerce

EAV................................. Electronic Added Value

eHRM.............................. Electronic Human Resource Management

ERM................................ Entity Relationship Modell

ESS................................. Employee-Self-Service

GPS .... Global Positioning System

HR................................... Human Resource

HRIS .... Human Resource Information System

HRM................................ Human Resource Management

IAV .... Information Added Value

IS .... Informationssystem

ISIM .... International Mobile Subscriber Identity

IT..................................... Informationstechnologie

J2EE .... Java Platform, Enterprise Edition

JSON .... JavaScript Object Notation

LAN................................. Local Area Network

LBS .... Location Based Services

LTE .... Long Term Evolution

M-Business..................... Mobile Business

M-Commerce.................. Mobile Commerce

MAV .... Mobile Added Value

---

[1] Die Abkürzung „App" wird ebenfalls häufig für den Begriff „Mobile Application" verwendet.

MbO .... Management by Objectives

MVC .... Model-View-Controller

PDA .... Personal Digital Assistant

PIS .... Personalinformationssystem

PM .... Personalmanagement

RFID .... Radio-Frequency Identification

SAV .... System Added Value

SHRM .... Strategic Human Resource Management

SIM .... Subscriber Identity Module

TAM .... Technology-Acceptance-Modell

TOE .... Technology-Organization-Environment(-Modell)

TTF .... Task-Technology-Fit

UML .... Unified Modelling Language

UMTS .... Universal Mobile Telecommunications System

WLAN .... Wireless LAN

1 Einleitung

1.1 Motivation

Die steigende Leistungsfähigkeit mobiler Endgeräte (vgl. BITKOM 2014, S. 1; Juntunen et al. 2012, S. 2) führt dazu, dass diese inzwischen in der Lage sind, komplexe Aufgaben sinnvoll zu unterstützen (vgl. Linnhoff-Popien/Verclas 2012, S. 5). Aus diesem Grund ist der Einsatz mobiler Endgeräte als Anwendungsplattform in Unternehmen in den vergangenen Jahren stetig gewachsen (vgl. bspw. IDC 2015, S. 5). Unternehmen erhoffen sich durch den Einsatz mobiler Endgeräte und Anwendungen bspw. eine erhöhte Flexibilität der Mitarbeiter, schnellere Entscheidungs- oder effizientere Geschäftsprozesse (vgl. IDC 2013, S. 7; Berghaus/Back 2014, S. 4). Diese Ziele können z. B. durch eine ortsunabhängige Verfügbarkeit von Informationen oder die Reduktion von Medienbrüchen erreicht werden (vgl. Kern 2012, S. 95; Mladenova et al. 2011, S. 5; Falk/Leist 2014, S. 7).

Erste Studien zeigen, dass auch Experten aus dem Bereich des Personalmanagements (engl. Human Resource Management – HRM bzw. HR) davon ausgehen, dass mobile Anwendungen in HR-Prozessen Nutzeffekte generieren können, bspw. durch das Beschleunigen von Entscheidungen im Bereich der Personalbeschaffung (vgl. Klein et al. 2012, S. 62). Das Unterstützen von Personalmanagementaktivitäten durch mobile Anwendungen wird im Allgemeinen als Mobile HR bezeichnet, jedoch in der aktuellen Literatur nur als Randthema behandelt (vgl. bspw. Euler et al. 2012, S. 115; Coursaris et al. 2006, S. 5). Vor allem in der Personalbeschaffung wird diskutiert, inwiefern mobile Anwendungen für die Bewerberansprache genutzt werden können. In diesem Kontext wurden bspw. Einflussfaktoren auf die Akzeptanz mobiler Anwendungen (vgl. Niklas/Strohmeier 2011), kritische Erfolgsfaktoren mobiler Job Boards (vgl. Niklas et al. 2012) oder die Benutzungsfreundlichkeit von Stellenanzeigen innerhalb mobiler Anwendungen untersucht (vgl. Böhm et al. 2013). Ebenso wurde der Einsatz mobiler Anwendungen zum Unterstützen der Bewerberansprache in der Praxis bereits durch mehrere quantitative Studien festgestellt (vgl. Böhm et al. 2011; Böhm/Niklas 2012). Unternehmensinterne Personalmanagementaktivitäten (wie bspw. der im Unternehmen ablaufende Rekrutierungsprozess oder das Bewerten von Mitarbeitern) werden bisher jedoch nicht betrachtet. Insgesamt existiert keine umfassende Untersuchung der Forschungsdomäne, sodass unklar ist, in welchen weiteren Bereichen des Personalmanagements mobile Anwendungen sinnvoll eingesetzt werden können (vgl. Keebler 2014, S. 18).

Ebenso gibt es bisher keine Erkenntnisse über potenzielle Wirkungen mobiler Anwendungen im Personalmanagement. Zwar kann davon ausgegangen werden, dass allgemeine Wirkungen mobiler Applikationen auch im Bereich des Personalmanagements erzielt werden können, Untersuchungen, die diese Annahme bestätigen, existieren jedoch nicht. Somit ist ebenfalls unbekannt, inwiefern Wirkungen erzielt werden können, die spezifisch im Personalmanagement durch den Einsatz mobiler Anwendungen auftreten. In der Praxis ist Wissen über potenzielle Wirkungen notwendig, um einschätzen zu können, ob gwünschte Effekte durch den Einsatz mobiler HR-Anwendungen generell erzielt werden können. Des Weiteren wurde in der Forschung bisher keine Analyse der Rahmenbedingungen durchgeführt, die bei der Einführung und dem reibungslosen Betrieb mobiler Personalinformationssysteme zu berücksichtigen sind. Durch die Kenntnis der Rahmenbedingungen können Unternehmen beurteilen, wodurch potenzielle Wirkungen gefördert oder gehemmt werden (bspw. durch Unternehmenscharakteristika), um so ggf. Maßnahmen abzuleiten, die das Erreichen der gewünschten Effekte unterstützen. Letztlich fehlen in der vorhandenen Literatur zudem Erkenntnisse darüber, wie mobile HR-Anwendungen gestaltet werden müssen, um in der Praxis positive Effekte zu erzielen.

Die vorliegende Arbeit adressiert diese Forschungslücken, indem Studien mit Experten aus dem Personalbereich durchgeführt und Gestaltungsempfehlungen in Form von Designprinzipien und Prototypen entwickelt werden. Die Zielsetzung der Arbeit sowie deren Operationalisierung durch Forschungsfragen werden im folgenden Abschnitt erläutert.

1.2 Zielsetzung und Forschungsfragen

Aufgrund der im vorherigen Abschnitt dargelegten Motivation verfolgt diese Arbeit die folgenden Ziele:

1) Feststellen, in welchen Bereichen des Personalmanagements mobile Anwendungen sinnvoll eingesetzt werden können und welchen Rahmenbedingungen deren Einsatz unterliegt.

2) Erarbeiten von Gestaltungsempfehlungen und konkreten Umsetzungskonzepten für mobile HR-Anwendungen, um aufzuzeigen, welche Wirkungen deren Einsatz in Unternehmen haben kann.

Um diese Zielsetzung zu operationalisieren, werden im Verlauf dieser Arbeit die folgenden Forschungsfragen beantwortet:

FF1	Wie ist das Forschungsfeld für mobile Anwendungen im Personalmanagement zu systematisieren?

Zunächst erfolgt im ersten Schritt dieser Arbeit eine Systematisierung des Forschungsfelds, um die Relevanz des Themas sicherzustellen und die im vorherigen Abschnitt aufgezeigten Forschungslücken zu präzisieren. Dabei wird zunächst der aktuelle Stand der betrieblichen Praxis betrachtet und untersucht, inwiefern mobile Anwendungen bereits von Unternehmen eingesetzt werden, um Aktivitäten im Personalmanagement zu unterstützen und für welche Aktivitäten zurzeit mobile Applikationen am Markt verfügbar sind. Anschließend wird der aktuelle Stand der Forschung erfasst. Basierend auf den Erkenntnissen zum Stand der Praxis und Forschung werden konkrete Forschungslücken identifiziert, die den weiteren Verlauf der Arbeit bestimmen und durch die Forschungsfragen zwei bis fünf adressiert werden.

FF2	In welchen Personalmanagementprozessen können mobile Anwendungen sinnvoll eingesetzt werden?

Im zweiten Schritt wird untersucht, in welchen Personalmanagementprozessen der Einsatz mobiler Applikationen generell sinnvoll sein kann. Hierfür werden Kriterien hergeleitet, mit denen Einsatzmöglichkeiten aus theoretischer Sicht identifiziert werden. Diese theoretisch hergeleiteten Einsatzbereiche werden anschließend um Erkenntnisse aus Interviews mit Experten von Anwenderunternehmen sowie Herstellern mobiler HR-Anwendungen ergänzt, sodass sich ein umfassendes Bild potenzieller Anwendungsfälle ergibt.

FF3	Welche positiven und negativen Wirkungen hat der Einsatz mobiler Anwendungen im Personalmanagement?

Basierend auf den Ergebnissen der Experteninterviews wird im dritten Schritt analysiert, welche positiven und negativen Wirkungen der Einsatz mobiler HR-Anwendungen innerhalb der identifizierten Einsatzgebiete haben kann. Hierbei werden Wirkungsketten aufgestellt, um detaillierte Einblicke in direkte und indirekte Wirkungszusammenhänge zu ermöglichen.

FF4	Welche Rahmenbedingungen müssen beim Einsatz mobiler Anwendungen im Personalmanagement beachtet werden?

Anschließend wird im vierten Schritt auf Basis der durchgeführten Interviews untersucht, welchen technischen, organisatorischen und externen Rahmenbedingungen der Einsatz mobiler Anwendungen in Personalmanagementprozessen in der Praxis unterliegt. Die so gewonnenen Erkenntnisse über Einsatzmöglichkeiten, Wirkungen und Rahmenbedingungen mobiler HR-Anwendungen bilden die Grundlage für die Entwicklung konkreter Gestaltungsempfehlungen, welche Teil des letzten Schritts dieser Arbeit ist.

FF5	Wie müssen mobile Anwendungen für die identifizierten Einsatzgebiete gestaltet und umgesetzt werden?

Beim Entwickeln konkreter Gestaltungsempfehlungen und prototypischer Anwendungen werden drei der identifizierten Einsatzmöglichkeiten näher betrachtet, die jeweils unterschiedliche Ziele verfolgen: Die mobile Anwendung MobiRecruit unterstützt den in Unternehmen ablaufenden Rekrutierungsprozess und fokussiert die Unterstützung von HR-Workflows. Bei mobFIS handelt es sich um eine mobile Anwendung zum Distribuieren HR-bezogener Informationen an Führungskräfte, wohingegen ThreeSixty ein Anwendungssystem mit mobilen Komponenten zum Unterstützen des Erfassens von Mitarbeiterkompetenzen sowie dem Durchführen von Mitarbeitergesprächen darstellt. Für jedes der drei Einsatzgebiete werden zunächst Gestaltungsempfehlungen in Form von Designprinzipien entwickelt, welche die Basis für die anschließende prototypische Implementierung bilden. Die Artefakte werden anschließend dazu verwendet, die Gestaltungsempfehlungen zu evaluieren und aufzuzeigen, welche Wirkungen durch deren Einsatz aus Sicht von Experten aus der Praxis erzielt werden können.

Beim Beantworten der einzelnen Forschungsfragen werden die in Tabelle 1 dargestellten Beiträge für Wissenschaft und Praxis geleistet.

Wissenschaftlicher Beitrag	Praxisbeitrag
- **Systematisierung des Forschungsfeldes** mobiler HR-Anwendungen sowie Übersicht des aktuellen Stands der Forschung und der betrieblichen Praxis (FF1) - **Kriterien zur Identifikation von Einsatzmöglichkeiten** mobiler Anwendungen innerhalb des Personalmanagements (FF2) - **Erklärungsmodell** für Wirkungen sowie Rahmenbedingungen des Einsatzes mobiler Anwendungen im Personalmanagement (FF3, FF4) - **Designprinzipien für mobile Anwendungen** zum Unterstützen des Rekrutierungsprozesses, der Distribution von Führungsinformationen sowie der Kompetenzerfassung (FF5)	- **Marktübersicht mobiler Anwendungen** zum Unterstützen von Personalmanagementprozessen (FF1) - **Einsatzmöglichkeiten** mobiler Anwendungen innerhalb des Personalmanagements (FF2) - **Darstellen** von **Wirkungen** mobiler HR-Anwendungen sowie zu berücksichtigender **Rahmenbedingungen** (FF3, FF4) - **Gestaltungsempfehlungen für mobile Anwendungen** zum Unterstützen des Rekrutierungsprozesses, der Distribution von Führungsinformationen sowie der Kompetenzerfassung (FF5)

Tabelle 1: Beiträge dieser Arbeit für Wissenschaft und Praxis

1.3 Positionierung und Forschungsmethodik

Inhaltlich stellt die Arbeit die Schnittmenge der beiden Bereiche des IT-gestützten Personalmanagements (als Untermenge des Personalmanagements) sowie mobiler Anwendungen dar. Dieses Forschungsfeld – der Einsatz mobiler Anwendungen im Personalmanagement – wird auch als „Mobile HR" bezeichnet (vgl. Klein 2012, S. 62). Abbildung 1 stellt die Zusammenhänge der Forschungsbereiche grafisch dar.

Abbildung 1: Inhaltliche Positionierung der Arbeit

Aufgrund der im vorherigen Abschnitt erläuterten Zielsetzung folgt diese Arbeit vor allem dem **gestaltungsorientiertem** bzw. konstruktionswissenschaftlichem **Paradigma** (vgl. Gregor/Hevner 2013, S. 377), da die Entwicklung von Gestaltungsempfehlungen und prototypischen mobilen Anwendungen im Vordergrund steht.

Zum Systematisieren des Forschungsfelds (FF1) wird zunächst eine quantitative Querschnittsanalyse durchgeführt, um den aktuellen Einsatz mobiler HR-Anwendungen in der Praxis zu untersuchen. Anschließend werden eine Marktanalyse und ein Literatur Review durchgeführt, um das aktuelle Marktangebot sowie den aktuellen Forschungsstand zu erfassen. Einsatzmöglichkeiten mobiler Anwendungen in Personalmanagementprozessen werden zunächst auf Basis des Task-Technology-Fit-Modells (vgl.

Goodhue/Thompson 1995) aus theoretischer Sicht identifiziert, bevor diese durch die Ergebnisse aus zwei qualitativen Interviewstudien (mit Herstellern sowie potenziellen Nutzern mobiler HR-Anwendungen) ergänzt werden (FF2). Auf Basis dieser Studien werden dann positive und negative Wirkungen mobiler HR-Anwendungen analysiert (FF3) sowie Rahmenbedingungen identifiziert (FF4), die mithilfe des Technology-Organization-Environment-Modells (vgl. Tornatzky/Fleischer 1990) strukturiert werden. Diese Vorarbeiten werden anschließend genutzt, um im letzten Teil dieser Arbeit drei konkrete Konzepte und Prototypen zu entwickeln (FF5). Hierbei werden jeweils zunächst auf Basis existierender Theorien (Koordinationstheorie, Information Foraging-Theorie sowie Prinzipal-Agenten-Theorie; vgl. Malone/Crowston 1990; Pirolli/Card 1999; Jensen/Meckling 1976) Anforderungen an die zu implementierenden Anwendungen deduktiv hergeleitet sowie Designprinzipien entwickelt. Anschließend werden die Prototypen mithilfe der Prototyping-Methode umgesetzt und im Rahmen einer qualitativen Querschnittsanalyse evaluiert.

Insgesamt folgt diese Arbeit somit dem Methodenpluralismus der Wirtschaftsinformatik (vgl. Wilde/Hess 2007, S. 280). Eine Übersicht der verwendeten Methoden und Theorien sowie der zugeordneten Forschungsfragen befindet sich in Tabelle 2.

FF	Forschungsmethodik	Verwendete Theorien	Primäre Zielsetzung
FF1	- Strukturierte Marktanalyse - Quantitative Querschnittsanalyse - Strukturiertes Literatur Review - Argumentativ-deduktives Schließen	-	Erklären
FF2	- Argumentativ-deduktives Schließen - Grounded-Theory-Methode - Qualitative Querschnittsanalyse	Task-Technology-Fit-Modell	Gestalten
FF3	- Grounded-Theory-Methode - Qualitative Querschnittsanalyse	-	
FF4		Technology-Organization-Environment-Modell	
FF5	- Argumentativ-deduktives Schließen - Prototyping - Qualitative Querschnittsanalyse	- Koordinationstheorie, - Information Foraging-Theorie - Prinzipal-Agenten-Theorie	

Tabelle 2: Wissenschaftliche Positionierung der Arbeit

1.4 Aufbau der Arbeit

Die vorliegende Arbeit ist in acht Kapitel untergliedert. Nach dieser Einleitung werden in **Kapitel 2** zunächst die zum Verständnis der Arbeit notwendigen Grundlagen erläutert. Betrachtet werden dabei Grundlagen der beiden Domänen Personalmanagement und Mobile Business sowie zu mobilen Anwendungen, die innerhalb des Personalmanagements genutzt werden, sog. mobiler Personalinformationssysteme.

Die erste Forschungsfrage wird in den Kapiteln 3 und 4 beantwortet: In **Kapitel 3** wird der aktuelle Stand der betrieblichen Praxis untersucht. Hier wird zunächst anhand einer quantitativen Querschnittsanalyse untersucht, inwiefern aktuell mobile Anwendungen zum Unterstützen von HR-Aktivitäten eingesetzt werden, bevor das Marktangebot mobiler Personalinformationssysteme betrachtet wird. Anschließend wird in **Kapitel 4** der aktuelle Stand der Forschung analysiert. Auf dieser Basis wird dann eine Forschungs-agenda aufgestellt, welche die Grundlage für die folgenden Kapitel darstellt.

Zum Beantworten der zweiten Forschungsfrage aus theoretischer Sicht werden in **Kapitel 5** zunächst anhand des Task-Technology-Fit-Modells Kriterien für den Einsatz mobiler Anwendungen im Personal-management aufgestellt und auf die verschiedenen Personalmanagementprozesse angewendet, so-dass erste Einsatzmöglichkeiten für mobile HR-Anwendungen identifiziert werden.

Diese werden in **Kapitel 6** um die Erkenntnisse aus zwei qualitativ empirischen Studien ergänzt, sodass diese Forschungsfrage abschließend beantwortet wird. Darüber hinaus werden auf Grundlage der bei-den Studien Wirkungen sowie Rahmenbedingungen des Einsatzes mobiler HR-Anwendungen identifi-ziert, sodass auch die Forschungsfragen drei und vier beantwortet werden.

In **Kapitel 7** werden drei prototypische mobile Anwendungen zum Unterstützen von Personalmanage-mentaktivitäten beschrieben. Hierfür wurden drei unterschiedliche, zuvor identifizierte Einsatzmöglich-keiten für mobile Personalinformationssysteme ausgewählt: Die erste mobile Anwendung unterstützt den Rekrutierungsprozess, indem Informationen bereitgestellt und das orts- und zeitunabhängige Tref-fen und Dokumentieren von Entscheidungen ermöglicht wird. Die zweite Applikation dient der Distribu-tion von HR-bezogenen Informationen an Führungskräfte, um deren Informationsgrundlage während einer örtlichen Mobilität zu verbessern und somit die Qualität getroffener Entscheidungen zu erhöhen. Das letzte mobile Anwendungssystem unterstützt das Erfassen von Mitarbeiterkompetenzen unter Zu-hilfenahme von 360°-Feedback-Bewertungen.

Die Arbeit endet in **Kapitel 8** mit einer Schlussbetrachtung, in der die zentralen Ergebnisse der Arbeit zusammengefasst und Implikationen für Wissenschaft und Praxis sowie weitere Forschungsmöglich-keiten aufgezeigt werden.

Abbildung 2 stellt den Aufbau der Arbeit grafisch dar.

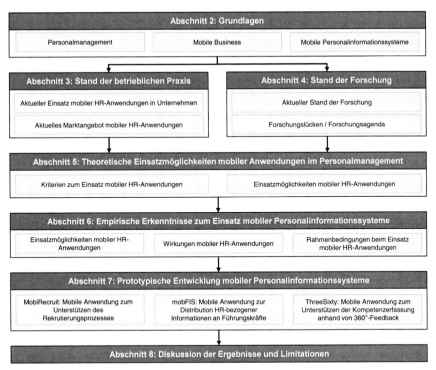

Abbildung 2: Aufbau der Arbeit

2 Grundlagen

In den folgenden Abschnitten werden die theoretischen Grundlagen erläutert, die für das Verständnis dieser Arbeit notwendig sind. Hierzu wird zunächst das Personalmanagement näher betrachtet (Abschnitt 2.1), bevor der Begriff „Mobile Business" definiert und eingeordnet sowie die Charakteristika mobiler Endgeräte und Anwendungen erläutert werden (Abschnitt 2.2). Abschließend erfolgt eine Definition und Einordnung mobiler Personalinformationssysteme (Abschnitt 2.3).

2.1 Personalmanagement

Im Folgenden wird zunächst der Begriff des Personalmanagements definiert (Abschnitt 2.1.1), bevor die einzelnen Prozesse des Personalmanagements sowie die darin ausgeführten Aktivitäten näher betrachtet und beschrieben werden (Abschnitt 2.1.2).

2.1.1 Definition und Einordnung

Es existiert eine Vielzahl von **Definitionen** für den Begriff Personalmanagement (PM)[2], die unterschiedliche Perspektiven auf den Bereich einnehmen (vgl. Stock-Homburg 2010, S. 8; Boxall/Purcell 2000, S. 184). Tabelle 3 gibt einen Überblick über verschiedene Definitionen für das PM, eine ausführlichere Übersicht findet sich bspw. bei ARMSTRONG (2012, S. 4) oder BEARDWELL UND CLAYDON (2007, S. 5).

Quelle	Definition
Armstrong 2012, S. 4	"[...] a strategic, integrated and coherent approach to the employment, development and wellbeing of the people working in organizations."
Jung 2011, S. 8	„Unter Personalmanagement versteht man den gesamten Aufgabenbereich, der sich mit personellen Fragen im Unternehmen befasst. [Dieser umfasst] [...] Tätigkeiten der Systemgestaltung und Verhaltenssteuerung."
Price 2011, S. 29	"[...] Human Resource Management is aimed at recruiting capable, flexible and committed people, managing and rewarding their performance and developing key competencies."
Stock-Homburg 2010, S. 16	„In der Unternehmensstrategie verankerte Aktivitäten zur Gestaltung der Personalmanagement-Systeme und der Führung von Mitarbeitern bzw. Teams, die der langfristigen Sicherung des Wettbewerbsfähigkeit eines Unternehmens dienen. Die Aktivitäten des Personalmanagements liegen in der Verantwortung aller Bereiche im Unternehmen."
Watson 2010, S. 919	"HRM is the managerial utilization of the efforts, knowledge, capabilities and committed behaviours which people contribute to an authoritatively coordinated human enterprise as part of an employment exchange [...] to carry out work tasks in a way which enables the enterprise to continue into the future."

Tabelle 3: Übersicht Personalmanagement-Definitionen

Die unterschiedlichen Definitionen haben zwei Hauptaufgaben des Personalmanagements gemeinsam: Zum einen ist dies die kurz-, mittel- und langfristige Versorgung des Unternehmens mit fähigen und

---

[2] Im englischsprachigen Raum wird das Personalmanagement als „Human Resource Management" bzw. in Kurzform als „Human Resources" (HRM bzw. HR) bezeichnet (vgl. Drumm 2008, S. 32; Jung 2011, S. 8). Die beiden Begriffe werden innerhalb dieser Arbeit synonym verwendet.

motivierten Mitarbeitern und zum anderen das Bewältigen von administrativen und gestalterischen Aufgaben mit Bezug auf die Mitarbeiter des Unternehmens (vgl. Klein 2012, S. 24). Darüber hinaus wird in der Literatur weitestgehend davon ausgegangen, dass diese Aufgaben nicht allein durch das Personalwesen (im Sinne einer zentralen Organisationseinheit) wahrgenommen werden, sondern in der Verantwortung aller Unternehmensbereiche liegen (vgl. Groening 2005, S. 67; Klein 2012, S. 24). Vor diesem Hintergrund wird das Personalmanagement in Anlehnung an KLEIN (2012, S. 25) und STOCK-HOMBURG (2010, S. 9) in dieser Arbeit wie folgt definiert:

> **Personalmanagement** umfasst alle operativen, taktischen und strategischen Aufgaben, die dem Bereitstellen und Führen von qualifiziertem und motiviertem Personal dienen und liegt in der Verantwortung aller Unternehmensbereiche.

Neben unterschiedlichen Perspektiven auf das Personalmanagement gibt es in der Literatur eine Reihe weiterer Differenzierungen. Eine häufig vorgenommene Unterteilung ist die zwischen **Hard- und Soft-HRM** (vgl. Storey 2007, S. 11; Truss et al. 1997, S. 54). Hard-HRM nimmt eine Ressourcen-basierte Sichtweise auf das Personalmanagement ein und sieht Mitarbeiter als eine Ressource des Unternehmens an (vgl. Price 2011, S. 29). Diese Interpretation des Personalmanagements impliziert oftmals ein Fokussieren auf Maßnahmen zur Minimierung der Personalkosten (bspw. durch minimale Aufwände für die Mitarbeiterentwicklung oder durch eine Verschlankung des Mitarbeiterstamms; vgl. Beardwell/Claydon 2007, S. 5). Soft-HRM stellt hingegen den Menschen in den Mittelpunkt und fokussiert das Verbessern von Arbeitsbedingungen und das Steigern der Mitarbeitermotivation, um für das Unternehmen eine höhere Produktivität zu erreichen (vgl. Truss et al. 1997, S. 56). Dabei ist allerdings anzumerken, dass innerhalb eines integrierten Personalmanagementansatzes, wie er in der oben genannten Definition beschrieben wurde, beide Sichtweisen enthalten sind (vgl. Storey 2007, S. 11).

Darüber hinaus wird von einigen Autoren der Begriff „**strategisches Personalmanagement**" bzw. „strategic Human Resource Management" (SHRM) verwendet (vgl. Lengnick-Hall et al. 2009, S. 64; Becker/Huselid 2006, S. 898; Delery/Doty 1996, S. 802; Wright/McMahan 1992, S. 297). Dieser umfasst Aktivitäten, welche die strategische Ausrichtung des Unternehmens unterstützen sollen (vgl. Wright/McMahan 1992, S. 289), bspw. indem in der Personalentwicklung berücksichtigt wird, welche Kompetenzen für das langfristige Bestehen am Markt notwendig sind (vgl. Stock-Homburg 2010, S. 12; Barney/Wright 1997, S. 21) und somit indirekt einen positiven Effekt auf den Erfolg des Unternehmens haben (vgl. Lengnick-Hall et al. 2009, S. 64).

Das Personalmanagement ist innerhalb der Wertschöpfungskette nach PORTER (1986, S. 62) ein unterstützender Prozess. Abbildung 3 stellt diese **Einordnung in die innerbetriebliche Wertschöpfung** grafisch dar. Dabei beeinflusst das PM als unterstützender Prozess sämtliche anderen unternehmerischen Aktivitäten, indem es – gemäß der vorgenommenen Definition – das Versorgen mit qualifiziertem und motiviertem Personal sicherstellt.

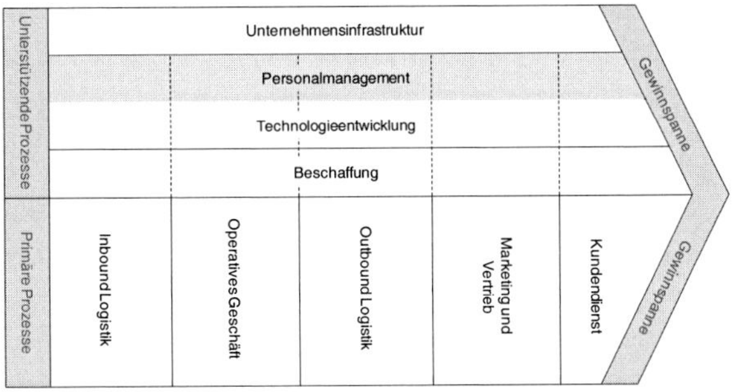

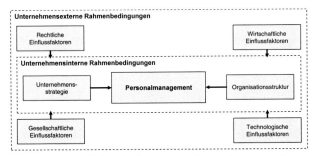

Abbildung 3: Einordnung des Personalmanagements in die innerbetriebliche Wertschöpfung

(Klein/Schumann 2011, S. 14)

Darüber hinaus unterliegt das Personalmanagement sowohl unternehmensexternen als auch -internen Rahmenbedingungen (vgl. Holtbrügge 2010, S. 68). Abbildung 4 gibt einen Überblick über die Rahmenbedingungen des Personalmanagements.

Abbildung 4: Rahmenbedingungen des Personalmanagements

Zu den unternehmensexternen Einflussfaktoren zählen rechtliche, wirtschaftliche, gesellschaftliche und technologische Rahmenbedingungen (vgl. Kolb 2010, S. 27). Die **rechtlich Rahmenbedingung** des Personalmanagements bildet vor allem das Arbeitsrecht, wobei zwischen dem individuellen und kollektiven Arbeitsrecht unterschieden wird (vgl. Stock-Homburg 2010, S. 22; Oechsler 2006, S. 39). Während das individuelle Arbeitsrecht die Ausgestaltung einzelner Arbeitsverhältnisse beeinflusst, regelt das kollektive Arbeitsrecht die Beziehungen zwischen Arbeitnehmern und Arbeitgebern, in Form des Tarifvertrags- und Mitbestimmungsrechts (vgl. Holtbrügge 2010, S. 69).[3] Den wesentlichsten **wirtschaftlichen Einflussfaktor** stellt die konjunkturelle Entwicklung bzw. die damit verbundene Entwicklung der Arbeitsmärkte dar (vgl. Stock-Homburg 2010, S. 26; Armstrong 2012, S. 213), von der vor allem die Fähigkeit des Unternehmens abhängt, den eigenen (quantitativen und qualitativen) Personalbedarf zu decken (vgl. Holtbrügge 2010, S. 80). Darüber hinaus haben hier verschiedene Faktoren Auswirkungen

---

[3] Eine ausführlichere Behandlung rechtlicher Rahmenbedingungen des Personalmanagements findet sich bspw. bei OECHSLER (2006, S. 40), HOLTBRÜGGE (2010, S. 69) oder STOCK-HOMBURG (2010, S. 21).

auf das Personalmanagement, wie bspw. die zunehmende Internationalisierung oder der Wettbewerbs-
druck (bspw. im Bereich der Lohngestaltung; vgl. Kolb 2010, S. 27). Unter **gesellschaftlichen Rahmenbedingungen** werden vor allem demografische Faktoren, wie bspw. die Alters- und Bildungsstruk-
tur, zusammengefasst (vgl. Kolb 2010, S. 31). Diese haben einen Einfluss auf die Arbeitsmarktstruktur
und somit auch auf die Personalbeschaffung. Des Weiteren ergeben sich direkte Einflüsse auf das Personalmanagement, bspw. bei der Integration älterer Arbeitnehmer (vgl. Stock-Homburg 2010, S. 715).
Verfügbare **Technologien** haben zum einen Einfluss auf die Art und Weise in der HR-Aktivitäten ausgeführt werden. So kann der Einsatz von Personalinformationssystemen (PIS; vgl. bspw. Strohmeier
2008) dazu führen, dass (Teil-)Prozesse automatisiert werden können (vgl. Marler/Fisher 2013, S. 31),
wodurch Mitarbeiter des Personalwesens einen größeren Teil ihrer Arbeitszeit auf strategische Aktivitäten (wie bspw. das langfristige Entwickeln qualifizierter Mitarbeiter) verwenden können (vgl. Martin/Red-
dington 2010, S. 1559). Zum anderen verändern neue Technologien die Arbeitsgestaltung der Mitarbeiter, indem bspw. Telearbeit ermöglicht (vgl. Kolb 2010, S. 34) oder durch das Bereitstellen mobiler Anwendungen ein zeit- und ortsunabhängiger Zugriff auf HR-Informationen geschaffen wird (vgl. Kern
2012, S. 95).

Zu den unternehmensinternen Einflussfaktoren zählen die Unternehmensstrategie und die Organisationsstruktur (vgl. Scherm/Süß 2011, S. 8). Die **Strategie des Unternehmens** legt zukünftige Ziele und
Tätigkeitsbereiche des Unternehmens fest und stellt somit eine langfristige Orientierung des unternehmerischen Handelns dar (vgl. Bühner 2005, S. 4), aus der eine Strategie für das Personalmanagement
(Personalstrategie) abgeleitet wird (vgl. Kolb 2010, S. 39; Cakar et al. 2003, S. 203). Darüber hinaus
ergeben sich aus der Unternehmensstrategie direkte Anforderungen an das Personalmanagement, da
bspw. sichergestellt werden muss, dass zukünftige Personalbedarfe gedeckt werden können (vgl. Kolb
2010, S. 39; Price 2011, S. 322). Die **Organisationsstruktur** beeinflusst das Personalmanagement, da
sich dieses nahtlos in die Struktur des Unternehmens eingliedern sollte (vgl. Jung 2011, S. 30).

2.1.2   Prozesse im Personalmanagement

Die einzelnen Aktivitäten des Personalmanagements werden für gewöhnlich in Prozesse gegliedert, die
sich jedoch von Autor zu Autor unterscheiden. Ein Geschäftsprozess stellt im Allgemeinen eine spezifi-
sche Abfolge von Aktivitäten, mit definiertem Start- und Endzeitpunkt sowie Input und Output dar (vgl.
Davenport 1993, S. 5). Die Aktivitäten innerhalb eines Prozesses werden dabei von einer Rolle ausgeführt (vgl. D'Aubeterre et al. 2008, S. 531), die einem oder mehreren Akteuren zugeordnet ist (vgl. Barjis
2007, S. 2089). Den Input und Output eines Prozesses stellen Ressourcen (bspw. Dokumente) dar, die
innerhalb des Prozesses verarbeitet werden und während dieser Verarbeitung anderen Prozessen nicht
zur Verfügung stehen (vgl. Singh/Salam 2006, S. 477). Für das Personalmanagement im Speziellen
werden Personalmanagementprozesse wie folgt definiert:

> **Personalmanagementprozesse** sind Geschäftsprozesse, die eine Abfolge von HR-Aktivitä-
> ten beinhalten, in denen HR-Daten verarbeiten werden.

Prozesse stellen im Personalmanagement demnach ein ablaufbezogenes Festlegen personalwirtschaftlicher Aufgaben dar (vgl. Kolb 2010, S. 7). Einzelne HR-Aktivitäten werden dabei i. d. R. (auch

prozessübergreifend) zu HR-Workflows zusammengefasst (vgl. Klein 2012, S. 28; Kolb 2010, S. 582; Fischer/Gourmelon 2013, S. 72). Dabei ist es denkbar, dass Aktivitäten aus anderen Bereichen den HR-Aktivitäten vor- bzw. nachgelagert sind oder gemischte Workflows existieren. Der Zusammenhang zwischen den einzelnen Elementen wird in Abbildung 5 dargestellt (in Anlehnung an Klein 2012, S. 28).

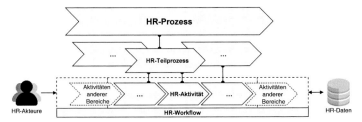

Abbildung 5: Konfiguration von HR-Prozessen

In Anlehnung an KLEIN (2012, S. 25) sowie TORNACK UND SCHUMANN (2013, S. 13) werden Personalmanagementprozesse in dieser Arbeit in die Prozesskategorien „Prozesse zum Steuern der Mitarbeiterbereitstellung", „Prozesse zum Steuern der Mitarbeiterleistungsbereitschaft" und „Querschnittsprozesse" eingeteilt. Abbildung 6 gibt einen Überblick über die Kategorien sowie die darin enthaltenen Prozesse, die im Folgenden näher erläutert werden. Die dabei vorgenommene Unterteilung der HR-Prozesse sowie darin enthaltene Teilprozesse bzw. Funktionen und Aktivitäten erfolgt in Anlehnung an die Strukturen von KLEIN (2012, S. 30).

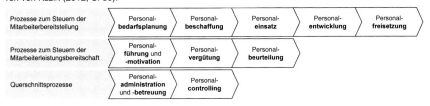

Abbildung 6: Übersicht Personalmanagementprozesse

Die Aktivitäten innerhalb der Personalmanagementprozesse werden von **HR-Akteuren** ausgeführt, welche in die Gruppen Personalwesen, Führungskräfte sowie sämtliche Mitarbeiter, die nicht zu den beiden erstgenannten Gruppen gehören, aufgeteilt werden (vgl. Holtbrügge 2010, S. 39; Hendrickson 2003, S. 382; Gaugler et al. 2004, S. 1623). Die Gruppen können je nach Aktivität sowohl Träger als auch Zielgruppe von HR-Aktivitäten sein (vgl. Böck 2002, S. 7). Das Personalwesen hat vor allem die Verantwortung über personalwirtschaftliche Kernaufgaben (vgl. Holtbrügge 2010, S. 55). Dazu zählen neben Verwaltungs- und Planungstätigkeiten bspw. auch Beratungs- und Betreuungsaktivitäten (vgl. Böck 2002, S. 8). Führungskräfte unterscheiden sich von anderen Mitarbeitern des Unternehmens dadurch, dass sie eine Weisungsbefugnis gegenüber anderen Mitarbeitern besitzen (vgl. Lieber 2007, S. 6) und haben im Personalmanagement die Verantwortung darüber, personalwirtschaftliche Ziele einzuhalten (vgl. Böck 2002, S. 8) und personalpolitische Entscheidungen durchzusetzen (vgl. Holtbrügge 2010, S. 45). Demnach sind Führungskräfte für die meisten Aktivitäten im Bereich der Personalführung verantwortlich (vgl. Jung 2011, S. 410). Mitarbeiter übernehmen im Rahmen des Personalmanagements vor allem sich selbst betreffende Tätigkeiten, wie bspw. die Pflege der eigenen Stammdaten im Rahmen von Employee-Self-Service-Systemen (ESS; vgl. Marler et al. 2009, S. 327). Darüber hinaus haben Mitarbeiter in vielen Bereichen des Personalmanagements Mitbestimmungsrechte, die ihnen vom Gesetzgeber eingeräumt werden. Diese werden aber i. d. R. nicht durch die Mitarbeiter persönlich, sondern durch institutionelle Vertreter, wie bspw. Betriebsräte, wahrgenommen (vgl. Jung 2011, S. 85).[4]

Die innerhalb der HR-Aktivitäten verarbeiteten **HR-Daten** werden in personal- und organisationsorientierte Daten unterteilt (vgl. Drumm 2008, S. 157). Personalorientierte Daten enthalten Informationen, die direkt einer Person zugeordnet werden können, wie bspw. Stammdaten (vgl. Strohmeier 2008, S. 40). Organisationsorientierte Daten beinhalten Informationen über Positionen innerhalb des Unternehmens, wie bspw. Tätigkeits- oder Anforderungsprofile, sowie deren Einordnung in die Organisationsstruktur (vgl. Jung 2011, S. 658; Drumm 2008, S. 159).

Prozesse zum Steuern der Mitarbeiterbereitstellung

Prozesse zum Steuern der Mitarbeiterbereitstellung beeinflussen entweder die Quantität oder die Qualität der Mitarbeiter eines Unternehmens (vgl. Tornack/Schumann 2013, S. 13). Dabei lassen sich die HR-Prozesse Personalbedarfsplanung, -beschaffung, -einsatz, -entwicklung und -freisetzung identifizieren. Inhalt der **Personalbedarfsplanung**[5] ist das Ermitteln des derzeitigen und zukünftigen Bedarfs an Führungskräften und Mitarbeitern des Unternehmens (vgl. Stock-Homburg 2010, S. 102). Es werden vier Dimensionen des Personalbedarfs betrachtet: Quantität, Qualität (bspw. in Form von benötigten Kompetenzen), Ort sowie Zeitpunkt der auftretenden Personalbedarfe (vgl. Holtbrügge 2010, S. 96; Mathis/Jackson 2011, S. 146). Ziel der Personalbedarfsplanung ist es – neben dem reinen Feststellen des Ist-Zustandes (vgl. Drumm 2008, S. 239) – bereits frühzeitig auf zukünftige Beschäftigungsprobleme hinzuweisen, sodass HR-Maßnahmen eingeleitet werden können (bspw. in den Bereichen Personalentwicklung oder -freisetzung), um diesen Problemen entgegenzuwirken (vgl. Stock-Homburg 2010, S. 103). Tabelle 4 fasst die Aktivitäten der Personalbedarfsplanung zusammen.

Personalbedarfsplanung	
Teilprozesse / Funktionen	**Aktivitäten und Akteure**
1.1 Bruttopersonalbedarf ermitteln	- Zukünftig benötigte Qualifikationen und Kompetenzen ermitteln (P, F) - Anzahl der zukünftig benötigten Mitarbeiter und Führungskräfte ermitteln (P, F) - Orte, Bereiche und Zeitpunkte für diese Bedarfe festhalten (P, F)
1.2 Personalbestand ermitteln	- Aktuellen Stellenbesetzungsplan erstellen (P) - Aktuelle Qualifikationen und Kompetenzen der Mitarbeiter identifizieren (P, F)
1.3 Nettopersonalbedarf ermitteln	- Aktuellen Stellenbesetzungsplan mit zukünftigen Bedarfen abgleichen (P) - Aktuell vorhandene Qualifikationen und Kompetenzen mit zukünftigen Bedarfen abgleichen (P)
vgl. Stock-Homburg 2010, S. 106; Wickel-Kirsch et al. 2008, S. 28; Jung 2011, S. 117	
P: Personalwesen	F: Führungskräfte

Tabelle 4: Aktivitäten der Personalbedarfsplanung

---

[4] Weitere Akteure im Personalwesen sind Bewerber (vgl. Jung 2011, S. 153) und Alumni (vgl. Schindler/Liller 2011, S. 212), die jedoch nur in jeweils einem Prozess (Personalbeschaffung bzw. Personalfreisetzung) eine Rolle spielen.

[5] Im englischen Sprachgebrauch werden hierfür die Begriffe „Workforce Planning" oder „Human Resource Planning" verwendet (vgl. bspw. Price 2011, S. 320; Mathis/Jackson 2011, S. 146).

Die **Personalbeschaffung**[6] verfolgt das Ziel, im Rahmen der Personalbedarfsplanung identifizierte Unterdeckung durch das Beschaffen qualifizierter Mitarbeiter und Führungskräfte entgegenzuwirken (vgl. Holtbrügge 2010, S. 103). Neben den Aktivitäten der Personalbeschaffung im engeren Sinne (Anwerben, Auswählen und Einstellen passender Kandidaten) gehören hierzu auch Aufbau und Pflege des Unternehmensimages, mit dem Ziel, potenzielle Bewerber anzuziehen (vgl. Stock-Homburg 2010, S. 141). In diesem Zusammenhang wird ebenfalls von Employer Branding (dem Aufbau einer Arbeitgebermarke; vgl. Forster et al. 2012, S. 280; Beck 2008, S. 28) oder Personalmarketing (vgl. Lukasczyk 2012, S. 11) gesprochen. Tabelle 5 fasst die Aktivitäten der Personalbeschaffung zusammen.

Personalbeschaffung	
Teilprozesse / Funktionen	**Aktivitäten und Akteure**
2.1 Unternehmensimage positionieren	- Recruiting-Veranstaltungen (bspw. Messen) organisieren und durchführen (P, F) - Image-Kampagnen (bspw. Werbemaßnahmen) organisieren und durchführen (P, F) - Über Unternehmen informieren (B)
2.2 Kandidaten anwerben	- Vakanzen sichten, Stellenprofile, -anforderungen und -anzeigen generieren (P, F) - Stellenanzeigen veröffentlichen (P) - Aktiv nach potenziellen Kandidaten suchen (P, F) - Nach Vakanzen suchen (B) - Bewerbungen vorbereiten und einreichen (B)
2.3 Kandidaten und Bewerbungen verwalten	- Eingegangene Bewerbungen sichten und auf Vollständigkeit prüfen (P, F) - Ggf. Kontakt mit Bewerbern aufnehmen (P, F) - Ggf. Kontakt mit Ansprechpartnern aufnehmen (B) - Bewerbungen aus Formalgründen aussortieren (P) - Bewerbungsunterlagen verwalten und für weitere Schritte zur Verfügung stellen (P)
2.4 Kandidaten auswählen	- Kandidatenbewertungen durchführen (P, F, B) - Kompetenzen der Kandidaten mit Stellenanforderungen abgleichen (P, F) - Auswahl geeigneter Kandidaten treffen (P, F) - Auswahl abstimmen (ggf. mit Mitbestimmungsgremien) (P, F, M) - Absagen und Einladungen für weitere Bewerbungsrunden versenden (P) - Zu interessanten Kandidaten Kontakt für ggf. zukünftige Bedarfe halten (P, F) - Zusage(n) versenden (P)
2.5 Kandidaten einstellen	- Arbeitsverträge anfertigen (P) - Arbeitsverträge unterschreiben (B) - Einstellungsunterlagen einreichen (B) - Einstellungsunterlagen verwalten (P)
2.6 Kandidaten integrieren	- Fachliches Eingliedern der neuen Mitarbeiter (F, M) - Soziales Eingliedern der neuen Mitarbeiter (F, M) - Mitarbeiterdaten pflegen (P, M)
vgl. Stock-Homburg 2010, S. 124; Holtbrügge 2010, S. 104; Compton et al. 2009, S. 76; Snell 2006, S. 32	
P: Personalwesen F: Führungskräfte M: Mitarbeiter B: Bewerber	

Tabelle 5: Aktivitäten der Personalbeschaffung

Auf Seite des Unternehmens verfolgt der **Personaleinsatz** das Ziel, die Stellenbesetzungen zu optimieren (vgl. Bühner 2005, S. 122), während auf Seiten der Mitarbeiter die eigene Entwicklung innerhalb des Unternehmens im Vordergrund steht, bspw. im Rahmen einer Nachfolge- oder Karriereplanung (vgl. Hentze/Kammel 2001, S. 439). Während bei der Nachfolgeplanung eine zukünftig vakante Stelle im

---

[6] Im englischen Sprachgebrauch wird hierfür der Begriff „Recruiting" verwendet (vgl. bspw. Gatewood et al. 2011, S. 304).

Mittelpunkt steht, fokussiert die Laufbahnplanung den Einsatz einzelner Mitarbeiter, die selbst Einsatzwünsche und -präferenzen äußern können (vgl. Rompelberg 1997, S. 8). Des Weiteren umfasst der Personaleinsatz das Gestalten der Arbeitsplätze (Arbeitsumgebung und -mittel) und -zeiten (vgl. Holtbrügge 2010, S. 150).

Personaleinsatz	
Teilprozesse / Funktionen	**Aktivitäten und Akteure**
3.1 Arbeitsinhalte gestalten	- Aufgaben, Projekte und Stellen strukturieren (P, F) - Mitarbeiter für zukünftige Projekte finden (P, F) - Mitarbeiter für zukünftig vakante Stellen finden (Nachfolgeplanung) (P, F) - Einsatzwünsche und -präferenzen äußern (Laufbahnplanung) (M)
3.2 Arbeitsplatz gestalten	- Arbeitsorte für Mitarbeiter festlegen (P, F) - Arbeitsumgebung gestalten (P, F) - Arbeitsmittel bereitstellen (P, F)
3.3 Arbeitszeit gestalten	- Tages-, Wochen-, Jahres- und Lebensarbeitszeit gestalten und abstimmen (P) - Mehrarbeitsregelungen gestalten und abstimmen (P) - Schichtpläne gestalten und abstimmen (P, F) - Partizipation an Gestaltungsprozessen durch institutionelle Vertreter (M)
vgl. Jonas 2009, S. 25; Büdenbender/Strutz 2011, S. 263; Rothwell 2010, S. 191; Holtbrügge 2010, S. 150; Haubrock/Öhlschlegel-Haubrock 2009, S. 165	
P: Personalwesen F: Führungskräfte M: Mitarbeiter	

Tabelle 6: Aktivitäten des Personaleinsatzes

Aufgabe der **Personalentwicklung** ist die Qualifizierung von Mitarbeitern aller Hierarchieebenen des Unternehmens hinsichtlich der aktuell und zukünftig benötigten Kompetenzen (vgl. Zaugg 2007, S. 21). Dabei wird zwischen Fach-, Methoden-, Sozial- und Selbstkompetenzen unterschieden (vgl. Pawlowsky et al. 2005, S. 344; Heyse/Ortmann 2008, S. 49; Stock-Homburg 2010, S. 127). Die Ziele der Personalentwicklung werden in unternehmensbezogene und mitarbeiterbezogene Ziele unterteilt: Das Unternehmen verfolgt das Ziel, die Effektivität und Effizienz der Aufgabenerfüllung zu steigern (vgl. Stock-Homburg 2010, S. 209) sowie die Eigenverantwortlichkeit und Flexibilität der Mitarbeiter zu erhöhen (vgl. Jung 2011, S. 252), indem die Qualifikationen der Mitarbeiter verbessert werden. Ziel auf Mitarbeiterebene ist das Erhöhen der eigenen Aufstiegschancen innerhalb der Unternehmenshierarchie, durch die persönliche Weiterbildung (vgl. Jung 2011, S. 252). Tabelle 7 fasst die Aktivitäten der Personalentwicklung zusammen.

Personalentwicklung	
Teilprozesse / Funktionen	**Aktivitäten und Akteure**
4.1 Entwicklungsbedarf analysieren	- Individuelle Potenziale im Hinblick auf zukünftige Karrierewege beurteilen (P, F) - Individuelle Kompetenz- und Qualifikationsstände beurteilen (P, F) - Individuelle Kompetenz- und Qualifikationsstände mit aktuellen und zukünftigen Anforderungen abgleichen (P, F) - Individuelle Bedarfe an Weiterbildung beurteilen (P, F) - Karriere- und Bildungswünsche im Rahmen der Kompetenzförderung äußern (M) - Eigene Kompetenz- und Qualifikationsstände beurteilen (M)
4.2 Entwicklungsmaßnahmen gestalten	- Benötigte Inhalte für Maßnahmen festlegen (P) - Umsetzungsszenarien für Maßnahmen gestalten (P) - Benötigte Ressourcen für Maßnahmen planen (P) - Zeiten und Abläufe der Maßnahmen gestalten (P) - Anfallende Kosten und vorhandene Budgets abgleichen (P) - Für Maßnahmen anmelden (M) - Teilnehmer der Maßnahmen bestimmen (P)
4.3 Maßnahmendurchführung vorbereiten	- Materialien und Prüfungsunterlagen für Maßnahmen erstellen und bereitstellen (P) - Präsenzphasen vorbereiten (P) - Virtuelle Phasen im Rahmen des eLearning vorbereiten (P)
4.4 Entwicklungsmaßnahmen durchführen	- Maßnahmen durchführen (P, M) - Prüfungen durchführen (P, M) - Lernende bei Lernprozessen unterstützen (P)
4.5 Entwicklungsmaßnahmen evaluieren	- Zufriedenheit der Teilnehmer mitteilen / bewerten (P, M) - Lernerfolg prüfen / Prüfungen bewerten (P) - Ggf. Wirtschaftlichkeit der Maßnahmen bewerten (P)
4.6 Gelerntes transferieren	- Abgeschlossene Maßnahmen dokumentieren (P) - Evaluationsergebnisse aufbereiten und kommunizieren (P) - Gelerntes im Arbeitsalltag anwenden (M)
vgl. Wegerich 2011, S. 177; Werner/DeSimone 2012, S. 125; Jung 2011, S. 217; Stock-Homburg 2010, S. 261	
P: Personalwesen F: Führungskräfte M: Mitarbeiter	

Tabelle 7: Aktivitäten der Personalentwicklung

Ziele der **Personalfreisetzung** sind vor allem das Vermeiden bzw. Abbauen personeller Überkapazitäten (vgl. Jung 2011, S. 314) sowie das Reduzieren negativer Auswirkungen einzelner Mitarbeiter auf die Leistungsfähigkeit des Unternehmens (bspw. verhaltensbedingte Freisetzungen aufgrund einer mangelnden Leistungsbereitschaft oder anhaltendem Fehlverhalten von Mitarbeitern; vgl. Kammel 2004, S. 1346; Stock-Homburg 2010, S. 294). Dabei handelt es sich um eine betriebsbedingte Form der Personalfreisetzung (vgl. Holtbrügge 2010, S. 142) bzw. organisationsinitiierte Fluktuation (vgl. Nieder 2004, S. 759), die ihre Ursache sowohl in unternehmensinternen Faktoren (wie z. B. Reorganisationsmaßnahmen) als auch unternehmensexternen Faktoren (wie z. B. Konjunktur oder technologische Neuerungen) haben kann (vgl. Jung 2011, S. 314). Demgegenüber steht die natürliche Fluktuation, die bspw. durch Renteneintritt oder den Ablauf befristeter Arbeitsverträge entsteht und ebenfalls im Rahmen der Personalfreisetzung abgewickelt wird (vgl. Nieder 2004, S. 759). Als Ausgangsbasis für die Personalfreisetzung dient die quantitative Analyse personeller Überkapazitäten aus der Personalbedarfsplanung (vgl. Holtbrügge 2010, S. 142). Neben dem Entlassen von Mitarbeitern bzw. dem Abbau von Stellen zählen zu den Maßnahmen der Personalfreisetzung Versetzungen, Arbeitszeitverkürzungen oder Einstellungsstopps (vgl. Stock-Homburg 2010, S. 293; Holtbrügge 2010, S. 143).

Personalfreisetzung	
Teilprozesse / Funktionen	**Aktivitäten und Akteure**
5.1 Freisetzungsbedarfe und -maßnahmen identifizieren	- Individuelle Versetzungen prüfen (P, F) - Individuelle Arbeitszeitverkürzungen, Entlassungen oder Ruhestandsplanungen prüfen (P, F) - Auslaufende Verträge prüfen (P, F) - Organisationsweite Einstellungsstopps beurteilen (P) - Partizipation durch institutionelle Vertreter (M)
5.2 Freisetzungsmaßnahmen planen	- Versetzungen abstimmen (P, F) - Abfindungen und Ruhestandszahlungen abstimmen (P) - Einstellungsstopps abstimmen (P) - Partizipation durch institutionelle Vertreter (M)
5.3 Freisetzungsmaßnahmen durchführen	- Versetzungen durchführen (P) - Abfindungen und Ruhestandszahlungen wie geplant abwickeln (P) - Einstellungsstopps verfolgen (P)
5.4 Alumni-Beziehungen pflegen[7]	- Kontakt zu Alumni des Unternehmens halten (P) - Potentielle Wiedereinstiegskandidaten in die Personalbeschaffung einbringen (P) - Kontakt zu Unternehmensvertretern halten (M)
vgl. Stock-Homburg 2010, S. 293; Holtbrügge 2010, S. 143; Schindler/Liller 2011, S. 212	
P: Personalwesen **F**: Führungskräfte **M**: Mitarbeiter	

Tabelle 8: Aktivitäten der Personalfreisetzung

Prozesse zum Steuern der Mitarbeiterleistungsbereitschaft

Die Prozesse dieser Kategorie haben das Ziel, die Leistung und Motivation der Mitarbeiter des Unternehmens zu beurteilen und positiv zu beeinflussen, um somit die Produktivität des Unternehmens zu erhöhen (vgl. Tornack/Schumann 2013, S. 13). Hierzu gehören die Prozesse „Personalführung und -motivation", „Personalvergütung" und „Personalbeurteilung". Ziel der **Personalführung und -motivation**[8] ist es, die zielgerichtete Leistungserstellung von Mitarbeitern durch Kommunikation zu fördern (vgl. Jung 2011, S. 410). Um dies zu erreichen, wird im Rahmen der Interaktion zwischen Mitarbeiter und Führungskraft Einfluss auf die Einstellungen und Verhaltensweisen des Mitarbeiters genommen (vgl. Stock-Homburg 2010, S. 478). Hierfür steht Führungskräften eine Reihe von Instrumenten zur Verfügung, die sich in organisatorische (wie bspw. das Gestalten von Aufgaben oder Abstimmungsregeln; vgl. Jung 2011, S. 547) und personale Instrumente (wie bspw. Anreizsysteme oder Mitarbeitergespräche; vgl. Jung 2011, S. 552) unterteilen lassen (vgl. Drumm 2008, S. 548; Jung 2011, S. 415). Der Personalführungsprozess orientiert sich an dem Paradigma „Management by Objectives" (MbO) von DRUCKER (1954). Zentraler Aspekt von MbO ist das Festlegen von Zielen auf Unternehmensebene, das anschließende Aufteilen und Weiterleiten der Ziele auf untere Hierarchieebenen sowie die permanente Kontrolle und Bewertung der Zielerreichung (vgl. Antoni 2005, S. 175). Tabelle 9 gibt einen Überblick über die Aktivitäten der Personalführung und -motivation.

---

[7] Je nach Auslegung ist die Pflege von Alumni-Beziehungen auch als Teil der Personalbeschaffung zu betrachten (bspw. in den Teilprozessen „Unternehmensimage positionieren" (2.1) oder „Kandidaten anwerben" (2.2); vgl. Deller et al. 2008, S. 129).

[8] Im englischen Sprachraum wird hierfür der Begriff „Leadership" verwendet (vgl. DuBrin 2010, S. 2; Western 2008, S. 22).

Personalführung	
Teilprozesse / Funktionen	**Aktivitäten und Akteure**
6.1 Ziele vorbereiten	- Beurteilungssystematiken (Kriterien, Gewichtung, etc.) und Zielwerte für Ziele definieren (P, F) - Erhaltene Ziele in untergeordnete Ziele aufteilen (F) - Mitarbeiter-Ziel Zuordnungen vorbereiten (F) - Eigene Ziele definieren (M)
6.2 Ziele vereinbaren	- Mitarbeitergespräche bzgl. zukünftiger Ziele führen (P, F, M) - Ziele für Mitarbeiter festlegen (F, M)
6.3 Fortschritt kontrollieren	- Aktuellen Grad der Zielerreichung erheben und besprechen (F, M) - Ggf. Ziele anpassen (F, M)
6.4 Zielerreichung bewerten	- Zielerreichung und Leistung erheben und besprechen (P, F, M) - Ggf. Maßnahmen bzgl. Entwicklung, Freisetzung oder Vergütung aus Zielerreichung ableiten (F)
vgl. Greenwood 1981, S. 225; Cederblom 1982, S. 222; Howell 1967, S. 55; Strunz/Dorsch 2009, S. 155	
P: Personalwesen **F:** Führungskräfte **M:** Mitarbeiter	

Tabelle 9: Aktivitäten der Personalführung

Aufgabe der **Personalvergütung** oder Personalentlohnung (vgl. Holtbrügge 2010, S. 179) ist das Gestalten von Entgeltregelungen zum Entlohnen der im Unternehmen beschäftigten Mitarbeiter (vgl. Stock-Homburg 2010, S. 416). In der Praxis existieren drei unterschiedliche Kategorien, in die Kriterien für die Entlohnung eingeteilt werden: stellenorientierte, kompetenzorientierte (abhängig vom Qualifikationsniveau des Mitarbeiters) und leistungsabhängige (abhängig vom Zielerreichungsgrad des Mitarbeiters) Vergütung (vgl. Stock-Homburg 2010, S. 416; Kolb 2010, S. 364). Tabelle 10 fasst die Aktivitäten der Personalvergütung zusammen.

Personalvergütung	
Teilprozesse / Funktionen	**Aktivitäten und Akteure**
7.1 Entgeltsystem gestalten	- Löhne und Gehälter für unterschiedliche Mitarbeitergruppen gestalten (P, F) - Leistungsorientierte Zahlungen abstimmen (P, F) - Sozialleistungen festlegen (P, F) - Erfolgsbeteiligungen festlegen (P, F) - Partizipation durch institutionelle Vertreter (M)
7.2 Individuelle Entgelte festlegen	- Entgeltwünsche kommunizieren (M) - Individuellen Lohn bzw. Gehalt gestalten (P, F) - Individuelle, leistungsorientierte Zahlungen bestimmen (P, F) - Individuelle Sozialleistungen und Renten festlegen (P, F) - Individuelle Erfolgsbeteiligungen festlegen (P, F) - Individuelle Entgeltentwicklung gestalten (P, F)
7.3 Entgeltzahlung durchführen	- Entgeltabrechnung erstellen und versenden (P) - Entgeltabrechnung entgegennehmen (M) - Entgeltzahlungen leisten (P) - Steuern, Sozialabgaben und Renten abwickeln (P) - Meldungen an verschiedene Stellen (Berufsgenossenschaften, Finanzämter etc.) abwickeln (P)
vgl. Böhmer 2006, S. 60; Jung 2011, S. 589; Drumm 2008, S. 610	
P: Personalwesen **F:** Führungskräfte **M:** Mitarbeiter	

Tabelle 10: Aktivitäten der Personalvergütung

Aufgabe der **Personalbeurteilung** ist das Einschätzen der Mitarbeiter eines Unternehmens anhand qualitativer und quantitativer Kriterien (vgl. Stock-Homburg 2010, S. 372). Generell wird zwischen Leistungs- und Potenzialbeurteilung unterschieden (vgl. Jung 2011, S. 738): Die Leistungsbeurteilung bezeichnet das Bewerten des Zielerreichungsgrades und ist somit Bestandteil der Personalführung (vgl. Drumm 2008, S. 120; s. o.). Bei einer leistungsorientierten Vergütung (s. o.) bildet diese Beurteilungsform die Grundlage zum Festlegen des leistungsorientierten Vergütungsanteils (vgl. Stock-Homburg 2010, S. 424). Im Gegensatz hierzu fokussiert sich die Potenzialbeurteilung auf die Eignung (bspw. Qualifikationsniveau oder Kompetenzen) des Mitarbeiters sowie dessen erwartete Weiterentwicklung (vgl. Mentzel et al. 2010, S. 149). Dabei steht eine Menge an Beurteilungsmaßnahmen zur Verfügung[9], wie bspw. Mitarbeitergespräche (vgl. Stock-Homburg 2010, S. 407) oder Assessment-Center (vgl. Jung 2011, S. 764). Tabelle 11 gibt einen Überblick über die Aktivitäten der Personalbeurteilung.

Personalbeurteilung	
Teilprozesse / Funktionen	**Aktivitäten und Akteure**
8.1 Beurteilungsmaßnahmen vorbereiten	- Beurteilungskriterien festlegen (P, F) - Maßnahmen auswählen (P) - Beurteilende festlegen (P, F) - Maßnahmendurchführung terminieren (P, F, M)
8.2 Beurteilungsmaßnahmen durchführen	- Maßnahmen vorbereiten (P, F, M) - Maßnahmen durchführen (P, F, M)
8.3 Beurteilungsergebnisse auswerten	- Maßnahmen auswerten (P) - Ergebnisse aufbereiten und kommunizieren (P) - Ggf. Maßnahmen bzgl. Entwicklung, Vergütung oder Freisetzung aus Ergebnissen ableiten (F)
vgl. Jung 2011, S. 773; Stock-Homburg 2010, S. 406	
P: Personalwesen F: Führungskräfte M: Mitarbeiter	

Tabelle 11: Aktivitäten der Personalbeurteilung

Querschnittsprozesse

Im Rahmen des Personalmanagements unterstützen Querschnittsprozesse andere HR-Prozesse, indem bspw. Funktionen oder Informationen bereitgestellt werden, die zum Ausführen von Aktivitäten anderer Prozesse notwendig sind (vgl. Tornack/Schumann 2013, S. 13). In dieser Kategorie wird zwischen den Prozessen „Personaladministration und -betreuung" sowie „Personalcontrolling" unterschieden. Unter dem Prozess der **Personaladministration und -betreuung** werden zum einen sämtliche verwaltenden Tätigkeiten des Personalwesens zusammengefasst (vgl. Kolb 2010, S. 608), wie bspw. das Verwalten und Pflegen von HR-Daten (vgl. Töpfer 2007, S. 918). Des Weiteren beinhaltet dies das Abwickeln weiterer Verwaltungsvorgänge, wie bspw. die Kommunikation mit Kranken- oder Rentenkassen (vgl. Jung 2011, S. 657). Zum anderen wird im Rahmen der Personalbetreuung das Ziel verfolgt, die Bindung der Mitarbeiter an das Unternehmen[10] zu stärken (vgl. Flato/Reinbold-Scheible 2008,

---

[9] Eine ausführliche Übersicht über Personalbeurteilungsmaßnahmen findet sich bspw. bei STOCK-HOMBURG (2010, S. 408) oder KOLB (2010, S. 431).

[10] Im Englischen wird hierfür der Begriff „Retention Management" verwendet (vgl. bspw. Phillips/Connell 2004; Rainlall 2004).

S. 73), indem die Beziehungen zwischen dem Unternehmen und den Mitarbeitern verbessert und An-
liegen der Mitarbeiter ausreichend berücksichtigt werden (vgl. Hermann/Pifko 2009, S. 153). Tabelle 12
fasst die Aktivitäten der Personaladministration und -betreuung zusammen.

Personaladministration und -betreuung	
Teilprozesse / Funktionen	**Aktivitäten und Akteure**
9.1 Personalakten pflegen	- Personalakten neuer Mitarbeiter anlegen (P) - Existierende Personalakten pflegen (P, M)
9.2 Arbeitszeiten verwalten	- Arbeitszeiten sowie An- und Abwesenheiten pflegen (M) - Arbeitszeiten sowie An- und Abwesenheiten kontrollieren (P, F) - Urlaubs- und Dienstreiseanträge einreichen (M) - Urlaubsanträge bearbeiten (P, F) - Krankheitszeiten dokumentieren (P, M) - Dienstreiseanträge bearbeiten (P, F)
9.3 Weitere HR-Verwaltungs- vorgänge abwickeln	- Administrationstätigkeiten in weiteren HR-Prozessen unterstützen (P) - Mitarbeiter und Führungskräfte bei HR-bezogenen Fragen unterstützen (P) - Mit externen Stellen kommunizieren (Renten- und Krankenkassen, Arbeitsamt etc.) (P)
9.4 Mitarbeiterbeziehungen pflegen	- Aufnehmen von Anliegen der Mitarbeiter (P, M) - Bewerten der Mitarbeiteranliegen (P) - Ableiten von Maßnahmen zum Verbessern der Mitarbeiterbeziehungen (P)
vgl. Kolb 2010, S. 608; Rainlall 2004, S. 53; Hermann/Pifko 2009, S. 153	
P: Personalwesen F: Führungskräfte M: Mitarbeiter	

Tabelle 12: Aktivitäten der Personaladministration und -betreuung

Das **Personalcontrolling** hat das Ziel, durch die Analyse bestehender Daten und vorhergehender Prozesse, personalbezogene Informationen und Analysen für das Management bereitzustellen (i. d. R. im
Rahmen von Soll-Ist-Abgleichen; vgl. Jung 2011, S. 945) und hierdurch das Ableiten geeigneter HR-
Maßnahmen zu unterstützen (vgl. Achouri 2011, S. 145). Somit stellt das Personalcontrolling eine Informationsbasis für andere HR-Prozesse dar, wie bspw. die Personaleinsatz- oder Personalentwicklungsplanung (vgl. Sure 2011, S. 208). Diese Informationsbasis wird anhand von quantitativen (bspw. Personalkosten) und qualitativen (bspw. Mitarbeiterzufriedenheit) Kennzahlen(-systemen) bereitgestellt (vgl.
Kolb 2010, S. 626), die innerhalb des Personalcontrollings gestaltet und zur Verfügung gestellt werden
(vgl. Jung 2011, S. 957). Tabelle 13 fasst die Aktivitäten zusammen.

Personalcontrolling	
Teilprozesse / Funktionen	**Aktivitäten und Akteure**
10.1 Vorbereiten der Kennzahlenerfassung	- Kennzahlen(-systeme) definieren (P, F)
10.2 Soll-Kennzahlen bestimmen	- Zukünftige Entwicklungen der Indikatoren abschätzen (P, F) - Anhand vergangener Ist-Kennzahlen und Entwicklungsschätzungen (bspw. basierend auf statistischen Verfahren oder Erfahrungen) Soll-Werte erstellen (P, F)
10.3 Ist-Kennzahlen berechnen	- Indikatoren (bspw. Krankheitstage) aus anderen Prozessen und ggf. externen Datenquellen erheben (P) - Kennzahlen aus Indikatoren berechnen (P)
10.4 Soll-Ist-Abgleiche aufbereiten und kommunizieren	- Soll- mit Ist-Kennzahlen abgleichen (P, F) - Ist-Kennzahlen, Soll-Kennzahlen und Abgleiche aufbereiten und verbreiten (P) - Kennzahlen als Entscheidungsgrundlage für weitere HR-Prozesse verwenden (P, F)
vgl. Holtbrügge 2010, S. 245; Schulte 2012, S. 178; Achouri 2011, S. 146	
P: Personalwesen **F:** Führungskräfte **M:** Mitarbeiter	

Tabelle 13: Aktivitäten des Personalcontrollings

2.2   Mobile Business

In den folgenden Abschnitten wird der Begriff „Mobile Business" näher betrachtet. Dabei wird dieser zunächst definiert und eingeordnet (Abschnitt 2.2.1), bevor die Charakteristika mobiler Endgeräte (Abschnitt 2.2.2) und Anwendungen (Abschnitt 2.2.3) beschrieben werden. Mehrwerte und Limitationen mobiler Applikationen werden ebenfalls näher betrachtet.

2.2.1   Definition und Einordnung

Der Begriff „Mobilität" ist aus dem lateinischen „mobilitas" abgeleitet und bezeichnet die (räumliche) Beweglichkeit von Individuen oder Gruppen (vgl. Dudenredaktion 2010, S. 679). Im Unternehmenskontext wird nach LUFF UND HEATH (1998, S. 306) zwischen mikro-, lokaler und entfernter Mobilität unterschieden. Während mikro-Mobilität lediglich die Beweglichkeit von Dokumenten innerhalb einer Büroumgebung bezeichnet, ist mit lokaler Mobilität die Beweglichkeit von Mitarbeitern innerhalb eines Gebäudes gemeint (vgl. Stanoevska-Slabeva 2004, S. 10; Yuan/Zheng 2005, S. 316). Unter entfernter Mobilität wird der Einsatz von Mitarbeitern außerhalb von Unternehmensgebäuden (bspw. im Außendienst) verstanden (vgl. Luff/Heath 1998, S. 307; Yuan/Zheng 2005, S. 316). Für Mobilität im technologischen Bereich existiert eine Vielzahl von Klassifikationen (vgl. bspw. Bulander 2008, S. 10; Book et al. 2005, S. 121). Diese Arbeit orientiert sich an dem Referenzmodell von KÜPPER ET AL. (2004), die Mobilität in Dienst-, Sitzungs-, Personen- und Endgerätemobilität unterteilen. Während **Dienstmobilität** die Möglichkeit beschreibt, Anwendungssysteme unabhängig von Netzbetreibern zur Verfügung zu stellen, bezeichnet **Sitzungsmobilität** die Fähigkeit, die Nutzung einer Anwendung temporär zu unterbrechen und zu einem späteren Zeitpunkt fortzusetzen (vgl. Hess et al. 2005, S. 8). Bei **Personenmobilität** wird in diesem Fall nicht von physischer bzw. örtlicher Mobilität von Individuen gesprochen, sondern

von der Fähigkeit eines Nutzers, sich unabhängig vom verwendeten Endgerät gegenüber einem Mobil-
funknetz zu identifizieren (vgl. Küpper et al. 2004, S. 71). In dieser Arbeit wird der Begriff Mobilität als
Synonym für **Endgerätemobilität** verwendet. Diese bezeichnet das orts- und zeitunabhängige Verwenden von Endgeräten (vgl. Christmann/Hagenhoff 2009, S. 5; Roth 2005, S. 7) und entspricht somit der
entfernten Mobilität nach LUFF UND HEATH (1998, S. 307).

Für den Begriff Mobile Business existiert in der Literatur eine Vielzahl unterschiedlicher Definitionen.
Eine Auswahl dieser ist in Tabelle 14 dargestellt.

Quelle	Definition
Buse 2002, S. 92	„Mobile Business bezeichnet sämtliche Kommunikationsvorgänge sowie den Austausch von Infor-mationen, Waren und Dienstleistungen über mobile Endgeräte."
Lehner 2003, S. 6	„[...] wird mit Mobile Business [...] die Gesamtheit aller Aktivitäten, Prozesse und Anwendungen in Unternehmen bezeichnet, welche mit mobilen Technologien durchgeführt oder unterstützt wer-den."
Link 2013, S. 5	„[...] M-Business als Einsatz mobiler Endgeräte in Geschäftsprozessen [...]."
Meier/Stormer 2009, S. 165	"The term mBusiness covers all activities, processes, and applications that can be realized with mobile technologies. The business relationships take place by means of mobile devices."
Reichwald et al. 2002, S. 8	„Gesamtheit der über ortsflexible, datenbasierte und interaktive Informations- und Kommunikati-onstechnologien [...] abgewickelten Geschäftsprozesse."
Scornavacca et al. 2006, S. 2	"[...] the use of the mobile information technologies, including the wireless Internet, for organiza-tional communication and coordination, and the management of the firm [...]."
Stanoevska-Slabeva 2004, S. 4	"[...] m-business is defined as a collection of mobile technologies and applications used to support processes, value chains and entire markets using wireless technology"

Tabelle 14: Ausgewählte Mobile Business-Definitionen

Die dargestellten Definitionen haben gemeinsam, dass mobile Technologien (Endgeräte und Anwendungen) zum Unterstützen von Aktivitäten oder Prozessen innerhalb von Unternehmen eingesetzt werden. Aus diesem Grund wird in Anlehnung an LEHNER (2003, S. 6) und LINK (2013, S. 5) Mobile Business
wie folgt definiert:

> **Mobile Business** bezeichnet die Gesamtheit aller Aktivitäten in Unternehmen, die mit mobilen
> Technologien durchgeführt oder unterstützt werden.

Mobile Business wird darüber hinaus als Untermenge des Electronic Business (E-Business) betrachtet
(vgl. Buse 2002, S. 92; Wirtz 2010, S. 51), da Electronic Business die Gesamtheit aller Aktivitäten in
Unternehmen bezeichnet, die durch Informations- und Kommunikationstechnologien durchgeführt werden (vgl. Houy 2008, S. 30). Der Begriff Mobile Commerce (M-Commerce) ist dagegen enger gefasst
und stellt eine Untermenge des Mobile Business dar (vgl. Wirtz 2010, S. 50; Broeckelmann 2010, S. 13).
Dieser umfasst lediglich die Anbahnung, Aushandlung und / oder Abwicklung von Transaktionen zwischen Wirtschaftssubjekten mit direktem oder indirektem monetären Wert (vgl. Bamba/Barnes 2006,
S. 1), die mithilfe mobiler Technologien ausgeführt werden (vgl. Turowski/Pousttchi 2003, S. 5; Broeckelmann 2010, S. 13; Link 2013, S. 5). Abbildung 7 verdeutlicht diesen Zusammenhang.

Abbildung 7: Einordnung des Mobile Business

Das Unterstützen von Aktivitäten durch mobile Technologien stellt darüber hinaus einen Bezug zum Themenfeld „Mobile Computing" dar. Mobile Computing umfasst alle Aktivitäten, die auf einem mobilen Endgerät (vgl. Abschnitt 2.2.2) ausgeführt werden (vgl. Christmann/Hagenhoff 2009, S. 9) und stellt wiederum eine Untermenge des Forschungsfelds „Ubiquitous Computing" dar. In diesem wird die Allgegenwärtigkeit mobiler Computer in allen Alltagsbereichen untersucht (vgl. Fuchß 2009, S. 14). Die technischen Komponenten (mobile Technologien) des Mobile Computings stellen Kommunikationstechnologien, Betriebssysteme und Anwendungssoftware für mobile Endgeräte sowie mobile Endgeräte an sich dar. Abbildung 8 gibt einen Überblick über die einzelnen Komponenten (vgl. Christmann 2012, S. 17).

Abbildung 8: Technische Komponenten des Mobile Computings

Mobile Endgeräte (Abschnitt 2.2.2) sowie dazugehörige Anwendungssoftware (mobile Anwendungen; Abschnitt 2.2.3) werden in den folgenden Abschnitten detailliert betrachtet. Das Ziel dieser Arbeit ist (neben dem Aufzeigen des aktuellen Stands der Forschung) das Identifizieren von Charakteristika, die den Einsatz mobiler Anwendungen in Personalmanagementprozessen begünstigen oder hemmen. Da sich diese Charakteristika aus den Eigenschaften mobiler Endgeräte und Anwendungen ableiten lassen, findet eine eingehende Betrachtung von Kommunikationstechnologien und Betriebssystemen für mobile Endgeräte in dieser Arbeit nicht statt.[11]

2.2.2 Mobile Endgeräte

In der bestehenden Literatur werden mobile Endgeräte häufig als solche Endgeräte definiert, die für den mobilen Einsatz konzipiert sind (vgl. Turowski/Pousttchi 2003, S. 58; Broeckelmann 2010, S. 8; Logara 2009, S. 73). Aufgrund des tautologischen Charakters dieser Aussage erscheint eine Definition mobiler

---

[11] Eine nähere Betrachtung von Kommunikationstechnologien für mobile Endgeräte findet sich bei FUCHß (2009) und LOGARA (2009), mobile Betriebssysteme werden bei CHRISTMANN UND HAGENHOFF (2009) und ALBY (2008) thematisiert.

Endgeräte anhand ihrer spezifischen Eigenschaften jedoch sinnvoller. Anhand der aktuellen Literatur lassen sich die Eigenschaften Interaktivität, Konnektivität, Mobilität und persönliche Bindung identifizieren. Tabelle 15 gibt einen Überblick über die Erwähnungen der einzelnen Charakteristika in der Literatur, die im Folgenden erläutert werden. Es wird jeweils angegeben, ob die Eigenschaft mobiler Endgeräte in der Publikation thematisiert und welche Begrifflichkeit hierfür verwendet wird.

Quelle	Eigenschaften			
	Interaktivität	Konnektivität	Mobilität	pers. Bindung
Coursaris et al. 2006, S. 1	-	X (Connectivity)	-	X (Personalization)
Bulander et al. 2005, S. 20	X (Interaktion)	X (Ständige Konnektivität)	X (Zeit- und Ortsunabhängigkeit)	-
Klann et al. 2005, S. 38	X (Interaktivität)	X (Konnektivität)	X (Mobilität)	X (persönliches Gerät)
Paavilainen 2002, S. 71	-	X (Instant connectivity)	X (Anywhere, anytime)	X (Intimacy)
Turowski/Pousttchi 2003, S. 157	X (Interaktivität)	-	X (Allgegenwärtigkeit)	-

X: Eigenschaft wird in Publikation thematisiert   (...): Original Begrifflichkeit der Quelle

Tabelle 15: Eigenschaften mobiler Endgeräte in der Literatur

Interaktivität bezeichnet die Wechselwirkungen, die zwischen dem Nutzer und dem Endgerät existieren, bspw. Reaktionen auf Nutzereingaben (vgl. Herczeg 2005, S. 78). Unter **Konnektivität** wird eine ständige Verbindung zum Internet verstanden (vgl. Klann et al. 2005, S. 38), die es dem Nutzer des mobilen Endgeräts ermöglicht, permanent zu kommunizieren und Informationen auszutauschen (vgl. Coursaris et al. 2006, S. 1). **Mobilität** bezeichnet in Anlehnung an die Endgerätemobilität nach KÜPPER ET AL. (2004, S. 70) in dieser Arbeit das zeit- und ortsunabhängige Nutzen mobiler Endgeräte (vgl. Bulander et al. 2005, S. 20). Die **persönliche Bindung** mobiler Endgeräte ergibt sich daraus, dass Nutzer ihr mobiles Endgerät i. d. R. permanent mit sich führen und somit eine 1-zu-1-Zuordnung zwischen Nutzer und Endgerät existiert. Hieraus folgt eine Gewöhnung der Nutzer an das Endgerät und somit eine gesteigerte Nutzungsakzeptanz (vgl. Srivastava 2005, S. 122). Auf Grundlage dieser Charakterisierungen werden mobile Endgeräte in dieser Arbeit wie folgt definiert:

> **Mobile Endgeräte** sind Endgeräte, die zeit- und ortsunabhängig verwendet werden können, eine permanente Konnektivität mit dem Internet aufweisen, Interaktion mit dem Nutzer zulassen und einer Person zugeordnet werden können.

Wesentliches Merkmal der zeit- und ortsunabhängigen Nutzung mobiler Endgeräte ist, dass diese während des Transports genutzt werden können (vgl. Krannich 2010, S. 31). Darüber hinaus lässt diese Definition technologische Eigenschaften mobiler Endgeräte bewusst außer Acht, da diese aufgrund der Konvergenz einzelner Endgeräteklassen (vgl. Bulander 2008, S. 15) nicht als Abgrenzungskriterien geeignet sind. Allerdings ergeben sich aus diesen Eigenschaften mobiler Endgeräte Einschränkungen für deren Einsatz: Je „mobiler" ein Endgerät ist, desto geringer ist i. d. R. dessen Größe, sodass die jeweils zur Verfügung stehenden Ressourcen stark eingeschränkt werden. Die größten Einschränkungen ergeben sich in den Bereichen Anzeige, Speicher, Arbeitsspeicher, Prozessorleistung, Eingabemöglichkeiten und Energievorrat (vgl. Christmann/Hagenhoff 2009, S. 15; Houy 2008, S. 45).

Obwohl einige Autoren auch Laptops und Notebooks zu den mobilen Endgeräten hinzuzählen (vgl. Krannich 2010, S. 39), werden diese hier nicht weiter betrachtet, da sie sich in der Verwendung kaum von Desktop-PCs unterscheiden (bspw. werden dieselben Betriebssysteme verwendet; vgl. Turowski/Pousttchi 2003, S. 57). Wird im Folgenden von mobilen Endgeräten gesprochen, so sind Smartphones bzw. Tablet PCs gemeint.

2.2.3 Mobile Anwendungen

Mobile Anwendungen werden in der Literatur häufig als Anwendungssysteme bezeichnet, die speziell für den Einsatz auf mobilen Endgeräten konzipiert sind (vgl. Sullivan 2010, S. 6; Elfers 2010, S. 17), bzw. auf diesen ausgeführt werden (vgl. Wu/Chang 2013, S. 1). Analog zur Definition mobiler Endgeräte erscheint es allerdings sinnvoller, diese ebenfalls auf Grundlage ihrer Eigenschaften zu definieren. In Anlehnung an STORMER ET AL. (2005, S. 7), werden mobile Anwendungen in dieser Arbeit wie folgt definiert:

> **Mobile Anwendungen** sind Anwendungen, die ortsunabhängig nutzbar sind, drahtlos mit anderen Informationssystemen kommunizieren können und für den Einsatz auf mobilen Endgeräten angepasst sind.

Die Möglichkeit, mobile Anwendungen ortsunabhängig zu nutzen, ergibt sich aus der Mobilität der Endgeräte, auf denen diese ausgeführt werden (vgl. Abschnitt 2.2.2). Die drahtlose Kommunikation mit anderen Informationssystemen geschieht dabei auf Grundlage mobiler Kommunikationstechnologien (wie bspw. UMTS oder LTE). Mobile Anwendungen, die auf mobilen Kommunikationsgeräten ausgeführt werden, werden im Allgemeinen auch als Apps (abgeleitet aus dem englischen Wort „Application") bezeichnet (vgl. Sullivan 2010, S. 6). Da mobile Anwendungen aufgrund ihrer beschränkten Dimensionen (vgl. Abschnitt 2.2.2) nicht für komplexe Datenein- und -ausgaben geeignet sind, handelt es sich i. d. R. um Erweiterungen für bereits bestehende Systeme mit einer zentralen Datenhaltung (vgl. Kern 2012, S. 105; Garcia-Gonzalez et al. 2010, S. 150; Medvidovic/Edwards 2010, S. 888; Bodker et al. 2009, S. 28). Die Kombination aus einem mobilen Endgerät und einer (oder mehreren) mobilen Anwendungen wird auch als mobiles System bezeichnet (vgl. Krannich 2010, S. 39).

Aus den Eigenschaften mobiler Anwendungen und Endgeräte ergeben sich eine Reihe so genannter mobiler Mehrwerte (engl. Mobile Added Value, MAV), die bei deren Einsatz zu Nutzeffekten führen können (vgl. Pousttchi et al. 2003, S. 416). Abbildung 9 stellt die Zusammenhänge der Eigenschaften mobiler Endgeräte und den Mehrwerten mobiler Anwendungen grafisch dar, die im Folgenden näher beschrieben werden.

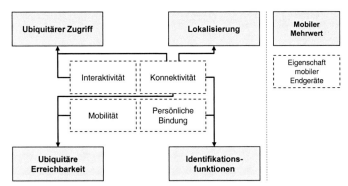

Abbildung 9: Zusammenhang mobiler Mehrwerte und der Eigenschaften mobiler Endgeräte

Ein mobiler Mehrwert, der durch die Verwendung mobiler Kommunikationstechnologien entsteht, ist die eindeutige **Identifikation (MAV1)** eines Nutzers (vgl. Mladenova et al. 2011, S. 7). Aufgrund der i. d. R. eindeutigen Zuordnung von mobilen Endgeräten und Nutzern (vgl. Abschnitt 2.2.2), wird dies durch die International Mobile Subscriber Identity (ISIM) ermöglicht, die auf jedem Subscriber Identity Module (SIM) eines mobilen Kommunikationsgeräts gespeichert ist (vgl. Eckert 2006, S. 785; Decker 2011, S. 36). Alternativ kann die Identifikation des Nutzers auch mithilfe von Radio-Frequency Identification (RFID)-Modulen realisiert werden (vgl. Stanoevska-Slabeva 2004, S. 3).

Die **Lokalisierung (MAV2)** des Nutzers wird ebenfalls durch mobile Kommunikationstechnologien ermöglicht (vgl. Teichmann/Lehner 2002, S. 217) und kann durch das Verwenden weiterer Dienste, wie bspw. GPS, in der Genauigkeit erhöht werden (vgl. Decker 2011, S. 55). Die Lokalisierbarkeit des Nutzers ermöglicht es einer mobilen Anwendung, kontextsensitive Dienste bereitzustellen (sog. Location Bases Services, LBS), die dem Nutzer Informationen in Abhängigkeit zu dessen aktueller Position anzeigen (vgl. Schiller/Voisard 2004, S. 10; Kim/Hwang 2006, S. 4; Bellavista et al. 2008, S. 86).

Einen weiteren mobilen Mehrwert stellt der **ubiquitäre Zugriff (MAV3)** auf entfernte Funktionen und Informationen dar (vgl. Mladenova et al. 2011, S. 7). Durch das Verwenden mobiler Kommunikationstechnologien kann der Nutzer Funktionen auf entfernten Systemen ausführen (bspw. das Starten eines Workflows), sofern entsprechende Schnittstellen vorhanden sind (vgl. Turowski/Pousttchi 2003, S. 159). Des Weiteren können so benötigte Informationen abgerufen und innerhalb der mobilen Anwendung dargestellt werden (vgl. Turowski/Pousttchi 2003, S. 158; Kim/Hwang 2006, S. 3).

Aus der Mobilität der Endgeräte und der daraus resultierenden orts- und zeitunabhängigen Verwendbarkeit mobiler Anwendungen ergibt sich der mobile Mehrwert der **ubiquitären Erreichbarkeit (MAV4)** (vgl. Turowski/Pousttchi 2003, S. 158; Stanoevska-Slabeva 2004, S. 3). Das Verwenden mobiler Kommunikationstechnologien (vgl. Abschnitt 2.2.2) führt dazu, dass mobile Endgeräte i. d. R. permanent (always-on; vgl. Kim/Hwang 2006, S. 3) mit dem Internet verbunden sind (vgl. Turowski/Pousttchi 2003, S. 158). Somit kann der Nutzer einer mobilen Anwendung permanent erreicht und bspw. über eingetretene Ereignisse informiert werden, die seine Aufmerksamkeit benötigen (vgl. Anckar/D'Incau 2002, S. 49). Tabelle 16 fasst die verschiedenen mobilen Mehrwerte kurz zusammen.

#	Mobiler Mehrwert	Erläuterung
MAV1	Identifikations-funktionen	Bei der Verwendung mobiler Anwendungen können Nutzer jederzeit eindeutig identifiziert werden (vgl. Picoto et al. 2010, S. 2; Turowski/Pousttchi 2003, S. 158).
MAV2	Lokalisierbarkeit	Mobile Anwendungen erlauben es, den aktuellen Standort des Nutzers zu ermitteln (vgl. Picoto et al. 2010, S. 2).
MAV3	Ubiquitärer Zugriff	Mobile Anwendungen erlauben es, auf entfernte Informationssysteme zuzugreifen, sodass dort Ereignisse ausgelöst werden können (vgl. Mladenova et al. 2011, S. 7; Turowski/Pousttchi 2003, S. 159). Darüber hinaus hat der Nutzer die Möglichkeit, ubiquitär auf entfernte Informationen zuzugreifen (vgl. Turowski/Pousttchi 2003, S. 158).
MAV4	Ubiquitäre Erreichbarkeit	Mobile Anwendungen können orts- und zeitunabhängig genutzt werden und ermöglichen so die permanente Erreichbarkeit des Nutzers (vgl. Turowski/Pousttchi 2003, S. 158).

Tabelle 16: Übersicht mobiler Mehrwerte

Neben den genannten Mehrwerten mobiler Anwendungen ergeben sich aufgrund der Einschränkungen mobiler Endgeräte (vgl. Abschnitt 2.2.2) jedoch auch Limitationen. So führen die geringen Ausmaße mobiler Endgeräte zunächst dazu, dass diese nur einen **begrenzten Platz für das Darstellen von Informationen** bereitstellen (vgl. Tarasewich et al. 2007, S. 3; Al-Dabbagh et al. 2010, S. 7). Dies führt dazu, dass Informationen für mobile Anwendungen so aufbereitet werden müssen, dass diese trotz des geringen Platzes sinnvoll genutzt werden können (vgl. Adipat/Zhang 2005, S. 2286; Adipat et al. 2011, S. 100). Darüber hinaus führt die geringe Größe mobiler Endgeräte dazu, dass für die **Eingabe von Daten** innerhalb mobiler Anwendungen nur begrenzte Möglichkeiten vorhanden sind (vgl. Tarasewich et al. 2007, S. 2). So existieren im Gegensatz zu Desktop-PCs oder Laptops keine externen Eingabegeräte (wie bspw. Mäuse oder Tastaturen). Stattdessen erfolgen Eingaben i. d. R. über Bildschirmtastaturen, die jedoch kaum für die Eingabe längerer Texte geeignet sind (vgl. Page 2013, S. 39). Darüber hinaus führt das Ansteuern von Bildschirmpunkten über Berührungen zu einer verminderten Genauigkeit (vgl. Parhi et al. 2006, S. 203).

2.3   Mobile Personalinformationssysteme

Unter Personalinformationssystemen (PIS)[12] werden im Allgemeinen Informationssysteme verstanden, die HR-Daten sammeln, speichern, manipulieren und analysieren und somit eine Informationsgrundlage für das Personalmanagement bilden (vgl. Hendrickson 2003, S. 381). Dabei stellen PIS keine isolierten Systeme innerhalb eines Unternehmens dar, sondern sind eng mit anderen Bereichen betrieblicher IS, wie bspw. Buchführungs- (bspw. im Bereich der Personalvergütung) oder Produktionsplanungssystemen (bspw. im Bereich des Personaleinsatzes; vgl. Chandra 2009, S. 22) verzahnt.

In Analogie zu den generellen Arten von Informationssystemen nach SCHEIN (1993, S. 333), lassen sich die Aufgaben von PIS in die Kategorien Automatisieren, Informieren und Transformieren einordnen. Die automatisierende Rolle von PIS ist die ursprünglichste Einsatzform von Informationssystemen innerhalb des Personalmanagements, da bereits die ersten PIS für die Automatisierung administrativer Prozesse (wie bspw. die Abrechnung von Löhnen bzw. Gehältern) eingesetzt wurden (vgl. Groe et al. 1996, S. 56). Die informierende Rolle von Personalinformationssystemen ergibt sich bereits aus der obigen Definition

---

[12] Im Englischen wird hierfür der Begriff „Human Resource Information Systems" (HRIS) verwendet (vgl. DeSanctis 1986, S. 16).

und der daraus resultierenden Aufgabe, einzelne HR-Prozesse mit Informationen zu versorgen (vgl. Lippert/Swiercz 2005, S. 341). Eine transformierende Rolle wird dann von PIS wahrgenommen, wenn deren Einsatz dazu führt, dass bestehende Prozesse oder Organisationstrukturen verändert werden. Dies ist bspw. bei ESS-Anwendungen der Fall, da hier HR-Aufgaben (bspw. das Pflegen von Stammdaten) an Mitarbeiter übertragen werden (vgl. Kovach et al. 2002, S. 44; Beckers/Bsat 2002, S. 48).

Ein Begriff, der im Kontext von Personalinformationssystemen häufig verwendet wird, ist der des Electronic Human Resource Management (eHRM). Ursprünglich bezeichnete eHRM das Verwenden von (webbasierten) Portallösungen innerhalb des Personalmanagements (vgl. bspw. Lengnick-Hall/Moritz 2003, S. 365), wird heutzutage jedoch für das generelle Unterstützen von HR-Prozessen durch Informationstechnologie jeder Art verwendet (vgl. Bondarouk/Ruël 2009, S. 507). Dieser breiteren Auffassung des eHRM wird auch in dieser Arbeit gefolgt.

In Anlehnung an die Definition von PIS im Allgemeinen (s. o.) werden mobile Personalinformationssysteme in dieser Arbeit wie folgt definiert:

> Ein **mobiles Personalinformationssystem** ist eine mobile Anwendung, die das Sammeln, Manipulieren und / oder Analysieren von HR-Daten ermöglicht.

Im Gegensatz zu herkömmlichen PIS findet jedoch keine permanente Speicherung von HR-Daten innerhalb von mobilen PIS statt. Da diese i. d. R. lediglich Erweiterungen zu stationären Systemen darstellen (vgl. Abschnitt 2.2.3), werden HR-Daten innerhalb eines zentralisierten Systems gespeichert und mithilfe mobiler Kommunikationstechnologien dem mobilen PIS zur Verfügung gestellt (und ggf. lokal auf dem mobilen Endgerät zwischengespeichert). Abbildung 10 stellt die Einordnung mobiler Anwendungen in die idealtypische Architektur von PIS nach STROHMEIER (2008, S. 5) schematisch dar (vgl. Tornack/Schumann 2013, S. 23; Klein 2012, S. 44). Dabei sind mobile Anwendungen eine Komponente der Präsentationsschicht, die über Schnittstellen auf Informationen und Funktionen der darunterliegenden Schichten (Integrations-, Anwendungs- und Datenhaltungsschicht) zugreift und so HR-bezogene Informationen oder Workflows zur Verfügung stellt.

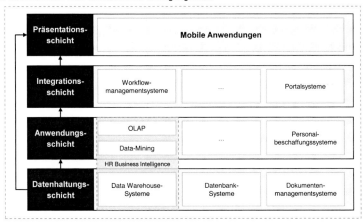

Abbildung 10: Einordnung mobiler Anwendungen in die Idealtypische Architektur von PIS

3 Stand der betrieblichen Praxis im Bereich mobiler Personalinformationssysteme

Ziel dieses Abschnitts ist das Erfassen des aktuellen Standes der betrieblichen Praxis zum Einsatz mobiler Personalinformationssysteme, um somit einen Teil der ersten Forschungsfrage (vgl. Abschnitt 1.2) zu beantworten. Hierfür werden zwei Blickrichtungen betrachtet, sodass die übergeordnete Forschungsfrage operationalisiert wird: Zunächst ist der aktuelle Einsatz mobiler HR-Anwendungen innerhalb von Unternehmen von Interesse. So kann festgestellt werden, bis zu welchem Grad die Adoption mobiler PIS in der betrieblichen Praxis bereits fortgeschritten ist und in welchen Bereichen Ansatzpunkte für weitere Forschungsaktivitäten zu sehen sind. Somit ergibt sich die erste operationalisierte Forschungsfrage:

FF1a	Inwiefern setzen Unternehmen aktuell bereits mobile Anwendungen zum Unterstützen von Personalmanagementprozessen ein?

Des Weiteren ist zu prüfen, inwiefern mobile HR-Anwendungen aktuell tatsächlich am Markt verfügbar sind. So könnte eine geringe Adoption auf Seiten der Unternehmen mit einem geringen Angebot mobiler PIS am Markt erklärt werden. Hieraus ergibt sich die zweite operationalisierte Forschungsfrage:

FF1b	Welche Personalmanagementprozesse werden durch aktuell am Markt verfügbare mobile Anwendungen unterstützt?

Zum Beantworten der beiden Forschungsfragen wird anhand einer quantitativ empirischen Studie im Folgenden zunächst untersucht, inwiefern mobile PIS aktuell bereits in Unternehmen eingesetzt werden (Abschnitt 3.1). Anschließend wird im Rahmen einer Marktanalyse das aktuelle Marktangebot mobiler PIS untersucht (Abschnitt 3.2). Somit wird es möglich, evtl. vorhandene Beziehungen zwischen dem aktuellen Einsatz mobiler PIS in Unternehmen und dem aktuellen Angebot herzustellen.[13]

3.1 Einsatz mobiler Personalinformationssysteme in Unternehmen

In den folgenden Abschnitten werden die Ergebnisse zum Einsatz mobiler PIS in Unternehmen dargelegt. Hierfür wird zunächst die Forschungsmethodik und das Untersuchungsdesign näher beschrieben (Abschnitt 3.1.1), bevor auf die Ergebnisse der Studie eingegangen wird (Abschnitt 3.1.2).

3.1.1 Forschungsmethodik und Untersuchungsdesign

Das Ziel der hier beschriebenen Studie ist es, festzustellen, ob und inwiefern Unternehmen aktuell mobile Anwendungen zum Unterstützen des Personalmanagements einsetzen. Somit ergibt sich für die

---

[13] Die Inhalte in diesem Abschnitt basieren auf dem Arbeitsbericht von PILARSKI UND SCHUMANN (2015a).

durchzuführende Studie eine **explorative Ausrichtung**, da im Vorfeld keine Erkenntnisse über den Einsatz mobiler PIS existieren. Das im Rahmen einer explorativen Untersuchung gewonnene Wissen kann anschließend dazu verwendet werden, erste Hypothesen zu generieren, die anschließend in weiteren Untersuchungen verifiziert werden können (vgl. Bortz/Döring 2006, S. 50).

Um möglichst repräsentative Aussagen über den Einsatz mobiler PIS in Unternehmen treffen zu können, wird darüber hinaus ein **quantitatives Forschungsdesign** gewählt, da dieses eine stärkere Generalisierbarkeit und somit verlässlichere Rückschlüsse auf die Grundgesamtheit zulässt (vgl. Albers et al. 2009, S. 7; Dahlberg/McCaig 2010, S. 22). Für das Erheben der Daten wurde eine schriftliche Befragung mittels eines Fragebogens durchgeführt (vgl. Bortz/Döring 2006, S. 252), der im Juli 2014 per Post an 750 deutsche Unternehmen versandt wurde (zu einem späteren Zeitpunkt wurden die Unternehmen noch einmal per E-Mail kontaktiert). Der verwendete Fragebogen (vgl. Anhang A1) war dabei in zwei Bereiche eingeteilt: Im ersten Abschnitt (Block A) wurden Unternehmen zunächst gebeten allgemeine Angaben zum Unternehmen (bspw. Anzahl Mitarbeiter, Anzahl und geografische Verteilung von Unternehmensstandorten) anzugeben. Im nächsten Abschnitt (Block B) wurde gefragt, ob und in welchen Bereichen die Unternehmen mobile Anwendungen im Personalmanagement einsetzen. Es konnte zudem angegeben werden, wie die mobilen Anwendungen konkret umgesetzt wurden (bspw. unterstützte Betriebssysteme, native / webbasierte Entwicklung oder Schnittstellen zu anderen Systemen). Darüber hinaus konnten Unternehmen, die keine mobilen PIS einsetzen und deren Einsatz aktuell nicht planen, abschließend Gründe hierfür anführen. Im letzten Abschnitt (Block C) wurden die Befragten gebeten, ihre Einschätzungen zu Kriterien abzugeben, bei deren Erfüllung der Einsatz mobiler Anwendungen zum Unterstützen von HR-Prozessen sinnvoll erscheint.[14]

Die Auswahl der Unternehmen wurde anhand einer Quoten-Auswahlstrategie durchgeführt (proportionales Sampling; vgl. Walliman 2011, S. 95), d. h. es wurden für jede Branche und Unternehmensgröße eine Anzahl an Unternehmen kontaktiert, die dem Verhältnis innerhalb der Grundgesamtheit entspricht (vgl. Miles et al. 2013, S. 32; Ritchie/Lewis 2003, S. 100), um verlässliche Rückschlüsse auf die Grundgesamtheit der deutschen Unternehmenslandschaft zuzulassen (vgl. Atteslander 2003, S. 308). Angesprochen wurden dabei Verantwortliche aus dem Bereich der Informationstechnologie (IT). Zur Identifikation der Unternehmen wurden die Datenbanken Bisnode (vgl. Bisnode 2015) und Amadeus (vgl. BvD 2015) verwendet. Potenzielle direkte Ansprechpartner bei den Unternehmen wurden entweder über die Webseiten der Unternehmen oder über die Plattform XING (vgl. XING 2015) identifiziert.

---

[14] In Abschnitt 5.1 werden die dazugehörigen Kriterien hergeleitet und es wird auf die Evaluationsergebnisse eingegangen. Somit werden diese im Rahmen von Abschnitt 3 nicht weiter betrachtet.

3.1.2   Ergebnisse der Studie

3.1.2.1   Beschreibung der Stichprobe

Insgesamt wurden im Rahmen der Datenerhebung 79 Datensätze erfasst, was einer Rücklaufquote von ca. 10,5 % entspricht, die somit innerhalb des bei solchen Studien erwarteten Rahmens liegt (vgl. Hartung et al. 2005, S. 310). Abbildung 11 stellt die Anzahl der Mitarbeiter und den Jahresumsatz der Unternehmen dar, die an der Studie teilgenommen haben.[15]

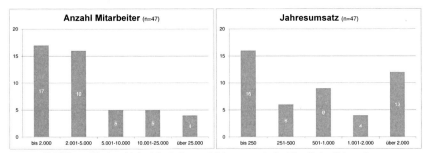

Abbildung 11: Anzahl der Mitarbeiter und Jahresumsatz (in Mio. €) der Unternehmen

Hierbei zeigt sich, dass vor allem Unternehmen mit bis zu 5.000 Mitarbeitern an der Studie teilgenommen haben, wohingegen beim Jahresumsatz keine Tendenz erkennbar ist. Darüber hinaus wurde sowohl die Standortverteilung der Unternehmen (deutschlandweite, europaweite oder weltweite Verteilung) sowie die Anzahl der Unternehmensstandorte erfasst (vgl. Abbildung 12). Dabei ist erneut weder bei der Verteilung noch bei der Anzahl der Standorte eine Tendenz erkennbar. Allerdings wird deutlich, dass die meisten der befragten Unternehmen an mehr als einem Standort tätig sind. Sowohl durch den hohen Anteil größerer Unternehmen (insgesamt nahmen lediglich vier Unternehmen mit weniger als 1.000 Mitarbeitern teil), als auch den hohen Grad der Standortverteilung kann nicht ausgeschlossen werden, dass die im Folgenden beschriebenen Ergebnisse dahingehend verzerrt sind, dass sie vor allem den Einsatz mobiler PIS in Großunternehmen widerspiegeln.

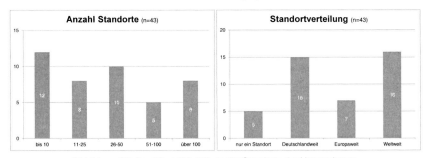

Abbildung 12: Anzahl und Verteilung der Standorte der Unternehmen

---

[15] Hier und im Folgenden ist zu beachten, dass einige Fragen zum Unternehmen von den Befragten nicht beantwortet werden mussten, sodass sich von der Gesamtstichprobe abweichende Angaben für die Anzahl der Antworten (n) ergeben.

Des Weiteren wurde erfragt, welcher Anteil der Mitarbeiter während der Arbeitszeit „mobil" ist (mehr als 25 % der Arbeitszeit außerhalb seines eigentlichen Unternehmensstandorts tätig ist). Diese Ergebnisse sind in Abbildung 13 dargestellt. Hierbei fällt auf, dass in den meisten Unternehmen i. d. R. nur bis zu 25 % der Mitarbeiter während Ihrer Arbeitszeit mobil sind.

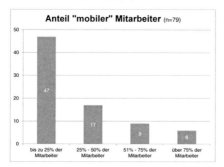

Abbildung 13: Anteil mobiler Mitarbeiter in den Unternehmen

3.1.2.2   Einsatz mobiler Personalinformationssysteme

Im Rahmen der Studie gaben 61 von 79 befragten Unternehmen an, derzeit mobile Anwendungen zum Unterstützen von innerbetrieblichen Geschäftsprozessen einzusetzen. Davon gaben 35 Unternehmen an, Personalmanagementaktivitäten durch mobile Applikationen zu unterstützten (entspricht 44 % der Gesamtstichprobe; vgl. Abbildung 14).

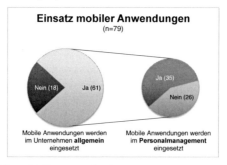

Abbildung 14: Einsatz mobiler Anwendungen nach Unternehmen

Um festzustellen, inwiefern Unternehmenscharakteristika einen Einfluss auf den Einsatz mobiler Personalinformationssysteme haben, wurde eine binär-logistische Regressionsanalyse verwendet. Mithilfe dieser Analysemethode wird versucht zu bestimmen, mit welcher Chance (Odds; vgl. Field 2013, S. 766)[16] ein bestimmtes Ergebnis (in diesem Fall der Einsatz mobiler HR-Anwendungen) in Abhängigkeit von unabhängigen Faktoren eintritt (vgl. Backhaus 2011, S. 250). Somit kann festgestellt werden,

---

[16] Bei der logistischen Regression wird nicht von Wahrscheinlichkeiten gesprochen, da die Effekt-Koeffizienten *Exp(B)* Wahrscheinlichkeitsverhältnisse darstellen. Demnach ist eine Interpretation der Ergebnisse immer abhängig von der Basiswahrscheinlichkeit, dass ein bestimmtes Ereignis überhaupt eintrifft. Aus diesem Grund wird im Rahmen binär-logistischer Regressionsanalysen der Term „Chance" anstelle von „Wahrscheinlichkeiten" verwendet (vgl. Best/Wolf 2010, S. 832).

inwiefern unabhängige (beliebig skalierte) Faktoren Einfluss auf eine abhängige dichotome Variable[17] haben (vgl. Field 2013, S. 760; Albers et al. 2009, S. 267). In diesem Fall wurde mithilfe einer binär-logistischen Regressionsanalyse getestet, ob Zusammenhänge zwischen den Charakteristika der befragten Unternehmen (bspw. Anzahl oder Mobilität der Mitarbeiter) und dem Einsatz mobiler HR-Anwendungen bestehen (vgl. Tabelle 17).

Faktor	-2 Log-Like-lihood	R^2 (Cox/Snell)	R^2 (Nagelkerke)	B	Exp(B)	Signifikanz (p)
Anzahl der Mitarbeiter	61,995	,004	,006	,101	1,106	,665
Anteil mobiler Mitarbeiter	108,365	,002	,002	-,085	,919	,725
Anzahl der Standorte	59,280	,007	,009	,117	1,124	,581
Verteilung der Standorte	80,168	,049	,066	,378	1,459	,085*
Umsatz	62,865	,014	,019	,152	1,164	,421
			* signifikant bei p<0,1			

Tabelle 17: Binär-logistische Regressionsanalyse – Einsatz mobiler HR-Anwendungen

Dabei konnte festgestellt werden, dass lediglich die Verteilung der Standorte (vgl. auch Abbildung 12) einen signifikanten Einfluss auf den Einsatz mobiler HR-Anwendungen hat (p=0,085). In diesem Fall gibt der Effekt-Koeffizient *Exp(B)* an, dass sich die Chance (odds) des Einsatzes mobiler Personalinformationssysteme um das 1,459fache erhöht, wenn die Standortverteilung steigt, bzw. die nächst höhere Kategorie (europaweite vs. weltweite Verteilung) erreicht wird (vgl. Field 2013, S. 786). Dies ist insofern nicht überraschend, als dass davon ausgegangen werden kann, dass bei einer weiteren Verteilung der Unternehmensstandorte Führungskräfte und Mitarbeiter des Personalwesens eine höhere örtliche Mobilität aufweisen müssen, sodass auch der Einsatz mobiler HR-Anwendungen sinnvoller erscheint.

Überraschender ist hingegen, dass der Anteil der Mitarbeiter, die während ihrer Arbeitszeit örtlich mobil sind, keinen signifikanten Einfluss besitzt. Gerade bei einem hohen Anteil örtlich mobiler Mitarbeiter wäre denkbar, dass mobile HR-Anwendungen potenziell einen größeren Nutzerkreis hätten. Eine mögliche Erklärung hierfür wäre, dass vor allem Führungskräfte und Mitarbeiter des Personalwesens die Nutzer der mobilen PIS darstellen, sodass der generelle Anteil mobiler Mitarbeiter im Unternehmen keinen Einfluss hat. Dies lässt sich auf Basis der erhobenen Daten innerhalb dieser Studie jedoch nicht weiter untersuchen.

Als Einsatzmöglichkeiten im Personalwesen wurden von Unternehmen vor allem mobile Employee- (20 %) und Manager-Self-Service-Systeme[18] (15 %) sowie das Arbeitszeitmanagement (16 %) und Anwendungen zum Unterstützen des mobilen Lernens[19] (15 %) genannt (vgl. Abbildung 15). Darüber hinaus werden das Abrechnen von Spesen (14 %) sowie das Reisemanagement (11 %) durch mobile HR-

---

[17] Dichotome Variablen stellen Variablen mit lediglich zwei Ausprägungen dar (in diesem Fall: Einsatz mobiler HR-Anwendungen / kein Einsatz mobiler HR-Anwendungen) und werden auch als binäre Variablen bezeichnet (vgl. Best/Wolf 2010, S. 827).

[18] Im Rahmen sog. Self-Services übernehmen Mitarbeiter (Employee-Self-Service; ESS) und Führungskräfte (Manager-Self-Service; MSS) selbst bestimmte HR-Aktivitäten, wie bspw. das Pflegen eigenener Stammdaten (ESS) oder das Genehmigen von Dienstreiseanträgen (MSS; vgl. Marler et al. 2009, S. 327; Ashbaugh/Miranda 2002, S. 14; Strohmeier 2008, S. 32).

[19] Da nach der in Abschnitt 2.1.2 vorgenommenen Definition der Lernprozess an sich nicht der Personalentwicklung zugeordnet wird, wird das Unterstützen des Lernens durch mobile Anwendungen an dieser Stelle zwar erwähnt, im Folgenden jedoch nicht weiter betrachtet.

Anwendungen unterstützt. Deutlich seltener wird es dagegen ermöglicht, über mobile Applikationen direkt auf Personalakten zuzugreifen (5 %). Des Weiteren wurde von einem Unternehmen das Zutrittsmanagement als ein weiterer, aktuell unterstützter Anwendungsfall genannt. Auffällig ist, dass die meisten der unterstützten Anwendungsfälle vor allem Verwaltungstätigkeiten aus dem Prozess der Personaladministration und -betreuung unterstützen (mit Ausnahme des mobilen Lernens). Dabei ist allerdings anzumerken, dass die beiden Anwendungsfälle ESS und MSS potenziell Funktionen zum Unterstützen anderer Personalmanagementprozesse beinhalten können.

Abbildung 15: Aktuell in Unternehmen unterstützte Anwendungsfälle im Personalmanagement

Des Weiteren wird von den Unternehmen, die aktuell generell mobile Anwendungen einsetzen, auch der Einsatz in den genannten HR-Anwendungsfällen geplant (jeweils zwischen 5 % und 10 %). Davon planen jedoch lediglich fünf Unternehmen, die aktuell noch keine mobilen HR-Anwendungen einsetzen, dies in Zukunft zu tun. Von den Unternehmen, die zum Zeitpunkt der Studie keine mobilen Anwendungen im Einsatz haben, planen keine dies zu einem späteren Zeitpunkt im Personalmanagement zu tun.

Die Unternehmen, die aktuell keine mobilen Anwendungen im Personalbereich einsetzen, begründeten dies damit, dass die jeweiligen HR-Abteilungen noch keinen Bedarf an mobilen Anwendungen gemeldet hätten (vier Nennungen). Zum anderen gab ein Unternehmen an, dass deren HR-Abteilung nicht mobil arbeitet und aus diesem Grund ein Einsatz mobiler Anwendungen nicht zielführend ist.

In Bezug auf die Art der Umsetzung der mobilen Personalinformationssysteme gaben die Unternehmen an, dass mehr als die Hälfte der mobilen HR-Anwendungen mithilfe von Webtechnologien umgesetzt wurden (51 %). Demgegenüber werden hybride (8 %) oder native Anwendungen (7 %) deutlich seltener eingesetzt (vgl. Abbildung 16). Dabei handelt es sich bei 36 % der eingesetzten Applikationen um Standardsoftware, Individualsoftware setzen lediglich 23 % der Unternehmen ein (vgl. Abbildung 17). Statistisch signifikante Zusammenhänge zwischen den unterstützten Anwendungsfällen und der Art der Implementierung bzw. der Art der Software konnten jedoch nicht festgestellt werden.[20]

---

[20] Zum Feststellen von Zusammenhängen zwischen der Art der Implementierung und der unterstützten Anwendungsfälle wurde in diesem Fall eine multinominal-logistische Regression verwendet, da diese (im Gegensatz zur binär-logistischen Regression) eine abhängige kategoriale Variable mit mehr als zwei Ausprägungen erlaubt (vgl. Field 2013, S. 797). In Bezug auf die Art der Software wurde hingegen erneut eine binär-logistische Regressionsanalyse durchgeführt (vgl. Abschnitt 3.1.2).

Abbildung 16: Art der Implementierung   **Abbildung 17:** Art der Software

Zwar wurden die Unternehmen im Rahmen der Befragung gebeten anzugeben, mit welchen anderen Informationssystemen die mobilen HR-Anwendungen integriert sind (bzw. zu welchen anderen Systemen Schnittstellen existieren), jedoch wurden diesbezüglich seitens der Unternehmen keine sinnvollen Angaben gemacht.[21]

3.2 Marktangebot mobiler Personalinformationssysteme

In den folgenden Abschnitten werden die Ergebnisse der Studie zum aktuellen Marktangebot mobiler Personalinformationssysteme dargelegt. Hierzu werden zunächst wieder die Forschungsmethodik und das Untersuchungsdesign erläutert (Abschnitt 3.1.1), bevor anschließend auf die Ergebnisse der Studie eingegangen wird (Abschnitt 3.1.2).[22]

3.2.1 Forschungsmethodik und Untersuchungsdesign

Um die Grundgesamtheit der am Markt existierenden Hersteller mobiler PIS zu identifizieren, wurde im ersten Schritt eine Markterhebung durchgeführt (vgl. Dahnken et al. 2003, S. 63; Lanninger 2009, S. 214; OGC 2004, S. 68). Neben Unternehmen, die sich auf das Angebot mobiler HR-Lösungen beschränken, kamen Anbieter klassischer PIS in Betracht. Für die Identifikation wurden die folgenden Informationsquellen verwendet:

-   Softwarekataloge: Softguide 2015, is report 2015, hr-software.net 2015
-   wissenschaftliche Publikationen: Pilarski et al. 2012,
-   Informationsplattformen im Internet: SoftSelect 2015 sowie
-   Marktstudien: SoftSelect 2013, Personalwirtschaft 2013.

---

[21] Es wurde bspw. angegeben, dass die mobilen Personalinformationssysteme mit „HR", dem „Intranet" oder „Microsoft" integriert wären (jeweils eine Nennung).

[22] Die hier dargestellten Ergebnisse der Marktanalyse basieren auf dem Beitrag PILARSKI ET AL. (2016).

Das Ergebnis dieser Erhebung umfasste 264 Anbieter. Anschließend wurden im Rahmen der Vorauswahl Ausschlusskriterien eingesetzt, um die Softwareanbieter auf das Marktsegment mobiler PIS einzuschränken (vgl. Dahnken et al. 2003, S. 64). Hierfür wurden neben oben genannten Informationsquellen auch die jeweiligen Herstellerwebseiten hinzugezogen. Ein Softwareanbieter wurde dann in die Grundgesamtheit mit aufgenommen, wenn...

1. ... ein mobiles bzw. auf die mobile Darstellung angepasstes Softwareangebot (nativ oder webbasiert) für den HR-Bereich existiert. Webbasierte Anwendungen, die auf einem mobilen Endgerät zwar über einen Webbrowser aufgerufen werden können, jedoch nicht für die Darstellung auf diesem angepasst sind, wurden nicht weiter betrachtet, da diese nicht der gegebenen Definition einer mobilen Anwendung entsprechen (vgl. Abschnitt 2.2.3).

2. ... der Softwarehersteller einen eindeutigen Bezug zum Personalmanagement aufweist (vgl. Lanninger 2009, S. 218). Somit wurden bspw. Hersteller von Projektmanagementsoftware ausgeschlossen, selbst wenn diese eine mobile Anwendung zur Arbeitszeiterfassung im Angebot hatten. Grund für dieses Auswahlkriterium war das Sicherstellen eines ausreichenden Fachwissens im Bereich von PIS, welches für den weiteren Verlauf der Studie notwendig ist, um einen Erkenntnisgewinn aus den Experteninterviews ermöglichen zu können (vgl. Klein et al. 2012, S. 25).

3. ... der Anbieter entweder den Hauptsitz in Deutschland hat bzw. auf dem deutschen Markt tätig ist, um ein realistisches Durchführen der Interviews zu gewährleisten (vgl. Klein et al. 2012, S. 25).

Nach dieser Vorauswahl verblieben insgesamt 44 Herstellerunternehmen mit 65 mobilen HR-Anwendungen (vgl. Anhang A4), die hinsichtlich ihrer funktionalen sowie nicht-funktionalen Eigenschaften näher untersucht wurden.

Für das Strukturieren der Funktionsanalyse wurde das oben beschriebene Modell der Personalmanagementprozesse (vgl. Abschnitt 2.1.2) verwendet. Demzufolge wurden für jede der 65 identifizierten mobilen HR-Anwendungen die Breite (welche HR-Prozesse werden unterstützt) und Tiefe (inwieweit wird ein HR-Prozess unterstützt) der Prozessunterstützung ermittelt. Wenn demnach die funktionellen Anwendungsbeschreibungen der Hersteller weitestgehend mit der Beschreibung der Aktivitäten eines HR-Prozesses übereinstimmt, wurde dies als volle Unterstützung gewertet. Wurden bei dem Vergleich jedoch Lücken zwischen der Anwendungs- und der Prozessbeschreibung gefunden, wurde dies als teilweise unterstützt gewertet (vgl. Anhang A5).

Um einen höheren Detaillierungsgrad der Analyse zu ermöglichen, wurden anschließend Anwendungsfälle innerhalb der Personalmanagementprozesse gebildet. Die funktionalen Beschreibungen der Anwendungen auf der Herstellerinternetpräsenz wurden hierfür einer qualitativen Inhaltsanalyse unterzogen (vgl. Mayring 2007, S. 59). Durch Paraphrasieren und Generalisieren wurden die Funktionsbeschreibungen schrittweise reduziert und innerhalb der HR-Prozesse zu Anwendungsfällen zusammengestellt. Um zu beurteilen, inwieweit ein Anwendungsfall von einer mobilen HR-Anwendung unterstützt wird, wurde erneut eine Ordinalskala mit identischen Elementen verwendet (vgl. Anhang A6). Die Charakterisierung der Ausprägungen dieser Skala (nicht, teilweise und voll unterstützt) wurde anhand der Paraphrasenmenge erstellt (vgl. Anhang A7), welche zur Definition eines einzelnen Anwendungsfalls generiert wurde. Anhand der Anzahl an Übereinstimmungen mit dieser Definitionsmenge an Paraphrasen wurde die mobile HR-Anwendung entsprechend eingestuft.

3.2.2 Ergebnisse der Studie

3.2.2.1 Beschreibung der Stichprobe

Während die meisten identifizierten Anbieter (vgl. Anhang A1) für mobile HR-Anwendungen ihren Unternehmenshauptsitz in Deutschland oder dem deutschsprachigem Ausland haben (31 von insgesamt 44), wurden in der Analyse ebenfalls Unternehmen mit einem internationalen Hintergrund berücksichtigt (aufgrund deren Tätigkeit auf dem deutschen Markt; vgl. Abschnitt 3.2.1).

Auffällig unter den Unternehmen ist, dass 80 % der Softwarehersteller sich auf eine einzelne mobile HR-Anwendung in ihrem Angebot beschränken, die i. d. R. als Ergänzung zu desktop-basierten Anwendungen angeboten wird. Damit geht einher, dass von den einzelnen mobilen Anwendungen jeweils i. d. R. lediglich ein einzelner HR-Prozess unterstützt wird (vgl. Anhang A6). Dabei wird allerdings in fast allen Fällen nicht die volle Prozessunterstützung angeboten. Stattdessen werden nur einzelne Aktivitäten des jeweiligen HR-Prozesses durch die mobilen HR-Anwendungen abgebildet.

3.2.2.2 Unterstützung der HR-Prozesse

Die Personaladministration und -betreuung ist der Personalmanagementprozess, der von den 65 untersuchten Anwendungen am häufigsten unterstützt wird (63 %). Danach folgen die Prozesse der Personalbeschaffung (28 %) und -entwicklung (17 %). Andere HR-Prozesse werden von den Anwendungen nur selten oder gar nicht unterstützt (vgl. Abbildung 18). Entsprechend der ermittelten starken Unterstützung der Personalverwaltung sowie der Personalbeschaffung und -entwicklung konnten für diese Prozesse eine größere Anzahl an Anwendungsfällen gebildet werden als in den seltener unterstützten Prozessen.

Abbildung 18: Prozentuale Unterstützung der HR-Prozesse

Abbildung 19 gibt einen Überblick über die identifizierten Anwendungsfälle[23] innerhalb der einzelnen Prozesse sowie deren Unterstützung durch die untersuchten mobilen HR-Anwendungen.

Abbildung 19: Unterstützte Anwendungsfälle innerhalb der HR-Prozesse

Die **Personaladministration und -betreuung** stellt nicht nur den am häufigsten unterstützten Personalmanagementprozess dar, sondern ebenfalls den Prozess, in dem im Rahmen der Analyse die meisten Anwendungsfälle gebildet werden konnten. Darüber hinaus lassen sich die Anwendungsfälle, die am häufigsten durch mobile Anwendungen unterstützt werden, der Personaladministration zuordnen: So gehören zu den häufigsten Anwendungsfällen vor allem das Erfassen von Arbeitszeiten (im Generellen oder spezifisch projektbezogen; 35 %), das Stellen und Genehmigen von verschiedenen Abwesenheitsanträgen bzw. -meldungen (bspw. Urlaubsanträge oder Krankmeldungen; 29 %) sowie das Erfassen und Abrechnen von Reisekosten (22 %). Seltener unterstützt werden in diesem Bereich das Einsehen elektronischer Personalakten (11 %) und Gehaltsabrechnungen (6 %).

Im Rahmen der **Personalbeschaffung** konnten mehrere Anwendungsfälle identifiziert werden, die durch am Markt verfügbare Anwendungen unterstützt werden: Am häufigsten wird dabei die Auswahl und der Vergleich von Kandidaten unterstützt (22 %). Dabei fokussieren sich diese Anwendungen vor Allem auf das Einsehen und Vergleichen von Bewerbungen untereinander sowie deren Abgleich mit Stellenanforderungen. Im Rahmen von Bewerbungsgesprächen können des Weiteren Bewerberprofile

---

[23] Eine Übersicht über die zur Anwendungsfallgenerierung gruppierten Paraphrasenmenge(n) befindet sich in Anhang A7.

eingesehen und Notizen zum Gespräch oder Bewerbern hinterlegt werden. Auf Seiten der einsetzenden Unternehmen werden das Erstellen und Veröffentlichen von Stellenprofilen und -ausschreibungen (12 %) sowie das Vorselektieren von Bewerbungen aufgrund formaler Kriterien unterstützt (12 %). Darüber hinaus wird aus Bewerbersicht in einigen Fällen das Einreichen von Bewerbungen über mobile Applikationen unterstützt (8 %).

Im Bereich der **Personalentwicklung** wird häufig das Ermitteln und Überwachen des aktuellen Entwicklungsstandes der Mitarbeiter unterstützt, indem die Qualifikationen von Mitarbeitern eingesehen und Fortbildungsmaßnahmen festgelegt werden können (12 %). Seltener werden in diesem Bereich Funktionalitäten für das Durchführen (8 %) oder Vorbereiten (5 %) entsprechender Entwicklungsmaßnahmen bereitgestellt.

Deutlich seltener werden mobile PIS für einzelne Anwendungsfälle in dem Prozess des **Personaleinsatzes** angeboten, in dem von einigen Anwendungen das Erstellen von Einsatz- bzw. Schichtplänen (8 %) oder Nachfolgeplänen ermöglicht wird (2 %). Ebenfalls selten unterstützt werden das Durchführen von Zielvereinbarungen (5 %) und Mitarbeitergesprächen (3 %) im Rahmen der **Personalführung** sowie das Durchführen von Personalkostenanalysen innerhalb des **Personalcontrollings** (5 %).

3.2.2.3   Technische Umsetzung

In Bezug auf die technische Umsetzung der untersuchten mobilen Anwendungen wurde zunächst analysiert, welche Endgeräteklassen (Smartphones oder Tablet PCs) von diesen unterstützt werden (vgl. Abbildung 20). Dabei konnte festgestellt werden, dass die Mehrzahl der Anwendungen sowohl für Tablet PCs, als auch für Smartphones zur Verfügung gestellt wird (51 %). Sofern nicht beide Endgeräteklassen gleichzeitig unterstützt werden, erfolgt das Bereitstellen der mobilen Applikationen überwiegend für Smartphones (32 %; Tablet PCs 18 %).

Unterstützte Endgeräte (n=65)

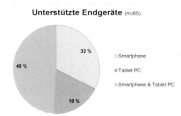

Abbildung 20: Unterstützte Endgeräteklassen der untersuchten Anwendungen

Umgesetzt werden die untersuchten mobilen PIS vorwiegend als native Applikation (62 %). Eine webbasierte Entwicklung findet demgegenüber nur in 34 % der Fälle statt (vgl. Abbildung 21). Dies ist insofern überraschend, als dass es den Ergebnissen der ersten Untersuchung widerspricht (vgl. Abschnitt 3.1), in der festgestellt wurde, dass die meisten eingesetzten mobilen HR-Anwendungen vor allem webbasiert zur Verfügung gestellt werden. Um festzustellen, inwiefern Zusammenhänge zwischen der unterstützten Endgeräteklassen und der Art der Implementierung existieren, wurde erneut eine binär-logistische Regression durchgeführt (vgl. Abschnitt 3.1.2.2).

Abbildung 21: Art der technischen Umsetzung der untersuchten Anwendungen

Tabelle 18 fasst die Ergebnisse der Regressionsanalyse zusammen. Hierbei ergeben sich zwei statistisch signifikante Zusammenhänge: Erstens ergibt sich ein positiver Zusammenhang zwischen der (alleinigen) Unterstützung von Smartphones als Endgeräteplattform und der Umsetzung als native Applikation (p=0,071). Auf Basis des Effekt-Koeffizienten kann festgestellt werden, dass die Chance einer nativen Implementierung um das ca. 2,9fache höher ist, sofern die entwickelte Anwendung lediglich für Smartphones bereitgestellt wird. Zweitens kann ein statistisch signifikanter Zusammenhang (p=0,036) zwischen dem Bereitstellen für Smartphones und Tablet PCs und der Implementierungsart festgestellt werden. Da es sich hierbei um einen negativen Zusammenhang handelt (negatives Vorzeichen beim Korrelationskoeffizienten *B* sowie Effekt-Koeffizient <1; vgl. Best/Wolf 2010, S. 832) ergibt sich eine 0,33fach höhere Chance, dass Anwendungen webbasiert (bzw. nicht nativ) entwickelt werden, wenn diese für Smartphone und Tablet PCs zur Verfügung gestellt werden sollen.

Unterstützte Endgeräte	-2 Log-Like-lihood	R² (Cox/Snell)	R² (Nagelkerke)	B	Exp(B)	Signifikanz (p)
Smartphone	83,959	,053	,072	1,072	2,922	,071*
Tablet PC	87,214	,004	,006	,350	1,419	,603
Smartphone und Tablet PC	82,909	,068	,092	-1,106	,331	,036**
** signifikant bei p<0,05 * signifikant bei p<0,1						

Tabelle 18: Binär-logistische Regression – Implementierung und unterstützte Endgeräte

Bei einer näheren Analyse der Implementierungsart und den unterstützten HR-Prozessen fällt des Weiteren auf, dass die meisten mobilen Anwendungen, die HR-Aktivitäten innerhalb der Personaladministration und -betreuung unterstützten, nativ implementiert sind (28 von 41 Applikationen). Tabelle 19 zeigt die Ergebnisse einer binär-logistischen Regressionsanalyse in Bezug auf Zusammenhänge zwischen den unterstützten Personalmanagementprozessen und der Art der Implementierung (hier geprüft: native Entwicklung) der mobilen PIS. Hierbei ergibt sich ein signifikanter Zusammenhang (p=0,078) in Bezug auf die Personaladministration und -betreuung: Bei einer Betrachtung des Effekt-Koeffizienten ergibt sich eine ca. 2,5fach höhere Chance, dass mobile HR-Anwendungen, die Anwendungsfälle innerhalb der Personaladministration und -betreuung unterstützen, nativ entwickelt werden. Für die anderen HR-

Prozesse konnten jedoch keine weiteren statistisch signifikanten Zusammenhänge festgestellt werden.[24]

HR-Prozess	-2 Log-Likelihood	R^2 (Cox/Snell)	R^2 (Nagelkerke)	B	Exp(B)	Signifikanz (p)
Administration und -betreuung	84,325	,048	,064	,934	2,545	,078*
Beschaffung	87,288	,003	,004	-,254	,776	,651
Entwicklung	87,329	,002	,003	-,270	,764	,686
Einsatz	86,507	,015	,020	1,050	2,857	,361
Controlling	87,432	,001	,001	,301	1,351	,810

* signifikant bei $p<0,1$

Tabelle 19: Binär-logistische Regression – Implementierung und unterstützte HR-Prozesse[25]

Beim Betrachten der Betriebssysteme, die von nativ entwickelten Anwendungen unterstützt werden (vgl. Abbildung 26)[26], fällt auf, dass fast alle mobilen Anwendungen (93 %) für das iOS-Betriebssystem bereitgestellt werden. Während das Android-System ebenfalls häufig unterstützt wird (63 %), werden mobile Anwendungen für Blackberry OS (28 %) oder Windows Phone (3 %) nur selten bereitgestellt. Statistisch signifikante Zusammenhänge zwischen der Anzahl unterstützter Betriebssysteme (bzw. der Tatsache, dass mehrere Betriebssysteme von einer nativen Anwendung unterstützt werden), konnten nicht festgestellt werden.

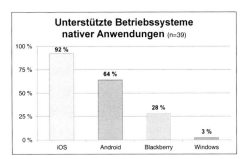

Abbildung 22: Unterstützte Betriebssysteme der untersuchten nativen Anwendungen

---

[24] Bei den Ergebnissen ist jedoch anzumerken, dass die Analyse auch aufgrund der geringen Stichprobengröße innerhalb der einzelnen HR-Prozesse zu nicht signifikanten Ergebnisse führen kann, da diese (mit Ausnahme der Personaladministration) jeweils deutlich unter 25 mobilen Anwendungen pro Prozess liegt (vgl. Albers et al. 2009, S. 267).

[25] Für den Prozess der Personalführung konnte keine binär-logistische Regressionsanalyse durchgeführt werden, da innerhalb der Marktanalyse ausschließlich native Anwendungen zum Unterstützen des Prozesses identifiziert wurden.

[26] Hierbei ist zu beachten, dass in der vorgenommenen Darstellung eine native Anwendung mehrere Betriebssysteme unterstützen kann. Demnach wurden an dieser Stelle mobile Applikationen eines Herstellers mit derselben Bezeichnung und Funktionsweise als eine Anwendung gezählt (auch wenn diese de facto zwei unterschiedliche Anwendungen darstellen – eine für jedes unterstützte Betriebssystem).

3.3   Zwischenfazit

Aus den Ergebnissen der Studien zum aktuellen Stand der betrieblichen Praxis können folgende zentrale Erkenntnisse gewonnen werden:

1. Zwar setzen bereits 44 % der befragen Unternehmen mobile Anwendungen ein, um Personalmanagementprozesse zu unterstützen, dies jedoch vor allem in stark verwaltungsorientierten Aktivitäten (vor allem in der Personaladministration und -betreuung). HR-Prozesse zum Steuern der Mitarbeiterleistungsbereitschaft oder zum Steuern der Mitarbeiterbereitstellung wurden von den befragten Unternehmen zum Zeitpunkt der Datenerhebung nicht durch mobile PIS unterstützt.

2. Die Personaladministration und -betreuung stellt den HR-Prozess dar, der am häufigsten durch am Markt verfügbare mobile Anwendungen unterstützt wird. Die identifizierten Anwendungsfälle entsprechen größtenteils denen, für die Unternehmen bereits mobile PIS einsetzen. Allerdings konnten ebenfalls mobile Applikationen zum Unterstützen anderer Prozesse, wie bspw. der Personalbeschaffung oder -entwicklung identifiziert werden.

Insgesamt ergibt sich für den Stand der Praxis ein zweigeteiltes Bild: Zum einen existiert zwar ein Marktangebot an mobilen PIS, das eine Unterstützung für Anwendungsfälle aus unterschiedlichen HR-Prozessen ermöglicht. Zum anderen scheinen Unternehmen dieses Angebot aktuell nicht flächendeckend aufzugreifen und beschränken sich beim Einsatz mobiler HR-Anwendungen auf einige wenige administrative Aktivitäten. Dies könnte dadurch erklärt werden, dass der Nutzen mobiler PIS den Anwenderunternehmen nicht bewusst ist, bzw. dass deren Potenziale in Prozessen außerhalb von Verwaltungstätigkeiten nicht bekannt sind. Hinweise hierauf geben die Freitextanmerkungen, die im Rahmen der ersten Studie gesammelt wurden. So wurde von den Unternehmen, die keine mobilen Applikationen im Personalmanagement einsetzen, angegeben dies nicht zu tun, da aktuell kein Bedarf besteht bzw. keine Nutzenpotenziale gesehen werden (vgl. Abschnitt 3.2.2.2).

Im folgenden Abschnitt wird der zweite Teil der ersten Forschungsfrage (FF1) adressiert, indem anhand eines strukturierten Literatur Reviews der aktuelle Stand der Forschung erfasst und Forschungslücken aufgezeigt werden.

4 Stand der Forschung im Bereich mobiler Personalinformationssysteme

Um die erste Forschungsfrage der vorliegenden Arbeit abschließend zu beantworten, wird im Folgenden der aktuelle Stand der Forschung im Bereich mobiler PIS dargestellt, sodass sich für diesen Abschnitt die folgende Forschungsfrage ergibt:

FF1c	Wie ist der aktuelle Stand der Forschung in Bezug auf den Einsatz mobiler Anwendungen im Personalmanagement?

Hierzu wird in Abschnitt 4.1 zunächst die angewandte Forschungsmethodik beschrieben. Anschließend werden die Ergebnisse der Untersuchung dargelegt (Abschnitt 4.2) und darauf aufbauend Forschungslücken im Bereich mobiler PIS identifiziert (Abschnitt 4.3). [27]

4.1 Methodisches Vorgehen

Um den aktuellen Forschungsstand mobiler PIS festzustellen, wird die Methode des Literatur Reviews nach VOM BROCKE ET AL. (2009), FETTKE (2006), WEBSTER UND WATSON (2002) und COOPER (1988) gewählt. Ein Literatur Review dient zum einen dazu, den aktuellen Stand der Forschung zu erfassen und zum anderen, existierende Forschungslücken aufzuzeigen (vgl. Levy/Ellis 2006, S. 183; Torraco 2005, S. 357). Der Prozess des Literatur Reviews wird in Abbildung 23 dargestellt (vgl. Vom Brocke et al. 2009, S. 7.).

Abbildung 23: Literatur Review-Prozess

Die **erste Phase** des Literatur Review-Prozesses besteht darin, den Fokus des durchgeführten Reviews festzulegen. Hierfür wird eine angepasste Taxonomie nach VOM BROCKE ET AL. (2009, S. 7) als Grundlage verwendet (basierend auf Cooper 1988, S. 110):

Charakteristik	Ausprägungen		
Inhaltliches Ziel	Integration	Kritik	**Zentrale Themen**
Literaturumfang	Schlüsselarbeiten	repräsentativ	selektiv	**Nahezu vollständig**
Fokus der Auswertung	Forschungsmethoden	Theoretische Ansätze	**Forschungsinhalt**
Struktur	historisch	methodisch	**thematisch**

Tabelle 20: Klassifikation des Literatur Reviews

Um den aktuellen Stand der Forschung *inhaltlich* darlegen zu können, werden zentrale Themenstellungen identifiziert und miteinander in Beziehung gesetzt. Es wird ein nahezu vollständiges Erfassen des *Literaturumfangs* angestrebt, um einen umfassenden Stand der Forschung darzulegen. Dies wird durch

---

[27] Die Inhalte in diesem Abschnitt basieren auf dem Arbeitsbericht von PILARSKI UND SCHUMANN (2015b).

die Auswahl der verwendeten Datenbanken und Suchbegriffe sichergestellt: Als Suchbegriffe werden zentrale Begriffe aus beiden Forschungsdomänen „mobile Anwendungen" und „Personalmanagement" sowie deren gängige Abkürzungen verwendet und miteinander kombiniert (vgl. Abbildung 24).

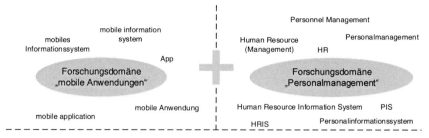

Abbildung 24: Verwendete Suchbegriffe im Literatur Review

Anhand der dargestellten Suchbegriffe wurden gängige Datenbanken wissenschaftlicher Publikationen (Beiträge in Journalen und Konferenzen sowie wissenschaftliche Monographien[28]) sowie Datenbanken deutscher Universitäten durchsucht. Insbesondere wurden dabei berücksichtigt:

- AIS Electronic Library,   - JSTOR,

- ACM Digital Library,   - ScienceDirect,

- Ebscohost - Business Source Complete,   - Springer Link,

- Gemeinsamer Verbundkatalog (GVK),   - Wiley Online Library sowie

- IEEExplore,   - WISO Datenbank.

Der *Fokus der Auswertung* liegt auf dem Inhalt der einzelnen Beiträge. Die *Strukturierung* der Review Ergebnisse erfolgt anhand thematischer Gesichtspunkte und wird im Folgenden näher beschrieben:

Gegenstand der **zweiten Review-Phase** ist das Systematisieren der zu untersuchenden Domäne (vgl. Torraco 2005, S. 359; Vom Brocke et al. 2009, S. 10). Als Untersuchungsrahmen werden die in Abschnitt 2.1.2 thematisierten HR-Prozesse festgelegt und somit für die weitere Klassifikation der Publikationen verwendet (vgl. Webster/Watson 2002, S. xvif.). Publikationen, die generell das Thema mobiler Personalinformationssysteme bearbeiten, ohne konkreten Bezug zu HR-Prozessen, werden gesondert betrachtet. Die **dritte Phase** beinhaltet die Identifikation relevanter Beiträge. Dabei wurde lediglich Publikationen berücksichtigt, die nach dem Jahr 2000 veröffentlicht wurden, da aufgrund der Aktualität des Forschungsfelds „mobile Anwendungen" keine älteren relevanten Publikationen zu erwarten sind. Nach dem Entfernen von Duplikaten und dem Prüfen auf inhaltliche Relevanz (vgl. Gräning et al. 2011, S. 226) wurden sowohl eine Rückwärts- als auch eine Vorwärtssuche durchgeführt, um die Anzahl der gefundenen Publikationen zu erhöhen (vgl. Webster/Watson 2002, xvi; Levy/Ellis 2006, S. 190).

Insgesamt wurden innerhalb des Literatur Reviews 3.712 Beiträge betrachtet, von denen 7 als relevant klassifiziert wurden (vgl. Tabelle 21). Darüber hinaus konnten durch Rückwärts- und Vorwärtssuche

---

[28] In der vorherrschenden Literatur wird bei Quellenauswahl häufig eine Einschränkung auf Zeitschriften / Konferenzen vorgenommen, die in Rankings gut abschneiden (vgl. Vom Brocke et al. 2009, S. 3). Um jedoch keine relevanten Beiträge zu vernachlässigen, wurden hier ebenfalls Monographien berücksichtigt (bspw. Dissertationsschriften; vgl. Buhl et al. 2010, S. 110).

weitere 6 relevante Publikationen identifiziert werden, sodass sich für die Analyse eine Grundgesamtheit von 13 Beiträgen ergibt.

Datenbank	Artikel	
	betrachtet	relevant
AIS Electronic Library	72	0
ACM Digital Library	102	5
Ebscohost – Business Source Complete	50	1
GVK	38	0
IEEExplore	367	1
JSTOR	307	0
ScienceDirect	533	0
Springer Link	970	0
Wiley Online Library	1.147	0
WISO Datenbank	126	0
Insgesamt	3.712	7
Nach Vorwärts- / Rückwärtssuche		13

Tabelle 21: Durchsuchte Literaturdatenbanken und untersuchte Artikel

Die **vierte Phase** des Literatur Reviews stellt die Analyse der identifizierten Publikationen dar und ist Gegenstand des nächsten Abschnitts.

4.2   Ergebnisse des Literatur Reviews

Tabelle 22 fasst die Ergebnisse des Literatur Reviews zusammen, gegliedert anhand der unterschiedlichen Personalmanagementprozesse (vgl. Abschnitt 2.1.2).

		Publikationen
Personalmanagementprozess	Personalbedarfsplanung	-
	Personalbeschaffung	Böhm 2013, Böhm/Jäger 2013, Böhm et al. 2011, Böhm/Niklas 2012, Böhm et al. 2013, Niklas 2011, Niklas et al. 2012, Jäger/Böhm 2012, Niklas/Strohmeier 2011
	Personaleinsatz	-
	Personalentwicklung	Mayoral et al. 2007
	Personalfreisetzung	-
	Personalführung und -motivation	-
	Personalvergütung	-
	Personalbeurteilung	-
	Personaladministration und -betreuung	-
	Personalcontrolling	-
Kein direkter Prozessbezug		Coursaris et al. 2006, Keebler 2014, White et al. 2010

Tabelle 22: Ergebnisse des Literatur Reviews

Die vorhandene Literatur zu mobilen PIS beschränkt sich fast ausschließlich auf die **Personalbeschaffung** (neun Publikationen von vier Autoren), wobei jedoch lediglich das externe Personalmarketing thematisiert wird.

NIKLAS (2011) erstellt, auf Basis von Theorien zur Akzeptanz von IS, ein Forschungsmodell und -vorgehen für das Themengebiet „mobile Recruiting" (wobei zu beachten ist, dass damit – wie auch bei den folgenden Beiträgen – lediglich die Bewerberansprache gemeint ist). Im weiteren Verlauf sollen dabei zunächst qualitative Studien durchgeführt werden, um Anforderungen an mobile Applikationen für die Bewerberansprache aus Nutzersicht zu identifizieren, welche anschließend durch quantitative Studien evaluiert werden müssen. Diese Agenda wird von NIKLAS UND STROHMEIER (2011) wieder aufgegriffen, indem auf Basis des Technology Acceptance Models (TAM) Faktoren der Akzeptanz mobiler Anwendungen im Kontext der Jobsuche untersucht werden. Die Autoren stellen fest, dass in dem Untersuchungskontext vor allem die Nützlichkeit (Perceived Usefulness) und die Bereitschaft mobile Anwendungen einzusetzen (Mobile Readiness) einen Einfluss auf die Nutzungsabsicht (Behaviour Intention) der Nutzer haben.

In einem praxisorientierten Beitrag untersuchen BÖHM ET AL. (2011) den Inhalt des iOS AppStores in Bezug auf mobile Anwendungen zum Unterstützen der Bewerberansprache. Dabei stellen die Autoren fest, dass zum Zeitpunkt der Untersuchung auf dem deutschen Markt 49 Anwendungen mit Job-Bezug vorhanden waren. Dies umfasst sowohl Anwendungen einzelner Unternehmen als auch mobile Applikationen von Job Portalen. Darüber hinaus zeigen die Autoren sowohl exemplarische Funktionen solcher Anwendungen (bspw. Suche nach freien Stellen) und Entwicklungsansätze mobiler Anwendungen auf (nativ vs. web-basiert). Um die Erfolgsfaktoren solcher mobilen Job Portal Anwendungen auf individueller Nutzerebene zu analysieren, führen NIKLAS ET AL. (2012) ein strukturiertes Literatur Review durch. Basierend auf dem IS Success Modell nach DELONE UND MCLEAN (1992) identifizieren die Autoren Faktoren innerhalb der Kategorien „individuelle Vorteile", „Systemqualität / Funktionalität", „Informationsqualität", „Servicequalität" sowie „Benutzerzufriedenheit". Darüber hinaus thematisieren BÖHM ET AL. (2013) die Benutzungsfreundlichkeit (Usability) der Stellenanzeigen innerhalb dieser mobilen Anwendungen. Die Autoren gehen mehrstufig vor: Zunächst werden exemplarische Anzeigen Tool-basiert und qualitativ (durch Nutzer und Experten) evaluiert, um Defizite und Best-Practices zu identifizieren. Die Autoren stellen fest, dass keine der untersuchten Stellenanzeigen gute Evaluationsergebnisse erzielt. In weiteren Studien sollen anschließend idealtypische Anzeigen in unterschiedlichen Designalternativen erstellt und durch potenzielle Nutzer evaluiert werden. In einem weiteren Beitrag untersucht BÖHM (2013) mithilfe einer quantitativen Studie das Verhalten und die Erwartungen von Nutzern eines Job Portals in Bezug auf mobile Applikationen für die Jobsuche und Bewerbung. Anhand der erhobenen Daten wird deutlich, dass Nutzer mobile Anwendungen zwar durchaus für die Jobsuche verwenden, das Bearbeiten einer vollständigen Bewerbung über mobile Technologien jedoch tendenziell ablehnen.

BÖHM UND NIKLAS (2012) stellen die Ergebnisse einer Befragung von HR-Managern deutscher Unternehmen zum Thema „mobile Recruiting" dar. Dabei setzten zum Zeitpunkt der Studie (2011) bereits 25 % der befragten Unternehmen mobile Anwendungen für die Kommunikation mit potenziellen Bewerbern ein, und stuften das Themengebiet als solches insgesamt als relevant ein. In einem weiteren Beitrag stellen JÄGER UND BÖHM (2012) die Ergebnisse derselben Studie erneut dar. Die Ergebnisse einer weiteren allgemeinen Studie zu dem Themengebiet legen erneut BÖHM UND JÄGER (2013) vor. Dabei stellen die Autoren fest, dass bereits 45 % der Unternehmen mobile Anwendungen für die Interaktion mit potenziellen Bewerbern einsetzen. Die Inhalte dieser Anwendungen beschränken sich allerdings größtenteils auf das Bereitstellen von bewerbungsrelevanten Informationen (bspw. Stellenangebote oder Ansprechpartner). Die direkte Bewerbung über mobile Anwendungen wird lediglich von 20 % der Unternehmen mit mobilen Anwendungen zur Bewerberkommunikation unterstützt.

Die **Personalentwicklung** wird in einer weiteren Publikation thematisiert. MAYORAL ET AL. (2007) entwickeln eine mobile Anwendung, die es ermöglicht, Nachweise für erlangte Kompetenzen zu dokumentieren und mit Vorgesetzten abzustimmen. Allerdings gehen die Autoren nur am Rande auf die genauen Funktionalitäten der mobilen Applikation ein.

Darüber hinaus existieren einige Publikationen **ohne direkten Prozessbezug**. COURSARIS ET AL. (2006) zeigen Anwendungsbeispiele für mobile Applikationen innerhalb der einzelnen Prozesse der Wertschöpfungskette nach PORTER (1986) auf. Dabei werden in Bezug auf das Personalmanagement vor allem das Abwickeln administrativer Tätigkeiten über mobile Anwendungen sowie eine daraus resultierende gesteigerte Produktivität und Zufriedenheit der Mitarbeiter diskutiert. WHITE ET AL. (2010) entwickeln ein mobiles, unternehmensinternes soziales Netzwerk, dass es ermöglicht, durch die Unternehmenshierarchie zu navigieren, Mitarbeiter des Unternehmens zu den eigenen Kontakten hinzuzufügen und deren Profile anzuzeigen. KEEBLER (2014) stellt die Ergebnisse einer quantitativen Studie dar, in der die Ausgestaltung der HR-IT von Unternehmen untersucht wurde. In Bezug auf mobile Applikationen wird festgestellt, dass aktuell schon 10 % der betrachteten Unternehmen mobile HR-Anwendungen einsetzen und dies von weiteren 25 % geplant ist. Allerdings ist die Wissenschaftlichkeit des Beitrags zu hinterfragen, da die Ergebnisse für eine praxisnahe Zeitschrift aufbereitet und methodisch kaum nachvollziehbar sind.

4.3 Forschungslücken und zukünftige Forschungsrichtungen

Im Rahmen dieses Kapitels wurde der aktuelle Stand der Forschung in Bezug auf den Einsatz mobiler Anwendungen im Personalmanagement untersucht, sodass zusammen mit den Ergebnissen der Untersuchungen aus Abschnitt 3 die Forschungsfrage FF1 beantwortet werden kann. Dabei wurden zwei zentrale Erkenntnisse gewonnen:

1. In der Praxis werden mobile HR-Anwendungen bereits teilweise von Unternehmen eingesetzt und auch ein entsprechendes Angebot am Markt existiert. Die Adoption mobiler PIS beschränkt sich jedoch auf einige wenige administrative Tätigkeiten.

2. In der Forschung wird der Einsatz mobiler Anwendungen im Personalmanagement fast ausschließlich mit Bezug auf das Personalmarketing untersucht. Umfassende Untersuchungen in Bezug auf Einsatzgebiete, Wirkungen, Rahmenbedingungen und Gestaltungsempfehlungen existieren nicht.

Zusammenfassend kann festgehalten werden, dass sowohl in der Praxis als auch in der Forschung mobile HR-Anwendungen bisher kaum (bzw. nur in ausgewählten Bereichen) eine Rolle spielen. Aus diesem Grund wird im weiteren Verlauf dieser Arbeit gezeigt, wie mobile PIS gestaltet sein müssen, um auch komplexere HR-Aktivitäten unterstützen zu können. Da bisher weder Designprinzipien konkreter mobiler PIS noch die theoretische Fundierung und Evaluation existierender Lösungen in der vorhandenen Literatur betrachtet wurden, existieren keine Grundlagen für die Entwicklung mobiler HR-Anwendungen, auf denen ein gestaltungsorientiertes Vorgehen aufbauen kann. Aus diesem Grund sind Vorarbeiten notwendig, die sich in den Forschungsfragen zwei bis vier widerspiegeln:

FF2	In welchen Personalmanagementprozessen können mobile Anwendungen sinnvoll eingesetzt werden?

Da kein umfassendes Verständnis davon existiert, in welchen Bereichen des Personalmanagements mobile Anwendungen nutzenstiftend eingesetzt werden können, muss zunächst untersucht werden, welche HR-Prozesse generell für den Einsatz mobiler Anwendungen geeignet sind. Die identifizierten Einsatzbereiche mobiler HR-Anwendungen, bilden anschließend die Grundlage für das weitere gestaltungsorientierte Vorgehen der Arbeit.

FF3	Welche positiven und negativen Wirkungen hat der Einsatz mobiler Anwendungen im Personalmanagement?

Um Gestaltungsempfehlungen für mobile Anwendungen in den identifizierten Einsatzgebieten entwickeln zu können, ist Wissen über positive und negative Wirkungen mobiler HR-Anwendungen erforderlich. Hierdurch können mobile PIS effektiver gestaltet werden, da das Berücksichtigen von Wirkungszusammenhängen mobiler Anwendungen eine stärkere Fokussierung auf nutzenstiftende Funktionen (d. h. Funktionen die positive Wirkungen erzeugen) ermöglicht. In der aktuellen Forschung wurde dies ebenfalls noch nicht betrachtet: Zwar wurden die Akzeptanz (vgl. Niklas/Strohmeier 2011) oder kritische Erfolgsfaktoren (vgl. Niklas et al. 2012) im Bereich des Personalmarketings bereits analysiert, die Wirkungen solcher Applikationen bleiben jedoch unbekannt.

FF4	Welche Rahmenbedingungen müssen beim Einsatz mobiler Anwendungen im Personalmanagement beachtet werden?

Rahmenbedingungen haben ebenfalls einen Einfluss auf die Gestaltung mobiler HR-Anwendungen, da z. B. regulatorische Aspekte (wie bspw. Datenschutzgesetze) eingehalten oder technische Gegebenheiten (wie bspw. verfügbare Schnittstellen stationärer PIS) berücksichtigt werden müssen. Darüber hinaus werden Erkenntnisse über Rahmenbedingungen in der Praxis benötigt, um geeignete Umgebungen für den Einsatz mobiler HR-Anwendungen schaffen zu können.

FF5	Wie müssen mobile Anwendungen für die identifizierten Einsatzgebiete gestaltet und umgesetzt werden?

Nachdem die Vorarbeiten durch das Beantworten der Forschungsfragen zwei bis vier abgeschlossen sind, können schließlich Gestaltungsempfehlungen und konkrete Konzepte entwickelt und somit die Zielsetzung dieser Arbeit erfüllt werden. Hierfür werden im Rahmen gestaltungsorientierter Forschung (bspw. im Rahmen des Design Science-Paradigmas; vgl. Hevner et al. 2004) theoretisch fundierte und praxisrelevante Prototypen mobiler HR-Anwendungen entwickelt und durch Experten aus der Unternehmenspraxis evaluiert. Zum einen werden die erarbeiteten Gestaltungsempfehlungen durch die Evaluation verifiziert. Zum anderen wird es hierdurch ermöglicht, aufzuzeigen, welche Wirkungen durch mobile PIS in der Praxis erzielt werden können.

5 Theoretische Untersuchung von Einsatzmöglichkeiten mobiler Personalinformationssysteme

In den folgenden Abschnitten werden anhand einer theoretischen Untersuchung Einsatzmöglichkeiten mobiler Personalinformationssysteme hergeleitet, sodass die zweite Forschungsfrage adressiert wird:

FF2	In welchen Personalmanagementprozessen können mobile Anwendungen sinnvoll eingesetzt werden?

Zu diesem Zweck erfolgt eine Operationalisierung der Forschungsfrage in zwei untergeordnete Fragestellungen: Zunächst müssen Kriterien abgeleitet werden, bei deren Erfüllung der Einsatz mobiler Anwendungen in HR-Prozessen sinnvoll ist. Hierzu wird im Folgenden untersucht, welche Charakteristika ein HR-Prozess aufweisen muss, um für den Einsatz mobiler Anwendungen geeignet zu sein. Somit wird die folgende Forschungsfrage beantwortet:

FF2a	Welche Prozesscharakteristika begünstigen oder hemmen den Einsatz mobiler Anwendungen in Personalmanagementprozessen?

Anschließend muss geprüft werden, welche der Personalmanagementprozesse Charakteristika aufweisen, die den Einsatz mobiler Applikationen begünstigen, und somit Einsatzmöglichkeiten für mobile PIS darstellen. Hierdurch wird die zweite Forschungsfrage dieses Abschnitts beantwortet:

FF2b	Welche Personalmanagementprozesse weisen Charakteristika auf, die den Einsatz mobiler Anwendungen begünstigen?

5.1 Kriterien für den Einsatz mobiler Personalinformationssysteme

In den folgenden Abschnitten werden Kriterien hergeleitet, die zum Identifizieren von Einsatzmöglichkeiten von mobilen Anwendungen in HR-Prozessen verwendet werden können. Hierfür wird zunächst der theoretische Hintergrund der Untersuchung betrachtet (Abschnitt 5.1.1), bevor einzelne Kriterien hergeleitet werden (Abschnitt 5.1.2). Abschließend werden die Ergebnisse dieses Kapitels diskutiert (Abschnitt 5.1.3).[29]

5.1.1 Forschungsmethodik und Untersuchungsdesign

Der Einsatz von mobilen Anwendungen innerhalb des Personalmanagements ist dann sinnvoll, wenn dadurch Nutzeffekte generiert werden können. In Anlehnung an MELVILLE ET AL. (2004, S. 287) sowie MUKHOPADHYAY ET AL. (1995, S. 138) wird in dieser Arbeit unter einem Nutzeffekt der Einfluss einer Technologie auf die Art und Weise verstanden, in der Personalmanagementaktivitäten ausgeführt wer-

---

[29] Die folgende Analyse basiert auf der Veröffentlichung PILARSKI UND SCHUMANN (2014).

den (bspw. bessere Entscheidungen aufgrund einer verbesserten Informationsgrundlage). Im Folgenden wird untersucht, unter welchen Bedingungen der Einsatz mobiler Anwendungen innerhalb von HR-Prozessen zu Nutzeffekten führen kann.[30] Inwiefern dies durch eine konkrete Technologie möglich ist, hängt insbesondere davon ab, ob eine Übereinstimmung zwischen den Charakteristika dieser Technologie und den Charakteristika der zu unterstützenden Aufgaben existiert (vgl. Jarvenpaa 1989, S. 301; DeSanctis/Poole 1994, S. 122; Lucas 1993, S. 364). Die Übereinstimmung (engl. „Fit") dieser beiden Aspekte wird im Task-Technology-Fit (TTF)-Modell von GOODHUE UND THOMPSON (1995) beschrieben (vgl. Goodhue/Thompson 1995, S. 213; Chang 2010, S. 74). Je größer diese Übereinstimmung ausfällt, desto besser wird der Nutzer beim Bearbeiten seiner Aufgaben unterstützt und desto wahrscheinlicher ist es, dass durch den Einsatz der betrachteten Technologie Nutzeffekte für das Unternehmen generiert werden können (vgl. Hahn/Wang 2009, S. 333). Abbildung 25 veranschaulicht diesen Zusammenhang (in Anlehnung an Goodhue/Thompson 1995, S. 215).

Abbildung 25: Task-Technology-Fit-Modell in Bezug auf Mobile-HR

Für die Betrachtung des „Fits" zwischen mobilen Anwendungen und HR-Prozessen muss nun untersucht werden, unter welchen Bedingungen diese Potenziale mobiler Anwendungen in Personalmanagementprozessen realisiert werden und zu Nutzeffekten führen können. Des Weiteren müssen auch die Limitationen mobiler Anwendungen bei der folgenden Analyse berücksichtigt werden. So wurden in Abschnitt 2.2.3 bspw. die Einschränkungen mobiler Endgeräte in Bezug auf die verfügbaren Hardwareressourcen thematisiert (bspw. eingeschränkte Möglichkeiten zur Dateneingabe), welche Auswirkungen auf die Eignung mobiler Anwendungen innerhalb von HR-Prozessen haben. In den folgenden Abschnitten werden auf Basis der Eigenschaften mobiler Anwendungen und HR-Prozesse anhand einer argumentativ-deduktiven Analyse (vgl. Walliman 2011, S. 18) Kriterien für den Einsatz mobiler PIS hergeleitet.

---

[30] Hierbei ist anzumerken, dass die Prozesse des Unternehmens nicht der einzige Faktor sind, der durch IT beeinflusst wird. So merkt CAO (2010, S. 279) an, dass bspw. ebenso die Unternehmensstruktur oder -kultur betrachtet werden muss. Da das Ziel dieser Arbeit jedoch das Identifizieren relevanter HR-Prozesse ist, wird eine rein prozessorientierte Sichtweise (vgl. Bharadwaj 2000, S. 170) vertreten.

5.1.2 Herleitung von Kriterien

5.1.2.1 Kriterien aufgrund der Mehrwerte mobiler Anwendungen

Identifikationsfunktionen (MAV1; vgl. Tabelle 16, Abschnitt 2.2.3) ermöglichen das Authentifizieren des Nutzers durch sein mobiles Endgerät (vgl. Abschnitt 2.2.3). Diese Authentifizierung eines Nutzers stellt aufgrund der Verarbeitung personenbezogener Daten allerdings eine zwingende Notwendigkeit (vgl. Klein 2012, S. 128) und somit eine Voraussetzung für den Einsatz mobiler Anwendungen in HR-Prozessen dar (vgl. Klarl 2011, S. 8). Da die Authentifizierung des Nutzers durch den Einsatz von Identifikationsfunktionen lediglich vereinfacht wird (vgl. Turowski/Pousttchi 2003, S. 158), können hieraus keine Kriterien abgeleitet werden, die den „Fit" beeinflussen. Durch das Vereinfachen der Authentifikation können Prozesse zwar effizienter durchgeführt werden, dies stellt jedoch einen generellen Nutzeffekt dar, der unabhängig von dem jeweiligen Prozess ist.

Die Möglichkeit, den aktuellen Standort des Nutzers festzustellen (MAV2), kann innerhalb mobiler Anwendungen dazu genutzt werden, Informationen in Abhängigkeit vom aktuellen Aufenthaltsort darzustellen (vgl. Chin/Siau 2012, S. 2). Zum einen können so relevante HR-Informationen über den aktuellen Aufenthaltsort des Nutzers angezeigt werden, bspw. indem ein Mitarbeiter des Personalwesens direkt Informationen über relevante Kennzahlen oder Mitarbeiter des Unternehmensstandorts erhält, an dem dieser sich befindet. Zum anderen wird es ermöglicht, eingegebene Daten direkt mit dem aktuellen Standort des Nutzers zu verknüpfen, bspw. um erfasste Arbeitszeiten direkt einem Kunden zuzuordnen. Dies reduziert den Aufwand für das Auffinden benötigter Informationen und das Zuordnen erfasster Daten, sodass die Effizienz innerhalb der jeweiligen HR-Prozesse erhöht wird. Für die weitere Analyse ergibt sich somit, dass mobile Anwendungen dann zu Nutzeffekten führen, wenn standortbezogene Informationen innerhalb eines HR-Prozesses existieren und im Prozess verwendet werden können (**Ortsbezug der Aufgabe, K1**; vgl. van der Heijden/Valiente 2002, S. 1151).

Der ubiquitäre Zugriff auf entfernte IS (MAV3) ermöglicht es, mit diesen zu kommunizieren und dort vorhandene Funktionen aufzurufen oder Ereignisse auszulösen (vgl. Mladenova et al. 2011, S. 7). Hierdurch können Akteure auf eintretende Ereignisse reagieren und direkt Aktivitäten über mobile Anwendungen durchführen. Dies ist vor allem dann von Vorteil, wenn mehrere Akteure innerhalb desselben Prozesses zusammenarbeiten, da Abhängigkeiten zwischen unterschiedlichen Akteuren den Koordinationsaufwand erhöhen (vgl. Staehle 1999, S. 556; Malone/Crowston 1990, S. 159). Sobald bspw. eine Aktivität von einem Akteur bearbeitet wurde und anschließend eine Aktion eines weiteren Akteurs benötigt wird, kann diese über eine mobile Anwendung durchgeführt werden (vgl. van der Heijden/Valiente 2002, S. 1150). Hierdurch erhöht sich die Koordinationsflexibilität zwischen den Akteuren, da das Bearbeiten von Prozessaktivitäten innerhalb einer mobilen Anwendung die Reaktionszeiten der einzelnen Akteure verringern kann (vgl. Jarvenpaa et al. 2003, S. 42; Sheng et al. 2005, S. 284). Dabei führen geringere Reaktionszeiten handelnder Akteure zu einer Reduktion von Liegezeiten innerhalb der Prozesse, sodass sich deren Durchlaufzeiten verkürzen. Im Rahmen der HR-Prozesse sind Akteure vor allem Führungskräfte und Mitarbeiter des Personalwesens, die in vielen Aktivitäten eng zusammenarbeiten, wie z. B. in der Personalbeschaffung (vgl. Tabelle 5, Abschnitt 2.1.2). Abhängigkeiten zwischen den Entscheidungen einzelner Akteure (bspw. in Bezug auf die Vorselektion von Bewerbern) können hier den Prozess verzögern (was im genannten Beispiel dazu führen kann, dass die qualifiziertesten

Bewerber bereits eine Anstellung in einem anderen Unternehmen erhalten haben; vgl. Rynes et al. 1991, S. 510). Mit einer steigenden Anzahl von Akteuren, die innerhalb eines kollaborativen Prozesses beteiligt sind, steigt zudem die Koordinationskomplexität innerhalb des Prozesses, sodass eine erhöhte Koordinationsflexibilität durch den Einsatz mobiler Anwendungen einen größeren Nutzen zur Folge haben kann. Dementsprechend lässt sich die **Anzahl der in einem kollaborativem Prozess beteiligten Akteure (K2)** als ein weiteres Kriterium identifizieren.

In der Literatur herrscht Einigkeit darüber, dass die größten Potenziale mobiler Anwendungen dann erreicht werden können, wenn die Mitarbeiter, die diese Anwendungen benutzen, örtlich mobil sind (vgl. Meyer et al. 2012, S. 365; Pei et al. 2012, S. 2; Mladenova et al. 2011, S. 3; Gumpp/Pousttchi 2005, S. 523; Yuan/Zheng 2005, S. 315; Perry et al. 2001, S. 324). Dementsprechend kann der Einsatz mobiler Anwendungen vor allem dann zu Nutzeffekten führen, wenn die Mobilität der beteiligten Akteure hoch ist (**Mobilität der handelnden Akteure, K3**; vgl. Gebauer/Shaw 2004, S. 32). Ist dies nicht der Fall, würde das Bereitstellen von Anwendungen, die durch ein stationäres System zugänglich sind, ausreichen, um bspw. die Koordination zwischen Akteuren zu verbessern oder benötigte Informationen zur Verfügung zu stellen. Außerhalb eines spezifischen Unternehmenskontexts lässt sich die Mobilität der Akteure jedoch nicht ohne weiteres feststellen. Nach MLADENOVA ET AL. (2005, S. 5) sowie GUMPP UND POUSTTCHI (2005, S. 524) kann allerdings davon ausgegangen werden, dass Führungskräfte tendenziell örtlich mobiler sind als andere Akteure. Innerhalb der HR-Prozesse könnten so bspw. im Rahmen des Personalcontrollings HR-Informationen für Führungskräfte über mobile Anwendungen bereitgestellt werden, sodass diese auch während einer Dienstreise benötigte Informationen abrufen und als Entscheidungsgrundlage verwenden können.

Die Möglichkeit auf eintretende Ereignisse reagieren zu können (s. o.), ist vor allem dann von Vorteil, wenn eine umgehende Reaktion zwingend erforderlich bzw. die Aufgabe zeitkritisch ist (vgl. Gebauer/Shaw 2004, S. 33; Kim/Hwang 2006, S. 3; Anckar/D'Incau 2002, S. 49). Durch das Verwenden mobiler Anwendungen können somit Verzögerungen innerhalb von Prozessen vermieden werden (vgl. Breu et al. 2005, S. 10), sodass diese insgesamt schneller durchgeführt werden können. Darüber hinaus wird durch den ubiquitären Zugriff auf entfernte Informationssysteme sichergestellt, dass die Nutzer zum einen jederzeit mit aktuellen Daten arbeiten können (vgl. Mladenova et al. 2011, S. 6) und zum anderen alle Informationen zur Verfügung haben, die für das Erfüllen ihrer Aufgaben notwendig sind (vgl. Breu et al. 2005, S. 8). Neben kürzeren Prozessdurchlaufzeiten führt dies ebenfalls dazu, dass die Wahrscheinlichkeit von Fehlentscheidungen aufgrund veralteter Informationen sinkt. Beide Aspekte ergeben sich dabei aus der Notwendigkeit, auf ein Ereignis schnellstmöglich zu reagieren, sodass der **Zeithorizont einer Aktivität (K4)** ein weiteres Kriterium darstellt. In Bezug auf die Personalmanagementprozesse wurde bereits auf die Notwendigkeit eines schnellen Personalbeschaffungsprozesses hingewiesen (vgl. K2). Darüber hinaus kann bspw. auch das Bearbeiten einer dringend benötigten Dienstreisegenehmigung im Rahmen der Personaladministration u. U. als zeitkritisch eingestuft werden.

Der ubiquitäre Zugriff auf entfernte Systeme (MAV3) erlaubt es, Daten direkt über mobile Anwendungen zu erfassen, sobald diese anfallen (bspw. das direkte Erfassen von Belegen während einer Dienstreise inkl. Ort und Datum des Entstehens oder das direkte Dokumentieren von Notizen innerhalb von Mitarbeitergesprächen; vgl. Botzenhardt/Pousttchi 2008, S. 264). Hierdurch können **Medienbrüche (K5)** verhindert werden, da das nachträgliche Übertragen handschriftlicher Notizen entfällt (vgl. Breu et al. 2005, S. 9). Darüber hinaus können hierdurch Erfassungsfehler vermieden werden (vgl. Botzenhardt/Pousttchi 2008, S. 264). Hieraus folgt, dass mobile Anwendungen vor allem dann sinnvoll innerhalb der analysierten Prozesse eingesetzt werden können, wenn in den Prozessen Medienbrüche vorhanden sind.

5.1.2.2 Kriterien aufgrund der Limitationen mobiler Anwendungen

Wie in Abschnitt 2.2.3 dargelegt, führt die geringe Größe von mobilen Endgeräten dazu, dass zum einen nur wenig Platz für das Darstellen von Informationen verfügbar und zum anderen die Eingabe von großen Datenmengen nur schwer möglich ist. Aus diesem Grund ist es notwendig, dass Informationen innerhalb von mobilen Anwendungen so bereitgestellt werden, dass sie leicht auf kleinen Bildschirmen angezeigt werden können (vgl. Adipat/Zhang 2005, S. 2281). Dies ist vor allem dann problematisch, wenn große Mengen an Informationen dargestellt oder Zusammenhänge zwischen Datensätzen abgebildet werden müssen, deren übersichtliche Darstellung aufgrund der geringen Displaygröße mobiler Endgeräte nur schwer möglich ist. Da Darstellungsformen aus dem Desktop-PC-Bereich somit nicht einfach auf mobile Anwendungen übertragen werden können (vgl. Chittaro 2006, S. 2), ist der Aufwand eine passende Repräsentationsform zu finden und die Daten entsprechend aufzubereiten größer. Bei kleineren oder klar hierarchisch strukturierten Datenmengen stellt dies hingegen kein Problem dar (vgl. Adipat et al. 2011, S. 116). Hieraus folgt, dass Prozesse in denen eine geringe Menge an Informationen notwendig ist, eher für die Unterstützung durch mobile Anwendungen geeignet sind als Prozesse, die eine große Anzahl komplexer Informationen benötigen. Im Bereich der Nachfolgeplanung werden so bspw. Informationen über alle im Unternehmen vorhandenen Mitarbeiter- und Stellenprofile (inkl. deren Kompetenzen bzw. Stellenanforderungen) sowie deren Abgleich benötigt, wohingegen für eine Personalbeurteilungsmaßnahme jeweils nur Informationen über den zu bewertenden Mitarbeiter und dessen aktuelle Position im Unternehmen relevant sind. Somit wird in der folgenden Analyse der **Informationsbedarf (K6)** innerhalb der HR-Aktivitäten berücksichtigt.

5.1.2.3 Weitere Kriterien für den Einsatz mobiler Anwendungen

Neben den Kriterien, die sich aus den Vor- und Nachteilen mobiler Anwendungen ableiten lassen, ergeben sich aus der vorhandenen Literatur noch weitere Kriterien für den Einsatz mobiler Anwendungen in HR-Prozessen: Eine Notwendigkeit für den wirtschaftlichen Einsatz eines IT-Systems stellt die Häufigkeit dar, mit der dieses genutzt wird, da den Kosten für Einführung und Betrieb größere Nutzeffekte gegenüber stehen. In Bezug auf mobile PIS ist ebenfalls davon auszugehen, dass Anwendungen, die häufiger genutzt werden, größere Nutzeffekte ermöglichen als Anwendungen, die seltener genutzt werden (vgl. Mladenova et al. 2011, S. 5; Gebauer/Shaw 2004, S. 31). Somit stellt die **Ausführungshäufigkeit (K7)** ein weiteres Kriterium bei der nachfolgenden Untersuchung dar. Dabei wird zwischen einer häufigen Ausführung eines Prozesses (öfter als einmal im Monat) und einer seltenen Ausführungshäufigkeit (max. einmal im Monat) unterschieden (vgl. Pilarski et al. 2012, S. 68). So werden bspw. im Rahmen der Personaladministration für einen Großteil der Mitarbeiter täglich Arbeitszeiten protokolliert und gepflegt, wohingegen Mitarbeitergespräche im Rahmen der Personalbeurteilung nur selten (bspw. einmal im Jahr) durchgeführt werden.

Ein weiteres Kriterium stellt die **Vertraulichkeit der Informationen (K8)** dar, die innerhalb einer mobilen HR-Anwendung verwendet werden. Aufgrund der ortsunabhängigen Verwendung mobiler Endgeräte und ihrer geringen Größe, tragen Benutzer diese i. d. R. permanent bei sich (vgl. Abschnitt 2.2.2). Neben den Vorteilen, die hieraus resultieren (wie bspw. der permanente Zugriff auf Informationen), führt dies allerdings auch zu einem erhöhten Verlustrisiko des Gerätes, bspw. durch Diebstahl oder Unachtsamkeit (vgl. Christmann 2012, S. 57; Milligan/Hutcheson 2007, S. 190; Wang et al. 2012, S. 56). Wenn vertrauliche Daten innerhalb mobiler Anwendungen verarbeitet und auf einem mobilen Endgerät gespeichert oder darüber abrufbar sind, kann ein Verlust des Endgeräts dazu führen, dass diese Informationen von Individuen oder Organisationen eingesehen werden können, die dazu nicht autorisiert sind (bspw. konkurrierende Unternehmen). Dabei sind Informationen vertraulich, wenn deren Offenlegung die Privatsphäre von Personen verletzt, den Wettbewerbsvorteil des Unternehmens verringert oder der Organisation Schaden zuführen kann (vgl. Peltier et al. 2013, S. 289). Im Personalmanagement betrifft dies vor allem personenbezogene Daten, da diese dem Bundesdatenschutzgesetz (BDSG) unterliegen. Dieses verfolgt das Ziel, die Persönlichkeitsrechte Einzelner zu schützen, indem Maßnahmen der Datensicherheit getroffen werden (vgl. Sowa 2010, S. 104; Strohmeier 2008, S. 39). Da durch das Nutzen mobiler Endgeräte das Risiko steigt, dass personenbezogene Informationen offenbart werden (bspw. im Verlustfall), müssen Maßnahmen getroffen werden, um die Daten auf einem mobilen Endgerät zu schützen. Da dies den Aufwand beim Entwickeln und Überwachen der mobilen Anwendungen bedeutet, sind Prozesse, in denen personenbezogene Daten verarbeitet werden, weniger für den Einsatz mobiler PIS geeignet. Tabelle 23 fasst die erarbeiteten Kriterien K1 bis K8 zusammen.

Kriterium	Evaluation			
		geeignet		nicht geeignet
K1: Ortsbezogene Informationen	(+)	ortsbezogene Informationen können genutzt werden	(-)	ortsbezogene Informationen können nicht genutzt werden
K2: Anzahl der Akteure	(+)	Mehrere Akteure	(-)	Ein Akteur
K3: Mobilität der Akteure	(+)	Führungskräfte involviert	(-)	Führungskräfte nicht involviert
K4: Zeithorizont	(+)	Zeitkritisch	(-)	Nicht zeitkritisch
K5: Medienbrüche	(+)	Medienbrüche vorhanden	(-)	Medienbrüche nicht vorhanden
K6: Informationsbedarf	(+)	geringe Menge an Informationen notwendig	(-)	große Menge an Informationen notwendig
K7: Ausführungshäufigkeit	(+)	häufige Ausführung	(-)	seltene Ausführung
K8: Vertraulichkeit der Informationen	(+)	Es werden keine vertraulichen Daten verarbeitet	(-)	vertrauliche Daten werden verarbeitet

Tabelle 23: Zusammenfassung der Kriterien K1-K8

5.1.3   Empirische Evaluation der Kriterien

Um die im vorherigen Abschnitt hergeleiteten Kriterien zu evaluieren, wurde in der in Abschnitt 3.1 beschriebenen Studie ebenfalls erhoben, inwiefern die hergeleiteten Kriterien einen Einfluss auf die Eignung von HR-Prozessen für mobile PIS haben. Im Gegensatz zum in Abschnitt 3.1.1 beschriebenen Teil der Studie liegt hier allerdings ein explanatives Forschungsdesign zugrunde (vgl. Bortz/Döring 2006, S. 52). Die hergeleiteten Kriterien wurden in geeignete geschlossene Fragestellungen (vgl. Bortz/Döring 2006, S. 254) in Form von „Behauptungen" überführt, da sich derartige Fragebogenitems besser für das

Erfassen von Einstellungen oder Meinungen eignen als Items, welche direkt als Frage formuliert werden (vgl. Bortz/Döring 2006, S. 254). Die Unternehmen konnten mithilfe einer 5er-Likert-Skala (vgl. Mayer 2006, S. 86) bewerten, inwiefern sie diesen Behauptungen zustimmen (1: „stimme nicht zu"; 5: „stimme zu").

Tabelle 24 zeigt die deskriptiven Statistiken zu den Fragebogenitems der einzelnen Kriterien zum Einsatz mobiler PIS (sortiert nach absteigendem Mittelwert). Hierbei fällt auf, dass sämtliche Mittelwerte für die Items oberhalb des Skalenmittelpunkts (Wert: 3) liegen. Um festzustellen, ob ein Einstichproben-t-Test zum Ermitteln der Signifikanz dieser Abweichungen durchgeführt werden kann (vgl. Bühl 2008, S. 315), wurde ein Shapiro-Wilk-Test durchgeführt, um zu prüfen, ob die Variablen normal verteilt sind.[31] Da hierbei festgestellt wurde, dass keine Normalverteilung vorliegt, wurde statt eines t-Tests ein Einstichproben-Wilcoxon-signed-rank-Test durchgeführt. Dabei handelt es sich um einen nicht-parametrischen Test, bei dem keine Normalverteilung der Daten vorausgesetzt wird (vgl. Field 2013, S. 214). Die Ergebnisse der Tests sind ebenfalls in Tabelle 24 dargestellt.

Kriterium	Mittelwert	Std. Abw.	Median	z[32]	Sig. (p)
K3: Mobilität der Akteure	4,39	,831	5	6,245	,000 ***
K5: Medienbrüche	4,28	,914	4,5	5,919	,000 ***
K2: Anzahl der Akteure	3,72	1,321	4	3,111	,002 ***
K6: Informationsbedarf	3,57	1,094	3,5	3,504	,000 ***
K4: Zeithorizont	3,34	1,198	3	2,043	,041 **
K1: Ortsbezogene Informationen	3,31	1,229	3,5	1,692	,091 *
K8: Vertraulichkeit der Informationen	3,24	1,331	4	1,314	,189
K7: Ausführungshäufigkeit	3,12	1,211	3	,837	,403

* signifikant bei p<0,1; ** signifikant bei p<0,05; *** signifikant bei p<0,01; N=59
Skala von 1 (stimme nicht zu) bis 5 (stimme zu)

Tabelle 24: Deskriptive Statistik und Einstichproben-Wilcoxon-signed-rank-Test der Kriterien

Beim Betrachten der Testergebnisse fällt auf, dass die positive Abweichung vom Skalenmedian (3) bei den meisten Kriterien signifikant ist (K2, K3, K5 und K6: p<0,01; K4: p<0,05; K1: p<0,1), lediglich die Kriterien „Ausführungshäufigkeit" (K7) und „Vertraulichkeit der Informationen" (K8) weisen keine signifikante Abweichung vom Median auf. Somit ergibt sich, dass die Kriterien K1 bis K6 einen signifikanten Einfluss auf die Eignung eines Prozesses für die Unterstützung durch mobile Anwendungen besitzen. Dementsprechend haben die Kriterien K7 und K8 keinen signifikanten Einfluss auf die Eignung eines Prozesses für mobile Applikationen. Da beim Ableiten des Kriteriums „Ausführungshäufigkeit" (K7) vor allem Aspekte der Wirtschaftlichkeit betrachtet wurden (vgl. Abschnitt 5.1.2.3), ist eine mögliche Erklärung für dieses Ergebnis, dass die Unternehmen beim Beantworten des Fragebogens keinen direkten

---

[31] Die Normalverteilung der Variablen stellt eine Voraussetzung für die Anwendbarkeit des Einstichproben-t-Tests dar (vgl. Sheskin 2003, S. 135).

[32] Der Wert z enthält den Mittelwert der standardisierten Teststatistik, bei der die Verteilung der einzelnen Werte auf einen Mittelwert von 0 und eine Standardabweichung von 1 transformiert wurde (vgl. Field 2013, S. 31). In diesem Fall bedeutet dies, dass eine Wahrscheinlichkeit von p besteht, dass ein z-Wert dieser Größe in einer normalverteilten Stichprobe vorkommen würde (vgl. Field 2013, S. 233). Dementsprechend kann bei einem geringen p-Wert davon ausgegangen werden, dass eine signifikante Abweichung vom Stichprobenmedian vorliegt.

Zusammenhang zur Eignung eines Prozesses herstellen konnten. Interessanter ist das Befragungser-gebnis in Bezug auf das Kriterium „Vertraulichkeit der Informationen" (K8). Dieses Ergebnis kann meh-rere Ursachen haben: Zum einen wäre es möglich, dass die Gefährdung vertraulicher Daten durch de-ren Verarbeitung auf mobilen Endgeräten den befragten Experten nicht bewusst ist. Dies erscheint vor dem Hintergrund, dass eine große Anzahl an Fachpublikationen existiert, die diesen Aspekt thematisie-ren (vgl. bspw. Unhelkar/Murugesan 2010; Mylonas et al. 2011; Wang et al. 2012; Milligan/Hutcheson 2007), jedoch als unwahrscheinlich. Zum anderen ist denkbar, dass den befragten Experten die poten-ziellen Gefahren zwar bewusst sind, diese jedoch nicht als Hindernis für den Einsatz mobiler Anwen-dungen angesehen werden. So könnten die Experten Maßnahmen zum Schutz vertraulicher Informati-onen als technisch umsetzbar einschätzen, sodass diese kein Hindernis für den Einsatz mobiler Appli-kationen darstellen. Dies lässt sich durch die vorliegenden Daten dieser Studie jedoch nicht abschlie-ßend verifizieren.

Des Weiteren wurde anhand eines Wilcoxon-Rangsummentest[33] überprüft, ob die Einschätzung der Kriterien von Experten, die im Unternehmen bereits mobile Anwendungen einsetzen (und damit größere Erfahrungen mit deren Einsatz haben), sich zu der von Experten bei denen dies nicht der Fall ist, unter-scheidet. Hierbei wurde festgestellt, dass Experten aus Unternehmen, die bereits mobile Applikationen im Einsatz haben, die Kriterien „Anzahl der Akteure (K2)" (z=-1,746, p=,081) sowie „Mobilität der Akteure (K3)" (z=-2,007, p=0,45) signifikant relevanter einschätzen als Experten, in deren Unternehmen dies nicht der Fall ist.[34] Dieser Effekt ist allerdings nur schwach ausgeprägt (jeweils r=-,26)[35]. Ebenso wurde anhand eines Kruskal-Wallis-Tests[36] überprüft, ob die anderen in Abschnitt 3.1.2.1 beschriebenen Un-ternehmenscharakteristika einen Einfluss auf die Einschätzung der jeweiligen Kriterien haben.[37] Dabei ergaben sich signifikante Unterschiede in Bezug auf das Kriterium „Ortsbezogene Informationen (K1)" und die Anzahl der Mitarbeiter (p=,021) sowie den Anteil mobiler Mitarbeiter (p=,048) und das Kriterium „Informationsbedarf (K6)" und die Standortverteilung (p=,014). Anhand eines paarweisen Vergleichs der jeweiligen Kategorien (bspw. K6 in Bezug auf eine Deutschland- oder Europa- bzw. Europa- oder Welt-weite Verteilung etc.) konnte jedoch kein signifikanter Unterschied zwischen den einzelnen Gruppen festgestellt werden, sodass hieraus keine Rückschlüsse auf mögliche Wirkungsrichtungen gezogen werden können.

---

[33] Dabei handelt es sich ebenfalls um einen nicht-parametrischen Test, der es ermöglicht zu untersuchen, ob signifikante Unter-schiede zwischen verschiedenen Gruppen existieren, ohne eine Normalverteilung vorauszusetzen (vgl. Field 2013, S. 217).

[34] Sämtliche Testergebnisse (inkl. der nicht-signifikanten Tests) sind in Anhang A3 in Tabelle 86 dargestellt.

[35] Auf Basis des ermittelten z-Werts (vgl. Fußnote 32) wird der Korrelationskoeffizient r ermittelt. Hierbei stehen ein Wert zwi-schen ,10 bis ,30 für einen kleinen, ein Wert von ,30 bis ,50 für einen mittleren und ein Wert von über ,50 für einen großen Effekt. Das Vorzeichen des Korrelationskoeffizienten gibt hierbei die Wirkungsrichtung an (vgl. Field 2013, S. 82).

[36] Hierbei handelt es sich ebenfalls um einen nicht-parametrischen Test, mit dem eine Stichprobe auf signifikante Unterschiede zwischen verschiedenen Gruppen getestet werden kann. Im Gegensatz zum Wilcoxon-Rangsummentest ermöglicht der Kruskal-Wallis-Test jedoch den Vergleich von mehr als zwei Gruppen (vgl. Field 2013, S. 236), was für die Prüfung der anderen Charakteristika notwendig ist (vgl. Abschnitt 3.1.2.1).

[37] Die vollständigen Testergebnisse befinden sich in Anhang A3, in Tabelle 87 bis Tabelle 91.

5.1.4 Diskussion der Ergebnisse

Tabelle 25 gibt an, inwiefern die hergeleiteten Kriterien K1 bis K8 im kommenden Abschnitt innerhalb der untersuchten Personalmanagementprozesse gemessen werden. Hierbei ist jedoch anzumerken, dass die Kriterien K5 (Medienbrüche) und K6 (Informationsbedarf) innerhalb einer theoretischen Prozessanalyse nicht betrachtet werden können. Dies liegt vor allem daran, dass die Ausgestaltung der einzelnen HR-Prozesse von Unternehmen zu Unternehmen variiert. Somit kann außerhalb eines konkreten Falls meist nicht generell festgestellt werden, wie viele Medienbrüche (K5) innerhalb eines Prozesses existieren oder wie groß die Menge an benötigten Informationen tatsächlich ist (K6). Des Weiteren werden aufgrund der Evaluationsergebnisse aus Abschnitt 5.1.3 das Kriterium K8 (Vertraulichkeit der Informationen) in der folgenden Analyse nicht weiter verwendet. Das Kriterium K7 (Ausführungshäufigkeit) wird in der folgenden Analyse hingegen weiterhin betrachtet. Wie bereits im vorherigen Abschnitt thematisiert wurde, kann das nicht signifikante Evaluationsergebnis bei dem Kriterium dadurch erklärt werden, dass Wirtschaftlichkeitsaspekte von den Experten nicht direkt mit der „Eignung" für mobile Anwendungen in Zusammenhang gebracht wurden. Da das Kosten-Nutzen-Verhältnis bei häufig verwendeten mobilen PIS für das einsetzende Unternehmen allerdings positiver ausfällt, als bei Anwendungen, die seltener genutzt werden, erscheint es sinnvoll dieses Kriterium bei der Identifikation von Einsatzbereichen weiterhin zu betrachten.

Kriterium	Evaluation			
		geeignet		nicht geeignet
K1: Ortsbezogene Informationen	(+)	ortsbezogene Informationen können genutzt werden	(-)	ortsbezogene Informationen können nicht genutzt werden
K2: Anzahl der Akteure	(+)	Mehrere Akteure	(-)	Ein Akteur
K3: Mobilität der Akteure	(+)	Führungskräfte involviert	(-)	Führungskräfte nicht involviert
K4: Zeithorizont	(+)	Zeitkritisch	(-)	Nicht zeitkritisch
K5: Medienbrüche		Nicht messbar (aufgrund des fehlenden Unternehmenskontextes)		
K6: Informationsbedarf		Nicht messbar (aufgrund des fehlenden Unternehmenskontextes)		
K7: Ausführungshäufigkeit	(+)	häufige Ausführung	(-)	seltene Ausführung
K8: Vertraulichkeit der Informationen		Nicht relevant (aufgrund der Evaluationsergebnisse)		

Tabelle 25: Zusammenfassung der Kriterien K1-K8 nach Evaluationsergebnissen

Insgesamt ist darüber hinaus festzuhalten, dass die dargestellten Kriterien lediglich die potenzielle Nützlichkeit (bspw. in Form von Effizienz- oder Effektivitätssteigerungen; vgl. Abschnitt 5.1.1) mobiler Anwendungen innerhalb von HR-Prozessen evaluieren. Darüber hinausgehende Aspekte, wie das Nutzen mobiler Anwendungen als Marketinginstrument zum Verbessern des Unternehmensimage (vgl. Botzenhardt/Pousttchi 2008, S. 266; Sheng et al. 2005, S. 277; bspw. in Bezug auf das Personalmarketing; vgl. Jäger/Böhm 2012, S. 309), werden nicht berücksichtigt, da solche Effekte nicht innerhalb einer theoretischen Prozessanalyse erfasst werden können. Des Weiteren werden indirekte Effekte nicht betrachtet, die sich durch den Einsatz mobiler Anwendungen ergeben können, wie bspw. eine höhere Mitarbeiterzufriedenheit (insb. in jüngeren Mitarbeitergruppen; vgl. Pousttchi/Becker 2012, S. 17).

5.2   Identifikation von Einsatzmöglichkeiten

Im Folgenden werden Einsatzmöglichkeiten mobiler Anwendungen innerhalb der HR-Prozesse identifiziert. Eine Eignung ergibt sich dann, wenn die Mehrheit der hergeleiteten Kriterien (mindestens 3 von 5) positiv beurteilt wird. Es werden zunächst Einsatzmöglichkeiten innerhalb der Prozesse zum Steuern der Mitarbeiterbereitstellung (Abschnitt 5.2.1) identifiziert, bevor Prozesse zum Steuern der Mitarbeiterleistungsbereitschaft (Abschnitt 5.2.2) und Querschnittsprozesse (Abschnitt 5.2.3) betrachtet werden. Abschließend werden die Ergebnisse diskutiert (Abschnitt 5.2.4).

5.2.1   Einsatzmöglichkeiten in Prozessen zum Steuern der Mitarbeiterbereitstellung

5.2.1.1   Personalbedarfsplanung

Da das Ermitteln von Personalbestand und -bedarf i. d. R. für das Unternehmen (oder einzelner Geschäftsbereiche) unabhängig von einzelnen Standorten vorgenommen wird, existieren keine ortsbezogenen Informationen, die innerhalb der Aktivitäten der Personalbedarfsplanung verwendet werden können (**K1**). Beim Ermitteln des *Bruttopersonalbedarfs* (1.1) und des *Personalbestands* (1.2) arbeiten das Personalwesen und Führungskräfte meist zusammen (vor allem im Rahmen der Bedarfserfassung und dem Feststellen des qualitativen Personalbestands; vgl. Tabelle 4, Kolb 2010, S. 616), sodass dieses Kriterium (**K2**) dort positiv bewertet wird. Die Beteiligung von Führungskräften führt ebenfalls dazu, dass die Mobilität der Akteure grundsätzlich als hoch eingeschätzt werden kann (**K3**). Beim *Ermitteln des Nettopersonalbedarfs* (1.3) ist nur Personalwesen involviert, sodass beide Kriterien (**K2** und **K3**) negativ beurteilt werden. Der Zeithorizont kann dabei als nicht zeitkritisch eingestuft werden (**K4**), da die einzelnen Aktivitäten eine langfristige Planung des Personalbedarfs zum Ziel haben und periodisch durchgeführt werden (bspw. quartalsweise oder jährlich (**K7**); vgl. Hauff 2010, S. 157; Stock-Homburg 2010, S. 109). Insgesamt ergibt sich auf dieser Grundlage kein Einsatzgebiet für mobile Anwendungen innerhalb der Personalbedarfsplanung. Tabelle 26 fasst die Ergebnisse für den Prozess der Personalbedarfsplanung zusammen.

Teilprozesse / Funktionen	Bewertung						Kurzbeschreibung der Einsatzmöglichkeiten (inkl. beteiligter Akteure)
	Ortsbezug (K1)	Anzahl Akteure (K2)	Mobilität Akteure (K3)	Zeithorizont (K4)	Ausführungshäufigkeit (K7)		
1.1 Bruttopersonalbedarf ermitteln	-	P, F	+	-	-		X
1.2 Personalbestand ermitteln	-	P, F	+	-	-		X
1.3 Nettopersonalbedarf ermitteln	-	P	-	-	-		X
Legende:	P: Personalwesen	F: Führungskraft	M: Mitarbeiter	B: Bewerber	(+): Kriterium erfüllt	(-): Kriterium nicht erfüllt	

Tabelle 26: Einsatzmöglichkeiten mobiler Anwendungen in der Personalbedarfsplanung

5.2.1.2 Personalbeschaffung

Ortsbezogene Informationen können im Rahmen der Personalbeschaffung in zwei Bereichen genutzt werden: Zum einen können diese beim Positionieren des Unternehmensimages (2.1) verwendet werden, indem bspw. potenziellen Bewerbern Informationen über Unternehmensstandorte und Stellenangebote innerhalb ihrer näheren Umgebung angezeigt werden. Zum anderen können beim Integrieren von Kandidaten in das Unternehmen (2.6) die neuen Mitarbeiter durch Informationen über ihre Arbeitsumgebung unterstützt werden. Somit wird dieses Kriterium (**K1**) in den beiden Teilprozessen positiv bewertet. Im Rahmen der Personalbeschaffung arbeiten meist mehrere Akteure innerhalb derselben Aktivitäten zusammen (**K2**; mit Ausnahme des Verwaltens von Kandidaten und Bewerbungen; 2.3), sodass dieses Kriterium positiv bewertet wird (vgl. Sims 2002, S. 114; Reynolds/Weiner 2009, S. 105). Darüber hinaus sind meistens Führungskräfte beteiligt (Ausnahmen sind das Verwalten von Kandidaten und Bewerbungen (2.3) sowie das Einstellen von Kandidaten (2.5)), sodass von einer hohen Mobilität der Akteure ausgegangen werden kann (**K3**). Die meisten Teilprozesse sind als zeitkritisch einzustufen (**K4**), da freigewordene (oder freiwerdende) Stellen i. d. R. schnellstmöglich wiederbesetzt werden müssen, um Vakanzen zu vermeiden (vgl. Drumm 2008, S. 330). Eine Ausnahme bildet hier das Positionieren des Unternehmensimage (2.1), da dies langfristig geplante Aktivitäten beinhaltet (vgl. Kolb 2010, S. 91), die meist nicht zeitkritisch sind. Da die Teilprozesse der Personalbeschaffung entweder permanent (im Fall von 2.1) oder immer dann ausgeführt werden, wenn ein Bedarf an Personal festgestellt wurde (vgl. Gaugler et al. 2004, S. 1406), ergibt sich, dass sämtliche Teilprozesse der Personalbeschaffung regelmäßig ausgeführt werden, sodass das Kriterium Ausführungshäufigkeit (**K7**) positiv bewertet wird.

Insgesamt ergibt sich für die meisten Teilprozesse bzw. Funktionen der Personalbeschaffung eine positive Eignung für mobile Anwendungen. Lediglich das Verwalten von Kandidaten und Bewerbungen sowie das Einstellen von Kandidaten sind nicht für die Unterstützung durch mobile Anwendungen geeignet. Tabelle 27 fasst die Einsatzmöglichkeiten mobiler Anwendungen innerhalb der Personalbeschaffung zusammen, die im Folgenden näher erläutert werden.

Teilprozesse / Funktionen	Bewertung					Kurzbeschreibung der Einsatzmöglichkeiten (inkl. beteiligter Akteure)
	Ortsbezug (K1)	Anzahl Akteure (K2)	Mobilität Akteure (K3)	Zeithorizont (K4)	Ausführungshäufigkeit (K7)	
2.1 Unternehmensimage positionieren	+	P, F, B	+	-	+	2a) Informationen über das Unternehmen veröffentlichen und mit Bewerbern kommunizieren (P, F, B)
2.2 Kandidaten anwerben	-	P, F, B	+	+	+	2b) Entscheidungsfindung innerhalb des Beschaffungsprozesses (im engeren Sinne) unterstützen und notwendige Informationen bereitstellen (P, F)
2.3 Kandidaten und Bewerbungen verwalten	-	P	-	+	+	x
2.4 Kandidaten auswählen	-	P, F, B	+	+	+	2b) Entscheidungsfindung innerhalb des Beschaffungsprozesses (im engeren Sinne) unterstützen und notwendige Informationen bereitstellen (P, F)
2.5 Kandidaten einstellen	-	P, B	-	+	+	x
2.6 Kandidaten integrieren	+	P, F, M, B	+	+	+	2c) Informationen über die interne Unternehmensstruktur und Arbeitsumgebung des neuen Mitarbeiters bereitstellen (P, F, M)
Legende:	P: Personalwesen	F: Führungskraft	M: Mitarbeiter	B: Bewerber	(+): Kriterium erfüllt	(-): Kriterium nicht erfüllt

Tabelle 27: Einsatzmöglichkeiten mobiler Anwendungen in der Personalbeschaffung

Als erste Einsatzmöglichkeit ergibt sich das Nutzen mobiler Anwendungen im Rahmen des Positionierens des Unternehmensimages (**Einsatzmöglichkeit 2a**). Mobile PIS können im Rahmen des Personalmarketings genutzt werden, indem Informationen über das Unternehmen interessierten Bewerbern zur Verfügung gestellt werden. Neben allgemeinen Informationen schließt dies bspw. Informationen zu offenen Stellen oder zum Bewerbungsverfahren mit ein. Darüber hinaus kann das Unternehmen mobile Anwendungen nutzen, um den Kontakt mit Bewerbern herzustellen. So können bspw. über die Benachrichtigungsfunktion mobiler Endgeräte aktiv Informationen an potenzielle Bewerber verschickt werden (z. B. um diese auf Veranstaltungen des Unternehmens aufmerksam zu machen), sodass die Kommunikation zwischen dem Unternehmen (bspw. dem Personalwesen oder Führungskräften) und den Bewerbern verbessert wird. Wie in Abschnitt 4.2 erläutert, wird dies bereits häufig in der Literatur diskutiert.

Eine weitere Einsatzmöglichkeit stellt das Unterstützen des Personalbeschaffungsprozesses im engeren Sinne (vom Veröffentlichen der Stellenausschreibung bis zum Einstellen eines Kandidaten; vgl. Tabelle 5) dar (**Einsatzmöglichkeit 2b**). Innerhalb des Prozesses werden viele Entscheidungen gemeinsam von den Mitarbeitern des Personalwesens und den Führungskräften getroffen (bspw. in Bezug auf Ausschreibungskanäle oder die (Vor-)Selektion von Bewerbern), sodass es zu Verzögerungen im Prozessablauf kommen kann, wenn einzelne Akteure nicht verfügbar sind. Zum einen können mobile Anwendungen genutzt werden, um die Koordinationsflexibilität (vgl. Abschnitt 5.1.1) zu erhöhen, indem die gemeinsame Entscheidungsfindung von örtlich getrennten Akteuren unterstützt wird. Zum anderen können Stellen- und Bewerberprofile über eine mobile Anwendung bereitgestellt werden, sodass die für die Entscheidungen notwendigen Informationen orts- und zeitunabhängig abgerufen werden können. Es muss jedoch beachtet werden, dass lediglich bestimmte (administrative) Aktivitäten des Prozesses unterstützt werden können, da das Bewerten der Bewerber im Rahmen von Beurteilungsmaßnahmen (wie bspw. Bewerbungsgesprächen oder Assessment Centern) stattfindet, die nicht substituiert werden können.

Das Integrieren von Kandidaten in das Unternehmen stellt die letzte Einsatzmöglichkeit innerhalb der Personalbeschaffung dar (**Einsatzmöglichkeit 2c**). Ziel ist es im Rahmen der fachlichen und sozialen Integration neuer Mitarbeiter (dem sog. Onboarding; vgl. Snell 2006, S. 32), die notwendige Eingewöhnungszeit in ihre Arbeitsumgebung so effizient und effektiv wie möglich zu gestalten. Hierbei können mobile PIS genutzt werden, um Mitarbeitern Informationen zur Verfügung zu stellen (bspw. über interne Prozesse oder die nähere Umgebung). Ebenfalls können Mitarbeiter über die Benachrichtigungsfunktionen mobiler Endgeräte auf Veranstaltungen des Unternehmens aufmerksam gemacht werden.

5.2.1.3 Personaleinsatz

Im Rahmen des Personaleinsatzes können ortsbezogene Informationen innerhalb des Gestaltens von Arbeitszeiten (3.3) genutzt werden: So werden Schichtplanungen i. d. R. für einzelne Unternehmensstandorte durchgeführt, sodass der Aufenthaltsort des Nutzers dazu genutzt werden kann, die Schichtpläne des aktuellen Standorts anzuzeigen (**K1**). Darüber hinaus arbeiten in allen Bereichen unterschiedliche Akteure zusammen (Personalreferenten, Führungskräfte und Mitarbeiter; vgl. Stock-Homburg 2010, S. 270; **K2**), sodass dieses Kriterium positiv bewertet werden kann. Dabei sind in allen Bereichen auch Führungskräfte beteiligt, weshalb eine hohe Mobilität der Akteure angenommen wird (**K3**). Allerdings werden in den meisten Fällen jeweils langfristige Entscheidungen getroffen (bspw. in Bezug auf das Strukturieren von Stellen vgl. Kolb 2010, S. 150; Gaugler et al. 2004, S. 1469), die nicht zeitkritisch sind (**K4**) und nur in periodischen Abständen durchgeführt werden (**K7**). Eine Ausnahme stellt hier das Erstellen von Schichtplänen im Rahmen der Arbeitszeitgestaltung (3.3) dar. Hierbei können sich kurzfristige Änderungen (bspw. aufgrund des Ausfalls eines Mitarbeiters) ergeben, auf die zeitnah reagiert werden muss (vgl. Faißt 1993, S. 42). Auf Basis der verwendeten Kriterien ergibt sich für den Personaleinsatz ein Anwendungsfall für mobile Anwendungen, der im Folgenden näher erläutert wird. Tabelle 28 fasst die Ergebnisse zusammen.

Teilprozesse / Funktionen	Bewertung					Kurzbeschreibung der Einsatzmöglichkeiten (inkl. beteiligter Akteure)
	Ortsbezug (K1)	Anzahl Akteure (K2)	Mobilität Akteure (K3)	Zeithorizont (K4)	Ausführungshäufigkeit (K7)	
3.1 Arbeitsinhalte gestalten	-	P, F, M	+	-	-	x
3.2 Arbeitsplatz gestalten	-	P, F	+	-	-	x
3.3 Arbeitszeit gestalten	+	P, F, M	+	+	+	3a) Einsehen und Bearbeiten von Schichtplänen (P, F)
Legende:	P: Personalwesen	F: Führungskraft	M: Mitarbeiter	B: Bewerber	(+): Kriterium erfüllt	(-): Kriterium nicht erfüllt

Tabelle 28: Einsatzmöglichkeiten mobiler Anwendungen im Personaleinsatz

Ein Anwendungsfall für mobiler Anwendungen innerhalb des Personaleinsatzes stellt das Einsehen und Bearbeiten von Schichtplänen dar (**Einsatzmöglichkeit 3a**). Dabei können Tablet-basierte mobile PIS von Mitarbeitern des Personalwesens oder Führungskräften genutzt werden, um orts- und zeitunabhängig auf Schichtpläne zuzugreifen und Änderungen vorzunehmen, sodass schnell auf kurzfristig notwendige Änderungen reagiert werden kann (bspw. beim Ausfall eines Mitarbeiters). Die Lokalisierbarkeit

der Endgeräte kann hierbei genutzt werden, um den Zugriff auf die Schichtpläne des Unternehmensstandorts, an dem sich der Nutzer der Applikation aktuell befindet, zu vereinfachen.

5.2.1.4   Personalentwicklung

Innerhalb der Personalentwicklung ergibt sich kein Einsatzzweck für ortsbezogene Informationen (**K1**),
sodass dieses Kriterium negativ bewertet wird. Allerdings sind neben Verantwortlichen aus dem Personalwesen ebenfalls Mitarbeiter an den meisten Aktivitäten der Personalentwicklung beteiligt, sodass das
Kriterium „Anzahl der Akteure" (**K2**) positiv bewertet werden kann (vgl. Gaugler et al. 2004, S. 1503;
Falk 2007, S. 17). Lediglich beim Vorbereiten der Durchführung von Entwicklungsmaßnahmen (4.3) ist
nur das Personalwesen beteiligt. Führungskräfte sind lediglich in Aktivitäten der Entwicklungsbedarfsa-
nalyse (4.1) beteiligt (vgl. Schax/Dobischat 2007, S. 86), sodass nur in diesem Fall eine hohe Mobilität
der Akteure (**K3**) angenommen werden kann. Da die Personalentwicklung einen Prozess darstellt, der
langfristig geplant wird (sowohl im Bereich der Analyse, als auch beim Durchführen von Maßnahmen;
vgl. Bartscher/Huber 2007, S. 84), handelt es sich nicht um zeitkritische Aktivitäten (**K4**). Allerdings werden das Vorbereiten (4.3), Durchführen (4.4) und Evaluieren (4.5) von Entwicklungsmaßnahmen sowie
das Transferieren von Gelerntem (4.6) regelmäßig durchgeführt (vgl. Stock-Homburg 2010, 261f.), sodass das Kriterium Ausführungshäufigkeit (**K7**) hier positiv bewertet wird. Lediglich das Analysieren von
Entwicklungsbedarfen (4.1) sowie das Gestalten von Maßnahmen (4.2) finden nur in periodischen Abständen statt (bspw. im Rahmen einer jährlichen Entwicklungsplanung; vgl. Gaugler et al. 2004, 1518f.).
Insgesamt befinden sich in der Personalentwicklung keine Einsatzgebiete für mobile PIS. Tabelle 29
fasst die Ergebnisse zusammen.

Teilprozesse / Funktionen	Bewertung						Kurzbeschreibung der Einsatzmöglichkeiten (inkl. beteiligter Akteure)
	Ortsbezug (K1)	Anzahl Akteure (K2)	Mobilität Akteure (K3)	Zeithori-zont (K4)	Ausfüh-rungshäu-figkeit (K7)		
4.1 Entwicklungsbedarf ana-lysieren	-	P, F, M	+	-	-		X
4.2 Entwicklungsmaßnah-men gestalten	-	P, M	-	-	-		X
4.3 Maßnahmendurchfüh-rung vorbereiten	-	P	-	-	+		X
4.4 Entwicklungsmaßnah-men durchführen	-	P, M	-	-	+		X
4.5 Entwicklungsmaßnah-men evaluieren	-	P, M	-	-	+		X
4.6 Gelerntes transferieren	-	P, M	-	-	+		X
Legende:	P: Personalwesen	F: Führungskraft	M: Mitarbeiter	B: Bewerber	(+): Kriterium erfüllt		(-): Kriterium nicht erfüllt

Tabelle 29: Einsatzmöglichkeiten mobiler Anwendungen in der Personalentwicklung

5.2.1.5   Personalfreisetzung

Auch innerhalb der Personalfreisetzung existieren keine ortsbezogene Informationen, die innerhalb der
Aktivitäten verwendet werden können, sodass dieses Kriterium negativ bewertet wird (**K1**). Allerdings
sind mit Ausnahme des Durchführens von Freisetzungsmaßnahmen (5.3) mehrere Akteure aktiv beteiligt (vgl. Stock-Homburg 2010, S. 288), sodass die „Anzahl der Akteure" (**K2**) und – im Fall der Beteiligung von Führungskräften – die „Mobilität der Akteure" positiv bewertet wird (**K3**). Da Freisetzungsmaßnahmen i. d. R. längerfristig geplant werden (vgl. Stock-Homburg 2010, S. 288) und darüber hinaus an

rechtliche Rahmenbedingungen gebunden sind (wie bspw. Kündigungsfristen vgl. Kolb 2010, S. 248), werden diese als nicht zeitkritisch eingestuft (**K4**). Aufgrund der langfristigen Identifikation und Planung der Freisetzung von Mitarbeitern ergibt sich für diese beiden Bereiche (5.1 und 5.2) eine geringe Ausführungshäufigkeit, lediglich das Durchführen von Freisetzungsmaßnahmen (5.3) und das Pflegen von Alumni-Beziehungen (5.4) werden häufig (bzw. im Fall der Alumni-Beziehungen permanent) durchgeführt (**K7**). Insgesamt können innerhalb der Personalfreisetzung keine Einsatzgebiete für mobile Anwendungen identifiziert werden. Tabelle 30 fasst die Bewertung der Personalfreisetzung zusammen.

| Teilprozesse / Funktionen | Bewertung | | | | | Kurzbeschreibung der Einsatzmöglichkeiten (inkl. beteiligter Akteure) |
	Ortsbezug (K1)	Anzahl Akteure (K2)	Mobilität Akteure (K3)	Zeithorizont (K4)	Ausführungshäufigkeit (K7)	
5.1 Freisetzungsbedarfe und -maßnahmen identifizieren	-	P, F, M	+	-	-	x
5.2 Freisetzungsmaßnahmen planen	-	P, F, M	+	-	-	x
5.3 Freisetzungsmaßnahmen durchführen	-	P	-	-	+	x
5.4 Alumni-Beziehungen pflegen	-	P, M	-	-	+	x
Legende:	P: Personalwesen	F: Führungskraft	M: Mitarbeiter	B: Bewerber	(+): Kriterium erfüllt	(-): Kriterium nicht erfüllt

Tabelle 30: Einsatzmöglichkeiten mobiler Anwendungen in der Personalfreisetzung

5.2.2 Einsatzmöglichkeiten in Prozessen zum Steuern der Mitarbeiterleistungsbereitschaft

5.2.2.1 Personalführung und -motivation

Im Rahmen der Personalführung existieren ebenfalls keine ortsbezogenen Informationen, die verwendet werden können, sodass dieses Kriterium auch hier negativ bewertet wird (**K1**). Allerdings arbeiten das Personalwesen, Führungskräfte sowie Mitarbeiter (mit Ausnahme der Kontrolle der Zwischenzielerreichung; 6.3) in den Aktivitäten meist zusammen (vgl. Staehle 1999, S. 853; Stock-Homburg 2010, S. 568), sodass das Kriterium „Anzahl der Akteure" positiv bewertet wird (**K2**), ebenso wie die Mobilität der Akteure (**K3**). In Bezug auf den Zeithorizont handelt es sich jeweils um langfristig geplante Aktivitäten (bspw. bei Jahres- oder Quartalszielen, die periodisch kontrolliert werden; vgl. Stock-Homburg 2010, S. 572), die nicht als zeitkritisch eingestuft werden (**K4**). Darüber hinaus finden das Vorbereiten, Vereinbaren, Kontrollieren und Bewerten von Zielen lediglich in längeren, periodischen Abständen statt (bspw. im Rahmen von jährlichen Mitarbeitergesprächen; vgl. Cederblom 1982, S. 222), sodass die Ausführungshäufigkeit als gering eingestuft wird (**K7**). Innerhalb der Personalführung ergeben sich somit auf Basis der verwendeten Kriterien keine Einsatzbereiche für mobile Anwendungen. Tabelle 31 fasst dieses Ergebnis zusammen.

Teilprozesse / Funktionen	Bewertung					Kurzbeschreibung der Einsatzmöglichkeiten (inkl. beteiligter Akteure)
	Ortsbezug (K1)	Anzahl Akteure (K2)	Mobilität Akteure (K3)	Zeithorizont (K4)	Ausführungshäufigkeit (K7)	
6.1 Ziele vorbereiten	-	P, F, M	+	-	-	x
6.2 Ziele vereinbaren	-	P, F, M	+	-	-	x
6.3 Fortschritt kontrollieren	-	P, F	+	-	-	x
6.4 Zielerreichung bewerten	-	P, F, M	+	-	-	x
Legende:	P: Personalwesen F: Führungskraft M: Mitarbeiter B: Bewerber (+): Kriterium erfüllt (-): Kriterium nicht erfüllt					

Tabelle 31: Einsatzmöglichkeiten mobiler Anwendungen in der Personalführung

5.2.2.2   Personalvergütung

Da auch innerhalb der Personalvergütung keinerlei ortsbezogene Informationen benötigt werden (**K1**), wird dieses Kriterium auch hier negativ bewertet. Allerdings arbeiten das Personalwesen, Führungs-kräfte und Mitarbeiter (bei individuellen Entscheidungen direkt (vgl. Böhmer 2006, S. 60), ansonsten über Gremien der betrieblichen Mitbestimmung (vgl. Drumm 2008, S. 627)) innerhalb der Teilprozesse zusammen, sodass das Kriterium Anzahl der Akteure positiv bewertet wird (**K2**). Darüber hinaus sind in den beiden Prozessen, „Entgeltsysteme gestalten" (7.1) und „Individuelle Entgelte festlegen" (7.2), Füh-rungskräfte beteiligt (vgl. Schönenberg 2010, S. 27), sodass eine hohe „Mobilität der Akteure" ange-nommen wird (**K3**). Da die Entgeltsysteme eines Unternehmens jedoch nur in periodischen Abständen verändert und Entgeltzahlungen zu einem spezifischen Zeitpunkt vorgenommen werden (vgl. Drumm 2008, S. 589), sind sämtliche Teilprozesse als nicht zeitkritisch einzustufen (**K4**) und unterliegen einer periodischen Ausführungshäufigkeit (**K7**). Zusammenfassend lassen sich innerhalb der Personalvergü-tung keine Einsatzpotenziale für mobile Anwendungen identifizieren (vgl. Tabelle 32).

Teilprozesse / Funktionen	Bewertung					Kurzbeschreibung der Einsatzmöglichkeiten (inkl. beteiligter Akteure)
	Ortsbezug (K1)	Anzahl Akteure (K2)	Mobilität Akteure (K3)	Zeithorizont (K4)	Ausführungshäufigkeit (K7)	
7.1 Entgeltsystem gestalten	-	P, F, M	+	-	-	x
7.2 Individuelle Entgelte festlegen	-	P, F, M	+	-	-	x
7.3 Entgeltzahlung durchführen	-	P, M	-	-	-	x
Legende:	P: Personalwesen F: Führungskraft M: Mitarbeiter B: Bewerber (+): Kriterium erfüllt (-): Kriterium nicht erfüllt					

Tabelle 32: Einsatzmöglichkeiten mobiler Anwendungen in der Personalvergütung

5.2.2.3   Personalbeurteilung

Auch in der Personalbeurteilung stehen keine ortsbezogenen Informationen zur Verfügung, die für das Ausführen der jeweiligen Aktivitäten relevant sind (**K1**). Allerdings sind innerhalb der Teilprozesse so-wohl das Personalwesen als auch Führungskräfte und Mitarbeiter beteiligt (vgl. Schönenberg 2010, S. 90), sodass die Kriterien „Anzahl der Akteure" (**K2**) und „Mobilität der Akteure" (**K3**) positiv beurteilt werden (**K3**). Da es sich bei den durchgeführten Aufgaben jedoch um langfristig geplante Aktivitäten handelt (vgl. Berthel/Becker 2007, S. 200), können diese nicht als zeitkritisch eingestuft werden (**K4**;

vgl. Abschnitt 5.2.2.1). Darüber hinaus werden die Mitarbeiter lediglich in periodischen Abständen beurteilt (bspw. innerhalb von jährlichen Mitarbeitergesprächen, **K7**; vgl. Stock-Homburg 2010, S. 561). Insgesamt existiert innerhalb der Personalbeurteilung jedoch kein Anwendungsfall für mobile PIS. Tabelle 33 fasst die Evaluationsergebnisse zusammen.

Teilprozesse / Funktionen	Bewertung					Kurzbeschreibung der Einsatzmöglichkeiten (inkl. beteiligter Akteure)
	Ortsbezug (K1)	Anzahl Akteure (K2)	Mobilität Akteure (K3)	Zeithorizont (K4)	Ausführungshäufigkeit (K7)	
8.1 Beurteilungsmaßnahmen vorbereiten	-	P, F, M	+	-	-	x
8.2 Beurteilungsmaßnahmen durchführen	-	P, F, M	+	-	-	x
8.3 Beurteilungsergebnisse auswerten	-	P, F	+	-	-	x
Legende:	P: Personalwesen	F: Führungskraft	M: Mitarbeiter	B: Bewerber	(+): Kriterium erfüllt	(-): Kriterium nicht erfüllt

Tabelle 33: Einsatzmöglichkeiten mobiler Anwendungen in der Personalbeurteilung

5.2.3 Einsatzmöglichkeiten in Querschnittsprozessen

5.2.3.1 Personaladministration und -betreuung

Ortsbezogene Informationen können im Rahmen der Personaladministration und -betreuung bei der Arbeitszeitverwaltung (9.2) genutzt werden, indem durchgeführte Aktivitäten dem aktuellen Aufenthaltsort des Mitarbeiters zugeordnet werden (**K1**). So können bspw. Arbeitszeiten direkt bestimmten Kunden zugeordnet (in Bezug auf die Arbeitszeitverwaltung) oder Belege erfasst und der aktuellen Station einer Dienstreise zugeordnet werden (in Bezug auf die Reisekostenabrechnung als Teil des Arbeitszeitmanagements). Führungskräfte sind im Rahmen der Personaladministration allerdings nur beim Verwalten von Arbeitszeiten (9.2) beteiligt[38] (bspw. beim Genehmigen von Dienst- oder Urlaubsanträgen), sodass dieses Kriterium dort positiv beurteilt wird (**K2**; vgl. Kolb 2010, S. 608) und eine hohe Mobilität der Akteure angenommen wird (**K3**). Allerdings stellen die meisten Aktivitäten keine zeitkritischen Aufgaben dar. Bestimmte Verwaltungsvorgänge (wie bspw. dringend benötigte Dienstreisegenehmigungen) können jedoch durchaus als zeitkritisch eingestuft werden, sodass das Kriterium Zeithorizont in diesem Fall positiv bewertet wird (**K4**). Da sämtliche Teilprozesse der Personalverwaltung Routineaufgaben darstellen, die häufig ausgeführt werden (vgl. Schönenberg 2010, S. 43; Fischer/Gourmelon 2013, S. 60), ist dieses Kriterium ebenfalls positiv zu bewerten (**K7**). Zusammenfassend ergeben sich für die Personaladministration und -betreuung zwei Eingabemöglichkeiten, die dem Verwalten von Arbeitszeiten (9.2) zugeordnet werden können (vgl. Tabelle 34) und im Folgenden näher beschrieben werden.

---

[38] Zwar ist auch das Pflegen von Mitarbeiterbeziehungen eine Aufgabe von Führungskräften, was jedoch eher der Personalführung zuzuordnen ist (und bspw. im Rahmen von Mitarbeitergesprächen durchgeführt wird), sodass dies hier nicht weiter berücksichtigt wird (vgl. Abschnitt 2.1.2).

Teilprozesse / Funktionen	Bewertung					Kurzbeschreibung der Einsatzmöglichkeiten (inkl. beteiligter Akteure)
	Ortsbezug (K1)	Anzahl Akteure (K2)	Mobilität Akteure (K3)	Zeithorizont (K4)	Ausführungshäufigkeit (K7)	
9.1 Personalakten pflegen	-	P, M	-	-	+	x
9.2 Arbeitszeiten verwalten	+	P, F, M	+	+	+	9a) Verwalten von Mitarbeiterarbeitszeiten (M) 9b) Stellen und Genehmigen von arbeitszeitrelevanten Anträgen (P, F, M)
9.3 Weitere HR-Verwaltungsvorgänge abwickeln	-	P	-	-	+	x
9.4 Mitarbeiterbeziehungen pflegen	-	P, M	-	-	+	x
Legende:	P: Personalwesen F: Führungskraft M: Mitarbeiter B: Bewerber (+): Kriterium erfüllt (-): Kriterium nicht erfüllt					

Tabelle 34: Einsatzmöglichkeiten mobiler Anwendungen in der Personalverwaltung

Das Verwalten von Mitarbeiterarbeitszeiten stellt die erste Einsatzmöglichkeit für mobile Anwendungen innerhalb der Personaladministration und -betreuung dar (**Einsatzmöglichkeit 9a**). Dabei können mobile Anwendungen genutzt werden, um das Erfassen von Arbeitszeiten zu vereinfachen, insb. bei Außendienstmitarbeitern. Zum einen können durch das ortsunabhängige Erfassen der Arbeitszeiten Freizeiten der Mitarbeiter für diese administrative Tätigkeit genutzt werden. Zum anderen ermöglicht die Lokalisierbarkeit der mobilen Endgeräte das direkte Zuordnen der Arbeitszeiten zu bestimmten Kunden (indem diese bspw. anhand des aktuellen Aufenthaltsorts des Mitarbeiters selektiert werden).

Als eine weitere Einsatzmöglichkeit innerhalb der Arbeitszeitverwaltung ergibt sich das Stellen und Genehmigen von arbeitszeitrelevanten Anträgen (**Einsatzmöglichkeit 9b**). Hier existieren mehrere verschiedene Antrags- und Genehmigungsworkflows (bspw. für Urlaube oder Dienstreisen), die durch mobile Anwendungen unterstützt werden können. Analog zum Verwalten von Mitarbeiterarbeitszeiten können hier auch die Leerzeiten der Mitarbeiter genutzt werden, um entsprechende Anträge zu stellen und zur Genehmigung an Führungskräfte zu senden. Des Weiteren können Führungskräfte anschließend gestellte Anträge über mobile Anwendungen genehmigen, sodass Verzögerungen innerhalb dieser Prozesse vermieden werden können. Dabei kann die Benachrichtigungsfunktion mobiler Endgeräte genutzt werden, um Führungskräfte und Mitarbeiter über das Fortschreiten bzw. Ereignisse innerhalb der Workflows zu benachrichtigen und auf durchzuführende Aktivitäten aufmerksam zu machen.

5.2.3.2   Personalcontrolling

Innerhalb des Personalcontrollings können ortsbezogene Informationen verwendet werden, um im Rahmen der Kommunikation von bspw. Soll-Ist-Abgleichen (10.3) genau die Datensätze anzuzeigen, die dem aktuellen Aufenthaltsort des Nutzers entsprechen (bspw. Kennzahlen über den aktuellen Unternehmensstandort), sodass das Finden relevanter Informationen vereinfacht wird (**K1**; vgl. Bellavista et al. 2008, S. 86). Darüber hinaus sind innerhalb sämtlicher Teilprozesse sowohl das Personalwesen, als auch Führungskräfte beteiligt (vgl. Kolb 2010, S. 632), was zum einen zu einer positiven Bewertung des Kriteriums „Anzahl der Akteure" (**K2**) führt und zum anderen zu einer als hoch bewerteten „Mobilität der Akteure" (**K3**). Während die meisten Aktivitäten nicht zeitkritische Routineaufgaben darstellen (vgl.

Schönenberg 2010, S. 36), kann die Kommunikation von Soll-Ist-Abgleichen (10.4) als zeitkritisch betrachtet werden, da Kennzahlen aus dem Personalcontrolling die Grundlage für Entscheidungen innerhalb anderer HR-Prozesse darstellen (**K4**; vgl. Schulte 2012, S. 179). Aus diesem Grund werden Kennzahlen permanent kommuniziert, sodass sich hier eine kontinuierliche Ausführungshäufigkeit ergibt (**K7**). Auf Basis der vorgenommenen Bewertung ergibt sich ein Anwendungsfall beim Aufbereiten und Kommunizieren von Soll-Ist-Abgleichen (10.4), der im Folgenden näher beschrieben wird. Tabelle 35 fasst die Ergebnisse der Analyse zusammen.

Teilprozesse / Funktionen	Bewertung					Kurzbeschreibung der Einsatzmöglichkeiten (inkl. beteiligter Akteure)
	Ortsbezug (K1)	Anzahl Akteure (K2)	Mobilität Akteure (K3)	Zeithorizont (K4)	Ausführungshäufigkeit (K7)	
10.1 Vorbereiten der Kennzahlenerfassung	-	P, F	+	-	-	x
10.2 Ist-Kennzahlen berechnen	-	P, F	+	-	-	x
10.3 Soll-Kennzahlen bestimmen	-	P, F	+	-	-	x
10.4 Soll-Ist-Abgleiche aufbereiten und kommunizieren	+	P, F	+	+	+	10a) Personalmanagementrelevante Kennzahlen für Mitarbeiter des Personalwesens und Führungskräfte bereitstellen (P, F)
Legende:	P: Personalwesen F: Führungskraft M: Mitarbeiter B: Bewerber (+): Kriterium erfüllt (-): Kriterium nicht erfüllt					

Tabelle 35: Einsatzmöglichkeiten mobiler Anwendungen im Personalcontrolling

Im Rahmen des Personalcontrollings können mobile Anwendungen genutzt werden, um relevante HR-Kennzahlen für Mitarbeiter des Personalwesens und Führungskräfte bereitzustellen (**Einsatzmöglichkeit 10a**). Hierdurch können die beiden Gruppen ortsunabhängig auf Informationen über ihren Betreuungs- bzw. Verantwortungsbereich zugreifen und diese bspw. als Grundlage für personalbezogene Entscheidungen nutzen. Es muss allerdings beachtet werden, dass lediglich das Bereitstellen der Informationen sinnvoll durch mobile Anwendungen unterstützt werden kann, da das Aufbereiten der Informationen aufgrund der limitierten Eingabemöglichkeiten mobiler Endgeräte hierfür nicht geeignet ist (vgl. Abschnitt 2.2.3).

5.2.4 Diskussion der Ergebnisse

In den vorherigen Abschnitten konnten auf Grundlage der in Abschnitt 5 erarbeiteten Kriterien in den Prozessen „Personalbeschaffung", „Personaladministration und -betreuung" und „Personalcontrolling" Einsatzmöglichkeiten für mobile Anwendungen identifiziert werden. Allerdings eignen sich in keinem dieser Prozesse alle Teilprozesse bzw. Funktionen für die Unterstützung durch mobile Anwendungen, sondern vielmehr bestimmte Teilaspekte der jeweiligen Aktivitäten. Diese wurden in den vorherigen Abschnitten bereits beschrieben. Tabelle 36 fasst die identifizierten Einsatzbereiche mobiler PIS in den HR-Prozessen zusammen.

Prozess		Kriterium					Kurzbeschreibung der Einsatzmöglichkeiten (inkl. beteiligter Akteure)
		Ortsbezogene Informationen	Anzahl der Akteure	Mobilität der Akteure	Zeithorizont	Ausführungs- häufigkeit	
Personalbe- schaffung	2.1 Unternehmen- simage positionie- ren	+	P, B	+	-	+	**2a)** Informationen über das Unterneh- men veröffentlichen und mit Be- werbern kommunizieren (P, B)
	2.2 Kandidaten anwerben	-	P, F, B	+	+	+	**2b)** Entscheidungsfindung innerhalb des Beschaffungsprozesses (im engeren Sinne) unterstützen und notwendige Informationen bereit- stellen (P, F)
	2.4 Kandidaten auswählen	-	P, F, B	+	+	+	
	2.6 Kandidaten integrieren	+	P, F, M, B	+	+	+	**2c)** Informationen über die interne Unternehmensstruktur und Ar- beitsumgebung des neuen Mitar- beiters bereitstellen (P, F, M)
Personalein- satz	3.3 Arbeitszeit gestal- ten	+	P, F, M	+	+	+	**3a)** Bearbeiten von Schichtplänen (M)
Personaladmi- nistration und -betreuung	9.2 Arbeitszeiten ver- walten	+	P, F, M	+	-	+	**9a)** Verwalten von Mitarbeiterarbeits- zeiten (M)
							9b) Stellen und Genehmigen von ar- beitszeitrelevanten Anträgen (P, F, M)
Personalcon- trolling	10. Soll-Ist-Abgleiche 4 aufbereiten und kommunizieren	+	P, F	+	+	+	**10a)** Personalmanagement-relevante Kennzahlen für Mitarbeiter des Personalwesens und Führungs- kräfte bereitstellen (P, F)
Legende:	P: Personalwesen	F: Führungskraft	M: Mitarbeiter	B: Bewerber	(+): Kriterium erfüllt		(-): Kriterium nicht erfüllt

Tabelle 36: Zusammenfassung der Einsatzmöglichkeiten mobiler Anwendungen in HR-Prozessen

Generell wird der Einsatz mobiler Anwendungen dadurch begünstigt, dass innerhalb vieler Personal-managementprozesse **Schnittstellen zwischen Führungskräften und dem Personalwesen** existie-ren, die eine Koordination zwischen beiden Gruppen notwendig machen (bspw. innerhalb des Perso-nalbeschaffungsprozesses; vgl. Abschnitt 5.2.1.2). Aufgrund der Annahme, dass Führungskräfte eine hohe örtliche Mobilität aufweisen (vgl. Abschnitt 5.1.2.1) kann es an diesen Schnittstellen zu Verzöge-rungen im Prozessablauf kommen, wenn Entscheidungen von Führungskräften und dem Personalwe-sen gemeinsam getroffen werden müssen (bspw. bei der Selektion von geeigneten Bewerbern; vgl. Weuster 2008, S. 93). Hier bieten mobile Anwendungen eine Möglichkeit, Entscheidungen unabhängig von der physischen Anwesenheit der handelnden Akteure zu treffen (vgl. van der Heijden/Valiente 2002, S. 1150), indem bspw. benötigte Informationen (vgl. Mladenova et al. 2011, S. 6) oder Abstimmungs-mechanismen bereitgestellt werden (vgl. Perez et al. 2010, S. 1).

Allerdings können nicht alle Vorteile mobiler Anwendungen innerhalb von HR-Prozessen realisiert wer-den. So konnten in der vorhergehenden Analyse lediglich vier Bereiche identifiziert werden, die von der Möglichkeit profitieren, **ortsbezogene Informationen** verwenden zu können (vgl. Abschnitt 5.1.2.1).

Die hier vorgenommene Analyse weist allerdings auch Limitationen auf: So wurden die Kriterien zwar auf Grundlage eines etablierten Modells hergeleitet und empirisch evaluiert, jedoch basieren die Krite-rien lediglich auf den Charakteristika der jeweiligen Prozesse. Es ist denkbar, dass sich durch die Ana-lyse anderer Vorteile des Einsatzes mobiler PIS (wie bspw. einer höheren Mitarbeiterzufriedenheit oder einem verbesserten Unternehmensimage; vgl. bspw. Sheng et al. 2005, S. 277) weitere Einsatzmöglichkeiten identifizieren lassen, die durch eine auf Kriterien basierte Analyse der Prozesse nicht erfasst werden können.

5.3 Zwischenfazit

In den vorherigen Abschnitten wurde die zweite Forschungsfrage (FF2) aus theoretischer Sicht beantwortet. Diese wurde in zwei untergeordnete Fragestellungen operationalisiert, bei deren Beantwortung die folgenden Erkenntnisse erlangt wurden:

1. Ob innerhalb von HR-Prozessen vertrauliche Informationen genutzt werden, hat (in Bezug auf die Evaluationsergebnisse) keinen negativen Einfluss auf die Eignung dieser Prozesse für die Unterstützung durch mobile Anwendungen.

2. Die Verfügbarkeit ortsbezogener Informationen kann innerhalb der HR-Prozesse kaum nutzenstiftend eingesetzt werden.

3. Einsatzmöglichkeiten für mobile Anwendungen wurden in den Bereichen Personalbeschaffung, -einsatz, -administration und -betreuung sowie -controlling identifiziert.

4. Mobile HR-Anwendungen können potenziell dann sinnvoll eingesetzt werden, wenn unterschiedliche HR-Akteure (bspw. Führungskräfte und das Personalwesen) zusammenarbeiten und hierdurch deren Koordination vereinfacht werden kann.

Im nachfolgenden Abschnitt werden die auf theoretischer Basis ermittelten Einsatzgebiete durch die Erkenntnisse aus zwei Interviewstudien ergänzt, sodass die zweite Forschungsfrage abschließend beantwortet wird.

6 Empirische Untersuchung zu Einsatzmöglichkeiten, Wirkungen und Rahmenbedingungen mobiler Personalinformationssysteme

Ziel dieses Abschnitts ist die Analyse von Einsatzmöglichkeiten sowie Potenzialen und Herausforderungen des Einsatzes mobiler PIS aus Sicht der Praxis, sodass die Forschungsfragen zwei, drei und vier adressiert werden. Hierfür werden in den folgenden Abschnitten die Ergebnisse aus Interviewstudien mit Experten aus dem Bereich des Personalmanagements sowie Unternehmensvertretern von Herstellern mobiler PIS vorgestellt. In Abschnitt 6.1 werden diesbezüglich zunächst die Forschungsmethodik und das Untersuchungsdesign der beiden Studien beschrieben, bevor in Abschnitt 6.2 die Ergebnisse dargelegt, die in Abschnitt 6.3 diskutiert werden.[39]

6.1 Forschungsmethodik und Untersuchungsdesign

In den folgenden Abschnitten werden zunächst Grundsatzentscheidungen zum Untersuchungsdesign vorgestellt, die beide Studien betreffen (Abschnitt 6.1.1), bevor jeweils auf Spezifika der Befragung von HR-Experten (Abschnitt 6.1.2) und der Herstellerbefragung (Abschnitt 6.1.3) eingegangen wird.

6.1.1 Grundsatzentscheidungen zum Untersuchungsdesign

Da bisher kaum wissenschaftliche Literatur existiert, die sich mit Einsatzmöglichkeiten und -potenzialen mobiler Personalinformationssysteme auseinandersetzt (vgl. Abschnitt 4), ist es nicht sinnvoll möglich, bereits vor dem Durchführen der Studien Hypothesen in Bezug auf Einsatzmöglichkeiten, Potenziale und Grenzen mobiler PIS aufzustellen (vgl. Bortz/Döring 2006, S. 8). Aus diesem Grund wird ein **exploratives Studiendesign** gewählt wird (vgl. Stebbins 2001, S. 3). Dies ist sinnvoll, da explorative Untersuchungen die Bildung von Theorien und Hypothesen ermöglichen (im Gegensatz zu explanativen Studien, deren Ziel die Prüfung von Theorien und Hypothesen darstellt; vgl. Bortz/Döring 2006, S. 356). Für das Durchführen der Studie wird des Weiteren ein **qualitatives Studiendesign** gewählt. Dieses eignet sich vor allem bei explorativen Studien, bei denen nur ein geringes Vorwissen in Bezug auf den Untersuchungsgegenstand vorhanden ist (vgl. Myers 2013, S. 9), da es durch die offene Form solcher Studien ermöglicht wird, neue Aspekte eines Themas zu identifizieren (vgl. Bortz/Döring 2006, S. 380; Bazeley 2013, S. 28; Merriam/Tisdell 2015, S. 17).

Für das Erheben der qualitativen Daten werden **halbstandardisierte Experteninterviews** durchgeführt, da diese eine detaillierte Datengewinnung ermöglichen, ohne dass eine starke Vorstrukturierung von Inhalten (bspw. in Form aufgestellter Hypothesen) notwendig ist (vgl. Bogner/Menz 2002, S. 7). Des Weiteren ermöglichen Experteninterviews sowohl das Erfassen von Betriebs- (bspw. Einsatzmöglichkeiten und Wirkungen mobiler PIS) als auch Kontextwissen (bspw. Rahmenbedingungen für den Ein-

---

[39] Die Inhalte in diesem Abschnitt basieren auf dem Arbeitsbericht von PILARSKI UND SCHUMANN (2015a).

satz mobiler PIS; vgl. Pickel et al. 2009, S. 471; Bazeley 2013, S. 27). Durch das Nutzen eines Interviewleitfadens, der zur groben Strukturierung der Gespräche dient[40], wird (im Gegensatz zu standardisierten oder vollständig strukturierten Interviews) die offene Ausrichtung des explorativen Studiende-
signs weiter unterstützt (vgl. Hopf 1978, S. 100; Bortz/Döring 2006, S. 238).

Um Einsatzmöglichkeiten mobiler PIS sowie deren Potenziale und Grenzen umfassend betrachten zu
können, werden **zwei** verschiedene **Stichproben** betrachtet: Im Rahmen der ersten Studie wurden Experten aus dem Personalmanagement von Anwenderunternehmen mobiler HR-Applikationen befragt,
während die Experteninterviews der zweiten Studie mit Unternehmensvertretern von Herstellern mobiler
PIS durchgeführt wurden. Somit werden in der späteren Analyse sowohl die Kunden-, als auch die An-
bietersicht in Bezug auf mobile HR-Anwendungen berücksichtigt (vgl. Klein 2012, S. 95). Da sich hieraus Unterschiede beim Vorbereiten, Durchführen und Auswerten der beiden Studien ergeben[41], wird
die konkrete Ausgestaltung dieser Phasen in den Abschnitten 6.1.2 bzw. 6.1.3 beschrieben. Tabelle 37
fasst die Charakteristika beider Stichproben zusammen.

	Studie 1: Anwenderunternehmen	Studie 2: Hersteller mobiler PIS
Expertengrund-gesamtheit	HR-Abteilungsleiter, HR-Prozessmanager, Projektleiter HR-Systeme etc.	Geschäftsführer, Vertriebsleiter, Produktver-antwortliche etc.
Methodische Ausrichtung	Grounded-Theory-Methode	Qualitative Inhaltsanalyse
Anzahl Interviews	21 (24 Experten aus 21 Unternehmen)	8 (8 Experten aus 8 Unternehmen)[42]
Zeitraum der Befragung	Juli bis September 2013	Juni bis August 2014

Tabelle 37: Stichprobencharakteristika der durchgeführten qualitativ empirischen Studien

6.1.2   Befragung von Anwenderunternehmen mobiler Personalinformationssysteme

Im Folgenden wird zunächst die methodische Ausrichtung der Studie I erläutert, bevor der Aufbau des
Interviewleitfadens und die Durchführung der Interviews (inkl. Stichprobencharakteristika) betrachtet
werden.

6.1.2.1   Methodische Ausrichtung

Die methodische Grundlage der Interviewstudie mit Experten aus Anwenderunternehmen mobiler PIS
stellt die **Grounded-Theory-Methode** (GTM) dar (vgl. bspw. Glaser/Strauss 1967; Strauss/Corbin
1990), da die GTM das Entwickeln neuer Konzepte und Theorien auf Basis qualitativer Daten zum Ziel
hat (vgl. Myers 2013, S. 105) und somit den Grundsatzentscheidungen zum Untersuchungsdesign ent-

---

[40] Die inhaltliche Ausgestaltung der Interviewleitfäden der beiden Studien ist Inhalt der Abschnitte 6.1.2 bzw. 6.1.3.

[41] Bspw. bildet die vorgenommene Marktanalyse aus Abschnitt 3.2 die Ausgangslage für die Herstellerbefragung, wohingegen
die Befragung der Anwenderunternehmen unvoreingenommen durchgeführt wird.

[42] Die Grundgesamtheit stellen hierbei die 45 identifizierten Anbieter mobiler Personalinformationssysteme auf dem deutschsprachigem Markt dar (vgl. Abschnitt 3.2.2.1).

spricht (vgl. Abschnitt 6.1.1). Die im Rahmen der Untersuchung identifizierten Konzepte (hier: Einsatzmöglichkeiten, Wirkungen und Rahmenbedingungen mobiler PIS) werden innerhalb der Analyse entwickelt und miteinander in Beziehung gesetzt (vgl. Corbin/Strauss 1990, S. 420). Entsprechend der GTM
basiert die Studie auf den folgenden Grundsätzen:

Unvoreingenommene Ausrichtung: Die GTM setzt eine unvoreingenommene Ausrichtung voraus
(vgl. Glaser/Strauss 1967, S. 34), was jedoch nicht bedeutet, dass keinerlei Vorwissen (bspw. in Form
einer vorherigen Literaturanalyse) in Bezug auf den Forschungsgegenstand vorliegen darf (vgl. Myers
2013, S. 106). Vielmehr sollten vor dem Durchführen der Studie keine bestehenden Konstrukte (bspw.
abgeleitet aus existierender Literatur) aufgegriffen und im Rahmen der Auswertung lediglich validiert
werden. Existierende Erkenntnisse (bspw. aus vorherigen Studien; vgl. bspw. Abschnitt 4) können jedoch zum Erstellen der Interviewleitfäden verwendet werden (vgl. Suddaby 2006, S. 634).

Theoretisches Sampling: Während der Datenerhebung findet ein permanenter Rückbezug auf bereits
gewonnene Erkenntnisse statt, sodass der Verlauf weiterer Interviews durch den aktuellen Wissens-
stand beeinflusst wird (vgl. Suddaby 2006, S. 634). So können zu einem späteren Zeitpunkt der Studie
Aspekte (in diesem Fall bspw. bestimmte Einsatzmöglichkeiten), die in anderen Interviews nur am
Rande angesprochen wurden, explizit aufgegriffen und vertieft werden (vgl. Charmaz 2006, S. 110).
Dies bedeutet zudem, dass solange weitere Daten erhoben werden, bis keine neuen Konstrukte mehr
identifiziert oder verfeinert werden können (vgl. Charmaz 2006, S. 96).

Kontinuierliche Kodierung: Um ein theoretisches Sampling zu ermöglichen, findet im Rahmen der
GTM eine kontinuierliche Analyse der Daten statt, welche sequentiell die Schritte offene, axiale und
selektive Kodierung durchläuft (vgl. Corbin/Strauss 1990, S. 420): Die offene Kodierung (auch: initiale
Kodierung) orientiert sich zunächst stark an den tatsächlich erfassten Daten, da bspw. Begriffe von
Studienteilnehmern verwendet werden, um neue Konstrukte zu generieren (vgl. Kendall 1999, S. 746).
Diese werden anschließend bei der axialen Kodierung zueinander in Beziehung gesetzt, indem diese
bspw. über das Bilden von Sub-Konstrukten hierarchisch geordnet werden (vgl. Charmaz 2006, S. 60).
Abschließend findet eine selektive Kodierung statt. Zum einen werden hierbei existierenden Codes ver-
einheitlicht und zusammengefasst (vgl. Corbin/Strauss 1990, S. 424), sodass die Codebasis insgesamt
reduziert wird. Zum anderen werden existierende Codes dazu verwendet, die Daten gezielt zu analysieren, um weitere Informationen in Bezug auf diese Codes zu erhalten (vgl. Charmaz 2006, S. 57).

6.1.2.2 Aufbau des Interviewleitfadens

Der Leitfaden für das Durchführen der Experteninterviews ist in vier Blöcke unterteilt, die jeweils unterschiedliche Gesprächsschwerpunkte abdecken. Tabelle 38 fasst die Inhalte des Interviewleitfadens
knapp zusammen (der vollständige Interviewleitfaden befindet sich in Anhang A9[43]).

---

[43] Hierbei ist zu beachten, dass im Rahmen derselben Studie ebenfalls Erkenntnisse über die IT-Unterstützung des Nachfolge-
managementprozesses erfasst wurden. Dementsprechend enthält der vollständige Interviewleitfaden in Anhang A9 ebenfalls
Fragen zu diesem Aspekt, ebenso wie die Kurzinformationen (Anhang A8) zum Forschungsprojekt. Im Folgenden wird jedoch
nur auf die für diese Studie relevanten Informationen eingegangen.

Block	Inhalt
A	**Gesprächseinführung und Rahmenbedingungen**
	- Vorstellungsrunde der Interviewer und Experten - Aufklärung der Experten hinsichtlich Datenschutz und Anonymisierung der Interviews - Vorstellung des Forschungsprojekts und Skizzieren des Interviewablaufs
B	**Themenhinführung (aktueller Stand Personalinformationssysteme)**
	Die Experten charakterisieren den aktuellen Einsatz von PIS innerhalb ihres Unternehmens: - In welchen HR-Prozessen / -Aufgaben werden PIS aktuell eingesetzt? - Welche Arten von Systemen kommen zum Einsatz (Standard- / Individualsoftware)? - Welche Technologien werden eingesetzt (webbasierte, mobile, stationäre PIS)? - Welche HR-Akteure werden unterstützt?
C	**Mobile Anwendungen im Personalmanagement**
	Die Experten werden zum Einsatz mobiler Anwendungen im Personalmanagement befragt: - In welchen HR-Prozessen / -Aufgaben ist der Einsatz mobiler PIS sinnvoll? - Was sind Rahmenbedingungen des Einsatzes mobiler PIS? - Welche Vor- und Nachteile ergeben sich durch den Einsatz mobiler PIS? - Unter welchen Umständen ist der Einsatz mobiler PIS nicht sinnvoll?
D	**Ausklang, Gesprächsabschluss**
	- Die Experten haben die Möglichkeit nicht angesprochene Aspekte zu ergänzen. - Das weitere Vorgehen innerhalb der Studie wird erläutert (Bereitstellen der Studienergebnisse etc.).

Tabelle 38: Aufbau des Interviewleitfadens zur Studie mit Anwenderunternehmen mobiler PIS

6.1.2.3 Vorbereitung und Durchführung der Interviews

Zum Vorbereiten der Interviews wurden zunächst mehrere **PreTests** mit wissenschaftlichen Mitarbeitern der Forschungseinrichtung durchgeführt, die selbst Erfahrung mit dem Durchführen von Experteninterviews haben. Diese dienen dazu, den reibungslosen Ablauf der tatsächlich durchgeführten Experteninterviews sicherzustellen, indem bspw. Fehler innerhalb des Leitfadens identifiziert und behoben werden (vgl. Bortz/Döring 2006, S. 356).

Für die **Akquise der Interviewpartner** wurden zunächst 250 Unternehmen postalisch kontaktiert (zu einem späteren Zeitpunkt erfolgte darüber hinaus ein weiterer Kontaktversuch per E-Mail). Hierbei wurde darauf geachtet, dass innerhalb der Stichprobe eine ausgeglichene Branchenverteilung vorliegt. Des Weiteren wurde auf bereits bestehende Kooperationspartner der Forschungseinrichtung zurückgegriffen. Die Auswahl der Unternehmen wurde anhand einer Quoten-Auswahlstrategie durchgeführt, d. h. es wurden für jede Branche und Unternehmensgröße eine Anzahl an Unternehmen kontaktiert, die dem Verhältnis innerhalb der Grundgesamtheit entspricht (vgl. Miles et al. 2013, S. 32; Ritchie/Lewis 2003, S. 100). Angeschrieben wurden Verantwortliche aus dem Bereich des Personalmanagements bzw. der Personalmanagement-IT, um sicherzustellen, dass das notwendige Erfahrungs- und Kontextwissen für die Befragung vorhanden ist (vgl. Pickel et al. 2009, S. 471). Die Unternehmen erhielten hierbei eine kurze Beschreibung des gesamten Forschungsprojekts (vgl. Anhang A8). Die Auswahl der Interviewpartner erfolgte nach dem bereits erläuterten theoretischen Sampling (vgl. Abschnitt 6.1.2.1). Tabelle 39 gibt einen Überblick über die Charakteristika sämtlicher geführten Interviews.

Interview (n=21)	Anzahl Mitarbeiter	Branche	Experten (n=24)	Funktion des Experten im Unternehmen	Dauer (~680 min)
A1	> 50.000	Finanzdienstleister	ExpA1	HR-Abteilungsleiter	30 min
A2	> 50.000	Automobilbranche	ExpA2	HR-Abteilungsleiter	35 min
A3	10.000 bis 50.000	Dienstleistungen	ExpA3	Personalressourcenmanager	30 min
A4	< 10.000	Produzierendes Gewerbe	ExpA4	HR-Prozessmanager	30 min
			ExpA5	Personalreferent	
A5	10.000 bis 50.000	Produzierendes Gewerbe	ExpA6	HR-Abteilungsleiter (global)	20 min
A6	10.000 bis 50.000	Dienstleistungen	ExpA7	HR-Abteilungsleiter	25 min
			ExpA8	HR-Prozessmanager	
A7	< 10.000	Automobilbranche	ExpA9	Personalreferent	25 min
A8	10.000 bis 50.000	Chemie und Pharma	ExpA10	HR-Prozessmanager	30 min
A9	10.000 bis 50.000	Finanzdienstleister	ExpA11	Mitarbeiter Personalentwicklung	25 min
A10	> 50.000	IT/Kommunikation	ExpA12	HR-Prozessmanager	40 min
A11	< 10.000	Produzierendes Gewerbe	ExpA13	HR-Abteilungsleiter	35 min
			ExpA14	Leiter HR-Controlling	
A12	10.000 bis 50.000	Produzierendes Gewerbe	ExpA15	Projektleiter HR-IT (global)	35 min
A13	< 10.000	Energieversorgung	ExpA16	Geschäftsführer	25 min
A14	< 10.000	Finanzdienstleister	ExpA17	Leiter Personalentwicklung	25 min
A15	> 50.000	Automobilbranche	ExpA18	HR-IT Spezialist	30 min
A16	10.000 bis 50.000	Chemie und Pharma	ExpA19	Leiter Personalstrategie	30 min
A17	10.000 bis 50.000	Finanzdienstleister	ExpA20	Leiter Personalentwicklung	30 min
A18	> 50.000	Automobilbranche	ExpA21	Vizepräsident HR-Abteilung	30 min
A19	10.000 bis 50.000	Chemie und Pharma	ExpA22	Personalreferent	25 min
A20	10.000 bis 50.000	Produzierendes Gewerbe	ExpA23	HR-Abteilungsleiter	35 min
A21	> 50.000	Chemie und Pharma	ExpA24	HR-Abteilungsleiter	40 min

Tabelle 39: Charakteristika der Stichprobe der Anwenderunternehmensbefragung

Die Interviews wurden zwischen Juli und September 2013 ausschließlich telefonisch durchgeführt und mithilfe eines Diktiergeräts aufgezeichnet. Die einzelnen Interviews hatten eine Dauer von ca. 20 bis 40 Minuten (Durchschnitt: 28 min, Median: 30 min). Gemäß dem vorgestellten methodischen Vorgehen (vgl. Abschnitt 6.1.2.1) wurden die Interviews parallel zur Durchführung transkribiert und mithilfe der Software ATLAS.TI kodiert und analysiert.

6.1.3 Befragung von Herstellern mobiler Personalinformationssysteme

Im Folgenden wird zunächst die methodische Ausrichtung der Herstellerbefragung erläutert, bevor auf den Aufbau des Interviewleitfadens und die Durchführung der Interviews (inkl. Stichprobencharakteristika) eingegangen wird.[44]

6.1.3.1 Methodische Ausrichtung

Im Gegensatz zur ersten Studie ist die Herstellerbefragung eher als qualitative Querschnittsanalyse zu charakterisieren (vgl. Wilde/Hess 2007, S. 282; Mayring 2007). Um allerdings eine einheitliche Auswertung beider Studien zu ermöglichen, wird in dieser Studie ebenfalls das Kodierungs- und Auswertungsverfahren der GTM verwendet. Hieraus ergeben sich sowohl Unterschiede als auch Gemeinsamkeiten im Vergleich zu der Befragung von Anwenderunternehmen (vgl. Abschnitt 6.1.2.1):

Voreingenommene Ausrichtung: Da durch die im Vorfeld erfolgte Marktanalyse (vgl. Abschnitt 3.2) bereits detailliertes Wissen über die einzelnen Anbieter mobiler PIS vorhanden ist, kann im Rahmen der Herstellerbefragung nicht von einer unvoreingenommenen Ausrichtung gesprochen werden. Ebenso fand die Datenerhebung zeitlich nach dem Durchführen der ersten Studie statt, sodass die Erkenntnisse aus der Befragung von Anwenderunternehmen die Ergebnisse dieser Studie beeinflussen. Hieraus ergibt sich, dass die Herstellerstudie nicht mehr als reine GTM klassifiziert werden kann (s. o.), da somit ein wesentlicher Grundsatz dieser Methode nicht berücksichtigt wird (vgl. Glaser/Strauss 1967, S. 34).

Vollständiges Sampling: Da die Grundgesamtheit der Hersteller mobiler PIS auf dem deutschsprachigem Markt lediglich die 44 ermittelten Anbieter umfasst (vgl. Abschnitt 3.2.2.1), werden bei der Akquise von Interviewpartnern sämtliche Herstellerunternehmen kontaktiert. Somit ergibt sich im Gegensatz zur ersten Studie (vgl. Abschnitt 6.1.2.1) ein vollständiges Sampling (vgl. Morse 1990, S. 131).

Kontinuierliche Kodierung: Wie bereits erwähnt, wird dieselbe Kodierungsstrategie verwendet, die auch in der ersten Studie zum Einsatz kam. Dies bezieht sich sowohl auf den Aspekt der simultan stattfindenden Datenerhebung und -analyse, als auch auf die verschiedenen Schritte beim Kodieren der erhobenen Daten (offen, axial und selektiv; vgl. Abschnitt 6.1.2.1).

6.1.3.2 Aufbau des Interviewleitfadens

Der Interviewleitfaden für die Herstellerbefragung ist in fünf thematische Blöcke unterteilt, die in Tabelle 40 beschrieben werden (der vollständige Interviewleitfaden ist in Anhang A11 enthalten):

---

[44] Die hier dargestellten Ergebnisse der Herstellerbefragung basieren auf dem Beitrag PILARSKI ET AL. (2016).

Block	Inhalt
A	**Gesprächseinführung und Rahmenbedingungen des Interviews**
	- Vorstellungsrunde der Interviewer und Experten - Aufklärung der Experten hinsichtlich Datenschutz und Anonymisierung der Interviews - Vorstellung des Forschungsprojekts und Skizzieren des Interviewablaufs
B	**Aktuelles Marktangebot**
	Die Experten charakterisieren das aktuelle Marktangebot ihres Unternehmens - Welchen HR-Prozessen / -Aufgaben unterstützen aktuell mobile PIS ihres Unternehmens? - Wie wurden diese mobilen PIS umgesetzt (Entwicklungsart, unterstützte Plattformen, existierende Schnittstellen zu anderen Systemen)?
C	**Zukünftige Entwicklung**
	Die Experten werden gebeten die zukünftige Entwicklung mobiler PIS einzuschätzen: - Welche Erweiterungen des Produktportfolios sind geplant? - Wie wird die zukünftige Bedeutung mobiler PIS allgemein eingeschätzt?
D	**Potenziale, Grenzen und Rahmenbedingungen**
	Die Experten werden zu den folgenden Aspekten befragt: - Welche Potenziale und Grenzen ergeben sich beim Einsatz mobiler PIS? - Was sind Rahmenbedingungen des Einsatzes mobiler PIS? - Welche Vor- und Nachteile ergeben sich durch den Einsatz mobiler PIS? - Unter welchen Umständen ist der Einsatz mobiler PIS nicht sinnvoll?
E	**Ausklang, Gesprächsabschluss**
	- Die Experten haben die Möglichkeit nicht angesprochene Aspekte zu Ergänzen - Das weitere Vorgehen innerhalb der Studie wird erläutert (Bereitstellen der Studienergebnisse etc.)

Tabelle 40: Aufbau des Interviewleitfadens zur Studie mit Herstellerunternehmen mobiler PIS

6.1.3.3 Vorbereitung und Durchführung der Interviews

Ebenso wie bei der Befragung von Anwenderunternehmen, wurden zum Vorbereiten der Interviews zunächst mehrere **PreTests** mit wissenschaftlichen Mitarbeitern der Forschungseinrichtung durchgeführt, um einen reibungslosen Ablauf der Experteninterviews zu gewährleisten (vgl. Abschnitt 6.1.2.3).

Für die **Akquise der Interviewpartner** wurden sämtliche der im Rahmen der Marktanalyse identifizierten Anbieter mobiler PIS auf dem deutschsprachigen Markt (vgl. Abschnitt 3.2.2.1) postalisch kontaktiert (zu einem späteren Zeitpunkt wurden die Unternehmen zusätzlich per E-Mail und Telefon kontaktiert). Angeschrieben wurden dabei Produktverantwortliche aus dem Bereich mobiler HR-Applikationen, um sicherzustellen, dass das notwendige Betriebs- und Kontextwissen für die Befragung vorhanden ist (vgl. Pickel et al. 2009, S. 471). Den Unternehmen wurden dabei eine Kurzbeschreibung des Forschungsprojekts (vgl. Anhang A10) zugesandt. Tabelle 39 gibt einen Überblick über die Charakteristika der geführten Interviews.

Interview (n=8)	Anzahl Mitarbeiter	Spezialisierung des Unternehmens	Experten (n=8)	Funktion des Experten im Unternehmen	Dauer (ca.)
B1	51-200	Personaladministration, -vergütung	ExpB1	Geschäftsführung	40 min
B2	< 50	Personalbeschaffung	ExpB2	Geschäftsführung	35 min
B3	< 50	Personalentwicklung, -administration, -führung, -beschaffung, Reporting	ExpB3	Geschäftsführung (Vertrieb)	45 min
B4	> 200	Personaladministration	ExpB4	Director Business Improvement	30 min
B5	> 200	Personalentwicklung	ExpB5	Vertriebsleitung Deutschland	30 min
B6	51-200	Personaleinsatz, -administration	ExpB6	Geschäftsführung (Entwicklung & Beratung)	30 min
B7	< 50	Personalentwicklung	ExpB7	Leiter Professional Services	35 min
B8	< 50	Personalbeschaffung	ExpB8	Marketing & Vertrieb	20 min

Tabelle 41: Charakteristika der Stichprobe der Herstellerbefragung

Die Interviews wurden zwischen Juni und August 2014 geführt und mithilfe eines Diktiergeräts aufgezeichnet. Die Interviews hatten eine Dauer von ca. 20 bis 45 Minuten (Durchschnitt: 33 min, Median: 32 min). Wie oben beschrieben (vgl. Abschnitt 6.1.3.1) wurden die Interviews simultan zur Durchführung transkribiert sowie mithilfe der Software ATLAS.TI kodiert und analysiert.

6.2   Ergebnisse der Studien

In den folgenden Abschnitten werden die Ergebnisse der Befragung der Anwender- und Herstellerunternehmen dargelegt. Dabei werden zunächst die Einsatzmöglichkeiten diskutiert, die sich aus Sicht der Anwenderunternehmen ergeben (Abschnitt 6.2.1). Hierbei wird detailliert auf den aktuellen Einsatz mobiler PIS in den Anwenderunternehmen eingegangen, um die Erkenntnisse aus der Studie zum Stand der betrieblichen Praxis (vgl. Abschnitt 3.1) zu vertiefen. Anschließend werden die Ergebnisse beider Studien zusammengefasst, um die allgemeine zukünftige Bedeutung mobiler HR-Anwendungen (Abschnitt 6.2.2), deren Auswirkungen (Abschnitt 6.2.2) sowie Rahmenbedingungen für den Einsatz mobiler PIS (Abschnitt 6.2.4) aufzuzeigen.

6.2.1   Einsatzmöglichkeiten mobiler Personalinformationssysteme

Von den 21 befragten Anwenderunternehmen setzen insgesamt sieben Unternehmen bereits mobile Anwendungen zum Unterstützen von HR-Prozessen ein, wobei drei dieser Unternehmen den Einsatz weiter ausbauen wollen. Darüber hinaus planen weitere fünf Unternehmen zukünftig mobile Anwendungen im HR-Bereich einzusetzen. Abbildung 26 stellt die aktuellen und geplanten Einsatzmöglichkeiten mobiler Anwendungen im Personalmanagement dar, gegliedert nach HR-Prozessen. Die einzelnen Einsatzgebiete werden in den folgenden Abschnitten näher erläutert.

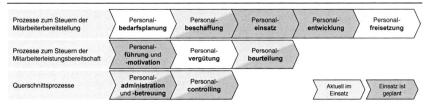

Abbildung 26: Aktueller und geplanter Einsatz mobiler HR-Anwendungen

6.2.1.1 Aktueller Einsatz in Prozessen zum Steuern der Mitarbeiterbereitstellung

Die **Personalbeschaffung** wird von den Anwenderunternehmen in zwei verschiedenen Bereichen unterstützt: Zum einen setzt ein Unternehmen eine mobile Anwendung ein, um den *Rekrutierungsprozess* innerhalb des Unternehmens zu unterstützen. Dabei können Führungskräfte bspw. Stellenausschreibungen oder Personalanforderungen genehmigen. Drei weitere Unternehmen planen den Rekrutierungsprozess zu unterstützten, indem Führungskräften Zugriff auf Bewerberinformationen gegeben wird und prozessbezogene Entscheidungen getroffen werden können. Zum anderen setzen zwei Unternehmen sog. mobile Jobboards im Rahmen des *Personalmarketings* ein. Diese erlauben es bspw. potenziellen Bewerbern, sich über die Unternehmen zu informieren oder offene Stellen zu finden. Darüber hinaus besitzen zwei der befragten Unternehmen speziell für Tablet PCs optimierte Karrierewebseiten.

Im Bereich der **Personalentwicklung** planen zwei Unternehmen mobile Anwendungen einzusetzen, um den *Lernprozess* der Mitarbeiter zu unterstützen (Mobile Learning).[45] Zielgruppe sind hierbei vor allem Außendienstmitarbeiter, denen über Tablet PCs oder Smartphones Schulungsunterlagen und Produktinformationen bereitgestellt werden sollen.

Um den Prozess des **Personaleinsatzes** zu unterstützen, gab ein Unternehmen an, in Zukunft eine Tablet-basierte mobile Anwendung zum Durchführen von *Nachfolgemanagementkonferenzen* bereitstellen zu wollen. Diese sollen dabei vor allem die Entscheidungsgrundlage der Konferenzteilnehmer verbessern, indem Informationen über potenzielle Nachfolger angezeigt werden.

Tabelle 42 gibt einen Überblick über die Einsatzmöglichkeiten mobiler PIS in Prozessen zum Steuern der Mitarbeiterbereitstellung.

---

[45] Aufgrund der in Abschnitt 2.1.2 vorgenommenen Einschränkung der Personalentwicklung auf die Kernprozesse (und dem damit erfolgtem Ausschluss des Lernprozesses), wird die Einsatzmöglichkeit des „Mobile Learnings" im Folgenden nicht weiter betrachtet.

Einsatzmöglichkeit	Beispielhafte Zitate
Rekrutierungsprozess	*„Im Bereich des Recruiting ist das mit Sicherheit ein Thema. Also mobile Recruiting nicht nur im Sinne von Front Apps für Bewerber sondern auch eine Back App für die Recruiter, für HR-Manager. Da die auch ständig unterwegs sind und da gewisse Prozesse mobil machen können." (ExpA19)*
	„Für einen Recruiter wäre es natürlich fein, wenn er mobil auf sein Recruitingsystem zugreifen könnte, um Bewerber vorzuselektieren oder mit dem Fachbereich abzustimmen." (ExpA17)
Personalmarketing	*„Und es gibt so eine App [...] die hat so ein Modul „Job Agent", da kann dann praktisch ein externer [Bewerber] schnell, mobil [Informationen] finden zu Jobs von [unserem Unternehmen]." (ExpA2)*
Mobiles Lernen	*„Das ist speziell in der Außendienst- und Vertriebsqualifizierung. (...) Da haben wir erste Vorüberlegungen, auch Produktinformationen oder Produktschulung (...), dies ggf. auch über Tablets zu machen." (ExpA20)*
Nachfolgemanagementkonferenzen	*„Die Anforderungen kam schon das wir das ganze Thema Nachfolgeplanung über mobile devices abdecken müssten. (...) das man die Mitarbeiter mit dem Finger innerhalb der Matrix einfach nur hin und her schieben [kann]. [Das] wurde schon mal andiskutiert, sowas könnte ich mir vorstellen." (ExpA15)*
	„Da könnte ich es mir schon vorstellen. Aber auch hier wieder die Frage, ob es ein Tablet sein muss, könnte ja auch ein Laptop sein. Aber wenn Sie in so einer Diskussion sind und haben da halt ein Portfolio stehen, wo die Nachfolger identifiziert werden, dann kann es sein, das die Teilnehmer unterschiedliche Kenntnisse bzgl. der potenziellen Kandidaten und den Stellen haben. Wenn die dann statt auf einen Ausdruck in einem Ordner die Möglichkeit hätten auf Informationen über eine mobile Anwendung zuzugreifen. Da kann ich mir schon vorstellen, dass das auf Konferenzen in Zukunft eingesetzt wird, einfach um die Papierberge zu reduzieren." (ExpA20)

Tabelle 42: Aktueller Einsatz mobiler PIS in Prozessen zum Steuern der Mitarbeiterbereitstellung

6.2.1.2 Aktueller Einsatz in Prozessen zum Steuern der Mitarbeiterleistungsbereitschaft

Im Rahmen der **Personalbeurteilung** setzt ein Unternehmen aktuell eine mobile Anwendung ein, mit der Führungskräfte die regelmäßigen *Mitarbeiterbewertungen* bzw. Beurteilungsergebnisse im Vorfeld von Mitarbeitergesprächen abgeben können. Diese sollen dann innerhalb der turnusmäßigen Mitarbeitergespräche thematisiert werden. Hierbei ist jedoch lediglich die Abgabe einer Bewertung durch eine Führungskraft vorgesehen. Weitere Bewertungen, wie bspw. im Rahmen von 360°-Feedback Evaluationen[46], werden jedoch nicht berücksichtigt. Ein weiteres Unternehmen plant in Zukunft ebenfalls eine mobile Anwendung für diesen Zweck einzusetzen. Tabelle 43 fasst die Einsatzgebiete mobiler PIS in Prozessen zum Steuern der Mitarbeiterleistungsbereitschafft zusammen.

Einsatzmöglichkeit	Beispielhafte Zitate
Mitarbeiterbeurteilung	*„Wir haben eine Anwendung und das ist genau dieses Thema (...) Performancemanagement. Also wo ein Chef das Rating über seine Mitarbeiter abgibt und auch das Thema der Führungskriterien eingibt also sozusagen gute Führungskraft, weniger gut oder wie auch immer." (ExpA2)*

Tabelle 43: Aktueller Einsatz mobiler PIS in Prozessen zum Steuern der Mitarbeiterleistungsbereitschaft

---

[46] Bei 360°-Feedback handelt es sich um ein Instrument der Mitarbeiterbewertung, bei dem nicht nur die Führungskraft sondern ebenfalls Kollegen, untergeordnete Mitarbeiter oder externe Kunden die evaluierte Person bewerten (vgl. bspw. Kurer 2005, S. 12).

6.2.1.3 Aktueller Einsatz in Querschnittsprozessen

Der Prozess der **Personaladministration und -betreuung** ist das Einsatzgebiet, welches von den Teilnehmern der Studie am häufigsten genannt wurde. Hierbei stellt das *Reisemanagement* die Einsatzmöglichkeit dar, in der bereits die meisten Unternehmen mobile Anwendungen einsetzen (drei Nennungen). Zum einen wird von den Unternehmen das Beantragen, Genehmigen und Abrechnen (inkl. dem Sammeln von Belegen) von Dienstreisen unterstützt. Zum anderen existiert bei einem Unternehmen eine Anwendung, welche die Mitarbeiter während der Reise unterstützt, indem bspw. Reiserouten abgefragt werden können. Das *Abwesenheitsmanagement* wird von drei Unternehmen aktuell durch mobile Anwendungen unterstützt, indem Urlaubs- oder ähnliche Abwesenheitsanträge über eine mobile Anwendung genehmigt werden können (das Beantragen wird jedoch noch nicht durch mobile PIS unterstützt). Darüber hinaus plant ein Unternehmen in Zukunft weitere HR-Genehmigungsworkflows durch mobile Applikationen zu unterstützen. Eine mobile HR-Anwendung zum Unterstützen des innerbetrieblichen *Gesundheitsmanagements* wird von einem Unternehmen bereitgestellt. Diese erlauben es den Mitarbeitern Hinweise für die eigene Gesundheit am Arbeitsplatz einzusehen (bspw. über mögliche körperliche Übungen) und diesbezüglich Erinnerungen einzurichten. Im Bereich der administrativen Prozesse wird außerdem von einem Unternehmen aktuell eine mobile Anwendung für das *Zutrittsmanagement* bereitgestellt. Über diese Applikationen können Nutzer Gäste anmelden und diesen so den Zutritt auf das Unternehmensgelände ermöglichen. Des Weiteren unterstützt ein Unternehmen *Betreuungsgespräche* zwischen Mitarbeitern und Führungskräften durch mobile Anwendungen auf Tablet PCs. Über diese können Personalreferenten Informationen über Mitarbeiter abrufen sowie deren Stammdaten während des Gesprächs aktualisieren.

Im Bereich des **Personalcontrollings** setzen zwei Unternehmen mobile Anwendungen ein, um Führungskräften ein Dashboard zur Verfügung zu stellen (optimiert für Tablet PCs), in dem HR-bezogene Informationen aufbereitet und im Rahmen eines *Führungskräfte-Reportings* dargestellt werden. Über dieses Dashboard können Führungskräften Personalmanagement-bezogene Kennzahlen für die eigenen Verantwortungsbereiche einzusehen. Dies zukünftig zu unterstützen, wird von einem Unternehmen geplant. Darüber hinaus plant ein Unternehmen in Zukunft ein Dashboard bereitzustellen, über das Führungskräfte eine Personalmanagement-bezogene Aufgabenliste einsehen können. Hierüber soll zum einen der Status sämtlicher im stationären System verfügbaren Workflows, wie bspw. das Durchführen von Mitarbeitergesprächen, eingesehen werden können. Des Weiteren sollen die Nutzer der Applikation auch proaktiv an offene Workflows erinnert werden.

Tabelle 44 fasst die Einsatzmöglichkeiten innerhalb der HR-Querschnittsprozesse zusammen.

Einsatzmöglichkeit	Beispielhafte Zitate
Reisemanagement	„(…) im Thema Reisemanagement, da gibt es so einen mobilen Reiseservice. Da können Sie über unser internes Reisesystem gebuchte Reisen im SAP (…) anzeigen lassen und [sehen] dann [Ihre] nächste Verbindung. Das ist so eine Applikation um Reisende zu unterstützen." (ExpA2)
	„Wir haben auch schon mobile Anwendung im Wesentlichen im Bereich gewisser Freigabeprozesse, wo auch das Management am stärksten die mobile Anwendung fordert. Das ist hier wesentlich: unser Management reist sehr viel und es gibt doch gewisse Freigabeprozesse die notwendig sind, bspw. eine größere Reisekostenabrechnungen. (…) Das sind einfach so Anwendungen, die wir auch schon mobile Anwendung haben, sodass ich mit einem relativ einfachen klick sagen kann, ich gebe das frei oder nicht." (ExpA21)
Abwesenheitsmanagement	„Wir haben dementsprechend bspw. einen Workflow zum Urlaubsantrag, der dann über SAP abgewickelt wird und den wir mittlerweile auch, und da (…) kann ich z. B. auch die Urlaubsanträge (…) oder Abwesenheitsanträge meiner Mitarbeiter auch mit dem iPad freigeben." (ExpA23)
Gesundheitsmanagement	„Es gibt eine App zum Thema Gesundheit, (…) die da verschiedene Sachen anzeigt. (…) da kann man sich entweder eine Erinnerung geben lassen per App, dass man regelmäßig trinkt, man kann [sich] aber auch Übungen am Arbeitsplatz anzeigen lassen, die man dann regelmäßig durchführen kann." (ExpA12)
Zutrittsmanagement	„Die allererste HR-nahe Software die wir gemacht haben ist das Thema mobile Zutrittsgenehmigung und das ist im Prinzip was der Werkschutz verwendet wenn Sie mich besuchen wollen dann kommen Sie hier nicht rein, außer sie haben eine Besucheranmeldung. (…) Das könnte ich – wenn ich wollte – heute mit dem Smartphone machen." (ExpA2)
Betreuungsgespräche	„Und zwar ist die mobile Anwendung auf iPad-basiert und ist dafür zuständig, sog. Betreuungsgespräche zwischen einem Personalreferenten und einem betreuten Mitarbeiter zu unterstützen. D. h. der Personaler bekommt ein iPad an die Hand und hat diesen standardisierten DinA4-Lebenslauf als App auf seinem Tablet. Hat dann dort Lese- und Schreibrechte und kann dann dort relativ ortsungebunden von A nach B gehen und seine betreuten Mitarbeiter interviewen und die Werdegänge etc. aktualisieren." (ExpA18)
Führungskräfte-Reporting	„Also Dashboard-Systeme. (…) nicht nur HR, auch HR mit Finanzen kombiniert. Bspw. Wie viele Millionen Umsatz macht jetzt Herr XYZ in Ungarn. (…) Es kann also auch Headcountreporting sein, es können aber auch die Daten einzelner Mitarbeiter sein." (ExpA13)
	„Wir haben auch so einen Manger Cockpit wo ich als Manger eine Aufgabenliste [habe] wo drin steht ich muss jetzt die Rückmeldegespräche mit meinen Mitarbeiter führen oder ich muss die Umstufung machen oder sonst irgendetwas." (ExpA2)

Tabelle 44: Aktueller Einsatz mobiler PIS in Querschnittsprozessen

6.2.1.4 Weitere Einsatzmöglichkeiten mobiler HR-Anwendungen

Im Folgenden werden weitere Einsatzmöglichkeiten mobiler HR-Anwendungen beschrieben. Dabei handelt es sich um Anwendungsfälle, die zwar innerhalb der Interviews angesprochen wurden, jedoch aktuell nicht bei den Anwenderunternehmen eingesetzt werden. Des Weiteren sind hier potenzielle Einsatzgebiete enthalten, die im Rahmen der Herstellerbefragung thematisiert wurden.[47]

Im Bereich der **Personalbeschaffung** wurde die direkte Dokumentation von Bewerberbewertungen auf einem Tablet PC (bspw. innerhalb von Assessment Centern) als weiteres Einsatzfeld genannt. Hierbei sollen analog zu dem bereits genannten Anwendungsfall der Mitarbeiterbeurteilungen (vgl. Abschnitt

---

[47] Einsatzmöglichkeiten, die in der Herstellerbefragung angesprochen wurden, jedoch bereits in den vorherigen Abschnitten thematisiert wurden, werden hier nicht erneut aufgegriffen.

6.2.1.2) strukturierte (bspw. skalenbasierte Bewertungen von Kompetenzen) sowie unstrukturierte (in Form von Freitextnotizen) Bewertungen vorgenommen werden können.

Das Planen von Schichten im Rahmen des **Personaleinsatzes** wurde als eine weitere Einsatzmöglichkeit von Tablet-basierten Applikationen genannt. Hierbei werden Führungskräften Funktionen zur Verfügung gestellt, um die *Einsatzplanung* (bspw. in Form einer Schichtplanung im Einzelhandel) bei Personalausfällen o. Ä. direkt anpassen oder freigeben zu können.

Im Rahmen der **Personalführung und -motivation** wurde zunächst erwähnt, dass mobile Anwendungen (auf Tablet PCs) genutzt werden könnten, um *Mitarbeitergespräche* zu unterstützen. Hierbei sollen mobile Anwendungen zum einen verwendet werden, um die Ergebnisse der Gespräche zu dokumentieren. Zum anderen sollen Informationen (bspw. über die Leistung des Mitarbeiters oder über potenzielle Entwicklungsmaßnahmen) bereitgestellt werden, um das Gespräch zu unterstützen. Darüber hinaus wurde das Unterstützen des innerbetrieblichen Ideenmanagements im Rahmen der Mitarbeitermotivation thematisiert, bspw. indem Ideen direkt bei deren Auftreten dokumentiert (bspw. durch das Fotografieren einer Maschine) und eingereicht werden können.

Analog zu der Abgabe von Mitarbeiterbeurteilungen (vgl. Abschnitt 6.2.1.2) wurde das *Erfassen von Mitarbeiterkompetenzen* im Rahmen der **Personalbeurteilung** als ein weiteres Einsatzfeld benannt. Dabei könnte es nach Meinung der Experten Führungskräften ermöglicht werden, über ein mobil verfügbares Formular direkt Kompetenzbewertungen (strukturiert über das Nutzen von Skalen) vorzunehmen.

Im Rahmen der **Personaladministration und -betreuung** wurde das *Arbeitszeitmanagement* als potenzielles Einsatzgebiet identifiziert. So sollen vor allem Außendienstmitarbeiter in der Lage sein, Arbeitszeiten direkt zu erfassen und bspw. Kunden zuzuordnen, um Abrechnungsprozesse zu beschleunigen. Hierbei ist interessant, dass das Erfassen von Arbeitszeiten zwar als weitere Einsatzmöglichkeit in den Studien genannt wird, jedoch kein Unternehmen diesbezüglich aktuell mobile Anwendungen einsetzt, oder plant dies zu tun. Dies verwundert, da die Arbeitszeiterfassung zum einen den am häufigsten unterstützten Anwendungsfall im Rahmen der Marktstudie darstellt (vgl. Abschnitt 3.2.2.2) und zum anderen ein in praxisnahen Zeitschriften diskutiertes Einsatzfeld ist (vgl. bspw. Scherch 2014; Focus 2013; Handwerker Magazin 2012). Einen weiteren Anwendungsfall stellt das *Verwalten der eigenen Stammdaten* durch Mitarbeiter über ESS-Systeme dar. Dabei soll es Mitarbeitern über mobile Anwendungen ermöglicht werden, selbst eigene Daten zu ändern, wie bspw. die Adresse oder Bankverbindung.

Einsatzmöglichkeit	Beispielhafte Zitate
Dokumentation von Bewerbungsgesprächen	„Die erste Idee die jetzt aufkeimt ist, den Rekrutierungsprozess zu unterstützen. Sodass der Personalreferent bzw. der HR Business Partner im Gespräch schon die notwendigen Daten mitschreiben und auch notwendige Information über das Gerät abrufen kann. (…) Also diese Unterstützung des Rekrutierungsprozesses damit zu gestallten." (ExpA22)
Kompetenzerfassung	„(…) Es gibt ein Formular, in dem der Vorgesetzte oder der Mitarbeiter jeweils seine Meinung bzgl. der Kompetenzen abgeben kann bzw. wie diese Kompetenz erfüllt worden ist. (…) Das könnte man sehr schön abbilden, weil das nur ein Formular ist, das weiter zum Nächsten geschickt werden muss (…)." (ExpB5)
Mitarbeitergespräche	„Was ich mir auch vorstellen könnte, im Rahmen des Mitarbeitergesprächs bei der Zielvereinbarung. Ich kann aber auch sehr gut in der Arbeit des Business Partner selber vorstelle, wenn er in die Fachbereiche geht und dort verschiedene Personalprozessthemen bespricht." (ExpA22)
	„In einem Interimsgespräch oder Jahresendgespräch (…) habe ich auf einem Tablet die vereinbarten Ziele dabei und kann direkt mit dem Mitarbeiter darauf gucken." (ExpB3)
Ideenmanagement	„(…) wenn ein Mitarbeiter vor einer Anlage steht, diese Anlage fotografiert und dann entsprechend mit einer App Informationen dazu [ein]geben kann, wie man die Anlage an der und der Stelle verbessern könnte." (ExpA24)
Einsatzplanung	„Es geht häufig auch um das Thema Personaleinsatzplanung. Tablets werden eigesetzt, um die Einsatzplanung [zu machen, welche] dann eingesehen, genehmigt, freigegeben oder geändert werden kann." (ExpB6)
Arbeitszeitmanagement	„(…) es kann einfach Zeitrückmeldung sein. Zeitenrückmeldung in zweierlei Hinsicht: [Zunächst] zur Zeiterfassung. Aber auch Zeiten, CATS, wenn da Sachen in Rechnung gestellt werden. Wir haben sehr viele Service-Techniker, die hochversiert sind oder draußen rumfahren. Dass die gleich die Einsatzzeiten melden. Dann hätten wir eine Schnittstelle, einerseits zum HR und andererseits zum Invoicing." (ExpA13)
Stammdatenmanagement	„Wir machen viele dieser Self-Services, also Mitarbeiter- und Manager-Self-Services, welche im Moment noch die einfacheren Sachen sind. (…) bspw. ändere ich meine Bankverbindung." (ExpB3)

Tabelle 45: Weitere Einsatzmöglichkeiten mobiler PIS

6.2.1.5 Zusammenfassung der Einsatzmöglichkeiten

Tabelle 46 gibt einen Überblick über die identifizierten Einsatzmöglichkeiten aus beiden Studien. Dabei wurden einige Anwendungsfälle aufgrund der fachlichen Nähe zusammengefasst: Zunächst trifft dies auf den „Rekrutierungsprozess" und die „Dokumentation von Bewerbungsgesprächen" zu, da das Durchführen von Bewerbungsgesprächen elementarer Bestandteil des Rekrutierungsprozesses ist (vgl. Stock-Homburg 2010, S. 447) und somit eine Ergänzung des ersten Anwendungsfalls („Rekrutierungsprozess") darstellt. Ebenso wurden das Unterstützen von „Mitarbeitergesprächen" und „Betreuungsgesprächen" zusammengefasst, da beide einen ähnlichen Fokus besitzen: In beiden Fällen sollen Tabletbasierte Anwendungen bereitgestellt werden, um zum einen gesprächsrelevante Informationen zur Verfügung zu stellen und zum anderen die Ergebnisse des Gesprächs dokumentieren zu können. Unterschiede liegen hier lediglich bei der Zielgruppe der mobilen Applikation (Führungskräfte bei Mitarbeitergesprächen und Personalreferenten bei Betreuungsgesprächen). Analog zum ersten Einsatzgebiet, stellt auch das Erfassen von Kompetenzen eine Erweiterung des Anwendungsfalls „Mitarbeiterbeurteilung" dar. So werden in der Praxis die Beurteilungen der Leistung und der Kompetenzen eines Mitarbeiters innerhalb desselben Prozesses durchgeführt (bspw. ExpA4, ExpA19, ExpA24), sodass eine Unterteilung in verschiedene Einsatzmöglichkeiten ebenfalls nicht sinnvoll erscheint. Zuletzt wurden im

Rahmen der Personaladministration aus den Anwendungsfällen „Reise-", „Abwesenheits-" und „Arbeitszeitmanagement" eine Einsatzmöglichkeit gebildet. Dies ergibt sich aus den Abhängigkeiten und Ähnlichkeiten, die zwischen diesen Bereichen existieren: Generell ist bei allen genannten Bereichen die An- oder Abwesenheit des Mitarbeiters im Fokus. Darüber hinaus handelt es sich zum einen sowohl beim Reise- als auch beim Abwesenheitsmanagement größtenteils um Antrags- und Genehmigungsworkflows, die eine ähnliche Struktur aufweisen (vgl. Badgi 2012, S. 106). Zum anderen Stellen die Ergebnisse des Arbeitszeitmanagements die Informationsbasis für die anderen Bereiche dar, bspw. beim Stellen von Abwesenheitsanträgen aufgrund von Gleitzeit (vgl. Kolb 2010, S. 336).

Insgesamt ergeben sich somit zwölf Einsatzgebiete für mobile Anwendungen innerhalb von sechs Personalmanagementprozessen.

HR-Prozess	Einsatzmöglichkeiten aus Studien	Aggregierte Einsatzmöglichkeiten
Personalbeschaffung	Rekrutierungsprozess *(S1, A, P)*	E1: Rekrutierungsprozess
	Dokumentation von Bewerbungsgesprächen *(S1, S2, W)*	
	Personalmarketing *(S1, S2, A)*	E2: Personalmarketing
Personaleinsatz	Einsatzplanung *(S2, W)*	E3: Einsatzplanung
	Nachfolgemanagementkonferenzen *(S1, P)*	E4: Nachfolgemanagementkonferenzen
Personalführung und -motivation	Mitarbeitergespräche *(S1, S2, W)*	E5: Mitarbeitergespräche
	Betreuungsgespräche *(S1, A)*	
Personalbeurteilung	Mitarbeiterbeurteilung *(S1, S2, A)*	E6: Mitarbeiterbeurteilung
	Kompetenzerfassung *(S2, W)*	
Personaladministration und -betreuung	Reisemanagement *(S1, S2, A, P)*	E7: Arbeitszeit- und Reisemanagement
	Abwesenheitsmanagement *(S1, S2, A, P)*	
	Arbeitszeitmanagement *(S1, S2, W)*	
	Zutrittsmanagement *(S1, A)*	E8: Zutrittsmanagement
	Stammdatenmanagement *(S2, W)*	E9: Stammdatenmanagement
	Ideenmanagement *(S1, W)*	E10: Ideenmanagement
	Gesundheitsmanagement *(S1, A)*	E11: Gesundheitsmanagement
Personalcontrolling	Führungskräfte-Reporting *(S1, S2, A, P)*	E12: Führungskräfte-Reporting
Legende: S1: Ergebnis Studie I S2: Ergebnis Studie II A: Aktuell eingesetzt P: Einsatz geplant		W: Weitere Einsatzmöglichkeit

Tabelle 46: Zusammenfassung der Einsatzmöglichkeiten mobiler HR-Anwendungen

6.2.2   Zukünftige Bedeutung mobiler Personalinformationssysteme

Grundsätzlich gehen sowohl die Hersteller mobiler PIS als auch die befragten Anwenderunternehmen von einer **steigenden Bedeutung mobiler Anwendungen** im Bereich des Personalmanagements aus. Dies wird auch durch den sich derzeit wandelnden Anwenderkreis der mobilen HR-Anwendungen begünstigt: Wurden in der Vergangenheit zunächst nur Führungskräfte und das Personalwesen durch solche Applikationen unterstützt, findet die Verbreitung von mobilen Anwendungen heute ebenfalls bei Nicht-Führungskräften statt. Dies wird laut den Experten vor allem durch das steigende Angebot leistungsfähiger mobiler Endgeräte am Markt und zunehmend leistungsfähigeren Technologien zur Umsetzung der mobilen Anwendungen begünstigt. Des Weiteren spielen hier solche technischen Möglichkeiten und Eigenschaften zunehmend eine Rolle, welche die Mitarbeiter der Unternehmen **aus der privaten Nutzung bzw. ihrem Alltag gewohnt** sind.[48] Somit entwickeln sich nach Meinung der Experten bei den Mitarbeitern der Unternehmen Erwartungen, einfache, Personalmanagement-bezogene Tätigkeiten auch über mobile Anwendungen erledigen zu können.

Trotz der grundsätzlich steigenden Tendenz bzgl. der Bedeutung mobiler HR-Anwendungen geht der Großteil der Experten[49] aus beiden Studien allerdings **nicht** davon aus, dass mobile HR-Anwendungen **Desktopanwendungen komplett ersetzen werden**. Es werden lediglich Funktionalitäten durch mobile Anwendungen bereitgestellt, die sinnvoll mobil unterstützt werden können. Komplexe Funktionen werden in Zukunft weiterhin am Desktop-PC (bzw. Laptop) bearbeitet. Dies steht im Einklang mit den Ergebnissen der Marktanalyse, die zeigen, dass mobile Anwendungen i. d. R. keine vollständige Prozessunterstützung bieten, sondern stattdessen komplementäre Ergänzungen zu stationären PIS darstellen (vgl. Abschnitt 3.2.2.2).

Bezüglich der verwendeten Technologie gehen die Experten der Herstellerunternehmen davon aus, dass in Zukunft **vermehrt Webtechnologien** zum Einsatz kommen werden. Dies begründen sie einerseits mit den erweiterten technischen Möglichkeiten, die neue Webtechnologien wie HTML5 mit sich bringen (z. B. ein einfacherer Zugriff auf Hardwarefunktionen; siehe auch Charland/Leroux 2011) und andererseits mit dem im HR-Bereich geringen zur Verfügung stehenden Budget für Neuentwicklungen von Software (und den durch das Nutzen von Webtechnologien geringeren Entwicklungsaufwand). Ein weiterer Grund ist, dass der Einsatz von Webapplikationen voraussetzt, dass die anfallenden Daten auf einem Server gespeichert werden, wodurch der vor allem in Deutschland wichtige Aspekt des Datenschutzes berücksichtigt wird (siehe auch Abschnitt 6.2.4.3). Dies stelle einen Wandel in der Bereitstellungsstrategie der Herstellerunternehmen dar, da im Rahmen des Marktüberblicks festgestellt wurde, dass die meisten mobilen PIS (62 %) aktuell als native Anwendungen bereitgestellt werden (vgl. Abschnitt 3.2.2.3). Tabelle 47 fasst die Ergebnisse zur allgemeinen zukünftigen Einschätzung der Bedeutung mobiler HR-Anwendungen zusammen.

---

[48] Der Trend, dass aus dem privaten Umfeld bekannte bzw. genutzte Technologien getragen werden, wird auch als „Consumerization" bezeichnet (vgl. Harris et al. 2012, S. 101).

[49] Lediglich Experte ExpA11 kann sich vorstellen, sämtliche HR-Applikationen über Tablet-basierte Anwendungen bereitzustellen: *„Welche der gegenwärtigen Anwendungen, die wir in der SAP-Welt haben: Warum sollte nicht auch ein Manager, wenn er auf Dienstreise ist, (…) auch dort HR-Anwendungen bedienen können? Eigentlich könnte ich mir jeden Prozess vorstellen: Vom eRecruiting bis zur Gehaltserhöhung."*

Entwicklung / Trend	Beispielhafte Zitate
Steigende Bedeutung mobiler PIS	*„Aus unserer Sicht wird die Bedeutung deutlich steigen. Die Verbreitung der mobilen Geräte ist enorm. Es gibt kaum jemanden, der kein Smartphone von seiner Firma bekommt, weswegen die Unternehmen immer mehr Applikationen suchen, die sie als Service für die Mitarbeiter und Vorgesetzten bereitstellen können."* (ExpB6)
	„Ich glaube aber um ehrlich sein das wir in diesem Bereich in diese Richtung gehen müssen, weil auch natürlich bei uns immer wieder die Diskussion aufkommt: Muss jeder Mitarbeiter wirklich einen Laptop und einen Blackberry haben oder ist es eben vielleicht auch in Zukunft, in 3-5 Jahren, denkbar das ein Mitarbeiter nur noch mit einem Tablet ausgestattet wird, da ohnehin alle Daten auf zentralen Server abgelegt sind oder irgendwo in der Cloud umherschwimmen. (ExpA10)"
	„(...) [mit der mobilen Unterstützung] von Executives, Vorständen usw. haben wir vor vier Jahren angefangen (...). Jetzt geht es Stück für Stück auch mehr in die Linie." (ExpB3)
Consumerization	*„Die Kunden sehen Sachen, die sie im Alltagsleben gewohnt sind und welche dann als Wunsch [an uns] übertragen [werden]."* (ExpB1)
	„Der eine oder andere, der das irgendwo gesehen hat, der auch sagt, unabhängig davon ob er es schon gesehen hat, ich bin im privaten Bereich mit dem iPad unterwegs und das ist schon sehr komfortabler und macht manche Dinge schon einfacher. Ich sage mal so in der Art intrinsische Motivation." (ExpA19)
Mobile Anwendungen komplementär zu stationären Systemen	*„Ich schätze es nicht so ein, dass es ausschließlich mobile Apps geben wird. Sondern ich glaube, dass mobile Apps (...) als Add-on, wirklich praktisch und unabdingbar [sind]. (...) viele Massenbearbeitungsprozesse, Verwaltung und Auswertung, (...) bleiben in den Backoffice Applikationen."* (ExpB2)
	Nein, man sollte sich das schon bewusst angucken und bewusst entscheiden, um dann auch die Informationen, die Steuerung der Prozesse, beleben zu können. (...) Also erstmal auch so ein bisschen Lean-Management, über die Prozesse insgesamt, und deswegen ganz klares ja: Vorher entscheiden: „Welche Prozesse sollen da rein". (ExpA13)
	„Und dann müsste man, ja, wahrscheinlich ganz klassisch mal priorisieren, also welche Information brauche ich unterwegs tatsächlich, was können wir wie umsetzen, was ist sinnvoll und dann entscheiden, mit welchem Prozess wir starten." (ExpA4)
Hauptsächlich Webanwendungen	*„Vor ein paar Jahren haben alle eine native App rausgebracht, um einen Workflow abzubilden. Jetzt geht das alles mehr in Richtung Web."* (ExpB3)
	„Gerade mit HTML5 kommt ein großer Schub in Richtung Browsertechnologie. (...) Dort wird es für die Personalwirtschaft attraktiv, weil die kein großes Budget für Software haben. (...) Bei Spezialanwendungen ist es eine Budgetfrage, für die man auch bereit ist, zu bezahlen, aber das ist bei der Personalwirtschaft eher selten der Fall." (ExpB1)

Tabelle 47: Zukünftige Einschätzung der Bedeutung mobiler HR-Anwendungen im Allgemeinen

6.2.3   Wirkungen mobiler Personalinformationssysteme

In den folgenden Abschnitten werden die positiven und negativen Wirkungen beschrieben, die nach Meinung der Experten durch den Einsatz mobiler Anwendungen innerhalb der genannten Anwendungsfälle erzeugt werden können. Hierbei werden zunächst die Einsatzmöglichkeiten in den Prozessen zum Steuern der Mitarbeiterbereitstellung betrachtet (Abschnitt 6.2.3.1), bevor die Wirkungen in Prozessen zum Steuern der Mitarbeiterleistungsbereitschaft (Abschnitt 6.2.3.2) und in Querschnittsprozessen (Abschnitt 6.2.3.3) beschrieben werden. Zu den jeweiligen Wirkungen des Einsatzes mobiler PIS wird dabei in Anlehnung an SCHUMANN angegeben, auf welcher Wirkungsebene (Individual-, Abteilungs- oder Unternehmensebene) diese zuzuordnen sind (vgl. Schumann 1992, S. 65).

6.2.3.1 Wirkungen in Prozessen zum Steuern der Mitarbeiterbereitstellung

Innerhalb der Prozesse zum Steuern der Mitarbeiterbereitstellung wurden zunächst zwei Einsatzmöglichkeiten für mobile PIS im Rahmen der Personalbeschaffung identifiziert. Abbildung 27 fasst die Wirkungen innerhalb des Prozesses zusammen, die im Folgenden näher erläutert werden.

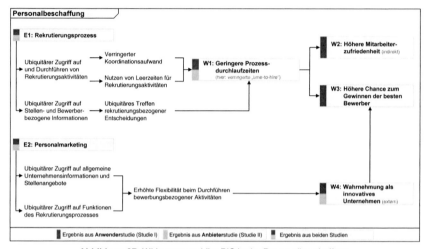

Abbildung 27: Wirkungen mobiler PIS in der Personalbeschaffung

Der Einsatz mobiler Anwendungen zum Unterstützen des *Rekrutierungsprozesses (E1)* ermöglicht zunächst den ubiquitären Zugriff auf Funktionen zum Durchführen von Rekrutierungsaktivitäten. Zum einen können hierdurch am Rekrutierungsprozess beteiligte Führungskräfte, Personalreferenten und Mitarbeiter Leerzeiten nutzen, um Rekrutierungsaktivitäten durchzuführen. Zum anderen erhöht sich hierdurch die Koordinationsflexibilität zwischen den Akteuren, da das Bearbeiten von Prozessaktivitäten innerhalb einer mobilen Anwendung die Reaktionszeiten der einzelnen Akteure verringern kann. Darüber hinaus ermöglichen die verfügbaren Informationen zu Stellen und Bewerbern das orts- und zeitunabhängige Treffen von rekrutierungsbezogenen Entscheidungen. Insgesamt führt dies zu **geringeren Prozessdurchlaufzeiten (W1)** bei der Rekrutierung neuer Mitarbeiter (und somit auch zu einer verringerten „time-to-hire"[50]). Der schnellere Ablauf des Prozesses hat darüber hinaus noch weitere Auswirkungen: Zum einen wird hierdurch die **Mitarbeiterzufriedenheit (indirekt) erhöht (W2)**. Dies begründeten die Experten zum einen damit, dass die Prozessbeteiligten weniger Zeit für administrative Tätigkeiten aufwenden müssen und hierbei ungenutzte Leerzeiten verwenden können. Zum anderen führt die Möglichkeit, Aktivitäten im Rekrutierungsprozess innerhalb von Leerzeiten ausführen zu können, dazu, dass die persönliche Effizienz der Prozessakteure gesteigert wird. Dabei führten die Experten an, dass das Gefühl „im Prozess nicht der Flaschenhals" (ExpA21) zu sein, die Zufriedenheit der Mitarbeiter erhöht. Darüber hinaus führt eine erhöhte Prozesseffizienz (und damit verringerte time-to-hire) ebenfalls

---

[50] „Time-to-hire" bezeichnet die Zeitspanne, die zwischen dem Ausschreiben einer Stelle und dem Einstellen eines neuen Mitarbeiters liegt (vgl. Schneyder 2007, S. 193).

zu einer **höheren Chance, die besten Bewerber zu gewinnen (W3)**. Dies begründeten die Experten damit, dass die besten Bewerber meist auch von anderen Unternehmen eingestellt werden wollen und somit ein langwieriger Rekrutierungsprozess die Wahrscheinlichkeit verringert, die gewünschten Kandidaten einstellen zu können.

Mobile Applikationen zum Unterstützen des *Personalmarketings (E2)* ermöglichen Bewerbern den ubiquitären Zugriff auf allgemeine Informationen zum Unternehmen und zu Stellenangeboten sowie zu Funktionen zum Durchführen von Aktivitäten innerhalb des Rekrutierungsprozesses (um bspw. Bewerbungen einzureichen oder den Status des Bewerbungsprozesses einzusehen). Durch diese beiden Möglichkeiten wird den Bewerbern eine höhere örtliche und zeitliche Flexibilität ermöglicht, sowohl beim Einholen von Informationen über den potenziellen zukünftigen Arbeitgeber als auch beim Durchführen bewerbungsbezogener Aktivitäten. Beides führt nach Meinung der Experten dazu, dass die **Wahrnehmung als innovatives Unternehmen (W4)** erhöht wird. Neben der erhöhten Flexibilität auf Bewerberseite führt nach Meinung der Experten bereits das Bereitstellen mobiler Applikationen bzw. die Präsenz des Unternehmens in den gängigen AppStores[51] dazu, dass das Unternehmen als moderner Arbeitgeber wahrgenommen wird. Dies führt wiederum dazu, dass das Unternehmen für externe Bewerber attraktiver erscheint und sich somit die Chance erhöht, die besten Bewerber zu gewinnen (W3).

Tabelle 48 fasst die Wirkungen innerhalb der Personalbeschaffung inkl. beispielhafter Zitate aus den Experteninterviews zusammen.

Wirkung	Beispielhafte Zitate	Ebene
W1: Geringere Prozessdurchlaufzeiten	*„Wenn Sie so einen Rekrutierungsprozess betrachten und sie verschieben Bewerbungsunterlagen von einer Stelle zur nächsten und warten, bis sich da einer meldet. Dann kann es sein, dass an der Schnittstelle zwischen Personalabteilung und dem Fachbereich einfach Zeit verloren geht." (ExpA23)*	
	„Also wirklich Prozesse beschleunigen. [...] Wo haben wir Workflows, wo dann bestimmte Informationen einfach dadurch schneller fließen, weil auch Entscheidungen schneller getroffen werden?" (ExpA24)	Abteilung
	„Umgekehrt ist es natürlich eine Möglichkeit, um die Arbeit anders zu strukturieren, wenn ich solche Workflows auf dem mobilen Endgerät habe. Ich kann dadurch Aufgaben sofort erledigen und muss es nicht auf morgen verschieben." (ExpA18)	
W2: Höhere Mitarbeiterzufriedenheit (indirekt)	*„Wenn ich die mobile Anwendung effizient nutzen kann und schnell zu meinen Ergebnissen komme und im Prozess nicht der Flaschenhals bin, dann wird auch die Zufriedenheit gesteigert." (ExpA21)*	
	„Ja, dann wäre da auch kein Verzug drin, und, wenn jemand auf Reisen ist, das nebenbei erledigt, und dann eben nicht Zuhause in seinem Homeoffice oder Backoffice noch diese blöde Verwaltungsarbeit hat. Also auch wieder eine Frage der Zufriedenheit. Wenn das schon erledigt ist fühlt der sich auch wohler." (ExpA13)	Individual
	„Das heißt also auch letztendlich, dass wir den Zugriff auf unser HR-Portal von außen ermöglichen wollen, also von privaten Devices. Das sind alles so Punkte, wo wir versuchen den Mitarbeiter es einfach zu ermöglichen – auch vielleicht in Zeiten von Work-Life-Balance – zwischen Freizeit und Arbeitszeit sauberer trennen zu können und da auch die Flexibilität ermöglichen." (ExpA24)	

---

[51]   Bei einem AppStore handelt es sich um einen Online-Marktplatz (meist beschränkt auf eine Plattform, bspw. für Android oder iOS), über den mobile Applikationen verkauft und bereitgestellt werden (vgl. Jansen/Bloemendal 2013, S. 195).

W3: Höhere Chance zum Gewinnen der besten Bewerber	„Und bei Bewerbern ist es halt so, mit dem Laufen des Kalenders werden die Bewerbungen weniger wert. Wenn der Mensch die abschickt meint er das noch ernst, 3 Monate später hat er vielleicht woanders schon einen Job, weil jemand anders schneller war." (ExpA23)	Unternehmen
W4: Wahrnehmung als innovatives Unternehmen (extern)	„Der Vorteil ist ein Imagegewinn (…) für die Unternehmen (…), weil sie sich als moderneren Arbeitgeber präsentieren [können]." (ExpB8)	
	„(…) die nachwachsende Generation, das sind ja genau diese, wie nennt man die? Digital Natives! Die damit aufwachsen und die total affin sind ja, also da könnten wir auf jeden Nutzen generieren im Personalbereich (…)." (ExpA1)	Unternehmen

Tabelle 48: Wirkungen mobiler PIS in der Personalbeschaffung

Innerhalb des Personaleinsatzes wurden zwei Einsatzmöglichkeiten für mobile Anwendungen identifiziert. Abbildung 28 gibt einen Überblick über die dabei auftretenden Wirkungen, die im Folgenden näher erläutert werden.

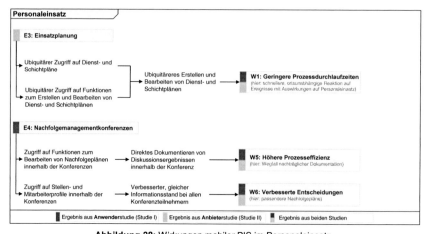

Abbildung 28: Wirkungen mobiler PIS im Personaleinsatz

Innerhalb der *Einsatzplanung (E3)* ermöglichen mobile (Tablet-basierte) Anwendungen den Zugriff auf Dienst- und Schichtpläne sowie auf Funktionen zum Erstellen und Bearbeiten dieser. Dies führt dazu, dass Führungskräfte orts- und zeitunabhängig Dienst- und Schichtpläne erstellen und bearbeiten können. Hieraus ergibt sich dann eine geringere Prozessdurchlaufzeit (W1), wenn schnell auf Ereignisse reagiert werden muss, die Auswirkungen auf den Personaleinsatz haben. So kann bspw. bei einem kurzfristigen Ausfall von Mitarbeitern unmittelbar der Dienst- bzw. Schichtplan verändert werden, ohne dass es zu mobilitätsbedingten Verzögerungen kommt.[52]

Innerhalb von *Nachfolgemanagementkonferenzen (E4)* können mobile Anwendungen zum einen dazu genutzt werden, um Funktionen zum Bearbeiten von Nachfolgeplänen innerhalb dieser Konferenzen bereitzustellen. Diese ermöglichen es, die Diskussionsergebnisse (bzw. die abgestimmten, finalen

---

[52] Auf ein erneutes Aufgreifen von Folgewirkungen (bspw. eine erhöhte Mitarbeiterzufriedenheit aufgrund einer höheren Prozesseffizienz) wird hier und im Folgenden verzichtet.

Nachfolgepläne) direkt zu dokumentieren, indem diese im Rahmen der Konferenz über die mobile Anwendung eingegeben und gespeichert werden. Somit können die Konferenzen **effizienter durchgeführt werden (W5)**, da Aufwand für die nachträgliche Dokumentation (bspw. das Übertragen handschriftlicher Notizen) entfällt. Zum anderen können mobile Applikationen genutzt werden, um allen Teilnehmern den Zugriff auf Stellen- und Mitarbeiterprofile innerhalb der Konferenz zu ermöglichen. Da nicht davon auszugehen ist, dass alle Konferenzteilnehmer denselben Kenntnisstand über alle Nachfolgekandidaten besitzen (vgl. hierzu auch Tornack et al. 2015, S. 425), kann durch eine mobile Anwendung somit ein verbesserter, gleicher Informationsstand bei allen Teilnehmern erreicht werden. Dies führt schließlich dazu, dass im Rahmen der Konferenz **bessere Entscheidungen (W6)** getroffen werden können, da sich die Grundlage, auf der diese Entscheidungen getroffen werden, verbessert hat. In diesem Fall bedeutet dies, dass die Nachfolge- und Entwicklungspläne, die innerhalb dieser Konferenzen erstellt werden, besser auf die Situation im Unternehmen angepasst sind (bspw. indem die eingeplanten Nachfolger besser zu jeweiligen Stellen passen).

Tabelle 49 enthält beispielhafte Zitate für die Wirkungen mobiler Anwendungen, die innerhalb des Personaleinsatzes auftreten können.[53]

Wirkung	Beispielhafte Zitate	Ebene
W5: Höhere Prozesseffizienz	„[...] sonst wird es wahrscheinlich wieder so ablaufen, dass sie sich die Formulare ausdrucken und dann im Gespräch sitzen und wieder Papier haben und danach tippt es wieder einer in den Computer ein. Also natürlich wäre das von Vorteil wenn wir es dann direkt am Gerät im Gespräch machen könnten." (ExpA1)	
	„Wir würden uns sehr viel Arbeit und Korrekturen und Nachträge ersparen, weil wir haben so eine Art Umlaufdokumenten-Tool [...], wo ich die Zeiterfassung, -änderung etc. eintragen kann, das dann noch von einem Vorgesetzten freigegeben und anschließend wieder im System eingetragen wird. Wenn ich jetzt aber ein Mitarbeiter bin, der keinen PC-Zugang hat, mache ich dann so was von Hand." (ExpA9)	Abteilung
	„Das erschien uns damals [als] der vorteilhafteste Anwendungsfall, weil ein Reisender direkt seine Daten eingeben kann, ohne erst nach Hause zu fahren und das zu machen. Das spart Zeit, spart Kosten, spart Doppelarbeit, falls er es auf Papier machen müsste." (ExpB7)	
W6: Verbesserte Entscheidungen	„Und das andere ist [...] Verfügbarkeit von Daten, gutes Handling, dieser [eine] Punkt der Wahrheit, dass da keiner mehr mit Alt-Daten durch die Gegend rennt. Und dass man, die dann ja auch, wenn man nicht auf die Systeme zugreift, sondern auf irgendeine gespeicherte Datei, dass [...] von drei Versionen die man zugeschickt bekommen hat die falsche öffnet." (ExpA13)	
	„Für mich ist auch die Schnelligkeit und Qualität dieses Gespräches [wichtig]. Das heißt der Mitarbeiter kann sofort [...] sehen was ihm vorgeschlagen wird und kann auch von sich aus sofort reagieren. Ich sehe da schon den Vorteil in der Qualität der Inhalte." (ExpA24)	Abteilung

Tabelle 49: Wirkungen mobiler PIS im Personaleinsatz

---

[53] Wirkungen, die bereits im Rahmen vorheriger Prozesse erläutert wurden (und bspw. bereits in Tabelle 48 aufgeführt wurden), werden hier nicht erneut genannt. Dies gilt ebenso für die betrachteten Wirkungen in den folgenden Abschnitten.

6.2.3.2 Wirkungen in Prozessen zum Steuern der Mitarbeiterleistungsbereitschaft

Innerhalb der Prozesse zum Steuern der Mitarbeiterleistungsbereitschaft konnte eine Einsatzmöglichkeit für mobile Anwendungen innerhalb der Personalführung und -motivation identifiziert werden. Abbildung 29 fasst die dazugehörigen Wirkungen zusammen, die im Folgenden näher erläutert werden.

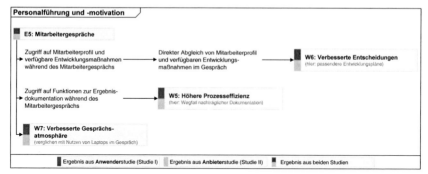

Abbildung 29: Wirkungen mobiler PIS in der Personalführung und -motivation

Werden mobile Anwendungen zum Unterstützen von *Mitarbeitergesprächen (E5)* genutzt, so ermöglichen diese zunächst den Zugriff auf Informationen aus anderen PIS, die für das Durchführen des Gesprächs notwendig sind (das Profil des Mitarbeiters sowie das dazugehörige Stellenprofil, oder im Unternehmen verfügbare Entwicklungsmaßnahmen). Hierdurch können innerhalb des Gesprächs die Stellenanforderungen mit dem Profil des Mitarbeiters abgeglichen werden, sodass passende Entwicklungsmaßnahmen vereinbart werden können. Die Verfügbarkeit der hierfür notwendigen Informationen führt demnach dazu, dass passendere Entwicklungspläne innerhalb der Mitarbeitergespräche vereinbart werden können (W5: Verbesserte Entscheidungen). Darüber hinaus kann eine Tablet-basierte Anwendung innerhalb des Mitarbeitergesprächs dazu genutzt werden, um die Gesprächsergebnisse (bspw. Zielvereinbarungen oder Entwicklungspläne) direkt im System zu dokumentieren. Dies führt zu einer höheren Prozesseffizienz (W5), da der Aufwand für die nachträgliche Dokumentation der Gesprächsergebnisse entfällt und somit Medienbrüche vermieden werden. Eine weitere Wirkung tritt nach Aussagen der Experten direkt durch den Einsatz eines Tablet-PCs innerhalb des Mitarbeitergesprächs auf: So kann im Vergleich zum Einsatz eines Laptops oder Desktop-PCs die **Gesprächsatmosphäre verbessert (W7)** werden. So wurde es als positiv angesehen, dass durch den Einsatz eines Tablet-PCs keine künstliche Barriere zwischen dem Mitarbeiter und der Führungskraft aufgebaut wird (bspw. durch einen Monitor) und dennoch eine mediale Unterstützung möglich ist.[54]

Tabelle 50 enthält beispielhafte Zitate für die Wirkungen mobiler Anwendungen in der Personalführung und -motivation.

---

[54] Dies entspricht den Ergebnissen anderer Studien, in denen ebenfalls festgestellt wurde, dass mobile Anwendungen auf Tablet-PCs zum Unterstützen von Gesprächen besser geeignet sind als bspw. Laptops oder Dekstop-PCs (vgl. Breu et al. 2005, S. 8; Böhmer et al. 2013, S. 347).

Wirkung	Beispielhafte Zitate	Ebene
W7: Verbesserte Gesprächsatmosphäre	„Ein weiterer Vorteil, ist, dass ich mit einem kleinen Endgerät, das ich auch mal beiseitelegen kann, viel näher am Vier-Augen-Gespräch [bin], was deutlich wertschätzender gegenüber dem Mitarbeiter ist." (ExpA13)	
	„Allein schon die Barriere, die sie plötzlich zwischen sich und dem Mitarbeiter haben. Und deswegen ist so ein Tablet schon charmanter, weil das ist ja wie ein Block [zum] mitschreiben. Man darf nur nicht den Eindruck erwecken das die Person, die das Gerät nutzt, abgelenkt ist." (ExpA24)	Individual

Tabelle 50: Wirkungen mobiler PIS in der Personalführung und -motivation

Abbildung 30 zeigt Wirkungen, die durch den Einsatz mobiler Anwendungen innerhalb der Personalbeurteilung auftreten können.

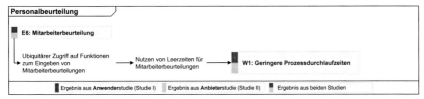

Abbildung 30: Wirkungen mobiler Anwendungen in der Personalbeurteilung

Innerhalb der Personalbeurteilung wurde das Unterstützen von *Mitarbeiterbeurteilungen (E6)* als Einsatzmöglichkeit genannt. Hier wird durch die mobilen PIS zunächst der Zugriff auf Funktionen zum Eingeben von Mitarbeiterbeurteilungen (bspw. in Bezug auf Kompetenzen oder Leistung) ermöglicht. Für die Führungskräfte erhöht sich somit die Flexibilität beim Erstellen von Mitarbeiterbeurteilungen, sodass hierfür bspw. auch Leerzeiten genutzt werden können und die Durchlaufzeit des Prozesses verkürzt wird (W1).

6.2.3.3   Wirkungen in Querschnittsprozessen

Im Bereich der Querschnittsprozesse des Personalmanagements konnten Einsatzmöglichkeiten sowohl innerhalb der Personaladministration und -betreuung, als auch im Personalcontrolling identifiziert werden. Abbildung 31 visualisiert zunächst die Wirkungen mobiler PIS im Rahmen der Personaladministration und -betreuung, die im Verlauf näher erläutert werden.

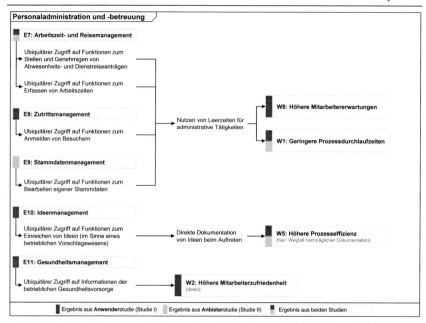

Abbildung 31: Wirkungen mobiler Anwendungen in der Personaladministration und -betreuung

Einen Großteil der Einsatzmöglichkeiten innerhalb der Personaladministration beruht auf dem orts- und zeitunabhängigen Zugriff auf bestimmte HR-Workflows. Dies trifft sowohl auf das *Arbeitszeit- und Reisemanagement (E7)* als auch auf das *Zutritts- (E8)* und *Stammdatenmanagement (E9)* zu. Bei diesen Einsatzmöglichkeiten werden jeweils Funktionen bereitgestellt, welche es den Nutzern ermöglichen, Leerzeiten für die unterstützten administrativen HR-Aktivitäten zu nutzen (bspw. indem Arbeitszeiten über eine mobile Anwendung erfasst werden; E7), sodass die Prozessdurchlaufzeiten verkürzt werden (W1). Darüber hinaus ergeben sich aus dem Einsatz mobiler Anwendungen innerhalb dieser Einsatzmöglichkeiten auch **höhere Mitarbeitererwartungen (W8)**. So wurde von den Experten thematisiert, dass die Möglichkeit, Workflows über mobile Applikationen zu bearbeiten, bei den Mitarbeitern zu einer höheren Erwartungshaltung in Bezug auf die Bearbeitungszeiten von Aktivitäten durch Führungskräfte führen kann. Hätten Führungskräfte demnach bspw. die Möglichkeit, Abwesenheitsanträge o. Ä. über mobile Anwendungen zu bearbeiten, könnten dennoch auftretende Verzögerungen beim Bearbeiten negative Auswirkungen auf die Mitarbeiterzufriedenheit haben.

Als eine weitere Einsatzmöglichkeit wurde das *Ideenmanagement (E10)* identifiziert. Hierbei werden Funktionen bereitgestellt, die das ubiquitäre Einreichen von Ideen (im Sinne des betrieblichen Vorschlagwesens) ermöglichen. Neben textuellen Inhalten können so bspw. auch Fotos oder Videos über mobile Endgeräte aufgenommen und direkt in die Ideenbeschreibung eingefügt werden. Durch die direkte Dokumentation der Ideen beim Auftreten entfällt eine nachträgliche Erfassung (bspw. in Papierform oder am Desktop-PC), sodass die Prozesseffizienz erhöht wird (W5).

Als letzte Einsatzmöglichkeit innerhalb der Personaladministration und -betreuung wurde das betriebliche *Gesundheitsmanagement (E11)* von den Experten genannt. Hier ermöglichen mobile Anwendungen das Bereitstellen von Informationen oder Erinnerungsfunktionen in Bezug auf die Gesundheitsvorsorge am Arbeitsplatz (bspw. in Bezug auf körperliche Übungen, regelmäßiges Trinken von Wasser
o. Ä.). Die Experten gingen innerhalb der Studien davon aus, dass hierdurch die **Mitarbeiterzufriedenheit direkt gesteigert (W2)**[55] werden kann, da den Mitarbeitern somit das Gefühl gegeben wird, dass
das Unternehmen sich um die Gesundheit der eigenen Mitarbeiter kümmert. Dies ist insbesondere bei
Mitarbeiter relevant, die an ihrem Arbeitsplatz keinen direkten Zugriff auf einen PC haben (bspw. Mitarbeiter in der Produktion) und somit nicht über alternative Kanäle (bspw. E-Mail oder Intranet) erreicht
werden können.

Tabelle 51 fasst die Wirkungen mobiler PIS innerhalb der Einsatzmöglichkeiten in der Personaladministration und -betreuung inkl. beispielhafter Zitate zusammen.

Wirkung	Beispielhafte Zitate	Ebene
W2: Höhere Mitar-beiterzufriedenheit (direkt)	„Ich könnte mir auch gut vorstellen, dass man Bereiche vom betriebli-chen Gesundheitsmanagement... dass man den Mitarbeitern sozusagen auch da Vorschläge macht: ,Mensch also ihr könnt doch an verschiede-nen Kurse teilnehmen, hier was und da was' und auch ein bisschen Werbung macht für verschiede Bereiche, die man im Unternehmen noch anbietet. (...) Eine Unternehmens App sozusagen wo immer die aktu-ellsten Informationen hoch poppen und man auch ein bisschen mehr emotionale Bindung erreicht dadurch." (ExpA15)	Individual
W8: Höhere Mitar-beitererwartungen	„Ich [könnte] mir durchaus vorstellen, dass die Mitarbeiter dann sagen: (...) Ich kann jetzt natürlich auch immer meinem Chef sagen, so Du bist ja jetzt mobil verfügbar, dann kannst Du es bitte jetzt auch mal eintragen und ich muss nicht noch zwei Tage warten." (ExpA10)	Individual

Tabelle 51: Wirkungen mobiler PIS in der Personaladministration und -betreuung

Innerhalb des Personalcontrollings konnte innerhalb der Studie lediglich eine Einsatzmöglichkeit für mobile Anwendungen identifiziert werden. Abbildung 32 fasst die Wirkungen mobiler Anwendungen innerhalb des Personalcontrollings zusammen, die im Folgenden näher erläutert werden.

Abbildung 32: Wirkungen mobiler PIS im Personalcontrolling

Mobile Anwendungen zum Unterstützen des *Führungskräfte-Reportings (E12)* beinhalten Funktionen,
die Führungskräften den orts- und zeitunabhängigen Zugriff auf HR-bezogene Kennzahlen und Berichte
ermöglichen. Hierdurch wird es Führungskräften in Entscheidungssituationen ermöglicht, auf relevante
HR-Informationen zuzugreifen, sodass die Informationsgrundlage, auf der die Entscheidungen getroffen

---

[55] In Abschnitt 6.2.3.1 wurde lediglich von einer indirekten Steigerung der Mitarbeiterzufriedenheit durch den Einsatz mobiler
Anwendungen gesprochen.

werden, verbessert wird. Hierdurch kann nach Meinung der Experten die Qualität von Entscheidungen verbessert werden (W6), sofern diese orts- und / oder zeitunabhängig getroffen werden müssen.

6.2.3.4 Weitere Wirkungen

Neben den zuvor erläuterten Wirkungen, die sich jeweils spezifischen Einsatzmöglichkeiten zuordnen lassen, wurden in den Experteninterviews noch weitere Aspekte angesprochen, die sich generell durch den Einsatz mobiler PIS ergeben: Bereits thematisiert wurde im Rahmen der Personalbeschaffung die positive Wahrnehmung des Unternehmens auf Bewerberseite (W6, extern; vgl. Abschnitt 6.2.3.1). Darüber hinaus wurde von den Experten angesprochen, dass auch die Wahrnehmung des Unternehmens von bereits vorhandenen Mitarbeitern positiv beeinflusst wird (W6, intern). So ergibt sich allein durch die Verfügbarkeit mobiler Applikationen zum Unterstützen von Personalmanagementaktivitäten im Generellen eine erhöhte Wahrnehmung des Unternehmens als „innovativ" (ausgelöst durch den Einsatz moderner Technologien). Diese positivere Einstellung der Mitarbeiter gegenüber dem Unternehmen führt dabei zu einer höheren Mitarbeiterzufriedenheit (vgl. Abschnitte 6.2.3.1 und 6.2.3.2).

Eine weitere Auswirkung des generellen Einsatzes mobiler PIS stellt das **Erfüllen von Mitarbeitererwartungen (W9)** dar. So gaben die Experten an, dass gerade jüngere Mitarbeitergruppen, die den Umgang mit mobilen Endgeräten und Anwendungen aus ihrem Alltag gewohnt sind, auch von den Unternehmen erwarten, ähnliche Möglichkeiten bereitzustellen (in diesem Fall das Abwickeln von HR-Aktivitäten über mobile Anwendungen). Demnach führt der Einsatz mobiler HR-Anwendungen dazu, dass diese Erwartungen der (jüngeren) Mitarbeiter erfüllt werden,[56] woraus wiederum eine höhere Mitarbeiterzufriedenheit (W2) resultiert.

Eine generelle negative Wirkung, die von den Experten thematisiert wurde, war die potenzielle **Substitution persönlicher Beziehungen (W10)** durch das Nutzen mobiler Applikationen. So wurde angesprochen, dass beim Einsatz mobiler Applikationen im HR-Bereich darauf geachtet werden müsste, dass mobile PIS lediglich eine unterstützende Funktion wahrnehmen und nicht die Beziehungen zwischen Personalreferenten bzw. Führungskräften und den Mitarbeitern substituieren. Dies könnte bspw. dann der Fall sein, wenn eine Prozessunterstützung Aktivitäten digitalisiert, die früher im Rahmen persönlicher Kommunikation ausgeführt wurden. Tabelle 52 fasst die weiteren Wirkungen mobiler PIS zusammen.

---

[56] Hierbei muss jedoch beachtet werden, dass bei älteren Mitarbeitergruppen durchaus negative Effekte durch den Einsatz mobiler Anwendungen erzeugt werden können. Die Altersstruktur des Unternehmens als Rahmenbedingung für den Einsatz mobiler PIS wird in Abschnitt 6.2.4.2 erläutert.

Wirkung	Beispielhafte Zitate	Ebene
W6: Wahrnehmung als innovatives Unternehmen (intern)	*„Ja, das ist aber nicht nur Imagepflege, das ist ein Aspekt. Es würde etwas auslösen im HR-Bereich in Richtung moderneres Arbeiten. Das ist sowohl ein nach innen gerichteter als auch zu unseren Kunden nach außen hin gerichteter Imagegewinn."* (ExpA22)	Unternehmen
	„Das, und der Fortschritt auch! (…) Also ich glaube das macht das Unternehmen auch sexy." (ExpA14)	
W9: Erfüllte Mitarbeitererwartungen	*„Und mehr Travel als Nutzungszeiten sind dann vielleicht auch den Bedürfnissen der Anwender besser angepasst bei mobilen Anwendungen. Wenn ich in der S-Bahn sitze kann ich vielleicht so ein paar Tasks auch erledigen. (…) Vielleicht auch eine gewisse Erwartungshaltung der Generation-Y."* (ExpB2)	Individual
W10: Substitution persönlicher Beziehungen	*„Da geht es darum, mit Leuten zu kommunizieren auch im persönlichen Kontakt, im persönlichen Gespräch, im persönlichen Dialog bestimmte Dinge zu tun. […] Insofern […] muss man schon darauf achten, dass dieser persönlicher Kontakt, ein Austausch der Kommunikation, nicht durch die technischen Hilfsmittel ersetzt werden kann und nicht komplett ersetzt werden sollte. Es (mobile Anwendungen) sollte als Unterstützung, als Support betrachtet werden."* (ExpA19)	Individual

Tabelle 52: Weitere Wirkungen mobiler PIS

6.2.4   Rahmenbedingungen des Einsatzes mobiler Personalinformationssysteme

In den folgenden Abschnitten werden die Rahmenbedingungen für den Einsatz mobiler Personalinformationssysteme dargestellt, die innerhalb der durchgeführten Studien ermittelt werden konnten. Diese werden anhand des Technology-Organization-Environment (TOE)-Modells von TORNATZKY UND FLEISCHER (1990) in technologische (Abschnitt 6.2.4.1), organisatorische (Abschnitt 6.2.4.2) und externe (Abschnitt 6.2.4.3) Rahmenbedingungen gegliedert. Abbildung 33 gibt einen Überblick über die einzelnen Kategorien, die in den folgenden Abschnitten näher beschrieben werden.

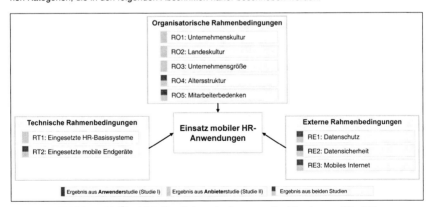

Abbildung 33: Überblick über Rahmenbedingungen des Einsatzes mobiler PIS

6.2.4.1   Technische Rahmenbedingungen

Von den meisten Anbietern mobiler PIS wurde in der Befragung angemerkt, dass der Einsatz der mobilen Anwendung an die **Benutzung des eigenen HR-Basis-Systems (RT1)** gekoppelt ist. Somit ist der Betrieb der mobilen Applikation nicht möglich, ohne dass die klassische Client-Server (oder Web-basierte) Variante des jeweiligen HR-Anwendungspakets in die IT-Infrastruktur des Unternehmens integriert ist. Demnach muss vor der Einführung einer mobilen HR-Anwendung geprüft werden, ob das gewünschte Produkt überhaupt mit den HR-Basissystemen des Unternehmens kompatibel ist (oder ob ggf. Aufwand für die Integration der mobilen Lösungen anfällt). Dies geht einher mit der Aussage der Experten, dass mobile Anwendungen zum Großteil als Erweiterung von Desktop-basierten Systemen und nicht als eigenständige Anwendungen eingesetzt werden (siehe auch Abschnitt 6.2.2).

Eine weitere technische Rahmenbedingung sind die im Unternehmen **eingesetzten mobilen Endgeräte (RT2)**. Werden unterschiedliche mobile Endgeräte von den Mitarbeitern verwendet, müssen auch mehrere mobile Betriebssysteme (und Betriebssystemversionen) unterstützt werden. Um diese heterogene Menge mobiler Endgeräte abzudecken, sollten dann laut den Herstellern mobiler PIS webbasierte Anwendungen eingesetzt werden. Sind im Unternehmen einheitliche Endgeräte und Betriebssysteme im Einsatz, kann auch auf native Lösungen zurückgegriffen werden. Die im Unternehmen zum Einsatz kommenden Endgeräte spielen auch vor dem Hintergrund des in Abschnitt 6.2.2 identifizierten Wandels des Nutzerkreises mobiler HR-Anwendungen eine Rolle. Sollen neben Führungskräften ebenfalls alle anderen Mitarbeiter des Unternehmens Zugriff auf mobile PIS erhalten, muss dabei die Verfügbarkeit entsprechender Endgeräte sichergestellt werden. Tabelle 53 fasst die technischen Rahmenbedingungen mobiler PIS zusammen.

Rahmenbedingung	Beispielhafte Zitate
RT1: Eingesetzte HR-Basissysteme	*„[Zunächst] müssen unsere Systeme eingesetzt werden, hierfür gibt es mobile Anwendungen, die ausschließlich mit unseren Systemen kommunizieren." (ExpB4)*
RT2: Eingesetzte mobile Endgeräte	*„Wenn das mobil möglich wäre, ja schön, aber dazu braucht man letztendlich auch Endgeräte." (ExpA17)*
	„Momentan unterscheiden wir meistens, ob die Firma ein bestimmtes Gerät bedienen will, (…) dann lohnt sich der Einsatz für eine native App. Wenn die Firma es erlaubt, (…) dass jeder ein Gerät mitbringt, arbeiten wir mit einer WebApp, um dann möglichst viele abzudecken." (ExpB3)
	„(…) also wir hassen alle unsere Blackberrys, das ist wirklich eine Katastrophe um ins Internet zu gehen oder irgendwelche Apps auszuführen. Deswegen läuft gerade Aktuell ein Test (…) und in einem halben Jahr fällt die Entscheidung auf welches wir gehen und alles ist besser als Blackberry und daher bin ich ganz froh." (ExpA15)
	„Da [ist] bei uns aufgrund der Größe auch irgendwie fast alles an Geräten [vorhanden]. (…) also wir können uns auf den Kopf stellen und sagen [wir] verbieten Apple weil es nicht sicher ist und irgendeiner schleppt es halt doch an." (ExpA2)

Tabelle 53: Zusammenfassung und beispielhafte Zitate technischer Rahmenbedingungen

6.2.4.2   Organisatorische Rahmenbedingungen

Als organisatorische Rahmenbedingung konnte die **Unternehmenskultur (RO1)** identifiziert werden. Diesbezüglich wiesen die Experten in den Interviews darauf hin, dass Unternehmen bzw. die Verantwortlichen im Personalmanagement, die gegenüber neuen Medien generell aufgeschlossen sind, eher erfolgreich mobile Anwendungen im Personalmanagement einsetzen und positive Wirkungen realisieren können, als weniger innovative Unternehmen. Dies gilt ebenso für den Einsatz mobiler Applikationen im Generellen, stellt jedoch im Bereich des Personalmanagements aufgrund der Sensibilität der verarbeiteten (personenbezogenen) Daten eine noch größere Herausforderung dar (siehe auch Abschnitt

6.2.4.3). In diesem Zusammenhang wird auch die **Landeskultur (RO2)** von den befragten Experten als weitere Rahmenbedingung gesehen. So sind mobile Anwendungen im deutschsprachigen Bereich insgesamt weniger verbreitet als bspw. im angelsächsischen Bereich. Ebenso wird die Einführung mobiler HR-Applikationen im englischsprachigen Ausland als einfacher beschrieben als in Deutschland. Dies liegt nach Meinung der Experten vielmehr an der unterschiedlichen Ausrichtung des Personalmanagements in den jeweiligen Ländern als an regulativen Aspekten (wie bspw. dem Datenschutz).

Die **Unternehmensgröße (RO3)** als organisatorische Rahmenbedingung wird von den Interviewten differenziert betrachtet. So wird zum einen beschrieben, dass bei kleinen Unternehmen die Einführung einer mobilen Applikation im Personalmanagement kaum wirtschaftlich ist. Weiterhin wurden die IT-Landschaften bei kleinen Unternehmen als eher heterogen beschrieben, was die Veröffentlichung und Verteilung einer mobilen Anwendung zusätzlich erschwert. Zum anderen wurden vor allem Einführungs- und Genehmigungsprozesse bei großen Unternehmen als häufig komplex charakterisiert, da mehr Stakeholder mit jeweils unterschiedlichen Ansprüchen befriedigt werden müssen. Somit stellt die Unternehmensgröße einen Faktor dar, der bei der Einführung mobiler Personalinformationssysteme berücksichtigt werden muss. Es lässt sich auf Basis der Experteninterviews jedoch nicht eindeutig feststellen, inwieweit die verschiedenen Ausprägungen des Faktors (kleine / große Unternehmen) den Einsatz mobiler Anwendungen im Personalmanagement eher fördern oder hemmen.

Die Akzeptanz mobiler HR-Applikationen hängt zu einem großen Teil auch von der **Altersstruktur (RO4)** der Belegschaft ab. Sind die Mitarbeiter eines Unternehmens jung bzw. gehören der Gruppe der sogenannten Digital Natives[57] an, bestehen meist kaum Berührungsängste gegenüber neuen Technologien (wie z. B. Smartphones). Einer der Experten sprach diesbezüglich von „demografischer Zufriedenheit" (ExpA22): Während der Einsatz mobiler HR-Applikationen bei jüngeren Mitarbeitergruppen eher positive Auswirkungen (bspw. auf die Motivation oder Zufriedenheit) haben kann, ist bei älteren Mitarbeitern eher das Gegenteil der Fall. Demnach stellen **Bedenken gegenüber mobilen HR-Anwendungen (RO5)** eine weitere organisatorische Rahmenbedingung dar. Ein Beispiel hierfür ist die technische Möglichkeit über das mobile Endgerät (und darin verbaute Sensoren wie bspw. GPS) Wege von Mitarbeitern genau nachzuverfolgen. So können sich Mitarbeiter kontrolliert oder sogar verfolgt fühlen. Darüber hinaus wurde thematisiert, dass die ubiquitäre Verfügbarkeit mobiler Anwendungen von einigen Mitarbeitergruppen auch als eine Möglichkeit gesehen werden könnte, sie zu zwingen, administrative Personalarbeit in ihrer Freizeit zu Hause durchzuführen. All diese Bedenken müssen nach Ansicht der Experten ausgeräumt werden, indem transparent kommuniziert wird, welche Daten über die Mitarbeiter gespeichert und wozu diese verwendet werden. Tabelle 54 gibt einen Überblick über die organisatorischen Rahmenbedingungen.

---

[57] „Digital Natives" sind Personen, die mit Technologien wie bspw. dem Internet oder Smartphones aufgewachsen und aus diesem Grund mit diesen vertraut sind (vgl. Bennett et al. 2008, S. 775).

Rahmenbedingung	Beispielhafte Zitate
RO1: Unternehmens-kultur	*„Wenn das Unternehmen generell solchen modernen Erfassungsfunktionen oder Medien nicht aufgeschlossen gegenüber steht, dann (…) scheidet der Einsatz solcher mobilen Geräte aus."* (ExpB6)
RO2: Landeskultur	*„Wir sind in Deutschland, Österreich und der Schweiz sicherlich ganz am Ende der Nahrungskette, (…) was Cloud, mobile Apps etc. [angeht]. Ich sehe das bei den Kollegen in den angelsächsischen Ländern, die sind [uns] locker zwei Jahre voraus. (…) In Deutschland ist Personalwesen was sehr seriöses (…) und alle zählen darauf, dass das Gehalt am Ende des Monats bezahlt wird. Man spricht mit den Mitarbeitern. Man ist das Sprachrohr nach außen. Man hat ganz viele wichtige Aufgaben. In anderen Ländern ist [es] z. B. so, dass Personalbeschaffung eher eine vertriebliche Position ist. (…) Und da sind ganz viele kulturelle Unterschiede, also hier ist das ein bisschen gesetzter, nach innen orientierter als in anderen Ländern."* (ExpB5)*
	„(…) in den USA ist es auch einfacher, sowas einzuführen. Die sind ja mit Apps schon sehr, sehr weit." (ExpA14)
RO3: Unternehmens-größe	*„Die Unternehmensgröße spielt natürlich eine Rolle. Wenn ein Unternehmen zehn Mitarbeiter hat, dann wird es schwieriger, wirtschaftlich mobile Anwendungen einzuführen."* (ExpB1)
	„Bei großen Unternehmen ist das Genehmigungsverfahren komplizierter, aber [...] leichter auszurollen. Bei den kleineren ist die Genehmigung [meist] kein Thema, aber aufgrund einer heterogenen Konstellation ein Rollout schwieriger." (ExpB2)
RO4: Altersstruktur	*„Das hängt vom Typus des Mitarbeiters ab. Die jüngere Generation, also vor allem die Digital Natives, haben keine Berührungsängste. [...] Die Älteren sind eher etwas reserviert."* (ExpB1)
	„Also das würde ich als demografische Zufriedenheit sehen: die jüngeren Mitarbeiter auf jeden Fall. Je mehr wir in ältere Mitarbeiterschichten [gehen], haben wir dann eher vielleicht ein bisschen zurückhaltende Reaktionen. Das kommt nicht immer gut bei allen Ebenen an." (ExpA22)
RO5: Mitarbeiterbedenken	*„Wir haben jetzt bspw. GPS (…). Und alles, auch der Reiseweg, kann theoretisch über das mobile Endgerät durchaus nachverfolgt [werden]."* (ExpB4)
	„[...] wenn man das negativ betrachten will, könnte man natürlich auch sagen: Okay, meine Firma stellt mir das zur Verfügung, damit ich das dann auch im meiner Freizeit mache." (ExpA12)

Tabelle 54: Zusammenfassung und beispielhafte Zitate organisatorischer Rahmenbedingungen

6.2.4.3   Externe Rahmenbedingungen

Als eine externe Rahmenbedingung, die von fast allen interviewten Experten genannt wurde, konnte der **Datenschutz (RE1)** identifiziert werden. Der wesentliche Punkt hierbei ist, dass sensible Informationen auf mobilen Endgeräten zur Verfügung stehen und in der Öffentlichkeit aufgerufen werden können, sodass ggf. Datenschutzrichtlinien nicht erfüllt werden. In Deutschland ist in diesem Bereich eine stark restriktive Gesetzesgrundlage in Form des Bundesdatenschutzgesetzes (BDSG) vorhanden, welche das Speichern und den Transfer von sensiblen (vor allem personenbezogenen) Personaldaten stark einschränkt (vgl. bspw. Sowa 2010, S. 104; Strohmeier 2008, S. 39). Hierdurch werden Maßnahmen zum Schutz der Daten zwingend notwendig, sodass der Datenschutz die Gestaltung der einzusetzenden mobilen Personalinformationssysteme maßgeblich beeinflusst. Ein Teilaspekt des Datenschutzes ist dabei die **Datensicherheit (RE2)**. Aufgrund der Vertraulichkeit der meisten Personaldaten, sollten diese nicht ohne weiteres lokal auf dem mobilen Endgerät abgelegt, sondern stattdessen zentral auf einem entfernten Serversystem gespeichert werden. Des Weiteren erläuterten die Experten, dass auch Datenübertragungen gesichert (im Sinne einer Verschlüsselung) sein müssen. Nur so kann die Sicherheit vor nicht autorisierten Zugriffen oder einer Zerstörung der Daten von außen sowie deren Manipulationsfreiheit gewährleistet werden. Es wurde allerdings auch erläutert, dass die Informationssicherheit zwar berücksichtigt werden muss, jedoch kein generelles Problem darstellt das nicht gelöst werden kann:

> *„Aus meiner Sicht können die Probleme gelöst werden. [...] Systeme als solches kann man meines Erachtens sicher handhaben, [auch] wenn man mobil auf etwas zugreifen möchte."* (ExpA13)

Diese Einschätzung steht im Einklang mit den Ergebnissen der Evaluation der Eignungskriterien für mobile HR-Anwendungen in Abschnitt 5.1.3: So wurde dort bereits festgestellt, dass der Einsatz vertraulicher Informationen innerhalb eines Prozesses für die befragten Experten keinen hemmenden Faktor für den Einsatz mobiler Applikationen darstellt.

Als letzte externe Rahmenbedingung wurden das **mobile Internet und dessen Verfügbarkeit (RE3)** angeführt. Da mobile PIS i. d. R. Daten nicht lokal speichern und / oder als webbasierte Anwendung bereitgestellt werden (s. o.), muss eine Verbindung zum Internet verfügbar sein, um die Nutzbarkeit der Apps sicherzustellen und die oben genannten Potenziale realisieren zu können. Dies kann jedoch ein Problem darstellen, da heutzutage über die Mobilfunknetze nicht überall eine Internetverbindung in angemessener Geschwindigkeit zur Verfügung bereitgestellt wird. Tabelle 55 fasst die externen Rahmenbedingungen des Einsatzes mobiler PIS zusammen.

Rahmenbedingung	Beispielhafte Zitate
RE1: Datenschutz	*„Bei mobilen Anwendungen ist gerade in Deutschland der Datenschutz extrem groß geschrieben. Hier sehe ich viele Restriktionen, was den breitflächigen Erfolg für mobile Anwendungen im HR-Bereich betrifft."* (ExpB4)
	„ich habe kürzlich oder vor einem Jahr hinter einem gesessen von meiner früheren Company und ich konnte komplett ein Abbild über eine Region mitlesen, inklusive der Zahlenentwicklungen und das muss ich sagen finde ich extrem kritisch [...]." (ExpA7)
	„Ich würde sagen dort, wo ich jetzt im Personalbereich sensible Daten habe [muss man überlegen], ob man es ermöglichen will dass jemand, sagen wir mal, in der App dann [...] dem Nachbarn zeigt wie die Gehaltsentwicklung ist oder so." (ExpA2)
RE2: Datensicherheit	*„Es sollten keine personenbezogene Daten lokal abgelegt werden, um Manipulationsfreiheit und im Endeffekt auch Datensicherheit zu gewährleisten. Die [Daten] sollten immer gesichert übertragen und in einer zentralen Datenbank unmittelbar abgespeichert werden."* (Exp6)
	„Das (Datensicherheit) ist natürlich für uns hier eine Rahmenbedingung, die immer eingehalten werden muss." (ExpA24)
	„(...) das Ganze [muss] auch immer vor den Vorgaben von IT-Richtlinien, Compliance-Themen und auch Datenschutz-Themen [bestand haben]." (ExpA4)
RE3: Verfügbarkeit des mobilen Internets	*„Wenn ich das nicht irgendwie offline auf meinem Gerät nutzen kann, bin ich darauf angewiesen, dass ich immer eine Verbindung habe und die auch performant ist. (...) In Deutschland ist dies trotz digitaler Agenda immer noch ausbaufähig."* (ExpB1)
	„Muss ich mich in die abhängig von einem mobilen Netz begeben? Oder bin ich nicht viel sicherer in einem HR-Prozess, wenn ich in einem kontrollierten Netz bin, wo ich auch immer Zugang habe und das Netz nicht abfällt?" (ExpA18)

Tabelle 55: Zusammenfassung und beispielhafte Zitate zu externen Rahmenbedingungen

6.3   Diskussion der Ergebnisse

Beim Vergleich der Ergebnisse der Untersuchung zum aktuellen Stand der Praxis (vgl.
Abschnitt 3) sowie der Untersuchung zu Einsatzmöglichkeiten, Wirkungen und Rahmenbedingungen ergeben sich sowohl Gemeinsamkeiten als auch Unterschiede: Zunächst wurde im Rahmen der quantitativ empirischen Untersuchung (vgl. Abschnitt 3.1) festgestellt, dass mobile HR-Anwendungen vor allem zum Unterstützen der Personaladministration und -betreuung eingesetzt werden. Dieses Ergebnis spiegelte sich in dem aktuellen Marktangebot mobiler PIS wider (vgl. Abschnitt 3.2.2.2). Auch im Rahmen der Befragung von Anwender- und Herstellerunternehmen wurden für diesen HR-Prozess die meisten Einsatzmöglichkeiten identifiziert (vgl. Abschnitt 6.2.1.5). Dies gilt ebenso für den Prozess der Personalbeschaffung: Zwar wurde der Prozess innerhalb der quantitativen Befragung nicht genannt, jedoch konnten sowohl eine Reihe von existierenden Anwendungen am Markt als auch mehrere Einsatzpotenziale im Rahmen der durchgeführten Interviews identifiziert werden.

In Tabelle 56 werden die im Rahmen der empirischen Studien identifizierten sowie die theoretisch hergeleiteten Einsatzmöglichkeiten (vgl. Abschnitt 5.2) gegenübergestellt. Hierbei fällt auf, dass alle zuvor theoretisch identifizierten Einsatzmöglichkeiten von den Experten genannt wurden, die Erkenntnisse aus den durchgeführten Interviews allerdings über die theoretischen Einsatzmöglichkeiten hinausgehen.

Einsatzmöglichkeit aus Praxis	Einsatzmöglichkeit aus Theorie
E1: Rekrutierungsprozess	2b) Entscheidungsfindung innerhalb des Beschaffungsprozesses (im engeren Sinne) unterstützen und notwendige Informationen bereitstellen
	2c) Informationen über die interne Unternehmensstruktur und Arbeitsumgebung des neuen Mitarbeiters bereitstellen
E2: Personalmarketing	2a) Informationen über das Unternehmen veröffentlichen und mit Bewerbern kommunizieren
E3: Einsatzplanung	3a) Einsehen und Bearbeiten von Schichtplänen
E4: Nachfolgemanagementkonferenzen	-
E5: Mitarbeitergespräche	-
E6: Mitarbeiterbeurteilung	-
E7: Arbeitszeit- und Reisemanagement	9a) Verwalten von Mitarbeiterarbeitszeiten
	9b) Stellen und Genehmigen von arbeitszeitrelevanten Anträgen
E8: Zutrittsmanagement	-
E9: Stammdatenmanagement	-
E10: Ideenmanagement	-
E11: Gesundheitsmanagement	-
E12: Führungskräfte-Reporting	10a) Personalmanagement-relevante Kennzahlen für Mitarbeiter des Personalwesens und Führungskräfte bereitstellen

Tabelle 56: Zusammenführung von Einsatzmöglichkeiten aus Praxis und Theorie

Bei einem Vergleich der identifizierten Einsatzmöglichkeiten und dem aktuellen Marktangebot (vgl. Tabelle 57) fällt zunächst auf, dass lediglich drei der von den HR-Experten genannten Einsatzmöglichkeiten vollständig durch am Markt existierende mobile PIS abgedeckt werden (Personalmarketing, Einsatzplanung sowie Arbeitszeit- und Reisemanagement). Darüber hinaus werden weitere Einsatzmöglichkeiten nur teilweise unterstützt (Rekrutierungsprozess, Nachfolgemanagementkonferenzen, Mitarbeitergespräche, Stammdatenmanagement und Führungskräfte-Reporting), da häufig keine durchgehende Prozessunterstützung durch die verfügbaren mobilen Anwendungen ermöglicht, jedoch von den HR-Experten gewünscht wird (bspw. in Bezug auf den Rekrutierungsprozess; vgl. bspw. Tabelle 42). Eine weitere Reihe von genannten Einsatzmöglichkeiten wird derzeit überhaupt nicht durch am Markt verfügbare mobile HR-Anwendungen unterstützt (Mitarbeiterbeurteilungen sowie Zutritts-, Ideen- und Gesundheitsmanagement).

Einsatzmöglichkeiten		Abdeckung durch Marktangebot
E1: Rekrutierungsprozess	◐	Es werden jeweils nur einzelne Funktionen durch verschiedene existierende Anwendungen unterstützt. Es existiert keine durchgehende Prozessunterstützung innerhalb einer Anwendung.
E2: Personalmarketing	●	
E3: Einsatzplanung	●	
E4: Nachfolgemanagementkonferenzen	◐	Es wird zwar das Bearbeiten von Nachfolgeplänen unterstützt, jedoch keine Unterstützung der Konferenzen ermöglicht.
E5: Mitarbeitergespräche	◐	Lediglich das Erfassen von Gesprächsnotizen wird aktuell unterstützt – keine weitere Prozessunterstützung.
E6: Mitarbeiterbeurteilung	◐	Mitarbeiterbeurteilungen werden lediglich in Form von Zielvereinbarungen unterstützt.
E7: Arbeitszeit- und Reisemanagement	●	
E8: Zutrittsmanagement	○	
E9: Stammdatenmanagement	◐	Lediglich das Einsehen digitaler Personalakten wird unterstützt.
E10: Ideenmanagement	○	
E11: Gesundheitsmanagement	○	
E12: Führungskräfte-Reporting	◐	Lediglich das Analysieren von Personalkosten wird durch eine Anwendung am Markt unterstützt.
Legende:	● vollständig unterstützt	◐ Teilweise unterstützt ○ nicht unterstützt

Tabelle 57: Abdeckung der identifizierten Einsatzmöglichkeiten mobiler PIS durch Marktangebot

Bei dem Vergleich fällt ebenso auf, dass lediglich die Anwendungsfälle im Bereich der Personalentwicklung, die durch am Markt verfügbare mobile PIS unterstützt werden, nicht von den Experten als potenzielle Einsatzmöglichkeiten identifiziert wurden (bspw. das Überwachen des Entwicklungsstandes oder das Vorbereiten von Entwicklungsmaßnahmen).[58] Dies kann zwei Ursachen haben: Zum einen ist denkbar, dass diese Anwendungsfälle in der Praxis nicht relevant sind und somit das Angebot der Hersteller in diesen Fällen nicht mit den tatsächlichen Bedarfen der Unternehmen übereinstimmt. Zum anderen ist es denkbar, dass diese Applikationen eine deutlich spezifischere Zielgruppe erreichen sollen, die nicht durch die Stichprobe der Untersuchung abgedeckt ist. So könnten hier vor allem Unternehmen, die auf das Anbieten von Trainings und Weiterbildungen spezialisiert sind, im Fokus stehen. Dies lässt sich jedoch auf Basis des vorliegenden Datenmaterials nicht abschließend klären.

Beim Betrachten der einzelnen Einsatzmöglichkeiten mobiler PIS im prozessualen Kontext erscheint es des Weiteren sinnvoll, bei der Implementierung solcher Lösungen, mehrere Anwendungsfälle zu kombinierten Anwendungssystemen zusammen zu fassen. So wurden bspw. in der bisherigen Analyse das Unterstützen von Mitarbeiterbeurteilungen (E6) und Mitarbeitergesprächen (E5) isoliert voneinander be-

---

[58] Eine Ausnahme stellt hier das Durchführen von Entwicklungsmaßnahmen dar, da dieses aufgrund der vorgenommenen Definition der Personalentwicklung (vgl. Abschnitt 2.1.2) von der weiteren Untersuchung ausgeschlossen wurde.

trachtet. In der Praxis werden jedoch die Beurteilungen der Mitarbeiter (bspw. in Bezug auf deren Leistung oder Kompetenzen) im Rahmen von Mitarbeitergesprächen thematisiert (vgl. bspw. Kaul/Krapoth 2005, S. 152; Quiskamp 2005, S. 345), sodass das Entwickeln einer integrierten Lösung, in der Mitarbeiterbeurteilungen die Ausgangsbasis für das Mitarbeitergespräch darstellen, sinnvoller erscheint.

Die im Rahmen der Befragung der Anwender- und Herstellerunternehmen identifizierten Einsatzmöglichkeiten lassen sich darüber hinaus anhand ihres Einsatzzweckes (ergänzend zu ihrer Zuordnung zu den einzelnen Personalmanagementprozessen) in drei Kategorien einteilen: Zunächst existiert eine Reihe an Anwendungsfällen, welche das Ziel haben *HR-Workflows zu unterstützen (K1)*. Dies trifft auf fast alle Einsatzmöglichkeiten innerhalb der Personaladministration und -betreuung (mit Ausnahme des Gesundheitsmanagements) sowie das Unterstützen des Rekrutierungsprozesses, der Einsatzplanung und der Mitarbeiterbeurteilung zu. Des Weiteren wurden Einsatzgebiete thematisiert, die den Fokus auf die *Informationsdistribution (K2)* legen, jeweils mit unterschiedlichen Zielgruppen: Während bspw. das Personalmarketing das Ziel hat, Unternehmensinformationen an potenzielle Bewerber zu distribuieren, fokussiert das Führungskräfte-Reporting die Mitarbeiter des Unternehmens mit Leitungsverantwortung. Das betriebliche Gesundheitsmanagement hingegen hat das Ziel, sämtlichen Mitarbeitern des Unternehmens Informationen zur betrieblichen Gesundheitsvorsorge bereitzustellen. Als letzte Kategorie lässt sich *die Gesprächsunterstützung (K3)* identifizieren. Hierbei liegt der Fokus auf der Distribution von gesprächsrelevanten Informationen sowie der Dokumentation der Gesprächsergebnisse. Dabei kommen sowohl Einzelgespräche zwischen Führungskräften und Mitarbeitern (wie bspw. in Mitarbeitergesprächen) als auch Gruppengespräche (wie bspw. bei Nachfolgemanagementkonferenzen) infrage.

In Bezug auf die positiven Wirkungen mobiler PIS wurden im Rahmen der Analyse unter anderem das Reduzieren von Prozessdurchlaufzeiten (W1) genannt, was sich durch die Möglichkeit ergibt, HR-Aktivitäten orts- und zeitunabhängig auszuführen. Des Weiteren wurden von den interviewten Experten angesprochen, dass diese höhere persönliche Effizienz ebenfalls zu einer höheren Mitarbeiterzufriedenheit (W2) führen kann (vgl. Abschnitt 6.2.2). Die Möglichkeit, dass Mitarbeiter permanent arbeitsbezogene Aktivitäten über Applikationen auf ihren Smartphones oder Tablet PCs ausführen können, kann jedoch auch negative (gesundheitliche) Auswirkungen haben. So haben Studien festgestellt, dass ein signifikanter Zusammenhang zwischen der Vermischung von Arbeits- und Privatumgebung und dem Auftreten von Stress- bzw. Erschöpfungsdepressions- („Burnout"-)Symptomen existiert (vgl. bspw. Kinnunen et al. 2006; Moreno-Jiménez et al. 2009; Sonnentag 2001). Ebenfalls legen Untersuchungen nahe, dass das arbeitsbezogene Nutzen von Smartphones nach Arbeitsschluss zu einer stärkeren Vermischung von Arbeits- und Privatleben führt (und somit auch mit stärkeren Erschöpfungszuständen zusammenhängt; vgl. Derks/Bakker 2014, S. 430; Derks et al. 2015, S. 169). Allerdings wurde festgestellt, dass die psychologischen Auswirkungen der beruflichen Smartphone-Nutzung außerhalb der Arbeitszeiten stark von den Erwartungen abhängen, die das Unternehmen (auch in Form von Kollegen oder Führungskräften) an die Erreichbarkeit der Mitarbeiter durch den Einsatz dieser Technologien hat (vgl. Derks et al. 2015, S. 169; Dery et al. 2014, S. 560). Andere Studien legen nahe, dass diese negativen Effekte von den persönlichen Eigenschaften der Mitarbeiter des Unternehmens abhängen: Während Mitarbeiter, die mobile Anwendungen und Endgeräte eher aus extrinsischer Motivation nach Arbeitsschluss nutzen, eher negative Auswirkungen spüren, fördert das Nutzen von Smartphones aus intrinsischer Motivation eher die Erholung der Mitarbeiter (vgl. Ohly/Latour 2014, S. 180). Insgesamt ergibt sich hieraus die Notwendigkeit für Unternehmen, die ihren Mitarbeitern mobile PIS zur Verfügung stellen, klare Regelungen für deren Nutzung außerhalb der Arbeitszeiten aufzustellen, um deren potenziell positive Auswirkungen nicht durch negative psychologische Auswirkungen zu neutralisieren.

Als weitere Wirkungen mobiler PIS wurden erfüllte Mitarbeitererwartungen (bei jüngeren Mitarbeitergruppen) sowie eine daraus resultierende Steigerung der Mitarbeiterzufriedenheit identifiziert. Hierbei muss jedoch beachtet werden, dass durch den Einsatz mobiler HR-Anwendungen nicht automatisch die Zufriedenheit der Mitarbeiter gesteigert wird. Vielmehr muss darauf geachtet werden, dass die bereitgestellten Applikationen den Erwartungen der Mitarbeiter entsprechen, bspw. in Bezug auf den Umfang der unterstützten HR-Aktivitäten. Die Zusammenhänge zwischen den Erwartungen von Nutzern, den tatsächlichen Charakteristika einer Anwendung, der daraus resultierenden Schnittmenge von Realität und Erwartungen sowie deren Auswirkungen auf die Zufriedenheit wird bspw. in der Expectation-Confirmation-Theorie beschrieben (vgl. Oliver 1977, 1980). So haben Studien festgestellt, dass unerfüllte Erwartungen in Bezug auf die Nützlichkeit eines Systems negative Auswirkungen auf die Mitarbeiterzufriedenheit haben (vgl. Staples et al. 2002, S. 124; Bhattacherjee 2001a) und ggf. zu einer Ablehnung des Systems führen können (vgl. Thong et al. 2006, S. 801; vgl. Bhattacherjee 2001b, S. 355).

Einen weiteren hemmenden Effekt auf die positiven Wirkungen (bzw. einen verstärkenden Effekt auf die negativen Wirkungen) mobiler PIS haben die in Abschnitt 6.2.4 dargelegten Rahmenbedingungen. Hier müssen Unternehmen Maßnahmen ergreifen, um geeignete Bedingungen für den Einsatz mobiler HR-Anwendungen zu schaffen. Bspw. können Maßnahmen zur Aufklärung der Mitarbeiter (bspw. in Bezug auf Datenschutz oder Überwachung; vgl. Abschnitt 6.2.4.2) dabei helfen, Bedenken der Mitarbeiter auszuräumen.

Die in den vorherigen Abschnitten dargestellten Ergebnisse unterliegen allerdings auch Limitationen. So wurde in sämtlichen Studien jeweils nur die deutschsprachige Unternehmenslandschaft (bzw. der deutschsprachige Markt für mobile PIS) betrachtet. Demnach kann nicht ausgeschlossen werden, dass eine Befragung, bspw. im englischsprachigem Raum, ergänzende Erkenntnisse liefern könnte (auch wenn davon ausgegangen werden kann, dass die Größe und damit verbundene internationale Aufstellung vieler Interviewpartner diesen Effekt abmindert; vgl. Tabelle 39). Ebenso kann nicht sichergestellt werden, dass die Einsatzmöglichkeiten, Wirkungen und Rahmenbedingungen vollständig sind. Zwar wurden nach dem Prinzip des theoretischen Samplings (vgl. Abschnitt 6.1.2.1) solange neue Interviews durchgeführt, bis keine neuen Erkenntnisse mehr gewonnen werden konnten, jedoch ist nicht auszuschließen, dass eine Ausweitung der Interviews auf weitere Unternehmen (bspw. aus Branchen, die in der vorliegenden Stichprobe unterrepräsentiert sind) zu weiteren Ergebnissen führt. Kritisch zu betrachten ist aufgrund der qualitativen Studienausrichtung die Generalisierbarkeit der Analyseergebnisse. Allerdings wurden bei der Auswahl der interviewten Experten mehrere Maßnahmen getroffen, um die Übertragbarkeit der Ergebnisse auf andere Unternehmenskontexte zu gewährleisten (vgl. Bazeley 2013, S. 410): Zunächst wurden Experten aus mehreren Unternehmen interviewt, die zum einen aus unterschiedlichen Branchen kommen und zum anderen unterschiedliche Größen aufweisen. So wurden neben Experten aus Großkonzernen ebenfalls Vertreter von Unternehmen mit deutlich weniger als

10.000 Mitarbeitern befragt. Darüber hinaus wurden Experten aus unterschiedlichen Hierarchieebenen befragt (bspw. wurden Abteilungsleiter und Geschäftsführer ebenso befragt wie Personalreferenten), sodass davon ausgegangen werden kann, dass hierdurch der Elite-Verzerrungseffekt[59] reduziert wird (vgl. Miles et al. 2013, S. 294).

6.4   Zwischenfazit

In den vorherigen Abschnitten wurden anhand der Ergebnisse aus zwei qualitativ empirischen Studien die Forschungsfragen FF2 bis FF4 adressiert. Hierbei wurden die folgenden zentralen Erkenntnisse erlangt:

1. Einsatzmöglichkeiten für mobile HR-Applikationen existieren in den Prozessen Personalbeschaffung, -einsatz, -führung und -motivation, -beurteilung, -administration und -betreuung sowie Personalcontrolling.

2. Diese Einsatzmöglichkeiten können den drei generischen Kategorien „Unterstützen von HR-Workflows" (K1), „Distribution von HR-bezogenen Informationen" (K2) sowie „Unterstützen von Mitarbeitergesprächen" (K3) zugeordnet werden.

3. Positive Wirkungen mobiler HR-Anwendungen sind Verbesserungen im Ablauf von HR-Prozessen (bspw. in Bezug auf deren Effizienz oder Effektivität), eine erhöhte Zufriedenheit der Mitarbeiter sowie eine Verbesserung der internen und externen Wahrnehmung des Unternehmens.

4. Als negative Wirkungen wurden potenziell höhere Erwartungen der Mitarbeiter an die Bearbeitungszeit von HR-Prozessen sowie die Gefahr einer Substitution persönlicher Beziehungen identifiziert.

5. Für die Einführung und den Betrieb mobiler HR-Anwendungen sind sowohl technische (verfügbare HR-Basissysteme, im Unternehmen eingesetzte mobile Endgeräte), als auch organisatorische (kulturelle Aspekte sowie Unternehmensgröße und Altersstruktur) und externe Rahmenbedingungen (Datenschutz und -sicherheit sowie die Verfügbarkeit mobiler Netze) zu berücksichtigen.

Diese gewonnenen Erkenntnisse bilden im Folgenden die Ausgangsbasis für die Entwicklung von Gestaltungsempfehlungen mobiler PIS sowie prototypischer mobiler HR-Applikationen.

---

[59] Zum Elite-Verzerrungseffekt kommt es, wenn überwiegend Daten von höhergestellten Experten (Mitarbeitern auf höheren Hierarchieebenen wie bspw. Abteilungsleiter) berücksichtigt und somit Meinungen von Experten auf unteren Ebenen unterrepräsentiert werden (vgl. Miles et al. 2013, S. 294).

7 Prototypische Entwicklung mobiler Personalinformationssysteme

In den folgenden Abschnitten wird die Entwicklung prototypischer mobiler Personalinformationssysteme innerhalb der zuvor identifizierten Einsatzmöglichkeiten beschrieben (vgl. Abschnitt 6.3). Somit wird die letzte aufgestellte Forschungsfrage (FF5) adressiert. Im folgenden Abschnitt werden zunächst die Forschungsmethodik und das Untersuchungsdesign beschrieben (Abschnitt 7.1), bevor die Entwicklung und Evaluation von drei Prototypen betrachtet werden (Abschnitt 7.2 bis 7.4).

7.1 Forschungsmethodik und Untersuchungsdesign

Beim Darlegen der Forschungsmethodik wird zunächst das grundsätzliche Vorgehen beim Entwickeln der Gestaltungsempfehlungen und mobilen PIS eingegangen (Abschnitt 7.1.1), bevor die technische Umsetzung der Prototypen (Abschnitt 7.1.2) und die Durchführung der dazugehörigen Evaluationsstudien (Abschnitt 7.1.3) beschrieben werden.

7.1.1 Grundsatzentscheidungen zum Untersuchungsdesign

Bei der Entwicklung der prototypischen mobilen PIS wird das Design Science Research (DSR)-Paradigma angewendet (vgl. Hevner et al. 2004), da dieses das Entwickeln von Wissen über die Gestaltung und Implementierung von IT-Artefakten zum Ziel hat (vgl. van Aken 2004, S. 224). GERICKE UND WINTER (2009, S. 196) unterscheiden hierbei zwischen Konstruktionsforschung und Artefaktkonstruktion: Während bei der Konstruktionsforschung im Vordergrund steht, wie IT-Artefakte konstruiert werden sollen, fokussiert die Artefaktkonstruktion das Gestalten und Evaluieren konkreter Artefakte (vgl. auch Cross 2001, S. 52). In den folgenden Abschnitten werden Konstruktionsforschung und Artefaktkonstruktion gleichermaßen berücksichtigt, indem zunächst jeweils Gestaltungsempfehlungen für die Konstruktion der einzelnen Artefakte in Form von Designprinzipien erstellt werden (vgl. Markus et al. 2002, S. 186), bevor auf deren Basis konkrete Artefakte entwickelt und evaluiert werden. Die entstandenen Artefakte stellen somit eine Operationalisierung der Designprinzipien dar (vgl. March/Smith 1995, S. 258). Sowohl die Ergebnisse der Konstruktionsforschung als auch der Artefaktkonstruktion sind dabei ein Forschungsbeitrag im Sinne von GREGOR UND HEVNER (2013, S. 342). Für das konkrete methodische Vorgehen innerhalb des DSR-Paradigmas existieren in der Literatur mehrere Ansätze, die sich lediglich geringfügig voneinander unterscheiden (vgl. Tabelle 58).

	(Peffers et al. 2007)	(Vaishnavi/Kuechler 2008)	(Ostrowski/Helfert 2012)	(Takeda et al. 1990)
Prozessschritt	Identify Problem and Motivate	Awareness of Problem	Identify Problem and Motivation	Awareness of Problem
	Define Objectives of a Solution	Suggestion	Define Objective of a Solution Meta-Design	Suggestion
	-	-	Artificial Evaluation	-
	Design and Development	Development	Design Practice	Development
	Demonstration	Evaluation	Naturalistic Evaluation	Evaluation and Conclusion
	Evaluation			

Tabelle 58: Übersicht unterschiedlicher Vorgehensmodelle im DSR-Paradigma

Jede der Vorgehensweisen beinhaltet die Schritte der Problemidentifikation (I), dem Entwickeln eines Vorschlags zur Lösung des Problems (II), dem Konzipieren und Entwickeln eines Artefakts (III) sowie dessen Evaluation (IV). Aus diesem Grund wird in Anlehnung an TORNACK (2015, S. 120) die in Abbildung 34 dargestellte Vorgehensweise gewählt, welche im Folgenden näher erläutert wird.

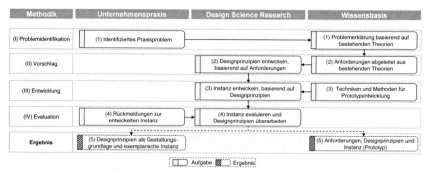

Abbildung 34: Vorgehen bei der Prototypentwicklung

Um die Relevanz und Stringenz der im Rahmen der Prototyperstellung gewonnenen Erkenntnisse sicherzustellen, werden in den einzelnen dargestellten Schritten ebenfalls Bezüge zur Unternehmenspraxis und der vorhandenen Wissensbasis hergestellt (vgl. Hevner 2007, S. 88). Im Schritt der **Problemidentifikation (I)** wird zunächst eine aus Sicht von Unternehmen relevante Problemstellung aufgegriffen (vgl. Vaishnavi/Kuechler 2008, S. 11). Um die Praxisrelevanz des Problems sicherzustellen, schlagen OFFERMANN ET AL. (2009, S. 4) sowohl den Einsatz von Experteninterviews als auch das Sichten relevanter Literatur vor. Für die Sichtweise der Experten wird im Folgenden auf die im Rahmen der durchgeführten Interviews erhobenen Daten zurückgegriffen (vgl. Abschnitt 6). Zudem erfolgt im ersten Schritt eine Erklärung des Problems aus theoretischer Sicht anhand existierender Theorien (engl. kernel theories; vgl. Walls et al. 1992, S. 42). Auf Basis der genutzten Theorie werden im darauffolgenden Schritt **Vorschlag (II)** zunächst Anforderungen abgeleitet, die erfüllt werden müssen, um die aufgezeigten Probleme zu lösen (vgl. Markus et al. 2002, S. 181). Im Anschluss daran werden Designprinzipien entwickelt (vgl. Sein et al. 2011, S. 39), welche auf Basis der zuvor formulierten Anforderungen präskriptive Aussagen darüber treffen, wie die spätere Anwendung umgesetzt werden muss, um die abgeleiteten Anforderungen zu erfüllen (vgl. Gregor/Jones 2007, S. 325). Darüber hinaus werden zu den einzelnen Designprinzipien jeweils testbare Propositionen in Bezug auf deren antizipierte Wirkungen entwickelt, welche später zu Evaluationszwecken genutzt werden (vgl. Walls et al. 1992, S. 42). Die erstellten Designprinzipien bilden anschließend die Grundlage für die im **Entwicklungsschritt (III)** durchgeführte Prototypentwicklung. Hierfür wird die evolutionäre Prototyping-Methode eingesetzt, bei der ein System inkrementell von einem zunächst simplen Prototyp zu einem komplexen System aufgebaut wird (vgl. Spitta 1989, S. 5; Nunamaker et al. 1990, S. 93; Baskerville et al. 2009, S. 2). Das kontinuierliche Erstellen neuer Prototypen ermöglicht hierbei zu jeder Zeit das Einarbeiten von Rückmeldungen in Bezug auf den aktuellen Entwicklungsstand (vgl. Guida et al. 1999, S. 11), sodass die Kohärenz zwischen Designprinzipien und entwickeltem IT-Artefakt sichergestellt werden kann (interne Fundierung; vgl. Goldkuhl/Lind 2010, S. 56). Um wiederum die Nützlichkeit der so erstellten IT-Lösung sicherzustellen –

und somit Rückschlüsse auf die Validität der erstellten Designprinzipien zu ermöglichen – muss diese in einem letzten Schritt einer **Evaluation (IV)** unterzogen werden (vgl. Järvinen 2007, S. 44). Hierfür werden die zuvor entwickelten Evaluationspropositionen verwendet, sodass festgestellt wird, inwiefern das entwickelte Artefakt das zu Beginn identifizierte Praxisproblem löst (vgl. Venable et al. 2012, S. 425) und somit einen Mehrwert für Unternehmen generieren kann (vgl. Venable 2006, S. 16). Es findet demnach eine Evaluation in Bezug auf das übergeordnete Problem statt (vgl. Goldkuhl et al. 2015, S. 66; Aier et al. 2012, S. 6). Für die Evaluation werden erneut Experteninterviews durchgeführt, sodass ein empirisches Evaluationsdesign vorliegt (vgl. March/Smith 1995, S. 261). Die hierbei gewonnenen Erkenntnisse werden anschließend zum Verifizieren der Evaluationspropositionen und zum Überarbeiten der Designprinzipien genutzt.

Die im Rahmen des DSR-Paradigmas entwickelten mobilen PIS wurden anhand der folgenden Kriterien selektiert:

1. Für jede der in Abschnitt 6.3 beschriebenen Kategorien der Einsatzmöglichkeiten (K1 bis K3) wurde jeweils eine zuvor identifizierte Einsatzmöglichkeit ausgewählt.

2. Es wurden solche Einsatzmöglichkeiten ausgewählt, die nicht bereits durch am Markt verfügbare mobile Lösungen vollständig unterstützt werden (vgl. Tabelle 57).

Tabelle 59 gibt einen Überblick über die so selektierten Einsatzmöglichkeiten und prototypischen mobilen HR-Anwendungen, deren Entwicklung in den folgenden Abschnitten näher beschrieben wird.

Prototyp	MobiRecruit (Abschnitt 7.2)	MobFIS (Abschnitt 7.3)	ThreeSixty (Abschnitt 7.4)
Einsatzmöglichkeit (vgl. Abschnitt 6.3)	Rekrutierungsprozess (E1)	Führungskräfte-Reporting (E12)	Mitarbeitergespräche (E5), Mitarbeiterbeurteilung (E6)
(Haupt-)Kategorie (vgl. Abschnitt 6.3)	Unterstützen von HR-Workflows (K1)	Distribution HR-bezogener Informationen (K2)	Unterstützen von Mitarbeitergesprächen (K3)
Fokus	Unterstützen des Rekrutierungsprozesses im Rahmen der externen Personalbeschaffung	Distribution von HR-bezogenen Informationen an Führungskräfte	Unterstützen der Kompetenzerfassung über 360°-Feedback-Evaluationen sowie des daran anknüpfenden Mitarbeitergesprächs

Tabelle 59: Übersicht der entwickelten Prototypen

7.1.2 Technische Umsetzung der Prototypen

Bei der Entwicklung der Prototypen wurden Webtechnologien verwendet, sodass diese über einen einfachen Webbrowser auf jedem mobilen Endgerät aufgerufen werden können (vgl. Charland/Leroux 2011, S. 49). Um die Implementierung zu beschleunigen (und die Qualität der erstellten Lösung durch das Wiederverwenden stabiler (Teil-)Lösungen zu erhöhen), wurden verschiedene Frameworks eingesetzt (vgl. Johnson/Foote 1988, S. 9):

- Um ein einheitliches Layout auf unterschiedlichen mobilen Endgeräten sicherzustellen (vgl. Tarasewich et al. 2007, S. 4), wurden die Benutzungsoberflächen mithilfe der Frameworks Bootstrap und AngularJS implementiert (vgl. Bootstrap 2015; Google 2015).

- Die hinter den Oberflächen liegende Applikationen wurde mit PHP und MySQL umgesetzt, wobei das Zend-Framework genutzt wurde (vgl. Zend Technologies Ltd. 2015),[60] um die Anwendungen anhand des Model-View-Controller-(MVC-)Entwurfsmusters zu strukturieren (vgl. Leff/Rayfield 2001, S. 118) und somit die Benutzeroberfläche sowie die Anwendungs- und Steuerungslogik voneinander zu entkoppeln.

Um diese Entkopplung zu verstärken, wird auf alle in den Prototypen verwendeten Daten mittels REST-Schnittstellen auf Basis der JavaScript Object Notation (JSON) zugegriffen (vgl. Fielding/Taylor 2002, S. 115). Es wurde JSON als Format für die Datenübertragung gewählt, da es zum einen leichtgewichtig ist und zum anderen AngularJS direkt Funktionen bereitstellt, um JSON-basierte Daten zu verarbeiten. Der Einsatz von Webtechnologien führt ebenfalls dazu, dass keinerlei Daten auf dem mobilen Endgerät gespeichert werden, sodass die Sicherheit der personenbezogenen Informationen (bspw. Bewerberdaten oder Kompetenzerfassungsergebnisse) nicht durch den potenziellen Verlust eines Endgeräts gefährdet wird (vgl. Abschnitt 5.1).

7.1.3 Aufbau und Durchführung der Evaluationsstudien

Ähnlich wie in den vorherigen Interviewstudien wurde für die Evaluation der Prototypen ein Interviewleitfaden erstellt, der in unterschiedliche Blöcke eingeteilt ist. Tabelle 60 fasst die Inhalte des Interviewleitfadens knapp zusammen. Da alle drei im Rahmen dieser Arbeit entwickelten Prototypen (MobiRecruit, mobFIS und ThreeSixty) in denselben Experteninterviews evaluiert wurden, beinhaltet der für die Interviews verwendete Leitfaden je einen Fragenblock für jeden Prototyp (Block C-E; der vollständige Interviewleitfaden befindet sich in Anhang A14).

Block	Inhalt
A	**Gesprächseinführung und Rahmenbedingungen**
	- Vorstellungsrunde der Interviewer und Experten - Aufklärung der Experten hinsichtlich Datenschutz und Anonymisierung der Interviews - Vorstellung des Forschungsprojekts und Skizzieren des Interviewablaufs
B	**Vorstellung der mobilen Anwendung** *[jeweils vor jedem Prototyp]*
	- Darlegen des Ausgangsszenarios der mobilen Anwendung - Vorstellung der mobilen Anwendung mittels „Screen Sharing" - Klären von Fragen zur mobilen Anwendung
C-E	**Evaluation MobiRecruit, ThreeSixty, mobFIS**
	Die Experten werden zu folgenden Aspekten befragt: - Aktuelle Form der IT-Unterstützung in ihrem Unternehmen in Bezug auf die jeweilige Problemstellung (Rekrutierungsprozess, Kompetenzerfassung, Distribution von Führungsinformationen) - Einschätzung der im Prototyp implementierten Funktionen und dazugehörige Wirkungen - Potenzieller Nutzen und Herausforderungen beim Einsatz der Anwendung insgesamt
F	**Gesprächsausklang**
	Die Experten haben die Möglichkeit nicht angesprochene Aspekte zu ergänzen

Tabelle 60: Aufbau des Interviewleitfadens zur Evaluationsstudie

---

[60] Lediglich beim Entwickeln des dritten Prototyps (ThreeSixty) wurde anstelle von PHP die Java J2EE-Plattform verwendet.

Aufgrund des prototypischen Charakters der mobilen Anwendungen konnten diese nicht in einem realen Unternehmenskontext getestet werden, sodass eine künstliche Evaluation durchgeführt wurde. Hierfür wurden Videos aufgezeichnet, welche die Funktionen der Prototypen demonstrieren. Diese wurden den Experten in den Interviews per „Screen Sharing" zur Verfügung gestellt und durch die Interviewer erläutert. Für die Akquise der Interviewpartner wurden zunächst erneut die HR-Experten aus den Unternehmen kontaktiert, die bereits an den vorherigen Studien teilgenommen hatten (vgl. Abschnitt 6.1.2.3). Darüber hinaus wurden weitere Unternehmen aus dem deutschsprachigem Raum angesprochen.[61] Insgesamt wurden neun Interviews mit zwölf Experten aus dem Personalbereich durchgeführt (vgl. Tabelle 61).

Interview (n=9)	Anzahl Mitarbeiter	Branche	Land	Experten (n=12)	Funktion des Experten im Unternehmen	Dauer (ca.)
C1[1]	10.000 bis 50.000	Chemie und Pharma	DE	ExpC1	Leiter HR-IT-Strategie	60 min
C2[2]	< 10.000	Finanzdienstleistungen	DE	ExpC2	Leiter HR-Strategie	27 min
C3[1]	10.000 bis 50.000	Chemie und Pharma	DE	ExpC3[3]	Prozessmanager Talentmanagement	80 min
C4	10.000 bis 50.000	Transport und Logistik	CH	ExpC4	Leiter HR-IT	64 min
C5	50.000 bis 100.000	Transport und Logistik	CH	ExpC5	Leiter HR-Services	76 min
C6	< 10.000	Energieversorger	DE	ExpC6	Leiter Logistik- & HR-IT	100 min
C7[1]	10.000 bis 50.000	Dienstleistungen	DE	ExpC7	Prozessmanager Talentmanagement	53 min
C8[1,4]	> 100.000	Automobilbranche	DE	ExpC8[3]	Spezialist HR-IT	132 min
				ExpC9	Spezialist Performance Management	
C9[1,2]	> 100.000	Automobilbranche	DE	ExpC10	HR-Abteilungsleiter	40 min
				ExpC11	Spezialist Personalentwicklung	
				ExpC12	Spezialist Personalentwicklung	

([1]) Experten dieses Unternehmens hatten bereits in vorheriger Studie teilgenommen.
([2]) Aufgrund des Interesses der evaluierenden Experten fand lediglich eine Evaluation des Prototyps ThreeSixty statt.
([3]) Experte hat bereits in vorheriger Studie teilgenommen.
([4]) Gespräch wurde vor Ort durchgeführt.

Tabelle 61: Charakteristika der Stichprobe der Evaluationsstudie

Die Interviews wurden aufgezeichnet und mithilfe der Software maxQDA transkribiert. Die Auswertung erfolgte nach dem in Abschnitt 6.1.3.1 erläuterten methodischem Vorgehen.

7.2 MobiRecruit: Prototyp zum Unterstützen des Rekrutierungsprozesses

In den folgenden Abschnitten wird die Entwicklung des Prototyps „MobiRecruit" beschrieben, einem mobilen PIS zum Unterstützen des Rekrutierungsprozesses. Hierzu wird in Abschnitt 7.2.1 zunächst auf die zentrale Problemstellung eingegangen, die dem Prototyp zugrunde liegt. Anschließend werden in

---

[61] Bei der Akquise von Interviewpartnern wurde den Unternehmen analog zu den vorhergehenden Studien eine Kurzinformation zum Forschungsvorhaben gesendet, in dem die vorgestellten Prototypen vorgestellt wurden (vgl. Anhang A13). Hierbei ist zu beachten, dass im Rahmen der Studien ebenfalls ein Prototyp zum Unterstützen von Nachfolgemanagementkonferenzen evaluiert wurde. Dieser ist jedoch nicht Teil dieser Arbeit und wird somit nicht weiter betrachtet.

Abschnitt 7.2.2 die Konzeption und Entwicklung von MobiRecruit beschrieben, bevor in Abschnitt 7.2.3 auf die Evaluation eingegangen wird. [62]

7.2.1 Problemstellung der Personalbeschaffung

7.2.1.1 Schwachstellen des Rekrutierungsprozesses in Unternehmen

Bei der Rekrutierung neuer Mitarbeiter stehen die Personalabteilungen von Unternehmen aktuell vor zwei Herausforderungen: Erstens führen demografische Veränderungen in Europa zu einer abnehmenden Größe der Bevölkerung (vgl. Flato/Reinbold-Scheible 2008, S. 12; Günther 2010, S. 21), die zu einem rückläufigen quantitativen und qualitativen Arbeitskräfteangebot führt (vgl. Günther 2010, S. 28). So haben Studien festgestellt, dass bestimmte, hochqualifizierte Positionen (wie bspw. im Bereich der IT oder dem Ingenieurswesen) immer schwerer zu besetzen sind (vgl. Bundesagentur für Arbeit 2015, S. 82; Manpower 2015, S. 6).[63] Zweitens führen ein verschärfter Wettbewerb und eine steigende Bedeutung von wissensintensiven Tätigkeiten zu einem erhöhten Bedarf qualifizierter Mitarbeiter (vgl. Erpenbeck/Sauter 2007; Prezewowsky 2007, S. 43; Heyse/Ortmann 2008, S. 19). Aus beiden Herausforderungen resultiert ein zunehmender Wettbewerb zwischen Unternehmen um die besten Bewerber, der auch als „War-for-Talents" bezeichnet wird (vgl. Chambers et al. 1998; Beechler/Woodward 2009, S. 275).

Auswirkungen auf die Chance, die besten Bewerber für schwer zu besetzende Stellen zu gewinnen, hat neben der allgemeinen Attraktivität des jeweiligen Unternehmens u. a. die Geschwindigkeit des Rekrutierungsprozesses[64]: So kommen Studien zu dem Schluss, dass Verzögerungen bei der Rekrutierung negative Auswirkungen auf die Attraktivität des Arbeitgebers bei Bewerbern haben (vgl. Rynes et al. 1991, S. 506). Somit ist eine effiziente und effektive Gestaltung des Prozesses innerhalb der Organisation notwendig, um Einstellungsverfahren zu beschleunigen (vgl. Chapman/Webster 2003, S. 113). Dieser Aspekt wurde ebenfalls im Rahmen der durchgeführten Interviewstudien von den Experten aus dem Personalmanagement angesprochen (vgl. Abschnitt 6.2.2 bzw. Tabelle 48):

„Bei Bewerbern ist es halt so, mit dem Laufen des Kalenders werden die Bewerbungen weniger wert. Wenn der Mensch die abschickt meint er das noch ernst, 3 Monate später hat er vielleicht woanders schon einen Job, weil jemand anders schneller war." (ExpA23)

Um den Prozess zu beschleunigen, setzen alle in der Interviewstudie befragten Unternehmen bereits Desktop-basierte IT-Systeme ein (bspw. „SAP E-Recruiting" oder „milch&zucker BeeSite"). Dennoch gaben die Experten an, dass die Verwendung allgemeiner stationärer Workflow-Systemen zum Unter-

---

[62]　Die folgenden Abschnitte basieren auf dem Beitrag PILARSKI ET AL. (2015).

[63]　In diesem Zusammenhang wird ebenfalls von einem „Fachkräftemangel" gesprochen, der jedoch nicht alle Positionen betrifft, sondern vielmehr von den Berufsgruppen oder dem Standort des Unternehmens abhängig ist (vgl. Bundesagentur für Arbeit 2015, S. 9).

[64]　Der entwickelte Prototyp legt den Fokus auf die Geschwindigkeit des Rekrutierungsprozesses, die allerdings nur einen kritischen Erfolgsfaktor beim Anwerben von qualifiziertem Personal darstellt. Andere Faktoren, wie bspw. die Arbeitsbedingungen oder der Ruf eines Unternehmens (vgl. Hiltrop 1999, S. 424), werden hier nicht weiter betrachtet.

stützen der Personalbeschaffung nicht ausreichend ist, selbst wenn diese von unterschiedlichen Unternehmensstandorten aus zugänglich sind. Die Unzulänglichkeiten stationärer Systeme ergeben sich daraus, dass viele Entscheidungen (bspw. die Auswahl von Ausschreibungskanälen oder das Genehmigen von Stellenanforderungen) von mehreren Prozessakteuren und in einer sequenziellen Abfolge getroffen werden müssen. Somit treten Verzögerungen innerhalb des Rekrutierungsprozesses auf, wenn einzelne Akteure nicht auf die stationären Recruiting-Systeme zugreifen können (bspw. wenn diese örtlich mobil sind):

> *„[...] da war es tatsächlich so, dass jemand gesagt hat: Ich bin jetzt auf Geschäftsreise und [kann] gar nicht mehr darauf zugreifen und kann nicht mehr die Deadline treffen." (ExpA10)*

Dennoch haben kaum Unternehmen der befragten Experten bereits mobile HR-Anwendungen für das Unterstützen der Personalrekrutierung im Einsatz: Über mobile Job Boards (vgl. Niklas et al. 2012) hinaus, die das Anwerben von Kandidaten unterstützen (vgl. Tabelle 5) und von mehreren Unternehmen eingesetzt werden, setzt lediglich ein Unternehmen eine mobile Anwendung für einfache Freigabeprozesse ein (bspw. um Anforderungsprofile freizugeben). Drei der befragten Unternehmensvertreter gaben jedoch an, zukünftig mobile Anwendungen für die Unterstützung des Prozesses einsetzen zu wollen und entsprechende Projekte gestartet zu haben (vgl. auch Abschnitt 6.2.1.1). Dies begründeten die Experten damit, dass der Rekrutierungsprozess aus ihrer Sicht durch einen hohen Koordinationsaufwand zwischen Verantwortlichen des Personalmanagements und Führungskräften gekennzeichnet ist, der zu Prozessverzögerungen führen kann, wenn einzelne Akteure temporär nicht verfügbar sind (bspw. während Geschäftsreisen o. Ä.). Dabei gaben die Interviewten an, dass der Einsatz mobiler PIS die Koordination zwischen Prozessakteuren auf zwei Arten verbessern kann: Zum einen kann der orts- und zeitunabhängige Zugriff auf prozessrelevante Informationen Antwortzeiten während des Prozesses verkürzen:

> *„Also mobile Recruiting nicht nur im Sinne von Front-Apps für Bewerber sondern auch eine Back-App für die Recruiter, für HR-Manager. Da die auch ständig unterwegs sind und dann gewisse Prozesse mobil machen können."*
> *(ExpA19)*

> *„Also wenn Sie so einen Rekrutierungsprozess betrachten, da verschieben Sie Bewerbungsunterlagen von einer Stelle zur nächsten und warten, bis sich da einer meldet. Dann kann es sein, dass an der Schnittstelle zwischen Personalabteilung und dem Fachbereich einfach Zeit verloren geht." (ExpA23)*

Zum anderen kann das Bereitstellen von Funktionen, die das orts- und zeitunabhängige Treffen und Dokumentieren von Entscheidungen ermöglichen (bspw. die Vorauswahl von Bewerbern über mobile Anwendungen), die Koordination zwischen Akteuren verbessern:

> *„Für einen Recruiter wäre es natürlich fein, wenn er mobil auf sein Recruiting System zugreifen könnte, um Bewerber vorzuselektieren oder mit dem Fachbereich abzustimmen." (ExpA17)*

> *„[...] dass wir mit den Vorgesetzten, den Hiring-Managern, so kommunizieren [...] [über das] System, dass sie dann auch über ihr iPad [...] mitmachen können bei der Bewerberverwaltung. Also dass sie sagen können: Einladen, Absagen etc." (ExpA23)*

Die Erkenntnisse aus den Experteninterviews können zwar als Ausgangsbasis für die Entwicklung eines Prototyps verwendet werden, sind aufgrund der Ausrichtung der Studie (vgl. Abschnitt 6.1) jedoch nicht detailliert genug, um direkt Anforderungen an ein mobiles PIS zum Unterstützen des Rekrutierungsprozesses abzuleiten.[65] Aus diesem Grund wird in den folgenden Abschnitten die Koordinationstheorie verwendet (vgl. Malone/Crowston 1990), um die Schwachstellen des Rekrutierungsprozesses aus theoretischer Sicht aufzuzeigen und Anforderungen abzuleiten.

7.2.1.2 Theoretische Fundierung des Problems

Der Rekrutierungsprozess stellt einen HR-Workflow innerhalb der Personalbeschaffung dar, der das Ziel hat, den quantitativen und qualitativen Personalbedarf des Unternehmens zu sichern (vgl. Abschnitt 2.1.2). Der vollständige Rekrutierungsprozess inkl. der ausgeführten Aktivitäten ist in Abbildung 35 dargestellt und wird im Folgenden näher erläutert.

Abbildung 35: Rekrutierungsprozess im Rahmen der Personalbeschaffung[66]

Den Ausgangspunkt des Rekrutierungsprozesses bildet ein im Rahmen der Personalbedarfsplanung identifizierter Nettopersonalbedarf (HR-Teilprozess 1.3; vgl. Tabelle 4).[67] Der Prozess wird demnach gestartet, wenn im Unternehmen eine Vakanz auftritt (oder absehbar ist), die nicht durch aktuell im Unternehmen vorhandene Mitarbeiter besetzt (vgl. Tornack et al. 2014, S. 1) oder durch andere Maßnahmen (wie bspw. Überstunden) kompensiert werden kann (vgl. Caruth et al. 2009, S. 136), sodass ein Rekrutierungsbedarf vorliegt. Im Rahmen des **Anwerbens von Kandidaten (2.2)** wird daraufhin (sofern notwendig) das Anforderungsprofil der betreffenden Stelle aktualisiert oder erstellt (im Fall einer neu geschaffenen Position), in dem die fachlichen und kognitiven Anforderungen in Form von Kompetenzen festgehalten werden, die zum Erfüllen der Stelle notwendig sind (vgl. Stock-Homburg 2010, S. 127). Anschließend werden diese Stellenanforderungen im Rahmen einer Stellenanzeige veröffentlicht. Diese Veröffentlichung kann dabei sowohl unternehmensintern (bspw. innerhalb eines unternehmensinternen Arbeitsmarktes; vgl. Kavai 2007, S. 51) oder unternehmensextern (bspw. auf Jobportalen oder innerhalb von sozialen Medien) erfolgen (vgl. Kolb 2010, S. 104; Stock-Homburg 2010, S. 150). Sobald eine ausreichende Anzahl an Bewerbungen für die Stellenanzeige eingegangen ist (oder nachdem eine festgelegte Frist für den Bewerbungseingang abgelaufen ist), beginnt die **Auswahl der Kandidaten (2.4)** (vgl. Chapman/Webster 2003, S. 113). Hierbei werden die Bewerber durch i. d. R. mehrstufige Verfahren (vgl. bspw. Kolb 2010, S. 264) auf ihre Eignung in Bezug auf die Stellenanforderungen

---

[65] Dies gilt ebenfalls für die in den Abschnitten 7.3.1.1 und 7.4.1.1 erläuterten Problemstellungen der anderen Prototypen und wird dort nicht erneut thematisiert.

[66] Basierend auf STOCK-HOMBURG (2010) und CHAPMAN UND WEBSTER (2003).

[67] Die hier vorgenommene Nummerierung der einzelnen Teilprozesse bezieht sich auf die in den Grundlagen erläuterte Prozesssystematik des Personalmanagements (vgl. Tabelle 4 in Bezug auf die Personalbedarfsplanung sowie Tabelle 5 in Bezug auf die Personalbeschaffung).

überprüft (vgl. Fröhlich/Holländer 2004, S. 1407). Zunächst erfolgt eine Vorselektion der Bewerber anhand der eingereichten Bewerbungsdokumente (bspw. anhand formaler Kriterien; vgl. Compton et al. 2009, S. 76; Stock-Homburg 2010, S. 176; Chapman/Webster 2003, S. 113). Anschließend werden die verbleibenden Bewerber zu weiteren Auswahlmaßnahmen, wie bspw. Bewerbungsgespräche und / oder Assessment Centern (vgl. Stock-Homburg 2010, S. 172), eingeladen (vgl. Kolb 2010, S. 121). Basierend auf den Ergebnissen dieser Auswahlmaßnahmen wird die finale Selektion eines Bewerbers durchgeführt, der anschließend **eingestellt (2.5)** und in das Unternehmen **integriert (2.6)** wird (vgl. Kolb 2010, S. 141). Neben den Aktivitäten, die im Rahmen einer konkreten Stellenbesetzung innerhalb eines Unternehmens ablaufen, beinhaltet der Rekrutierungsprozess Maßnahmen zum **Positionieren des Unternehmensimages (2.1)** (vgl. Stock-Homburg 2010, S. 141). Dies wird auch unter den Begriffen „Employer Branding" (vgl. Forster et al. 2012, S. 280) oder „Personalmarketing" (vgl. Lukasczyk 2012, S. 11) zusammengefasst sowie kontinuierlich und unabhängig von einem konkreten Einstellungsvorgang durchgeführt (vgl. Moroko/Uncles 2008, S. 172). Eine weitere Aktivität, die ab dem Eingehen der ersten Bewerbungen kontinuierlich erfolgt, ist das **Verwalten von Kandidaten und Bewerbungen (2.3)**. Hierbei werden die eingehenden Dokumente vom Personalwesen gesichtet und für die anderen Prozessaktivitäten zur Verfügung gestellt (vgl. Compton et al. 2009, S. 76).

Da die oben genannten Aktivitäten innerhalb des Rekrutierungsprozesses aufeinander aufbauen, führen Verzögerungen in der Entscheidungsfindung durch nicht erreichbare Akteure zu einer längeren Gesamtdurchlaufzeit des Prozesses (vgl. Abschnitt 7.2.1.1). Solche Probleme werden in der Koordinationstheorie von MALONE UND CROWSTON (1990) untersucht: In der Koordinationstheorie wird „Koordination" als die Handhabung von Abhängigkeiten bzw. Wechselwirkungen zwischen unterschiedlichen Aktivitäten definiert (vgl. Malone/Crowston 1994, S. 90, 1990, S. 360). Bei diesen Abhängigkeiten wird zwischen gemeinsam genutzten Ressourcen („shared resources"), notwendigen Vorbedingungen (prerequisites) und Simultanitäten (simultaneity) unterschieden (vgl. Malone/Crowston 1990, S. 363). Gemeinsam genutzte Ressourcen existieren, wenn diese in verschiedenen Aktivitäten benötigt werden, sodass Abhängigkeiten entstehen, wenn die notwendigen Ressourcen nicht gleichzeitig verwendet werden können (vgl. Crowston 1997, S. 160). Notwendige Vorbedingungen treten dann auf, wenn Aktivitäten in einer festgelegten Reihenfolge durchgeführt werden müssen, sodass eine Aktivität abgeschlossen sein muss, bevor die nächste gestartet werden kann (bspw. wenn das Ergebnis von Aktivität A die Ausgangsbasis für Aktivität B bildet; vgl. Raposo et al., S. 172). Im Gegensatz dazu treten Simultanitäten dann auf, wenn verschiedene Aktivitäten gleichzeitig ausgeführt werden müssen oder wenn es notwendig ist, dass verschiedene Akteure dieselbe Aktivität zur gleichen Zeit ausführen (vgl. Malone/Crowston 1994, S. 95).

Ziel der Koordinationstheorie ist die Identifikation der beschriebenen Formen von Abhängigkeiten innerhalb von Prozessen (vgl. Malone/Crowston 1990, S. 365) sowie das Entwickeln passender Koordinationsmechanismen zum Handhaben dieser Koordinationsprobleme (vgl. Malone/Crowston 1994, S. 95). Abbildung 36 gibt einen Überblick über die im Rahmen des Rekrutierungsprozesses identifizierten Abhängigkeiten, die im Folgenden näher erläutert werden.[68]

---

[68] Hierbei wird der Aspekt des Personalmarketings nicht weiter betrachtet (vgl. Abbildung 35), da dieser unabhängig von einem

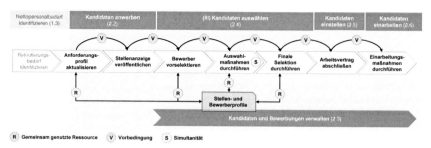

Abbildung 36: Abhängigkeiten zwischen Aktivitäten innerhalb des Rekrutierungsprozesses

Gemeinsam genutzte Ressourcen stellen innerhalb des dargestellten Prozesses die verwendeten Stellen- und Bewerberprofile dar. Diese werden von sämtlichen Prozessakteuren im Rahmen der Kandidatenauswahl (2.4) genutzt, um die Eignung der jeweiligen Kandidaten für die zu besetzende Position festzustellen, indem Bewerberprofile mit dem Anforderungsprofil abgeglichen werden. Das Anforderungsprofil wird beim Erstellen der Stellenausschreibung aktualisiert (oder erstellt), wohingegen Bewerberprofile beim Eingehen von Bewerbungen angelegt und innerhalb der Aktivität „Verwalten von Kandidaten und Bewerbungen (2.3)" aktualisiert werden (bspw. werden Ergebnisse aus Assessment Centern ergänzt). Der gemeinsame Zugriff auf Stellen- und Bewerberprofile kann innerhalb des Prozesses dann zu Verzögerungen führen, wenn einzelne Akteure zwischenzeitlich keine Möglichkeit haben, auf die notwendigen Informationen zuzugreifen (bspw. während Dienstreisen) oder Bewerbungsdokumente von einer Stelle zur anderen transferiert werden (vgl. Abschnitt 7.2.1.1) und somit Aktivitäten nicht abgeschlossen werden können. Abhängigkeiten in Form von **notwendigen Vorbedingungen** existieren innerhalb des Rekrutierungsprozesses zwischen sämtlichen durchzuführenden Aktivitäten: So muss ein Anforderungsprofil vorliegen, bevor eine Stellenanzeige veröffentlicht werden kann. Genauso muss diese veröffentlicht sein, bevor Bewerbungen eingehen können und somit eine Vorselektion stattfinden kann (etc.). Da die jeweiligen Entscheidungen die Ausgangsbasis für die darauffolgende Aktivität darstellen, muss demnach eine Aktivität vollständig abgeschlossen sein, bevor die nächste gestartet werden kann. Hierbei können Verzögerungen innerhalb des Prozessablaufs entstehen, wenn Akteure nicht in der Lage sind, Entscheidungen zu treffen (bspw. wenn diese örtlich mobil sind und notwendige Informationen nicht zur Verfügung stehen), sodass Aktivitäten nicht abgeschlossen werden können. **Simultanitäten** kommen innerhalb des Rekrutierungsprozesses lediglich im Rahmen von durchgeführten Auswahlmaßnahmen vor, da hier (bspw. bei Bewerbungsgesprächen) die gleichzeitige Anwesenheit aller Akteure erforderlich ist. Hier kann die temporäre Unerreichbarkeit von Prozessakteuren dazu führen, dass die Terminierung der einzelnen Auswahlmaßnahmen verzögert wird. Auf Basis dieser Abhängigkeiten werden im folgenden Abschnitt Anforderungen abgeleitet, die von einer mobilen Anwendung erfüllt werden müssen, um die durch die Abhängigkeiten entstehenden Koordinationsprobleme zu lösen.

---

konkreten Stellenbesetzungsvorgang ist und dessen Unterstützung durch mobile Anwendungen bereits in der Forschung betrachtet wird (vgl. Abschnitt 4.2).

7.2.1.3 Anforderungen an mobile PIS zum Unterstützen des Rekrutierungsprozesses

Da gemeinsam genutzte Ressourcen in Form von Stellen- und Bewerberprofilen allen Prozessbeteiligten für die Entscheidungsfindung zur Verfügung stehen müssen, ergibt sich, dass eine mobile Anwendung in der Lage sein muss, prozessrelevante Informationen an alle beteiligten Akteure zu distribuieren (MobiRecruit Anforderung 1; $A1_{MR}$). Da somit der orts- und zeitunabhängige Zugriff auf die notwendigen Informationen ermöglicht wird, können Verzögerungen aufgrund fehlender Informationen vermieden werden.

Ein weiteres Koordinationsproblem stellt die strikt sequentielle Abfolge der Aktivitäten innerhalb des Rekrutierungsprozesses dar. Hier muss eine mobile Anwendung die orts- und zeitunabhängige Entscheidungsfindung ($A2_{MR}$) in Bezug auf die Auswahl von Stellenanforderungen, Ausschreibungskanälen und Bewerbern unterstützen. Sofern dies der Fall ist, haben auch örtlich mobile Akteure die Möglichkeit, während ihrer Abwesenheit Entscheidungen zu treffen (bspw. bei der Vorselektion von Bewerbern), sodass hierdurch keine Verzögerungen innerhalb des Prozesses auftreten. Um diese Möglichkeit nutzen zu können, muss den Prozessakteuren jedoch bewusst sein, dass sie aktuell eine Entscheidung innerhalb eines Rekrutierungsvorgangs ausführen müssen. Aus diesem Grund muss ein mobiles PIS zum Unterstützen des Rekrutierungsprozesses in der Lage sein, Informationen über ausstehende Entscheidungen an Prozessakteure zu distribuieren ($A3_{MR}$). Hierdurch können Verzögerungen vermieden werden, welche durch die Unkenntnis des aktuellen Prozessstatus bei Akteuren entstehen können.

Als eine weitere Schwachstelle des Rekrutierungsprozesses wurde die Notwendigkeit des simultanen Durchführens von Personalauswahlmaßnahmen identifiziert. Hier kann die gemeinsame Terminfindung für einzelne Maßnahmen zwischen allen Prozessakteuren zu Verzögerungen führen, sofern einzelne Akteure nicht erreichbar sind. Somit muss eine mobile Anwendung Funktionen zum orts- und zeitunabhängigen Terminieren von Auswahlmaßnahmen beinhalten ($A4_{MR}$). Tabelle 62 fasst die abgeleiteten Anforderungen zusammen.

Teilprozess	Abhängigkeit	Anforderung
Kandidaten anwerben (2.2) Kandidaten auswählen (2.4)	Führungskräfte und Mitarbeiter des Personalwesens müssen Kandidaten basierend auf den Anforderungsprofilen der Stelle und den Bewerbungsunterlagen beurteilen, um eine (Vor-)Selektion durchführen zu können. **(gemeinsam genutzte Ressource)**	$A1_{MR}$: Distribution von prozessrelevanten Informationen an Prozessakteure aus dem Personalwesen sowie an die verantwortliche Führungskraft.
Kandidaten anwerben (2.2) Kandidaten auswählen (2.4)	Alle Aktivitäten innerhalb des Rekrutierungsprozesses müssen sequentiell ausgeführt werden und hängen von Entscheidungen der vorherigen Aktivitäten ab (bspw. werden nur Bewerber für Auswahlmaßnahmen eingeladen, die nicht innerhalb der Vorselektion abgelehnt wurden). **(notwendige Vorbedingung)**	$A2_{MR}$: Gemeinsame, orts- und zeitunabhängige Auswahl von Stellenanforderungen, Ausschreibungskanälen und Bewerbern (Vor- und finale Selektion). $A3_{MR}$: Distribution von Informationen über ausstehende Entscheidungen an Prozessakteure.
Kandidaten auswählen (2.4)	Auswahlmaßnahmen (wie bspw. Bewerbungsgespräche oder Assessment Center) müssen von Verantwortlichen aus dem Personalwesen und Führungskräften gleichzeitig durchgeführt werden. **(Simultanität)**	$A4_{MR}$: Terminierung von Auswahlmaßnahmen zwischen allen Prozessakteuren.

Tabelle 62: Anforderungen an ein mobiles PIS zum Unterstützen des Rekrutierungsprozesses

7.2.2 Konzeption und Entwicklung des Prototyps

7.2.2.1 Ableitung von Designprinzipien

Im Folgenden wird erläutert, welche Designprinzipien innerhalb einer mobilen HR-Anwendung berücksichtigt werden müssen, um die zuvor identifizierten Koordinationsprobleme zu lösen und somit die Ausführung des Rekrutierungsprozesses zu verbessern (bspw. in Form kürzerer Durchlaufzeiten oder einer höheren Effektivität). Hierbei wird ebenfalls erläutert, welche Wirkungen durch die in den Designprinzipien beschriebenen Funktionalitäten antizipiert werden (in Form von Evaluationspropositionen).

Im vorherigen Abschnitt wurde beschrieben, dass sämtliche Prozessakteure Zugriff auf Stellen- und Bewerberprofile haben müssen, um innerhalb des Prozesses Entscheidungen treffen zu können (vgl. $A1_{MR}$). Ein Fehlen dieser Informationen kann dementsprechend zu falschen Entscheidungen führen (bspw. wenn unpassende Bewerber für Stellen ausgewählt werden), sodass ein mobiles PIS zum Unterstützen des Rekrutierungsprozesses Funktionen zum Distribuieren dieser Informationen an alle Prozessbeteiligten beinhalten muss (MobiRecruit Design Prinzip 1; $DP1_{MR}$). Zu diesen Informationen gehören zum einen Stellenprofile (insb. Stellenanforderungen) und zum anderen Bewerberprofile (insb. Grunddaten, Anschreiben, Lebenslauf sowie weitere Bewerbungsdokumente). Hierdurch kann die Wahrscheinlichkeit von falschen Entscheidungen, die aus fehlenden oder unvollständigen Informationen entstehen, reduziert werden, sodass die Effektivität des Rekrutierungsprozesses erhöht wird (MobiRecruit Evaluationsproposition 1; $EP1_{MR}$). Da es sich bei Bewerberprofilen jedoch um personenbezogene Daten handelt, welche dem BDSG unterliegen (vgl. Abschnitt 5.1.2.3), müssen Aspekte des Datenschutzes betrachtet werden (vgl. DeSanctis 1986, S. 25; Obeidat 2012, S. 195). Demnach darf der Zugriff auf die Bewerberprofile nur den Akteuren gewährt werden, die in dem konkreten Rekrutierungsvorgang involviert sind.

Um zu vermeiden, dass die im gesamten Rekrutierungsprozess existierenden Vorbedingungen zu Prozessverzögerungen führen (vgl. $A2_{MR}$), muss ein mobiles PIS Funktionen enthalten, welche die gemeinsame (orts- und zeitunabhängige) Entscheidungsfindung ermöglichen ($DP2_{MR}$). Zum Lösen dieses Problems ist das Verwenden einer Divide-and-Conquer-Strategie sinnvoll (vgl. Soltys 2012, S. 63): Divide-and-Conquer stellt eine Problemlösungsstrategie dar, bei welcher das Problem in kleinere Teilprobleme aufgeteilt und zu einem späteren Zeitpunkt wieder zu einem Gesamtresultat zusammen gesetzt wird (vgl. Rugina/Rinard 2001, S. 34). In diesem Fall kann Divide-and-Conquer genutzt werden, um die Gruppenentscheidung in individuelle Entscheidungen eines jeden Prozessakteurs aufzuteilen, welche später zu einer gemeinsamen Entscheidung kombiniert werden. Abbildung 37 illustriert dieses Vorgehen beispielhaft im Rahmen der Vorselektion.

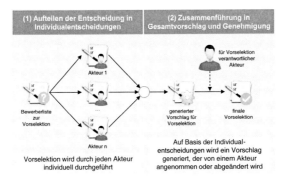

Abbildung 37: Mechanismus zur Entscheidungsfindung durch Divide-and-Conquer-Strategie

In Abbildung 37 ist dargestellt, dass jeder Akteur unabhängig von den anderen eine individuelle Vorselektion der Bewerber durchführt. Sobald alle Akteure ihre Entscheidungen getroffen haben, wird auf dieser Basis eine finale Vorselektion von der Anwendung vorgeschlagen. Da nach dem BDSG allerdings das Automatisieren solcher Entscheidungen nicht zulässig ist (vgl. BDSG, § 6a Abs. 1), wird der Vorschlag anschließend von dem Akteur, der für die Vorselektion verantwortlich ist, genehmigt (bzw. angepasst) und die Entscheidung finalisiert. Da somit Individualentscheidungen unabhängig von der Erreichbarkeit aller Akteure getroffen werden, können Verzögerungen bei der Entscheidungsfindung reduziert werden, sodass die Durchlaufzeiten des Rekrutierungsprozesses verringert werden (**EP2$_{MR}$**).

Obwohl die Entscheidungen über eine mobile Anwendung auch von örtlich mobilen Akteuren getroffen werden können, besteht weiterhin die Möglichkeit, dass Verzögerungen innerhalb des Prozesses auftreten, wenn die einzelnen Akteure nicht wissen, dass eine Handlung von ihnen erwartet wird (bspw. eine Entscheidung von ihnen getroffen werden muss; vgl. A3$_{MR}$). Aus diesem Grund muss eine mobile Anwendung zum Unterstützen des Rekrutierungsprozesses systembasierte Auslöser beinhalten, welche Akteure beim Voranschreiten des Prozesses aktiv darüber informieren, dass diese eine Aktivität ausführen müssen (**DP3$_{MR}$**). Des Weiteren sollte, nachdem alle Akteure den vorhergehenden Prozessschritt abgeschlossen haben, automatisch die nächste Prozessaktivität gestartet werden, sodass unnötige Verzögerungen vermieden werden. Insgesamt beschleunigt sich durch diese Auslöser der Rekrutierungsprozess, da Durchlaufzeiten reduziert werden können (**EP3$_{MR}$**).

Da Personalauswahlmaßnahmen von allen Akteuren simultan durchgeführt werden, muss ein gemeinsamer Zeitplan für deren Durchführung gefunden werden (vgl. A4$_{MR}$). Da dies jedoch durch die Abwesenheit einzelner Akteure erschwert werden kann (und schwieriger wird, je mehr Bewerber und Prozessakteure involviert sind), muss eine Anwendung Funktionen enthalten, die das Finden von passenden Zeiträumen für das Durchführen von Personalauswahlmaßnahmen unterstützen (**DP4$_{MR}$**). Hierbei kann erneut eine Divide-and-Conquer-Strategie angewendet werden, um zum einen die Entscheidungsfindung zu unterstützen (nach dem oben dargestellten Schema) und zum anderen, um passende Zeiträume zu finden. Hierbei kann die Länge der gesuchten Zeiträume aufgeteilt werden: Zunächst sucht das System nach Zeiträumen, die lang genug sind, um alle Personalauswahlmaßnahmen am Stück durchzuführen (bspw. alle Bewerbungsgespräche). Wenn dies nicht möglich ist, halbiert die Anwendung die Länge der Zeiträume und sucht erneut innerhalb der Kalender der Teilnehmer nach passenden Lücken (usw.). Sobald auf diese Art und Weise genug Zeiträume gefunden wurden, kann über den Zeitplan nach dem oben genannten Schema von allen Akteuren entschieden werden. Hierbei sollte das System bereits Vorschläge für die Zuweisung von Bewerbern zu Zeiträumen erstellen, um den Aufwand für die Terminfindung zu reduzieren. Durch dieses Reduzieren des Planungsaufwands für das Erstellen eines gemeinsamen Zeitplans kann die Effizienz des Rekrutierungsprozesses erhöht werden (**EP4$_{MR}$**).

Tabelle 63 fasst die abgeleiteten Designprinzipien sowie die dazugehörigen Evaluationspropositionen zusammen.

Designprinzip	Evaluationsproposition
A1$_{MR}$ → DP1$_{MR}$: Funktionalitäten zur Distribution von Informationen über Stellenanforderungen und Bewerberprofile (Grunddaten, Anschreiben, Lebenslauf und weitere Dokumente) an Mitarbeiter aus dem Personalwesen sowie an Führungskräfte bei gleichzeitiger Beschränkung des Zugriffs an direkt am jeweiligen Besetzungsvorgang involvierte Akteure.	**EP1$_{MR}$:** Das Distribuieren von Stellen- und Bewerberprofilen verringert die Wahrscheinlichkeit von Fehlentscheidungen, die aufgrund von unvollständigen Informationen getroffen werden, und erhöht somit die Effektivität des Rekrutierungsprozesses.
A2$_{MR}$ + A4$_{MR}$ → DP2$_{MR}$: Funktionalitäten zum zeit- und ortsunabhängigen Auswählen von Stellenanforderungen, Ausschreibungskanälen, Zeiträumen für Personalauswahlmaßnahmen und Bewerbern für alle beteiligten Prozessakteure sowie das Zusammenführen der Individualentscheidungen mithilfe einer Divide-and-Conquer-Strategie.	**EP2$_{MR}$:** Das zeit- und ortsunabhängige Auswählen von Stellenanforderungen, Ausschreibungskanälen, Zeiträumen für Personalauswahlmaßnahmen und Bewerbern reduziert Verzögerungen bei der Entscheidungsfindung, die durch örtlich mobile Akteure verursacht werden, und verringert so die Durchlaufzeiten des Rekrutierungsprozesses.
A3$_{MR}$ → DP3$_{MR}$: Bereitstellen von systembasierten Auslösern, die Prozessakteure direkt informieren, sobald Entscheidungen von ihnen getroffen werden müssen sowie für das automatische Starten nachfolgender Aktivitäten, wenn die vorhergehende Aktivität abgeschlossen ist.	**EP3$_{MR}$:** Das Informieren von Prozessakteuren über ausstehende Entscheidungen reduziert Verzögerungen, welche durch die Unwissenheit von Akteuren über einen Handlungsbedarf ihrerseits entstehen, und verringert so die Durchlaufzeiten des Rekrutierungsprozesses.
A4$_{MR}$ → DP4$_{MR}$: Funktionalitäten zum automatischen Vorschlagen von Zeiträumen für Auswahlmaßnahmen (mithilfe einer Divide-and-Conquer-Strategie) und zum Vorschlagen von Bewerberzuweisungen innerhalb des finalen[69] Zeitplans.	**EP4$_{MR}$:** Das automatische Vorschlagen von Zeiträumen für Personalauswahlmaßnahmen sowie der Zuordnung von Bewerbern zu einzelnen Terminen reduziert den manuellen Planungsaufwand und erhöht somit die Effizienz des Rekrutierungsprozesses.

Tabelle 63: Designprinzipien für mobile PIS zum Unterstützen des Rekrutierungsprozesses

Im Folgenden wird die Funktionsweise von MobiRecruit verdeutlicht und darauf eingegangen, inwiefern der entwickelte Prototyp die oben erläuterten Designprinzipien umsetzt.

7.2.2.2 Implementierung der Instanz

Der implementierte Prototyp „MobiRecruit" setzt den Einsatz eines stationären E-Recruiting-Systems voraus (bspw. wird davon ausgegangen, dass Bewerbungen digital über ein weiteres System eingehen), da die mobile Komponente in der Praxis lediglich ein Add-On zu existierenden Systemen darstellen würde (vgl. Abschnitt 2.3). Dieses wird im Prototyp durch eine eigens implementierte Workflowengine und eine Dokumentendatenbank simuliert. Aufgrund der losen Kopplung der einzelnen Komponenten (über REST-basierte Schnittstellen, vgl. 7.1.2) könnten bestehende Systeme jedoch einfach an den Prototyp angebunden werden.

Abbildung 38 stellt die Startseite von MobiRecruit sowie die Schritte zum Starten eines neuen Rekrutierungsvorgangs dar. Nach erfolgtem Login erhält der Nutzer eine Übersicht über die aktiven Rekrutierungsvorgänge, in denen er als Akteur tätig ist (vgl. Abbildung 38, 1). Hierbei wird neben den Basisin-

---

[69] Zuvor durch Prozessakteure festgelegt (vgl. DP2$_{MR}$).

formationen zu dem jeweiligen Vorgang (betroffene Stelle, Zeitpunkt der Vakanz, verantwortliche Mitarbeiter) angezeigt, was der aktuelle Prozessschritt des Vorgangs ist (bspw. Vorselektion durchführen) und ob der angemeldete Nutzer aktuell eine Aktion durchführen muss (rot markiert; vgl. $DP3_{MR}$). Durch einen Klick auf die Schaltfläche „Start new process" (vgl. Abbildung 38, 2) kann ein neuer Rekrutierungsvorgang gestartet werden. Hierbei sucht der Nutzer zunächst eine Stelle, für die der Vorgang gestartet werden soll. Für jede Stelle wird neben den aktuellen Stellenanforderungen dargestellt, ob diese Stelle bereits vakant ist oder demnächst vakant wird (vgl. Abbildung 38, 3). Sobald der Nutzer eine Stelle selektiert hat, muss dieser im nächsten Schritt Mitarbeiter auswählen, die innerhalb des Rekrutierungsvorgangs als Akteure aktiv werden sollen (vgl. Abbildung 38, 4). Durch einen Klick auf die Schaltfläche „Assign employees to process" wird dieser Schritt abgeschlossen und der Vorgang mit den ausgewählten Akteuren gestartet (vgl. Abbildung 38, 5).

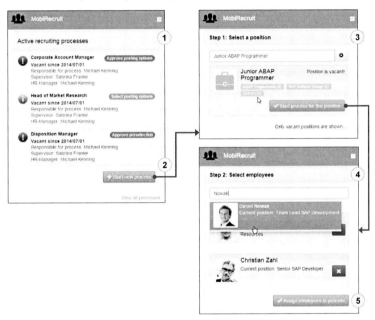

Abbildung 38: MobiRecruit – Starten eines Prozesses

Sobald ein neuer Prozess gestartet wird, in dem ein Nutzer als Akteur eingetragen ist, erscheint dieser auf dessen Startseite. Mit einem Klick auf einen Prozess gelangt der Nutzer auf die Seite des jeweiligen Prozessschritts, sofern aktuell eine Aktion ausgeführt werden muss (vgl. Abbildung 39, 1). In dem in Abbildung 39 dargestellten Fall gelangt der Nutzer zunächst in die Maske zum Zuweisen von Verantwortlichkeiten innerhalb des Prozessablaufs (vgl. Abbildung 39, 2). Die für die einzelnen Aktivitäten (Auswahl von Ausschreibungskanälen, Vorselektion, Terminieren von Auswahlmaßnahmen sowie finale Selektion) eingetragenen Akteure sind im späteren Verlauf des Prozesses dafür verantwortlich, auf Basis der Individualentscheidungen eine finale Entscheidung zu treffen ($DP2_{MR}$). Durch einen Klick auf die Schaltfläche „Assign process responsibilities" (vgl. Abbildung 39, 3) werden die Verantwortlichkeiten den einzelnen Akteuren zugewiesen und der nächste Prozessschritt (das Auswählen von Ausschreibungskanälen) wird automatisch gestartet (**DP3$_{MR}$**).

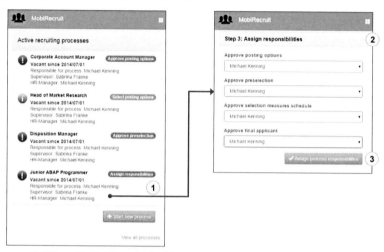

Abbildung 39: MobiRecruit – Dashboard und Zuweisen von Verantwortlichkeiten

Die Entscheidungsfindung für die Auswahl von Ausschreibungskanälen sowie der Vor- und finalen Selektion ist in MobiRecruit durch eine Divide-and-Conquer-Strategie umgesetzt (**DP2$_{MR}$**). Abbildung 40 stellt dieses Vorgehen anhand der Vorselektion exemplarisch dar. Sobald die Vorselektion gestartet wird, erhält jeder Prozessakteur eine Mitteilung darüber, dass er im Rahmen der Vorselektion eine Entscheidung treffen muss (**DP3$_{MR}$**). Sobald ein Akteur anschließend auf den jeweiligen Rekrutierungsvorgang auf seiner Startseite klickt (vgl. Abbildung 38, 1) wird eine Übersicht der Bewerber abgebildet, die für die Vorselektion zur Verfügung stehen (vgl. Abbildung 40, 1). Dabei werden für jeden Bewerber neben einem Foto, dem Namen, dem Alter und dem Geschlecht ebenfalls der höchste Bildungsabschluss sowie ggf. vorhandene Zertifizierungen (oder ähnliche Qualifikationen) angezeigt (vgl. Abbildung 40, 2).[70] Über einen Klick auf die Schaltfläche mit dem Profilsymbol (erste von links) kann darüber hinaus ein detailliertes Bewerberprofil aufgerufen werden (vgl. Abbildung 43). Durch einen Klick auf die Schaltfläche mit dem Daumensymbol (erste von rechts) kann ein Bewerber dem Vorschlag für die Vorselektion hinzugefügt werden (und würde demnach für weitere Aktivitäten im Rekrutierungsprozess zur Verfügung stehen). Die so getroffene Entscheidung kann durch das Hinzufügen von Kommentaren (Schaltfläche in der Mitte) begründet werden. Durch einen Klick auf „Suggest preselected applicant" wird der Vorschlag abgegeben und kann solange noch bearbeitet werden, bis alle Akteure einen Vorschlag für die Vorselektion abgegeben haben (vgl. Abbildung 40, 3). Sobald dies geschehen ist, kann der verantwortliche Akteur die Vorselektion basierend auf den vorher abgegebenen Vorschlägen vor-

---

[70] Im Rahmen des Prototyps wird davon ausgegangen, dass eine Vorstrukturierung der Bewerberdaten bereits beim Anlegen des Bewerberprofils erfolgt (entweder durch den Bewerber selbst bei der Eingabe der Bewerbung in ein E-Recruiting-System oder nachgelagert durch Mitarbeiter des Personalwesens).

nehmen (vgl. Abbildung 40, 4). Dabei wird dem Nutzer eine Übersicht aller Bewerber angezeigt. Allerdings wird hierbei dargestellt, wie viele Akteure jeweils für die einzelnen Bewerber gestimmt haben (vgl. Abbildung 40, 5; links). Durch einen Klick auf das Kommentarsymbol kann ein Kommentar für die finale Entscheidung bezüglich der jeweiligen Bewerber eingetragen werden. Darüber hinaus können hierüber auch die Kommentare der anderen Prozessakteure eingesehen werden. Durch einen Klick auf die Schaltfläche mit dem Daumensymbol erfolgt erneut die Selektion der Bewerber. Hierbei sind die Bewerber bereits vorselektiert, die von allen Prozessakteuren für die Vorselektion vorgeschlagen wurden (bspw. ist Simon Thamm in Abbildung 40 bereits selektiert, da vier von vier Akteuren entsprechend abgestimmt haben). Eine Anpassung dieses Vorschlags durch den verantwortlichen Akteur ist allerdings möglich. Anschließend muss der Nutzer angeben, in welchem Zeitraum Personalauswahlmaßnahmen (bspw. Bewerbungsgespräche) durchgeführt werden sollen, damit anschließend die Terminfindung gestartet werden kann (vgl. Abbildung 40, 6). Durch einen Klick auf die Schaltfläche „Approve preselection and start scheduling" wird die Vorselektion beendet (die finale Entscheidung wird getroffen) und die Terminierung von Auswahlmaßnahmen wird gestartet (vgl. Abbildung 40, 7).

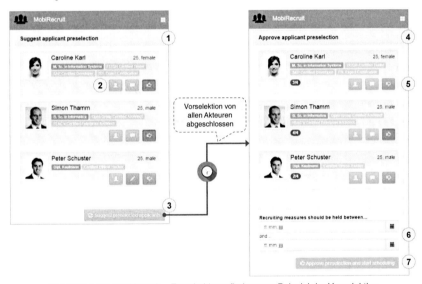

Abbildung 40: MobiRecruit – Entscheidungsfindung am Beispiel der Vorselektion

Bei der anschließenden Terminfindung für das Durchführen von Personalauswahlmaßnahmen wird auf eine Divide-and-Conquer-Strategie zurückgegriffen (vgl. Abbildung 41, links): Zunächst werden aus den Kalendern der einzelnen Akteure individuelle Zeiträume extrahiert, zu denen diese im ausgewählten Zeitrahmen (s. o.) zur Verfügung stehen (bspw. über Microsoft Exchange- oder CalDav-Schnittstellen) und anschließend zu einer gemeinsamen Liste zusammengefasst. Anschließend werden unter Zuhilfenahme des Divide-and-Conquer-Prinzips ($DP4_{MR}$) passende Zeiträume für gemeinsame Termine gesucht. In dem dargestellten Beispiel wird zunächst ein gemeinsamer, freier Zeitraum mit der Länge von

acht Stunden gesucht, jedoch nicht gefunden. Daraufhin wird die gesuchte Länge auf vier Stunden reduziert. Da nur ein Zeitraum mit vier Stunden gefunden wird, erfolgt eine erneute Teilung der Länge auf
zwei Stunden (usw.). Dies wird solange wiederholt, bis genügend Zeiträume zur Verfügung stehen. Die
Terminsuche kann darüber hinaus durch zwei Parameter beeinflusst werden (in MobiRecruit konfigu-
rierbar): Zum einen ist eine maximale Länge eines einzelnen Termins für Auswahlmaßnahmen angegeben (hier: acht Stunden). Zum anderen ist ein Faktor angegeben mit dem die zwingend für Auswahlmaßnahmen notwendige Zeit multipliziert wird, um eine flexible Auswahl von Terminen durch die einzelnen Akteure zu ermöglichen. So sind in dem dargestellten Beispiel aufgrund der Anzahl der Bewerber
vier Stunden für Auswahlmaßnahmen notwendig, es wird jedoch nach Terminen für insgesamt acht
Stunden gesucht, um den Akteuren die Möglichkeit zu geben, bestimmte Termine abzulehnen. Die auf
diese Art und Weise ermittelten Zeiträume werden anschließend nach dem oben beschriebenen Muster
für die Entscheidungsfindung (**DP2$_{MR}$**) zur Abstimmung gestellt (vgl. Abbildung 41, rechts).

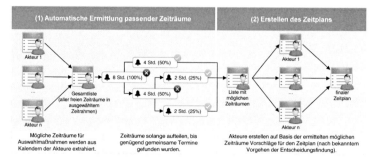

Abbildung 41: MobiRecruit – Vorgehen bei der Terminierung von Personalauswahlmaßnahmen

Dementsprechend wählen die einzelnen Akteure (analog zur Vorselektion) einzelne, aus ihrer Sicht
mögliche Zeiträume aus und können ihre Selektion kommentieren (vgl. Abbildung 42, 1). Anschließend
wird erneut durch den verantwortlichen Akteur eine finale Entscheidung in Bezug auf die abgegebenen
Vorschläge getroffen (hier nicht dargestellt). Sobald der finale Zeitplan feststeht, erstellt MobiRecruit
einen Vorschlag für die Zuordnung von Bewerbern zu einzelnen Terminen, der durch den hierfür verantwortlichen Akteur angepasst und finalisiert wird (vgl. Abbildung 42, 2).

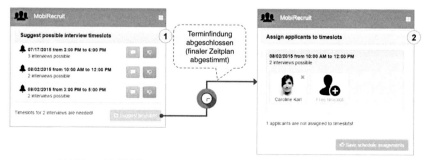

Abbildung 42: MobiRecruit – Terminierung von Personalauswahlmaßnahmen

Sobald die Zuordnung der Bewerber festgelegt wurde, werden die Personalauswahlmaßnahmen (bspw. Vorstellungsgespräche oder Assessment Center) durchgeführt. Die Ergebnisse dieser Maßnahmen können den Bewerberprofilen als Dokumente angehängt werden, sodass diese im weiteren Verlauf des Prozesses zur Verfügung stehen und bei der finalen Selektion eines Bewerbers eingesehen werden können. Diese finale Selektion eines Bewerbers erfolgt nach der Beendigung der Personalauswahlmaßnahmen, nach dem bekannten Muster zur Entscheidungsfindung (analog zur Vorselektion, hier nicht erneut dargestellt). Nach dieser Auswahl endet der Rekrutierungsvorgang und es folgen das Abschließen eines Arbeitsvertrags sowie das Einarbeiten des Mitarbeiters (vgl. Abbildung 35), was im Prototyp jedoch nicht weiter berücksichtigt ist.

Innerhalb der Applikationen können darüber hinaus zu jedem Zeitpunkt detaillierte Informationen zu einzelnen Bewerbern, Stellen oder Prozessen eingesehen werden (**DP1$_{MR}$**). Im Rahmen des Bewerberprofils werden zunächst dieselben Informationen dargestellt, die auch in der Bewerberübersicht (bspw. im Rahmen der Vorselektion) vorhanden sind. Darüber hinaus ist es hier möglich, über eine Schaltfläche das Profil der Stelle, auf die sich der Bewerber beworben hat, aufzurufen (vgl. Abbildung 43, 1). Darunter kann auf die Dokumente zugegriffen werden (bspw. Anschreiben, Lebenslauf, Zertifikate etc.), die der Bewerbung angehängt wurden (vgl. Abbildung 43, 2). Ebenfalls einsehbar ist hier die Prozesshistorie des Bewerbers. Dabei wird angezeigt, welche Prozessschritte ein Bewerber bereits durchlaufen hat und wie die Entscheidungen der Akteure ausgefallen sind (bspw. Vorschläge und finale Entscheidung bei Vorselektion). Darüber hinaus können Dokumente, die den einzelnen Aktivitäten angehängt wurden (bspw. Ergebnisse aus Assessment Centern, s. o.), hier aufgerufen werden (vgl. Abbildung 43, 3). Schließlich kann jeder Akteur persönliche Notizen zu einem Bewerber hinterlegen, die von den anderen Prozessakteuren nicht eingesehen werden können (vgl. Abbildung 43, 4). Zugriff auf das Bewerberprofil haben lediglich die Nutzer von MobiRecruit, die an dem Bewerbungsprozess für die Stelle beteiligt sind, auf die sich der Bewerber beworben hat (**DP1$_{MR}$**). Im Stellenprofil wird zunächst abgebildet, ob (und ggf. seit wann) eine Stelle bereits vakant ist und ob (und ggf. wann) ein Rekrutierungsvorgang gestartet wurde (vgl. Abbildung 43, 5). Sofern ein laufender Rekrutierungsvorgang existiert, kann dieser über die Schaltfläche mit dem Zahnradsymbol aufgerufen werden. Unter den Basisangaben werden die Stellenanforderungen aufgelistet (Name der Kompetenzen sowie benötigte Stufe; vgl. Abbildung 43, 6) sowie ehemalige Inhaber dieser Stelle angezeigt (vgl. Abbildung 43, 7).

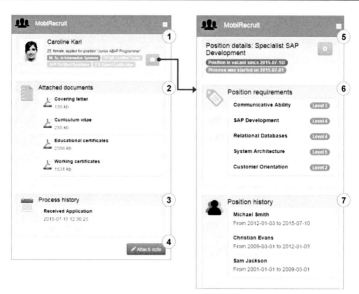

Abbildung 43: MobiRecruit – Bewerber- und Stellenprofil

Das Prozessprofil ist in Innerhalb des Prozessprofils wird zunächst angezeigt, wann der Prozess gestartet wurde und welche Stelle mit dem Rekrutierungsvorgang zusammenhängt (vgl. Abbildung 44, 1).

Abbildung 44: MobiRecruit – Prozessprofil

Das dazugehörige Stellenprofil kann mit einem Klick auf die Schaltfläche mit dem Aktenkoffersymbol aufgerufen werden. Darunter ist die Historie des Rekrutierungsvorgangs dargelegt. Hierbei wird jede bereits ausgeführte Aktivität innerhalb des Rekrutierungsprozesses aufgeführt. Sofern vorhanden (angezeigt durch Schriftzug „View results") können darüber hinaus die Ergebnisse der jeweiligen Schritte (bspw. ausgewählte Bewerber bei der Vorselektion) sowie die hierzu hinterlegten Kommentare der Akteure eingesehen werden (vgl. Abbildung 44, 2).

7.2.3 Evaluation des Prototyps

7.2.3.1 Evaluationsergebnisse

Beim Darlegen der Evaluationsergebnisse wird wie folgt vorgegangen: Zunächst wird auf die Einschätzung der Experten in Bezug auf die Funktionen (in Form von Designprinzipien) eingegangen, bevor anschließend die damit verbundenen Wirkungen (in Form der Evaluationspropositionen) betrachtet werden.

Die dargestellten Informationen zu Bewerber- und Stellenprofilen (vgl. **DP1$_{MR}$**) wurden von den Experten größtenteils als ausreichend angesehen, wenn auch einige Detailergänzungen in den Bewerberprofilen vorgenommen werden sollten: So wurde thematisiert, dass eine Verknüpfung der Bewerberprofile innerhalb des Prototyps mit deren Profilen innerhalb sozialer Netzwerke (bspw. XING oder Facebook) sinnvoll wäre, da diese innerhalb des Bewerbungsprozesses berücksichtigt werden (ExpC1). Ebenfalls wurde angesprochen, dass eine explizite Darstellung der Kompetenzen der Bewerber innerhalb der Profile sinnvoll wäre (ExpC6). Dies wurde von den Experten vor dem Hintergrund der Herkunft dieser Informationen allerdings kontrovers diskutiert: Während ein Experte angab, dass diese von den verantwortlichen HR-Mitarbeitern aus den Bewerbungsunterlagen extrahiert werden (ExpC6), gab ein anderer Experte an, dass in ihrem Unternehmen grundsätzlich nur die Unterlagen bereitgestellt würden, da der Aufwand für die Datenaufbereitung zu groß sei (ExpC7):

„Wie kommt man bei Bewerbern an die Informationen ran? Indem man entweder einen drei Seiten langen Fragebogen hat, wo man sämtliche Informationen abfragt, bevor die Bewerbung hochgeladen werden kann, oder man hat eine schlechte Qualität, wenn ein System das ausgibt - wir sind [...] dazu übergegangen drei Sachen abzufragen: Vorname, Nachname, E-Mailadresse, Hochladen von den Anhängen, absenden... Einfach weil [...] der Markt mittlerweile [...] ein Arbeitnehmermarkt geworden ist und man es sich als Unternehmen fast nicht leisten kann, dass ein Bewerber in ein System reingeht, den Fragebogen sieht, den Kopf schüttelt und auf beenden klickt."

(ExpC7)

Im Gegensatz dazu gab ein anderer Experte an, dass das Einholen einer Selbsteinschätzung in Bezug auf die Kompetenzen diese Informationen bereitstellen könnte, ohne den Bewerber zu sehr zu beanspruchen (ExpC9). Ungeklärt bleibt jedoch wiederum die Frage nach der Validität der Informationen, die durch eine Selbsteinschätzung eingeholt werden (siehe auch Abschnitt 7.4.1.1). Letztlich wurde in Bezug auf DP1$_{MR}$ angemerkt, dass die Kommentarfunktion zu Bewerberprofilen zudem gut im Rahmen von Bewerbungsgesprächen genutzt werden könnte, um Notizen direkt eingeben zu können (ExpC4), sodass das nachträgliche Dokumentieren der Gespräche vereinfacht werden könnte.[71] Der im Prototyp implementierte Entscheidungsfindungsprozess (vgl. **DP2$_{MR}$**) wurde von den Experten differenziert betrachtet. Während einige Experten den Prozess so verwenden würden (bspw. ExpC3, ExpC7) würden anderen diesen nur teilweise über die Applikation nutzen: So wurde angemerkt, dass eine Mischung aus dem Vorschlagsschritt und einem anschließenden Meeting, in dem bspw. die Auswahl von Bewerbern besprochen und letztlich das Gesprächsergebnis über den Prototyp dokumentiert wird, denkbar wäre (bspw. ExpC6, ExpC9). Hier könnte die Vorschlagsfunktion dazu führen, dass alle Prozessbeteiligten eine eigene Einschätzung zu den Kandidaten abgeben, ohne dass sie von anderen Gesprächsteilnehmern beeinflusst werden (ExpC9). Des Weiteren wurde sich eine größere Flexibilität bei den Verantwortlichkeiten der Akteure gewünscht: So werden (abhängig nach Unternehmen und Relevanz der zu besetzenden Stelle) nicht immer alle Akteure mit allen Aufgaben betraut (bspw. werden Führungskräfte nicht immer bei der Auswahl der Ausschreibungskanäle beteiligt; ExpC4, ExpC6, ExpC9).

Die Funktion, Prozessakteure über die mobile Anwendung über ausstehende Entscheidungen zu informieren (vgl. **DP3$_{MR}$**), wurde von den Experten durchweg als positiv bewertet. Allerdings wurde hier ebenfalls die Möglichkeit einer stärkeren Flexibilisierung angesprochen, da je nach Rolle ein unterschiedlich hohes Aufkommen an Erinnerungen durch die Anwendung erzeugt werden kann: So werden HR-Spezialisten aus dem Rekrutierungsbereich i. d. R. eine Vielzahl an Rekrutierungsvorgängen betreuen, sodass die Benachrichtigungen über die mobile Anwendung ein zu großes Ausmaß erreichen würden (ExpC3). Darüber hinaus wurde angemerkt, dass diese Akteure meist auch einen Überblick über ihre laufenden Rekrutierungsvorgänge besitzen und keine hohe Mobilität aufweisen, sodass diese i. d. R. nicht den Engpass innerhalb des Prozesses darstellen (ExpC7).

Das Finden von passenden Terminen über die mobile Anwendung wurde als positiv bewertet (vgl. **DP4$_{MR}$**). Hierbei wurde allerdings darauf hingewiesen, dass diese Funktion nur dann sinnvoll genutzt werden kann, wenn die Kalender sämtlicher Akteure gepflegt sind, wovon in der Praxis nicht immer ausgegangen werden kann (ExpC3). Tabelle 64 gibt einen Überblick über beispielhafte Zitate zu den einzelnen Designprinzipien.

---

[71] Hierbei ist jedoch zu beachten, dass der Prototyp derzeit für die Darstellung auf Smartphones optimiert ist, welche (im Gegensatz zu Tablet-PCs) kein adäquates Medium für die Unterstützung von Gesprächssituationen darstellen (vgl. Abschnitt 6.2.2). Somit wären Änderungen an der Oberfläche von MobiRecruit notwendig, um eine adäquate Nutzung der Anwendung auf Tablet-PCs zu ermöglichen.

Designprinzipien und beispielhafte Zitate
DP1MR: Funktionalitäten zur Distribution von Informationen über Stellenanforderungen und Bewerberprofile (Grunddaten, Anschreiben, Lebenslauf und weitere Dokumente) an Mitarbeiter aus dem Personalwesen sowie an Führungskräfte bei gleichzeitiger Beschränkung des Zugriffs an direkt am jeweiligen Besetzungsvorgang involvierte Akteure.
„Also ich stelle mir immer vor wenn ich jetzt der Nutzer wäre und ich könnte mir sowas z. B. auch gut dann wenn ich im Zug unterwegs bin nochmal angucken. Dann ist es natürlich super wenn ich nicht nur sehe: Der hat einen „Cover Letter" geschickt, sondern ich kann ihn auch direkt einmal aufrufen. [...] sonst muss ich mir wieder merken, dass ich morgen wieder reingehen muss in die stationäre Anwendung und dann wieder da gucke." (ExpC3)
„Das ist sicherlich eine gute Funktionalität, wo vor allem Vorgesetzte [...] unterwegs sich ein Bild machen können über die einzelnen Kandidaten." (ExpC4)
„[...] so könnte ich dann sagen: Was sind denn hier die Stellenanforderungen? [Ich] müsste ja noch nicht einmal Qualifikationen hinterlegen, sondern mir würden ja die Stellenanforderung pro Kandidat reichen. Und dann [würde ich] sagen: Pass mal auf, aufgrund der Unterlagen bewerte ich das wie folgt." (ExpC6)
„Sonst ist es natürlich hier an der Stelle sehr sinnvoll mobil die Profile zu haben. Also aus meiner eigenen Erfahrung, [...] jetzt bei uns natürlich nur auf die Profile, mobil zugreifen könnte würde mir das sehr viel Zeit ersparen, weil ich das auch am Arbeitsplatz eigentlich immer nur in Situationen mache in denen ich mal kurz Zeit und Kopf dafür habe und das habe ich eigentlich oft wenn ich mal eben warte. Dann screene ich kurz die Kandidaten kann mir vielleicht kurz einen Kommentar dazu schreiben. Das ist sehr sinnvoll hier an dieser Stelle. (ExpC9)
DP2MR: Funktionalitäten zum zeit- und ortsunabhängigen Auswählen von Stellenanforderungen, Ausschreibungskanälen, Zeiträumen für Personalauswahlmaßnahmen und Bewerbern für alle beteiligten Prozessakteure sowie das Zusammenführen der Individualentscheidungen mithilfe einer Divide-and-Conquer-Strategie.
„Ich glaube das wäre der Prozess wie wir ihn hier leben würden. Es gibt bei uns nicht den einen der das sagen hat und dann über alle hinweg entscheidet, nur weil einer vier Entscheidungen hat der andere hat drei, dann redet man noch einmal drüber warum findest du den denn nicht so gut, was ist dir da negativ aufgefallen, das passiert alles in der Diskussion." (ExpC6)
„Die Differenzierung wenn ich kurz sehe was ist der Schritt, dann würde mir das ausreichen. Mit „Daumen hoch", „Daumen runter" [...] ein Kommentarfeld dazu, mehr braucht man letztlich nicht. Den lade ich ein oder ich sage ab, das ist relativ simpel." (ExpC7)
„Dementsprechend ist die Idee gar nicht schlecht alle daran zu beteiligen wo es ausgeschrieben werden soll. Allerdings ist der Punkt, dass diese Funktion ja nichts anderes substituiert als ein Treffen in dem alle zusammen sitzen und sich darauf einigen. Und die Frage ist jetzt in welchen Situationen das stattfinden kann. Also ich kann mir gut vorstellen wenn alle Prozessbeteiligten örtlich auseinander sitzen. Da ist das mit Sicherheit sinnvoll das digital so zu unterstützen und so zu einer Entscheidung zu kommen." (ExpC9)
DP3MR: Bereitstellen von systembasierten Auslösern, die Prozessakteure direkt informieren, sobald Entscheidungen von ihnen getroffen werden müssen sowie für das automatische Starten nachfolgender Aktivitäten, wenn die vorhergehende Aktivität abgeschlossen ist.
„Von der Anwendung an sich finde ich es echt gut, auch mit diesem „Ich-klicke-was-an-und-es-wird-sofort-verarbeitet" und alle anderen werden involviert. Ich krieg dann wieder das Ergebnis, also ja finde ich gut." (ExpC3)
„Ich finde Push-Benachrichtigungen generell sehr gut! Wenn sie aber eine sehr hohe Anzahl haben und das wäre um ehrlich zu sein eine Frage die mir gerade in den Kopf schoss: Wir haben z. B. eine extra Recruiting Abteilung die sich um diese ganzen Themen kümmert und nicht weiß, dass unsere Recruiter teilweise zwischen 40 und 50 Jobrequisitions auf ihrem Tisch haben. [...] Ich meine bei 3 oder 4 oder 5 mag das noch relativ überschaubar sein, ich glaube so ab 10, 20 wird es kritisch. Vielleicht könnte das aber auch Idee sein um es dann so zu sagen: O.k. dann fokussiert man sich halt wirklich auf die wo ein Ausrufezeichen steht." (ExpC3)
„Ja diese Funktion, dass einzelne Prozessteilnehmer zu Prozesszeitpunkten informiert werden bringt Attention auf die Prozesszeitpunkte. Sonst könnte es es gut auch vergessen. [...] gerade bei Fachabteilungen ist natürlich Recruiting so ein Thema das nebenbei läuft, neben den Fachprozessen. Da regelmäßig daran erinnert zu werden ist vielleicht mal ganz sinnvoll." (ExpC9)
DP4MR: Funktionalitäten zum automatischen Vorschlagen von Zeiträumen für Auswahlmaßnahmen (mithilfe einer Divide-and-Conquer-Strategie) und zum Vorschlagen von Bewerberzuweisungen innerhalb des finalen Zeitplans.
„Essenziell ist es sogar. Terminfindung und Kandidaten sozusagen, Interviewmanagement ist wichtig. [...] wenn ich unterwegs bin, kann ich sofort eine Rückmeldung geben: Der Termine wäre möglich oder nicht." (ExpC1)
„Für Leute die ihren Kalender selbst im Griff haben [...] würde ich sagen das ist super. Ich kann auch einschätzen: Kann ich das an dem Tag machen? Bin ich nicht da? Wunderbar. Ein Manager kann im Zweifel nicht aus und das Risiko was ich dann da sehe dass er sagt: Ja ja, das geht schon." (ExpC3)
„Ja, auf jeden Fall! Also das ist glaube ich einer der größten Koordinationsaufwände, dass da ein geeigneter Termin mit den entsprechenden Teilnehmern gefunden wird." (ExpC4)

Tabelle 64: MobiRecruit – Zitate zu Designprinzipien

In Bezug auf die Wirkungen, die eine solche mobile Applikation innerhalb des Prozesses erzielen könnte, wurde vor allem genannt, dass die Durchlaufzeiten reduziert und die Effizienz der Prozessbearbeitung erhöht werden könnten. Hierbei wurde erneut auf die Wichtigkeit eines schnellen Rekrutierungsprozesses hingewiesen (vgl. Abschnitt 7.2.1.1):

„Es kommt natürlich auf den Kandidaten oder die Stellenausschreibung an, dass man da schnell reagiert. Das ist manchmal ein entscheidender Erfolgsfaktor den richtigen Kandidaten zu finden." (ExpC4)

Zudem wurde angesprochen, dass mobile Anwendungen meist die einzige Möglichkeit darstellen, um den Rekrutierungsprozess bei örtlich verteilten und mobilen Akteuren zu beschleunigen:

„In dem Fall, [dass die Prozessakteure örtlich verteilt und mobil sind,] ist das Tool eigentlich überhaupt die einzige Möglichkeit die Kollegen in elektronische Workflows einzubinden, in denen sie gleichzeitig zeitnah antworten bzw. [...] reagieren können."

(ExpC9)

In Bezug auf die jeweiligen Designprinzipien wurde zunächst bestätigt, dass durch die vorhandene Möglichkeit, Stellen- und Bewerberprofile einzusehen, die Informationsgrundlage mobiler Akteure verbessert werden kann (vgl. **EP1$_{MR}$**). So könnte es zu einer Reduktion von Fehlentscheidungen kommen, die bspw. aufgrund eines „Bauchgefühls" (ExpC6) bestimmter Akteure getroffen werden. In Bezug auf die in MobiRecruit implementierten Mechanismen zur Entscheidungsfindung gaben die Experten an, dass diese die Durchlaufzeiten des Prozesses merklich reduzieren könnten (vgl. **EP2$_{MR}$**), da die Akteure in der Lage wären, Leerzeiten für das Durchführen von Prozessaktivitäten zu verwenden (ExpC6, ExpC7). Hierbei helfen auch die Funktionen zum Benachrichtigen von Prozessakteuren bei ausstehenden Aktivitäten, da diese die Aufmerksamkeit der involvierten Personen wieder auf den Rekrutierungsvorgang lenken (ExpC9) und somit Verzögerungen reduzieren (vgl. **EP3$_{MR}$**). Letztlich wurde genannt, dass die Funktionen zum Unterstützen der Terminfindung die Prozesseffizienz erhöhen kann (vgl. **EP4$_{MR}$**), da die Koordination von Terminen oftmals den größten Aufwand verursacht, welcher hierdurch reduziert werden kann (ExpC4). Tabelle 65 gibt einen Überblick über beispielhafte Zitate in Bezug auf die Evaluationspropositionen.

Evaluationspropositionen und beispielhafte Zitate
EP1$_{MR}$: Das Distribuieren von Stellen- und Bewerberprofilen verringert die Wahrscheinlichkeit von Fehlentscheidungen, die aufgrund von unvollständigen Informationen getroffen werden, und erhöht somit die Effektivität des Rekrutierungsprozesses.
„Ich glaube schon, dass es dazu beitragen würde (Anm.: bezugnehmend auf eine bessere Informationsgrundlage), weil viele Manager ja auch immer mal wieder irgendwo rumsitzen und ihr iPhone [...] zur Hand haben. Und ich glaube schon, dass wenn [...] das jemand ist der sich für solche Technologien und mobilen Anwendungen interessiert, der wird das auch definitiv nutzen und wird es auch zu seinem Vorteil nutzen." (ExpC3)
„Angenommen ich hätte tatsächlich jetzt hier vier Kandidaten, fünf Kandidaten, dann lesen Sie sich mal die Bewerbungsunterlagen von fünf Kandidaten durch. Mit Lebenslauf, den ganzen Zeugnissen, mit irgendwelchen Diplomen und was die nicht alles haben. Dann verliere ich ganz schnell den Überblick, wer hat denn gerade wieder was gehabt, dann muss ich wieder reingucken und irgendwann sage ich vom Bauchgefühl die beiden sind es, weil ich keine Lust mehr habe." (ExpC6)
EP2$_{MR}$: Das zeit- und ortsunabhängige Auswählen von Stellenanforderungen, Ausschreibungskanälen, Zeiträumen für Personalauswahlmaßnahmen und Bewerbern reduziert Verzögerungen bei der Entscheidungsfindung, die durch örtlich mobile Akteure verursacht werden, und verringert so die Durchlaufzeiten des Rekrutierungsprozesses.
„Naja wir sind wieder bei dem Thema, glaube ich, Effizienz tatsächlich. Es ist natürlich sehr einfach [...] was da abläuft. Ich sage: Ja. Nein. Möchte ich einladen. Möchte ich nicht. Und ich glaube das ist einer der größten Vorteile und in vielen Unternehmen geht es ja immer wieder um das Thema Effizienzen." (ExpC3)
„Ich glaube, dass es den Prozess beschleunigen kann, weil ich letztendlich – egal wo ich gerade bin – Zugriff auf diese Informationen habe. Bei uns ist halt hier ein ziemlicher Papierprozess in dem System, als Personaler, ziemlich schnell erkennen kann wie die Meinung der anderen ist und zwar just-in-time, wenn das abgespeichert worden ist dann sehe ich letztendlich wie viele Leute da schon ihre Meinung abgegeben haben. Ich kann den Prozess besser begleiten. So muss ich anrufen und sagen, wie ist deine Meinung? Brauche ich dann nicht mehr." (ExpC6)
„Was ist eine Führungskraft? Da ist ihr Problem der Regel Zeit das Problem. Und das ist einfach eine Zeit Ersparnis, dass man zwischendurch auf dem Weg in die Kantine mal reinschauen kann. Einfach wenn man unterwegs ist, die Zeit optimal nutzen kann. [...] Prozess beschleunigen und Effizienzsteigerung. Zeitersparnis für Führungskräfte und HR." (ExpC7)

EP3ᴍʀ: Das Informieren von Prozessakteuren über ausstehende Entscheidungen reduziert Verzögerungen, welche durch die Unwissenheit von Akteuren über einen Handlungsbedarf ihrerseits entstehen, und verringert so die Durchlaufzeiten des Rekrutierungsprozesses.
„Manager vergessen tatsächlich gerne, dass sie auch ein „to-do" haben wenn es um Mitarbeitereinstellung geht. Die lassen das auch gerne mal so ein bisschen so nach dem Motto: Ja ja, ich habe ja den Kandidaten interviewt, ich finde den gut jetzt geht es weiter. Aber diese Push Nachrichten können natürlich auch das Leben eines Recruiters oder eines HR'lers generell erleichtern, wenn der Manager vom System aus schon einmal einen Hinweis bekommt. […] gerade die Zeit zwischen „wann-wird-eine-Stelle-gepostet" [und] „wann-wird-eine-Stelle besetzt" ist ja eine sehr kritische Zeit. […] Und ich glaube durch diese Push Nachrichten wird an der einen oder der anderen Stelle auch derjenige mehr aktiviert der vielleicht nicht jeden Tag in dieses Recruiting-Tool reinschaut. […] Dass ein Recruiter da jeden Tag reinguckt ist klar […]. Aber ein Manager oder ein HR-Manager oder ein HR-Business-Partner oder was auch immer, wenn der vielleicht an der einen oder der anderen Stelle wirklich nochmal aktiver aufgefordert wird, ich glaube das [ist] wirklich eine gute Sache. […] ich werde einfach aktiv erinnert und das erleichtert mir natürlich dann auch meine Wiedervorlage." (ExpC3)
„Oder ich erkenne, wer das Feedback gegeben hat und kann entsprechend tracken, was da gerade passiert und kann die nochmal ansprechen und auffordern, die es noch nicht gemacht haben, genau diese Bewertung abzugeben. Damit ich in dem Prozess zügig weiter komme. Ich glaube das würde den Prozess insgesamt beschleunigen." (ExpC6)
EP4ᴍʀ: Das automatische Vorschlagen von Zeiträumen für Personalauswahlmaßnahmen sowie der Zuordnung von Bewerbern zu einzelnen Terminen reduziert den manuellen Planungsaufwand und erhöht somit die Effizienz des Rekrutierungsprozesses.
„[…] das ist glaube ich einer der größten Koordinationsaufwände, dass da ein geeigneter Termin mit den entsprechenden Teilnehmern gefunden wird." (ExpC4)
„Wenn die Integration [der Termine] in beide Richtungen stattfindet (Anm.: in Bezug auf eine Integration mit Microsoft Outlook), beschleunigt es den Prozess." (ExpC7)

Tabelle 65: MobiRecruit – Zitate zu Evaluationspropositionen

7.2.3.2 Implikationen für die Designprinzipien

Neben der Evaluation der bereits existierenden Designprinzipien wurden im Rahmen der Interviews Aspekte von den Experten angesprochen, aus denen sich neue Designprinzipien ergeben. Hierbei wird ebenfalls eine Unterteilung in Funktionalitäten (in Form von Designprinzipien) und attribuierten Wirkungen (in Form von Evaluationspropositionen) vorgenommen. In Bezug auf das Starten des Prozesses wurde von den Experten angesprochen, dass der Prototyp direkt Prozessakteure vorgeschlagen sollte (**DP5ᴍʀ**). So könnten aufgrund der Organisationsstruktur sowie festgelegter Verantwortlichkeiten im Personalbereich automatisch bestimmte Akteure (bspw. Führungskräfte der Fachabteilung oder zuständige HR-Referenten) zugewiesen werden (ExpC1). Hierdurch könnte der Konfigurationsaufwand beim Starten eines neuen Rekrutierungsvorgangs reduziert werden, sodass sich die Effizienz des Prozesses erhöht (**EP5ᴍʀ**).

Des Weiteren wurde angemerkt, dass eine stärkere Automatisierung der Kommunikation mit dem Bewerber über die mobile Anwendung sinnvoll wäre (**DP6ᴍʀ**). So könnten Bewerber direkt per E-Mail kontaktiert werden, bspw. falls ihre Bewerbung abgelehnt wird oder sie zu einem Bewerbungsgespräch eingeladen werden (ExpC4, ExpC7). Dies würde den Aufwand für die Bewerberkommunikation (welche aktuell nicht durch MobiRecruit unterstützt wird) reduzieren, sodass die Prozesseffizienz weiter erhöht wird (**EP6ᴍʀ**).

Abschließend wurde von einem Experten angesprochen, dass Funktionen zum direkten Vergleich der Kandidaten sinnvoll wären (**DP7ᴍʀ**). Zwar wäre hierfür eine stärkere Vorstrukturierung der Daten notwendig (bspw. das Extrahieren von Kompetenzen u. Ä. aus den Bewerbungsunterlagen), jedoch könnte dies dabei helfen, die besten Kandidaten herauszufiltern (ExpC6). Hierdurch könnte der Aufwand für den Vergleich der Bewerber reduziert werden, sodass die Effizienz des Rekrutierungsprozesses erhöht wird (**EP7ᴍʀ**). Problematisch ist hierbei jedoch die Notwendigkeit der stärkeren Vorstrukturierung bzw. Aufbereitung der Informationen, welche bereits thematisiert wurde (s. o.).

Tabelle 66 fasst die neuen Designprinzipien sowie Evaluationspropositionen zusammen, inkl. beispielhafter Zitate aus den Interviews.

Neue Designprinzipien / Evaluationspropositionen und beispielhafte Zitate	
DP5$_{MR}$: Funktionalitäten zum automatischen Vorschlagen von Prozessakteuren basierend auf der Organisationsstruktur (im Fall von Führungskräften) sowie der Verantwortlichkeiten (im Fall von HR-Mitarbeitern).	**EP5$_{MR}$:** Das automatische Vorschlagen von Prozessakteuren verringert den Konfigurationsaufwand beim Starten eines neuen Rekrutierungsvorgangs und erhöht somit die Effizienz des Prozesses.
„[…] gerade wenn Sie bei uns […] in einem bestimmten Segment ausschreiben, da wird schon automatisch bestimmt, wer ist da der Verantwortliche, wer sind die 2-3 Recruiter, also die mit solchen Stellen in der Wissenschaft agieren. Das heißt, natürlich kann ich das immer ergänzen oder erweitern aber […] festgezogenen Verantwortlichkeiten sind schon vorgegeben. (ExpC1)	
DP6$_{MR}$: Funktionen zur automatische Kommunikation mit Bewerbern zum Versenden von Absagen oder Einladungen.	**EP6$_{MR}$:** Das automatisierte Kommunizieren mit Bewerbern verringert den Aufwand für die zuständigen HR-Mitarbeiter und erhöht somit die Effizienz des Rekrutierungsprozesses.
„Grundsätzlich ist es natürlich so, dass z.B. ein Bewerbungsprozess, das zwei Gespräche stattfinden, vielleicht ein Assessment Center stattfindet, diese Einladung zum Assessment Center könnte auch darüber abgebildet werden." (ExpC4)	
„Beispielsweise ich sage einem Bewerber ab, dass die Absage direkt aus dem System gesendet wird. Also: Ich klicke mit dem Daumen nach unten [und] er bekommt eine freundliche Absage-E-Mail." (ExpC7)	
DP7$_{MR}$: Funktionen zum Vergleichen von Bewerbern untereinander sowie dem Stellenprofil auf Basis der Kompetenzen der Bewerber bzw. der Anforderungen der Stelle.	**EP7$_{MR}$:** Das Vergleichen von Bewerbern verringert den Aufwand für die Selektion der passendsten Kandidaten und erhöht somit die Effizienz des Rekrutierungsprozesses.
„Den Bewerbereingang bekomme ich, ich kann mir die Bewerber anschauen, kann die raten (Anm.: engl., i. S. v. bewerten). Hab ich die Möglichkeit […] tatsächlich auch solche Qualifikationen schon zu hinterlegen, um irgendwie die Kandidaten direkt vergleichen zu können?" (ExpC6)	

Tabelle 66: MobiRecruit – Neue Designprinzipien aufgrund der Evaluationsergebnisse

Neben den neuen Designprinzipien ergeben sich Änderungen an den in Abschnitt 7.2.2.1 hergeleiteten Designprinzipien (sind in der Tabelle hervorgehoben): Im Rahmen der Bewerberprofile wurde neben den bereits vorhandenen Informationen eine ergänzende Darstellung von Verknüpfungen zu Profilen auf sozialen Netzen sowie eine Darstellung der Bewerberkompetenzen (sofern vorhanden) ergänzt (vgl. **DP1$_{MR}$**). Der Mechanismus zur Entscheidungsfindung wurde zwar als grundsätzlich sinnvoll eingeschätzt, jedoch wünschten sich die Experten eine größere Flexibilität beim Zuweisen von Prozessakteuren zu den einzelnen Aufgaben. Aus diesem Grund wurde hier ergänzt, dass lediglich die Prozessakteure über etwas abstimmen sollen, die an einer spezifischen Entscheidung aktiv beteiligt sind (im Gegensatz zu allen Akteuren; vgl. **DP2$_{MR}$**). Abschließend wurde von den Experten angemerkt, dass das Versenden von Benachrichtigungen an alle Prozessteilnehmer nicht sinnvoll erscheint, da gerade Mitarbeiter aus dem Personalwesen (insb. wenn es sich um Spezialisten aus dem Bereich der Personalbeschaffung handelt) unnötig viele Benachrichtigungen erhalten würden. Aus diesem Grund wurde hier eine Einschränkung der Benachrichtigungen auf Prozessakteure aus den rekrutierenden Fachabteilungen vorgenommen (vgl. **DP3$_{MR}$**). Tabelle 67 fasst die auf Basis der Evaluation überarbeiteten Designprinzipien zusammen.

Designprinzip	Evaluationsproposition
DP1_{MR}: Funktionalitäten zur Distribution von Informationen über Stellenanforderungen und Bewerberprofile (Grunddaten, *Verknüpfungen zu Sozialen Netzen, Kompetenzen sowie* Anschreiben, Lebenslauf und weitere Dokumente) an Mitarbeiter aus dem Personalwesen sowie an Führungskräfte bei gleichzeitiger Beschränkung des Zugriffs an direkt am jeweiligen Besetzungsvorgang involvierte Akteure.	**EP1_{MR}:** Das Distribuieren von Stellen- und Bewerberprofilen verringert die Wahrscheinlichkeit von Fehlentscheidungen, die aufgrund von unvollständigen Informationen getroffen werden, und erhöht somit die Effektivität des Rekrutierungsprozesses.
DP2_{MR}: Funktionalitäten zum zeit- und ortsunabhängigen Auswählen von Stellenanforderungen, Ausschreibungskanälen, Zeiträumen für Personalauswahlmaßnahmen und Bewerbern für alle Prozessakteure, *die an der jeweiligen Entscheidung beteiligt sind*, sowie das Zusammenführen der Individualentscheidungen mithilfe einer Divideand-Conquer-Strategie.	**EP2_{MR}:** Das zeit- und ortsunabhängige Auswählen von Stellenanforderungen, Ausschreibungskanälen, Zeiträumen für Personalauswahlmaßnahmen und Bewerbern reduziert Verzögerungen bei der Entscheidungsfindung, die durch örtlich mobile Akteure verursacht werden, und verringert so die Durchlaufzeiten des Rekrutierungsprozesses.
DP3_{MR}: Bereitstellen von systembasierten Auslösern, die Prozessakteure *aus den rekrutierenden Fachbereichen* direkt informieren, sobald Entscheidungen von ihnen getroffen werden müssen sowie für das automatische Starten nachfolgender Aktivitäten, wenn die vorhergehende Aktivität abgeschlossen ist.	**EP3_{MR}:** Das Informieren von Prozessakteuren über ausstehende Entscheidungen reduziert Verzögerungen, welche durch die Unwissenheit von Akteuren über einen Handlungsbedarf ihrerseits entstehen, und verringert so die Durchlaufzeiten des Rekrutierungsprozesses.
DP4_{MR}: Funktionalitäten zum automatischen Vorschlagen von Zeiträumen für Auswahlmaßnahmen (mithilfe einer Divide-and-Conquer-Strategie) und zum Vorschlagen von Bewerberzuweisungen innerhalb des finalen[72] Zeitplans.	**EP4_{MR}:** Das automatische Vorschlagen von Zeiträumen für Personalauswahlmaßnahmen sowie der Zuordnung von Bewerbern zu einzelnen Terminen reduziert den manuellen Planungsaufwand und erhöht somit die Effizienz des Rekrutierungsprozesses.
DP5_{MR}: Funktionalitäten zum automatischen Vorschlagen von Prozessakteuren basierend auf der Organisationsstruktur (im Fall von Führungskräften) sowie der Verantwortlichkeiten (im Fall von HR-Mitarbeitern).	**EP5_{MR}:** Das automatische Vorschlagen von Prozessakteuren verringert den Konfigurationsaufwand beim Starten eines neuen Rekrutierungsvorgangs und erhöht somit die Effizienz des Prozesses.
DP6_{MR}: Funktionen zur automatischen Kommunikation mit Bewerbern zum Versenden von Absagen oder Einladungen.	**EP6_{MR}:** Das automatisierte Kommunizieren mit Bewerbern verringert den Aufwand für die zuständigen HR-Mitarbeiter und erhöht somit die Effizienz des Rekrutierungsprozesses.
DP7_{MR}: Funktionen zum Vergleichen von Bewerbern untereinander sowie dem Stellenprofil auf Basis der Kompetenzen der Bewerber bzw. der Anforderungen der Stelle.	**EP7_{MR}:** Das Vergleichen von Bewerbern verringert den Aufwand für die Selektion der passendsten Kandidaten und erhöht somit die Effizienz des Rekrutierungsprozesses.

Tabelle 67: MobiRecruit – Überarbeitete Designprinzipien nach Evaluation

7.3   MobFIS: Prototyp zur Distribution HR-bezogener Führungsinformationen

In den folgenden Abschnitten wird die Entwicklung eines mobilen PIS zur Distribution HR-bezogener Führungsinformationen „MobFIS" beschrieben. Hierzu wird in Abschnitt 7.3.1 zunächst die Notwendigkeit mobiler HR-Führungsinformationssysteme dargelegt. Anschließend werden in Abschnitt 7.3.2 die Konzeption und Entwicklung von MobFIS beschrieben, bevor in Abschnitt 7.3.3 auf die Evaluation des Prototyps eingegangen wird.

7.3.1   Problemstellung der Distribution von HR-Informationen an Führungskräfte

7.3.1.1   Schwachstellen stationärer HR-Führungsinformationssysteme

Die örtliche Mobilität von Führungskräften (vgl. Abschnitt 5.1.2.1) kann dazu führen, dass HR-Prozesse verzögert werden, wenn notwendige Informationen nicht zur Verfügung stehen und dementsprechend

---

[72] Zuvor durch Prozessakteure festgelegt (vgl. DP2_{MR}).

Entscheidungen nicht getroffen werden können.[73] Generell gaben die Experten in den Interviewstudien an, dass Reisezeiten bei Führungskräften in der Vergangenheit stark zugenommen haben und Führungskräfte dementsprechend durch den Einsatz (Tablet-basierter) mobiler Führungsinformationssysteme unterstützt werden sollten:

„Auch, weil viele unserer Führungskräfte international unterwegs sind. Und wenn man dann immer warten muss, bis die wieder gelandet sind... Das können wir uns eigentlich nicht leisten!" (ExpA23)

„[...] es [ist] bei uns sicherlich auch ein Punkt, dass aufgrund der Internationalität der Anteil an Reisezeit stark zunimmt für bestimmte Mitarbeitergruppen und dass wir da einfach auch die Flexibilität im Zugriff auf gewisse Informationen und Anwendungen sicherstellen möchten. Wenn die Tablets da sind, ist das sicherlich deutlich komfortabler, mit [dem] Tablet unterwegs zu sein, als den Laptop einzupacken" (ExpA4)

Das Nutzen solcher mobilen PIS durch Führungskräfte kann demnach die Aktualität und Zuverlässigkeit von Informationen erhöhen, sodass insgesamt bessere Entscheidungen getroffen werden können (da die Wahrscheinlichkeit von Fehlentscheidungen, die auf Basis von veralteten Informationen getroffen werden, sinkt):

„Und das Andere ist [...] [die] Verfügbarkeit von Daten, [...] dieser Punkt der Wahrheit, dass da keiner mehr mit Altdaten durch die Gegend rennt. Und dass man – die Gefahr besteht ja auch, wenn man nicht auf die Systeme zugreift, sondern auf irgendeine gespeicherte Datei – von drei Versionen, die man zugeschickt bekommen hat, die falsche öffnet." (ExpA13)

„Also den Vorteil von mobilen HR-Anwendungen sehe ich insbesondere, wenn es darum geht, Entscheidungen zu treffen, in der Bereitstellung von entscheidungsrelevanten Informationen." (ExpB4)

„Sobald eine Information bei mir eingeht, kann ich diese sofort verarbeiten, egal wo ich gerade bin. Da habe ich natürlich auch eine wesentlich höhere Datenaktualität, als wenn ich nur im lokalen Netz arbeite und nicht mit mobilen Anwendungen." (ExpB6)

Über die Verfügbarkeit von Personalinformationen während Reisezeiten hinaus wurde thematisiert, dass der Einsatz mobiler HR-Informationssysteme auch außerhalb von Dienstreisen (o. Ä.) die Flexibilität der Informationsbeschaffung bei Führungskräften erhöhen kann: So führten die Experten an, dass es durch den Einsatz mobiler PIS Führungskräften ermöglicht wird, sich kurzfristig auf Mitarbeiter- oder Gruppengespräche vorzubereiten, indem auf die Grunddaten der einzelnen Mitarbeiter mobil zugegriffen werden kann:

„Bspw. wenn ich jetzt nicht am Schreibtisch sitze, wenn ich unterwegs bin, mich kurz eben schnell auf ein Meeting vorbereiten möchte. Diese Flexibilität der Ortsunabhängigkeit, das ist ein wichtiger Aspekt. Das Zweite ist, dass ich z. B. auch wenn es darum geht, mit Mitarbeitern Gespräche zu führen, mich sehr kurzfristig vorbereiten kann." (ExpB4)

„Eine andere Sache ist [...] eine mobile Anwendung für die ganzen Grunddaten. Wenn ich irgendwo hingehe als Manager, dass ich auch das Team sehen kann. Kurz die wesentlichen Daten der Teammitglieder. Dann brauche ich nicht den Report." (ExpA14)

---

[73] Dies wurde anhand des Rekrutierungsprozesses bereits diskutiert (vgl. Abschnitt 7.2.1.1).

Neben dem Zugriff auf detaillierte Einzelinformationen zu Mitarbeitern thematisierten die Experten allerdings auch die Notwendigkeit, auf aggregierte Kennzahlen einzelner Verantwortungsbereiche zugreifen zu können:

„Bei Führungskräften kommt immer mal wieder der Wunsch auf, wir hätten gerne so ein kleines Cockpit wo wir [auf] einen Blick unter anderem auch mobil sehen können: Wie hoch ist die Krankenquote? Wer ist momentan wo unterwegs?" (ExpA17)

„Also alles was die Reisenden unterstützt als Führungskraft, das wäre hilfreich. [Bspw.] Krankenstand, was auch immer der da braucht." (ExpA23)

„Also Dashboard-Systeme. [...] Es kann also auch Headcount-Reporting sein, es können aber auch die Daten einzelner Mitarbeiter sein." (ExpA14)

In den folgenden Abschnitten wird die Information Foraging-Theorie verwendet (vgl. Pirolli/Card 1999), um das hier dargestellte Problem der Informationsbeschaffung zu erklären und Anforderungen an mobile HR-Führungsinformationssysteme abzuleiten.

7.3.1.2 Theoretische Fundierung des Problems

Der Information Foraging-Theorie nach PIROLLI UND CARD (1999) liegt die Annahme zugrunde, dass beim Suchen von Informationen Kosten entstehen (bspw. in Form von Zeit, Ressourcen oder Opportunitätskosten), welche durch die Charakteristika der jeweiligen Informationsquellen beeinflusst werden (bspw. Informationsgehalt, Relevanz oder Einfachheit des Zugriffs auf eine Quelle). Somit entwickeln Personen Strategien für die Informationsbeschaffung, bei denen der Wert (bzw. die Nützlichkeit) der gefundenen Informationen bei einer Kosteneinheit (bspw. einer Stunde Suchaufwand) maximiert wird (vgl. Pirolli/Card 1999, S. 646). Die Kosten für die Informationsbeschaffung werden i. d. R. dadurch erhöht, dass viele Informationen lediglich fragmentiert vorliegen (in sog. „information patches" aus unterschiedlichen Quellen), die ggf. miteinander verknüpft sind, jedoch einzeln durchsucht werden müssen (vgl. Fleming et al. 2013, S. 3). Um das Verhältnis aus gefundenen Informationen und Suchkosten zu verbessern (bspw. indem die Suchkosten gesenkt werden; vgl. Pirolli/Card 1999, S. 653), können zwei Aktivitäten durchgeführt werden: Zum einen kann die Suchumgebung („environmental conditions") durch sog. Enrichment-Aktivitäten verändert werden, indem bspw. neue Informationsquellen oder Verknüpfungen zwischen existierenden Informationen hinzugefügt werden (vgl. Fleming et al. 2013, S. 4). Zum anderen können Aktivitäten durchgeführt werden, welche die Wahrnehmung („scent"; vgl. Pirolli/Card 1999, S. 653) des Nutzers in Bezug auf den Wert von Informationen verbessern (bspw. indem zusammenhängende Informationen gleichartig dargestellt oder Kontextinformationen angezeigt werden; vgl. Willett et al. 2007, S. 1130). Somit kann das Auffinden relevanter Informationen vereinfacht werden (vgl. Spink/Cole 2006, S. 28). Für beide Aktivitäten stellt das Anpassen oder Neuentwickeln von Werkzeugen (bspw. Informationssystemen) für die Informationssuche oder -aufbereitung eine Möglichkeit dar (vgl. Fleming et al. 2013, S. 5).

Im vorliegenden Fall erhöhen sich die Kosten für die Informationssuche bei Führungskräften, wenn diese örtlich mobil sind. So haben örtlich mobile Führungskräfte meist keinen Zugriff auf stationäre IS und müssen andere Wege für die Informationsbeschaffung wählen, die aufwendiger (und ggf. fehleranfälliger) sind. Zunächst wurde bereits von den Experten thematisiert, dass in solchen Fällen häufig einzelne, per E-Mail verschickte (oder auf Speichermedien kopierte) Dokumente („information patches") für die Entscheidungsfindung verwendet werden. Zum einen fehlen in diesem Fall jedoch Verknüpfungen zwischen einzelnen Informationen, da ggf. zusammenhängende benötigte Dokumente nicht lokal vorliegen. Dies ist vor allem dann der Fall, wenn Entscheidungen ad-hoc getroffen werden müssen und im Vorhinein nicht bekannt war, dass bestimmte Informationen (bspw. während einer Dienstreise) benötigt werden. Zum anderen wird durch ein solches Vorgehen die Wahrscheinlichkeit von Fehlentscheidungen erhöht, da nicht sichergestellt ist, dass die vorliegenden Informationen auf dem neusten Stand sind. Ebenso ist es den Führungskräften aufgrund des fehlenden Zugriffs auf stationäre IS nicht möglich, sich einen Überblick über aktuelle HR-bezogene Entwicklungen innerhalb ihres Verantwortungsbereichs zu verschaffen.

In beiden dargestellten Fällen führt das Fehlen von Informationen dazu, dass diese über alternative Kanäle beschafft werden müssen. Eine Möglichkeit stellt dabei das Delegieren der Informationsbeschaffung (und ggf. das Versenden der zusammengetragenen Informationen) an untergeordnete Mitarbeiter dar. Hierdurch erhöhen sich jedoch die Kosten für die Informationsbeschaffung, da Aufwand für die Kommunikation zwischen Mitarbeiter und Führungskraft entsteht. Im folgenden Abschnitt werden auf Basis der mithilfe der Information Foraging-Theorie erläuterten Probleme bei der Beschaffung HR-bezogener Informationen für Führungskräfte Anforderungen an mobile PIS abgeleitet.

7.3.1.3 Anforderungen an mobile PIS zur Distribution von Führungsinformationen

Sofern örtlich mobile Führungskräfte keinen Zugriff auf stationäre Systeme haben, können sie sich keinen direkten Überblick über ihren eigenen Verantwortungsbereich verschaffen. Um dieses Problem zu lösen, sollte ein mobiles PIS einen orts- und zeitunabhängigen Zugriff auf HR-bezogene Informationen über den Verantwortungsbereich der Führungskraft ermöglichen (mobFIS Anforderung 1; $A1_{FIS}$). Hierfür eignet sich zum einen die Distribution aggregierter HR-Kennzahlen, die es Führungskräften ermöglichen, kritische, HR-bezogene Situationen (bspw. ein überdurchschnittlich hoher Krankenstand oder eine hohe Mitarbeiterfluktuation; vgl. Kolb 2010, S. 628) in ihrem Verantwortungsbereich zu identifizieren (vgl. Dulebohn/Johnson 2013, S. 78). Zum anderen wurde das Fehlen von HR-bezogenen Detailinformationen in Entscheidungssituationen als zweites Problem identifiziert. Sofern detailliertes Wissen (bspw. über die Organisationsstruktur oder einzelne Mitarbeiter) notwendig ist, reicht die Distribution aggregierter HR-Kennzahlen nicht aus. Deshalb sollte ein mobiles PIS einen orts- und zeitunabhängigen Zugriff auf HR-bezogene Detailinformationen ermöglichen ($A2_{FIS}$). Hierbei wird zwischen personalorientierten (bspw. Informationen zu Mitarbeitern) und organisationsorientierten Informationen (bspw. Informationen zu Stellen und Organisationseinheiten) unterschieden (vgl. Abschnitt 2.1.1). Da (vor allem bei semi- oder unstrukturierten Entscheidungen) im Vorhinein i. d. R. nicht feststeht, welche Informationen benötigt werden, sollten beide Informationsarten durch ein mobiles PIS bereitgestellt werden.

Als ein weiteres Problem wurde die fehlende Möglichkeit genannt, zusammenhängende Informationen bzw. Datensätze („information patches") direkt aufzurufen und einsehen zu können. Um dies zu unterstützen, sollte ein mobiles PIS zusammenhängende Informationen miteinander verknüpfen ($A3_{FIS}$). So sollte es bspw. möglich sein, zwischen aggregierten Kennzahlen, den dazugehörigen Organisationseinheiten und den dort zugeordneten Mitarbeitern und Stellen zu navigieren. Darüber hinaus sollten dabei

Kontextinformationen zu den Datensätzen angezeigt werden (bspw. ob bestimmte Werte für Kennzahlen als kritisch einzustufen sind), um Führungskräften eine bessere Einschätzung der Relevanz der Informationen zu ermöglichen ($A4_{FIS}$).

Tabelle 68 fasst die Probleme bei der Distribution von HR-bezogenen Führungsinformationen aus dem vorherigen Abschnitt sowie die daraus abgeleiteten Anforderungen an mobile PIS zusammen. Diese werden im folgenden Abschnitt genutzt, um Designprinzipien für mobile Anwendungen zum Unterstützen der Distribution von HR-Führungsinformationen abzuleiten.

Problemstellung	Anforderung
Führungskräfte können sich keinen Überblick über aktuelle HR-bezogene Entwicklungen in ihrem Verantwortungsbereich verschaffen.	$A1_{FIS}$: Orts- und zeitunabhängiger Zugriff auf HR-bezogene (aggregierte) Informationen über den Verantwortungsbereich der Führungskraft.
Führungskräfte haben keinen Zugriff auf entscheidungsrelevante, HR-bezogene Detailinformationen.	$A2_{FIS}$: Orts- und zeitunabhängiger Zugriff auf (entscheidungsrelevante) HR-bezogene personal- und organisationsorientierte Detailinformationen für Führungskräfte.
Es existieren keine Verknüpfungen zwischen relevanten Informationen, sodass eine Navigation durch vorliegende Dokumente nicht möglich ist.	$A3_{FIS}$: Verknüpfen von zusammenhängenden Informationen, um das Navigieren durch die Datenbasis zu ermöglichen.
	$A4_{FIS}$: Distribution von Kontextinformationen zu HR-Datensätzen, um eine bessere Einschätzung der Relevanz von Informationen zu ermöglichen.

Tabelle 68: Anforderungen an mobile PIS zur Distribution von Führungsinformationen

7.3.2 Konzeption und Entwicklung des Prototyps

7.3.2.1 Ableitung von Designprinzipien

Die zuvor abgeleiteten Anforderungen werden im Folgenden in Designprinzipien für mobile PIS zur Distribution von Führungsinformationen überführt. Hierbei wird ebenfalls darauf eingegangen, inwiefern die beschriebenen Funktionen zum Verbessern der Informationsgrundlage von Führungskräften bzw. zum Senken der Kosten für die Informationssuche (vgl. Abschnitt 7.3.1.2), beitragen können.

Im vorherigen Abschnitt wurde beschrieben, dass örtlich mobile Führungskräfte in der Lage sein müssen, sich einen Überblick über ihren eigenen Verantwortungsbereich zu verschaffen, um auf HR-bezogene Ereignisse oder Veränderungen reagieren zu können (vgl. $A1_{FIS}$). Dementsprechend muss ein mobiles PIS Funktionalitäten zum Bereitstellen von Informationen über HR-bezogene Ereignisse und Kennzahlen über den Verantwortungsbereich des Nutzers beinhalten (mobFIS Designprinzip 1; $DP1_{FIS}$). Das Darstellen solcher Überblicksinformationen sollte in Form eines sog. Dashboards erfolgen. Hierbei handelt es sich um Oberflächen, die Informationen zu Metriken und eingetretenen Ereignissen übersichtlich darstellen und einen Absprung in detailliertere Informationen zu einzelnen Datensätzen ermöglichen (vgl. Malik 2005, S. 8; Rasmussen et al. 2009, S. 15). Durch diese Absprungmöglichkeit existiert gleichzeitig eine Verknüpfung zwischen den zusammenhängenden Datensätzen (bspw. zu einzelnen Mitarbeiter- oder Stellenprofilen), sodass diese Anforderung (vgl. $A3_{FIS}$) ebenfalls berücksichtigt wird. Des Weiteren wurde erläutert, dass Kontextinformationen zum Beurteilen der Relevanz von Informationen verfügbar sein sollten (vgl. $A4_{FIS}$). Somit sollte zur besseren Beurteilung der dargestellten Kennzahlen jeweils angegeben werden, inwiefern der aktuelle (Ist-)Wert von den Vorgaben (Soll) abweicht (bzw. ob dieser Wert kritisch ist). Wenn Führungskräfte orts- und zeitunabhängig auf diese Informationen zugreifen können, erhöht sich ihr Informationsstand über ihren Verantwortungsbereich, sodass die von ihnen wahrgenommenen HR-Aktivitäten effektiver ausgeführt werden können (bspw. indem zeitnah passende Maßnahmen zur Korrektur kritischer Zustände – wie bspw. eines hohen Krankenstands – ergriffen werden können; mobFIS Evaluationsproposition 1, **EP1$_{FIS}$**).

Da vom Dashboard aus ein Absprung in Detailinformationen zu Mitarbeitern und Stellen möglich sein soll, ergibt sich hieraus bereits, dass ein mobiles PIS Funktionalitäten zum Bereitstellen von Mitarbeiter- und Stellenprofilen enthalten muss (**DP2$_{FIS}$**). Diese sind notwendig, um bei HR-bezogenen Entscheidungen auf die erforderlichen Informationen zugreifen zu können (vgl. A2$_{FIS}$). Da es sich hierbei jedoch um personenbezogene Daten handelt (zumindest bei Mitarbeiterprofilen), muss der Zugriff auf die Informationen aus datenschutzrechtlichen Gründen auf den Verantwortungsbereich des jeweiligen Nutzers (bzw. der jeweiligen Führungskraft) beschränkt werden (vgl. Abschnitt 5.1.2.3 und 7.2.2.1). Somit verbessert sich der Informationsstand der Führungskräfte in Entscheidungssituationen, sodass die Qualität von getroffenen HR-Entscheidungen erhöht werden kann (**EP2$_{FIS}$**). Neben Stellen- und Mitarbeiterprofilen sind ggf. Informationen über die Organisationsstruktur notwendig (bspw. weiterführende Informationen über eine Organisationseinheit, die eine kritische Kennzahl aufweist). Dementsprechend sollte ein mobiles FIS Funktionen enthalten, um die Organisationsstruktur darzustellen (**DP3$_{FIS}$**). Hier ist die Darstellung in Form eines Organigramms sinnvoll, da hierüber die strukturellen Zusammenhänge von Organisationseinheiten übersichtlich abgebildet werden können (vgl. Tornack 2015, S. 119; Hermann/Pifko 2009, S. 60). Ebenfalls sollten zu jeder Organisationseinheit innerhalb des Organigramms ergänzende Kontextinformationen angezeigt werden, um „kritische" Organisationseinheiten (bspw. Organisationseinheiten, in denen HR-bezogene Kennzahlen über einen Schwellwert hinaus vom Sollwert abweichen) schneller identifizieren zu können (vgl. A4$_{FIS}$). Darüber hinaus sollten Verknüpfungen zu weiterführenden Informationen (bspw. zu den Profilen der Mitarbeiter oder Stellen innerhalb der Organisationseinheit) enthalten sein (vgl. A3$_{FIS}$), sodass eine einfache Navigation durch den Datenbestand möglich ist. Analog zum Bereitstellen von Mitarbeiter- und Stellenprofilen (vgl. EP2$_{FIS}$) verbessert das Bereitstellen von Informationen über die Organisationsstruktur die Informationsbasis in Entscheidungssituationen, sodass die Qualität von HR-bezogenen Entscheidungen verbessert werden kann (**EP3$_{FIS}$**).

Um die Kosten bei der Informationssuche gering zu halten, muss eine einfache Navigation durch die vorhandenen, relevanten Datensätze möglich sein (vgl. A3$_{FIS}$). Hierfür sind Verknüpfungen notwendig, die in den oben erläuterten Designprinzipien bereits teilweise explizit berücksichtigt wurden (vgl. DP1$_{FIS}$ und DP3$_{FIS}$). Generell sollte es möglich sein, zwischen den einzelnen Aggregationsstufen der Informationen (höchste Ebene: Dashboard; niedrigste Ebene: Mitarbeiterprofil) zu navigieren (**DP4$_{FIS}$**). Eine strukturelle Aufteilung der Informationen anhand ihres Aggregationsgrades ist insbesondere für die Darstellung innerhalb mobiler Applikationen relevant, da (auch bei Tablet-basierten Anwendungen) nur wenig Platz für die Informationsdarstellung zur Verfügung steht (vgl. Abschnitt 2.2.3; Adipat/Zhang 2005, S. 2384). Durch das hierarchische Navigieren durch die verfügbaren Informationen, wird das Auffinden relevanter Informationen vereinfacht, sodass die Effizienz der Informationssuche erhöht wird (**EP4$_{FIS}$**). Tabelle 69 fasst die Designprinzipien für mobile PIS zur Distribution von Führungsinformationen zusammen. Diese bilden die Grundlage für die Entwicklung des Prototyps „mobFIS", die im folgenden Abschnitt beschrieben wird.

Designprinzip	Evaluationsproposition
$A1_{FIS} + A3_{FIS} + A4_{FIS} \rightarrow DP1_{FIS}$: Funktionalitäten zum Bereitstellen von Informationen über HR-bezogene Ereignisse und kritische Kennzahlen im Verantwortungsbereich der Führungskraft in Form eines Dashboards.	$EP1_{FIS}$: Das Bereitstellen von Informationen über HR-bezogene Ereignisse und kritische Kennzahlen verbessert den Informationsstand von Führungskräften über ihren eigenen Verantwortungsbereich und erhöht somit die Effektivität der von ihnen ausgeführten HR-Aktivitäten.
$A2_{FIS} \rightarrow DP2_{FIS}$: Funktionalitäten zum Bereitstellen von Mitarbeiter- und Stellenprofilen, bei gleichzeitiger Beschränkung des Zugriffs auf Mitarbeiterinformationen auf den Verantwortungsbereich der Führungskraft.	$EP2_{FIS}$: Das Bereitstellen von Mitarbeiter- und Stellenprofilen ermöglicht es Führungskräften auf entscheidungsrelevante Informationen zuzugreifen, sodass sich die Qualität von getroffenen (HR-bezogenen) Entscheidungen erhöht.
$A2_{FIS} + A3_{FIS} + A4_{FIS} \rightarrow DP3_{FIS}$: Funktionalitäten zum Darstellen der Organisationsstruktur in Form eines Organigramms inkl. ergänzender Kontextinformationen (Kennzahlen und Leiter der jeweiligen Organisationseinheiten).	$EP3_{FIS}$: Das Bereitstellen von Informationen über die Organisationsstruktur ermöglicht es Führungskräften auf entscheidungsrelevante Informationen zuzugreifen, sodass sich die Qualität von getroffenen (HR-bezogenen) Entscheidungen erhöht.
$A3_{FIS} \rightarrow DP4_{FIS}$: Funktionalitäten zum Navigieren zwischen einzelnen Datensätzen anhand der Aggregationsebene (von HR-Kennzahlen, zu Organisationseinheiten, zu Mitarbeiter- und Stellenprofilen).	$EP4_{FIS}$: Die Navigation durch HR-Datensätze über unterschiedliche Aggregationsebenen hinweg ermöglicht das schnellere Auffinden relevanter Informationen und erhöht somit die Effizienz bei der Informationssuche.

Tabelle 69: Designprinzipien für mobile PIS zur Distribution von Führungsinformationen

7.3.2.2 Implementierung der Instanz

Um eine möglichst große Praxisrelevanz der in mobFIS[74] dargestellten HR-Informationen zu erreichen, wurde beim Entwickeln des Datenmodells, das dem Prototyp zugrunde liegt, eine Analyse bestehender, stationärer MSS-Systeme durchgeführt. Ziel war es festzustellen, welche personal- und organisationsorientierten HR-Informationen diese Führungskräften zur Verfügung stellen, um somit ein möglichst vollständiges Bild aller für den Prototyp notwendigen Daten zu erhalten. Hierbei wurden zunächst die jeweiligen Funktionalitäten der einzelnen MSS-Systeme betrachtet und anschließend Klassen von Informationen identifiziert, die in einem mobilen HR-Führungsinformationssystem enthalten sein müssen. Eine vollständige Übersicht der untersuchten Systeme sowie der daraus abgeleiteten Informationsklassen befindet sich in Anhang A12. Abbildung 46 stellt die wesentlichen Entitäten des Datenmodells des Prototyps in Form eines Entity Relationship Modells (ERM) anhand der Unified Modelling Language (UML)-Notation dar (vgl. Cordts et al. 2011, S. 54; Matthiessen/Unterstein 2008, S. 118).

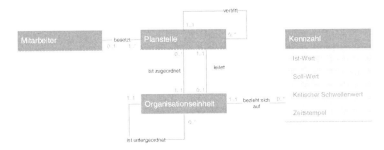

Abbildung 45: mobFIS – Datenmodell der Organisationsstruktur

---

[74] Der in diesem Abschnitt beschriebene Prototyps „mobFIS" ist im Rahmen einer Masterarbeit (vgl. Becker 2014) unter Betreuung des Autors dieser Arbeit entstanden.

Um Mitarbeiter- und Stellenprofile bereitzustellen (vgl. **DP2$_{FIS}$**) sowie die Organisationsstruktur des Unternehmens darstellen zu können (vgl. **DP3$_{FIS}$**), werden die Entitäten Mitarbeiter, Planstelle und Organisationseinheit benötigt. Die Unternehmensstruktur wird zunächst über Organisationseinheiten sowie deren Beziehungen untereinander abgebildet (Vater-Kind-Beziehungen). Darüber hinaus ist jede Planstelle einer Organisationseinheit zugeordnet, bspw. um eine Abteilungszugehörigkeit darzustellen. Falls eine Planstelle eine Leitungsfunktion innehat, ist dies ebenfalls über eine Beziehung zu der jeweiligen Organisationseinheit abgebildet. Jeder Planstelle sind darüber hinaus Mitarbeiter zugeordnet, welche diese besetzen. Als eine weitere Entität existieren Kennzahlen, die sich jeweils auf eine Organisationseinheit beziehen (vgl. **DP1$_{FIS}$**). Durch diese Datenstruktur werden hierarchische Beziehungen zwischen den einzelnen Ebenen (Mitarbeiter, Stelle und Organisationseinheit) abgebildet, durch die innerhalb des Prototyps navigiert werden kann (vgl. **DP4$_{FIS}$**).

Abbildung 47 stellt die Mitarbeiter-Entität dar und ergänzt diese um Entitäten, die direkt mit dem Mitarbeiter zusammenhängen und somit die Basis für das Mitarbeiterprofil (vgl. **DP2$_{FIS}$**) bilden.[75]

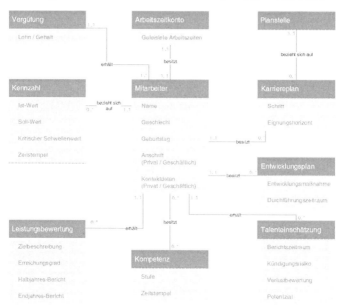

Abbildung 46: mobFIS – Datenmodell der Mitarbeiterinformationen

Neben den Grunddaten (Name, Anschrift, Kontaktdaten etc.), die der Mitarbeiter-Entität direkt zugeordnet sind, existieren im Datenmodell weitere Entitäten, über die HR-bezogene Mitarbeiterinformationen abgebildet werden. Zunächst werden die Grunddaten um Informationen zum Zeitkonto des Mitarbeiters

---

[75] Eine weitere Ausdifferenzierung der Entitäten "Planstelle" und "Organisationseinheit" in Form eines weiteren ERM-Diagramms bleibt hier aus, da sich die für den Prototyp benötigten Informationen (bspw. Vertreter, Vorgesetzte und untergeordnete Mitarbeiter einer Stelle) bereits durch die in Abbildung 45 dargestellten Relationen ergeben.

(geleistete Arbeitsstunden etc.) und Vergütungsinformationen (bspw. Lohn- oder Gehaltsstufe) ergänzt. Darüber hinaus existieren Informationen zur Entwicklung des Mitarbeiters innerhalb des Unternehmens. Zum einen sind dies Informationen über das Kompetenzprofil des Mitarbeiters sowie dessen Entwicklung. Zum anderen gehören hierzu die individuellen Entwicklungs- (vereinbarte Entwicklungsmaßnahmen) und Karrierepläne (festgelegte Karriereschritte inkl. dazugehöriger Planstellen und zeitlicher Eignungshorizonte). Des Weiteren sind Leistungsbewertungen (in Form von Zielbewertungen; vgl. Abschnitt 2.1.2) und Talenteinschätzungen (bspw. Potenzial des Mitarbeiters oder Kündigungsrisiko) innerhalb des Mitarbeiterprofils hinterlegt. Letztlich sind (analog zu den Organisationseinheiten) Kennzahlen in direkten Bezug auf den Mitarbeiter (bspw. Krankentage) innerhalb des Profils abgebildet.

Um die notwendigen Informationen innerhalb eines mobilen PIS bereitstellen zu können, ist eine Reihe von Schnittstellen zu weiteren PIS notwendig: Während Vergütungsinformationen i. d. R. in Personalabrechnungssystemen vorliegen (vgl. Strohmeier 2008, S. 167), sind Karrierepläne bspw. Bestandteil von Entwicklungsplanungssystemen (vgl. Strohmeier 2008, S. 121). Eine Übersicht der Systeme, für die beim Betrieb von mobFIS Schnittstellen entwickelt und bereitgestellt werden müssten, befindet sich in Tabelle 70.

Quellsysteme	Verfügbare Informationen
Arbeitszeitmanagementsysteme	Arbeitszeitkonten
(HR-)Data Warehouse Systeme	HR-Kennzahlen
Entwicklungsplanungssysteme	Entwicklungs- und Karrierepläne
Kompetenzmanagementsysteme	Mitarbeiterkompetenzen und Stellenanforderungen
Performance Management Systeme	Leistungsbewertung und Talenteinschätzung
Stammdatensysteme	Basisinformationen zu Mitarbeitern und Organisationsstruktur
Vergütungsmanagementsysteme	Vergütungsinformationen
vgl. Strohmeier 2008; Badgi 2012; Burgard/Piazza 2008, S. 223; Lindgren et al. 2004	

Tabelle 70: mobFIS – Notwendige Integration weiterer PIS[76]

Um die Komplexität der Prototypentwicklung zu reduzieren und einen Fokus auf das Entwickeln der Kernfunktionalitäten legen zu können, wurde für den Prototyp eine einzelne MySQL-Datenbank implementiert, in welcher sämtliche benötigten Daten vorlagen. Aufgrund der losen Kopplung der einzelnen Systemkomponenten (vgl. Abschnitt 7.2.2.2) ist die Integration externer Informationssysteme in den entwickelten Prototyp ohne weiteres möglich.

Im Folgenden wird der entwickelte Prototyp anhand von Bildschirmfotos der Anwendung beschrieben. Die Oberfläche des Prototyps wurde für die Anzeige auf Tablet-PCs optimiert (sodass ein größerer Bereich für die Informationsdarstellung zur Verfügung steht). Dies wurde auf Basis der Expertenmeinungen entschieden, da diese Tablet-basierte Führungsinformationssysteme als sinnvoll bewertet hatten (vgl. Abschnitt 7.3.1.1). Abbildung 47 stellt das Dashboard von mobFIS dar.

---

[76] Eine detaillierte Übersicht über die unterschiedlichen Arten von Personalinformationssystemen gibt Strohmeier (2008).

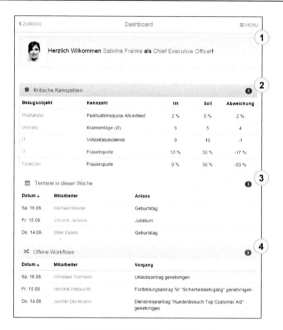

Abbildung 47: mobFIS – Dashboard

Auf dem Dashboard wird zunächst dargestellt, welcher Nutzer aktuell angemeldet ist (vgl. Abbildung 47, 1). Der Name und die aktuelle Position des Nutzers sind blau hinterlegt, wodurch innerhalb des Prototyps angedeutet wird, dass verknüpfte Datensätze existieren (vgl. $DP4_{FIS}$). Darunter befinden sich drei Container, welche HR-bezogene Informationen zum Verantwortungsbereich des Nutzers beinhalten: Zunächst werden Kennzahlen angezeigt, bei denen der Ist-Wert über einen definierbaren Schwellenwert vom Soll-Wert abweicht (vgl. Abbildung 47, 2). Dabei werden neben der Organisationseinheit, in der die jeweilige Kennzahl einen kritischen Wert erreicht hat, ebenfalls die Ist- und Soll-Werte sowie die aktuelle Abweichung zwischen beiden angezeigt. Ein Klick auf eine Organisationseinheit führt an dieser Stelle zum Organigramm. Unter den kritischen Kennzahlen werden bevorstehende, HR-bezogene Ereignisse im Verantwortungsbereich des Nutzers dargestellt (vgl. Abbildung 47, 3), wie bspw. Geburtstage oder Jubiläen. Letztlich ist eine Übersicht über offene HR-Workflows vorhanden, in denen der Nutzer tätig werden muss (bspw. das Genehmigen von Urlaubsanträgen oder das Durchführen von Rekrutierungsvorgängen; vgl. Abbildung 47, 4). Hierbei stellen die abgebildeten Informationen jeweils eine Verknüpfung zu anderen (mobilen) PIS dar. So ist es bspw. denkbar, dass innerhalb von mobFIS durchzuführende Rekrutierungsaktivitäten innerhalb von MobiRecruit (vgl. Abschnitt 7.2) angezeigt werden und durch einen Klick auf die jeweilige Aktivität dieser Applikation aufgerufen wird. Aufgrund des prototypischen Charakters von mobFIS ist dies jedoch nicht implementiert. Insgesamt erhält der Nutzer somit relevante HR-Informationen (HR-Kennzahlen, -Ereignisse und -Workflows), die es ihm ermöglichen, sich einen Überblick über den eigenen Verantwortungsbereich zu verschaffen (vgl. $DP1_{FIS}$). Durch einen

Klick auf eine Organisationseinheit im Bereich der kritischen Kennzahlen (vgl. Abbildung 47, 2) wird das Organigramm aufgerufen (vgl. Abbildung 48).

Abbildung 48: mobFIS – Organigramm

Sofern dieses über den Kennzahlenbereich des Dashboards geschieht, fokussiert das Organigramm die zuvor angeklickte Organisationseinheit (vgl. Abbildung 48, 1). Neben dem Namen der Organisationseinheit, dem aktuellen Leiter sowie der dazugehörigen Leitungsplanstelle werden auswählbare Kennzahlen angezeigt (vgl. **DP3FIS**). Sofern eine kritische Kennzahl im Dashboard angeklickt wurde, ist diese im Organigramm vorausgewählt und wird dargestellt. Welche Kennzahlen abgebildet werden, kann über die „Filter"-Schaltfläche (vgl. Abbildung 48, 2) angepasst werden. Darüber hinaus kann an dieser Stelle ausgewählt werden, ob die Kennzahlen nur für die jeweiligen Organisationseinheiten oder als aggregierte Kennzahlen über alle untergeordneten Organisationseinheiten berechnet werden sollen. Im unteren Bereich werden die Organisationseinheiten abgebildet, welche der aktuell ausgewählten untergeordnet sind (vgl. Abbildung 48, 3). Durch einen Klick auf eine untergeordnete Organisationseinheit wird diese im Organigramm aufgerufen und die ihr untergeordneten Organisationseinheiten werden angezeigt. Über einen Klick auf die Schaltfläche in der Mitte der Ansicht (Abbildung 48, 4) wird die Organisationseinheit fokussiert, welche der aktuell ausgewählten übergeordnet ist. Durch die beiden letztgenannten Funktionen ist es möglich, durch die verschiedenen Hierarchieebenen der Organisationsstruktur zu navigieren.

Durch einen Klick auf den Namen eines Mitarbeiters gelangt man in das Mitarbeiterprofil. Dieses ist in Abbildung 49 bis Abbildung 52 dargestellt (vgl. **DP2FIS**).[77]

---

[77] Da sich die einzelnen Masken des Mitarbeiterprofils stark ähneln, wird an dieser Stelle auf eine vollständige Beschreibung aller Masken verzichtet. Stattdessen werden einzelne Aspekte (Basisdaten, Kennzahlen, Kompetenzen und Talenteinschätzungen) exemplarisch dargestellt.

Abbildung 49: mobFIS – Mitarbeiterprofil Grunddaten

Beim Öffnen eines Mitarbeiterprofils werden zunächst die Basisinformationen des jeweiligen Mitarbeiters aufgerufen (vgl. Abbildung 49, 1). Diese beinhalten die (privaten und geschäftlichen) Kontaktdaten sowie Informationen zu Notfallkontakten und Stellvertretern. Über das Menü auf der linken Seite (vgl. Abbildung 49, 2) kann durch die unterschiedlichen Detailinformationen (vgl. Abbildung 46) navigiert werden. Hierbei sind die verschiedenen Informationen analog zum oben beschriebenen Datenmodell in Grunddaten (bspw. Grund-, Arbeitszeit- und Vergütungsdaten), Entwicklungsdaten (Kompetenzen sowie Entwicklungs- und Karriereplanung) und Leistungsdaten (Leistungsbewertung und Talenteinschätzung) unterteilt. Über einen Klick auf die Schaltfläche „Organigramm" (vgl. Abbildung 49, 3) wird das Organigramm aufgerufen, fokussiert auf die Organisationseinheit des betrachteten Mitarbeiters. Nach einem Klick auf die Kategorie „Kennzahlen" im Menü werden auf der rechten Seite dem Mitarbeiter zugeordnete Kennzahlen angezeigt (vgl. Abbildung 50). Diese sind unterteilt in persönliche Kennzahlen (bspw. durchschnittliche Arbeitsstunden oder Krankentage des Mitarbeiters) und in Kennzahlen, die der Organisationseinheit des Mitarbeiters zugeordnet sind.

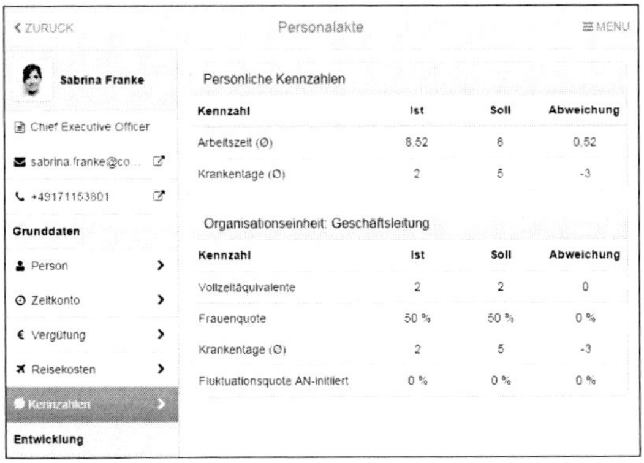

Abbildung 50: mobFIS – Mitarbeiterprofil Kennzahlen

Im Bereich der Entwicklungsdaten können unter anderem Kompetenzen des Mitarbeiters eingesehen werden (vgl. Abbildung 51). Die Kompetenzen des Mitarbeiters werden dabei in zwei Kategorien eingeteilt: Zunächst werden die Planstellen-relevanten Kompetenzen angezeigt. Dies beinhaltet alle Kompetenzen, die als Anforderungen im Profil der Planstelle angegeben sind, welche der betrachtete Mitarbeiter aktuell besetzt. Es wird ebenfalls angegeben, welcher Kompetenzlevel jeweils für die Planstelle benötigt wird. Inwiefern der Mitarbeiter diese Anforderungen erfüllt, wird anhand der unterschiedlichen Farben der abgebildeten Sterne sichtbar: Eine grüne Markierung steht für eine erfüllte Anforderung, eine rote Markierung für ein nicht ausreichendes Kompetenzlevel und eine blaue Markierung für eine Übererfüllung der Anforderungen. Im unteren Bereich der Ansicht werden anschließend die Kompetenzen angezeigt, welche der Nutzer besitzt, die jedoch nicht vom aktuellen Stellenprofil gefordert werden.

Abbildung 51: mobFIS – Mitarbeiterprofil Entwicklungsdaten

Im Bereich der Leistungsdaten kann bspw. die Talenteinschätzung des Mitarbeiters angezeigt werden (vgl. Abbildung 52). Hier sind exemplarisch eine Potenzial-Leistungs-Matrix sowie eine Kündigungs-Verlust-Matrix abgebildet, da dies gängige Instrumente bei der Talenteinschätzung eines Mitarbeiters sind (vgl. Stock-Homburg 2010, S. 392; Becker 2009, S. 535).

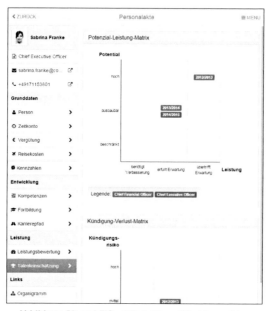

Abbildung 52: mobFIS – Mitarbeiterprofil Leistungsdaten

Ein Stellenprofil (vgl. **DP2$_{FIS}$**) kann innerhalb von mobFIS jederzeit mit einem Klick auf den Namen einer Planstelle aufgerufen werden (vgl. Abbildung 53). Dabei werden zunächst die Grunddaten der Position angezeigt, wie bspw. die Bezeichnung und Beschreibung oder die zugeordnete Organisationseinheit (vgl. Abbildung 53, 1). Darunter werden Informationen über die mit der Stelle verknüpften Mitarbeiter (aktuelle Besetzung, Vertreter, Vorgesetzte und direkt untergeordnete Mitarbeiter) sowie deren Planstellen dargestellt (vgl. Abbildung 53, 2; **DP4$_{FIS}$**).

Abbildung 53: mobFIS – Stellenprofil Grunddaten

In den darunter angeordneten Containern befinden sich die Kompetenzanforderungen der Stelle (vgl. Abbildung 54, 1). Hierbei werden die notwendigen Kompetenzlevel (analog zur Darstellung im Mitarbeiterprofil) anhand von Sternen symbolisch dargestellt. Des Weiteren kann zu einer Planstelle der dazugehörige Nachfolgeplan eingesehen werden (sofern vorhanden).

Abbildung 54: mobFIS – Stellenprofil Kompetenzanforderungen

7.3.3   Evaluation des Prototyps

7.3.3.1   Evaluationsergebnisse

Beim Darlegen der Evaluationsergebnisse wird zunächst auf die Funktionen (Designprinzipien) eingegangen, bevor die Wirkungen (Evaluationspropositionen) dieser betrachtet und Herausforderungen beim betrieblichen Einsatz thematisiert werden.

Das Dashboard als Übersicht über den Verantwortungsbereich des aktuellen Nutzers (vgl. **DP1**$_{FIS}$) wurde von den Experten positiv bewertet. Hier wurde von den Experten jedoch angesprochen, dass eine „Überfrachtung" der Nutzer mit Informationen vermieden werden sollte. So sollten in der Ansicht bspw. lediglich Kennzahlen aufgeführt werden, die negative (oder auch positive) Abweichungen aufweisen, sodass eine Reaktion der Führungskraft notwendig ist (ExpC6, ExpC8). Darüber hinaus wurde angemerkt, dass beim Darstellen der HR-bezogenen Ereignisse auf eine strikte Abgrenzung zu Prozess-bezogenen HR-Terminen geachtet werden sollte (die in mobFIS so auch implementiert ist). Andernfalls würde es zu einer Dopplung bei der Terminverwaltung kommen, die bspw. über Microsoft Outlook erfolgt. Dementsprechend sollte der Prototyp sich weiterhin auf fixe Ereignisse (wie bspw. Geburtstage oder Jubiläen) beschränken und andere Termine (wie bspw. Termine zu Mitarbeitergesprächen), die Prozess-bezogen sind und individuell vereinbart werden, ausklammern (ExpC3, ExpC6, ExpC9).

Die Informationen, die innerhalb des Prototyps zu Stellen- und Mitarbeiterprofilen aufgerufen werden können (vgl. **DP2**$_{FIS}$), wurden von den Experten als nützlich und größtenteils vollständig angesehen. Lediglich in Bezug auf das Mitarbeiterprofil wurden Detailverbesserungen vorgeschlagen: So wünschte sich ein Experte eine Verknüpfung mit sozialen Netzwerken, um doppelte Eingaben der Mitarbeiter bei Daten, die ggf. bereits in einem sozialen Netzwerk (wie z. B. XING) vorhanden sind, zu vermeiden (ExpC9). Inwiefern dies aus datenschutzrechtlichen Gründen möglich ist bzw. inwiefern hierfür die Einwilligung des Mitarbeiters notwendig ist, konnte in den Gesprächen jedoch nicht abschließend geklärt werden, sodass dies im Folgenden nicht weiter berücksichtigt wird. Des Weiteren wurde angemerkt, dass eine Darstellung des Lebenslaufs in den Mitarbeiterprofilen sinnvoll wäre (ExpC4, ExpC7).

Das Organigramm (vgl. **DP3**$_{FIS}$) wurde von den Experten ebenfalls als sinnvolle Funktionalität bewertet, die jedoch um Informationen in Bezug auf die Projektorganisation ergänzt werden sollte (ExpC9). Dieses würde vor allem mit der Möglichkeit, durch die unterschiedlichen Abstraktionsebenen (von HR-Kennzahlen über Organisationseinheiten zu Mitarbeitern) zu navigieren (vgl. **DP4**$_{FIS}$) dazu führen, dass eine größere Nachvollziehbarkeit von Sachverhalten (bspw. das Zustandekommen bestimmter HR-Kennzahlen) erreicht werden kann. Es wurde jedoch angemerkt, dass eine Abstraktionsebene innerhalb des Prototyps fehlt: So kann aktuell zwar auf Ebene der Organisationseinheiten und Mitarbeiter die Ausprägung bestimmter Kennzahlen festgestellt werden, eine Aufschlüsselung der Zusammensetzung einer HR-Kennzahl (bspw. inwiefern sich der Krankenstand einer Organisationseinheit aus den Krankenständen der Mitarbeiter zusammensetzt) fehlt jedoch (ExpC6).

Das Berechtigungskonzept des Prototyps (Führungskräfte sehen lediglich die Informationen ihrer eigenen sowie untergeordneten Organisationseinheiten) wurde grundsätzlich positiv beurteilt:

„Ja absolut. Denn alles andere würde dann ja schon wieder zu kompliziert. Was soll es einen Bereichsleiter angehen wie es in einem anderen Bereich aussieht? Dafür gibt es ja dann wiederum den übergeordneten Chef.

Also von daher Zugriff auf die eigenen Organisation – auch nach unten logischerweise – aber mehr nicht. Da ist auch das Berechtigungskonzept dem wir hier folgen und das ich auch für sehr sinnvoll erachte." (ExpC4)

Es wurde lediglich vorgeschlagen, eine Vertreterregelung einzufügen (ExpC4) sowie den Zugriff der Personalakte für direkte Führungskräfte (bspw. auf Gesundheits- oder Schwerbehinderteninformationen) einzuschränken (ExpC1). Tabelle 71 fasst die Evaluationsergebnisse in Bezug auf die Designprinzipien zusammen.

Designprinzipien und beispielhafte Zitate
DP1$_{FIS}$: Funktionalitäten zum Bereitstellen von Informationen über HR-bezogene Ereignisse und kritische Kennzahlen im Verantwortungsbereich der Führungskraft in Form eines Dashboards.
„Kritische Kennzahlen auf alle Fälle. [...] Das Thema „Termine diese Woche" finde ich super, weil ich glaube daran hapert es bei einigen dann doch, also zumindest wenn es um solche Themen wie Jubiläum, Geburtstag usw. geht. Und auch offene Workflows... Macht sicherlich Sinn, das entsprechend dort abzubilden. Also die Übersicht so auf dem Dashboard finde ich eigentlich ganz gut. (ExpC3)
„Wenn meine Fluktuationsquote hier 40 % ist und ich habe sie mir vorher noch schön geredet und für alles Begründungen gefunden und jetzt schaue ich in das System rein und sage: Soll sind 10 % und ich bin bei 40 %. Autsch, das tut weh, da muss ich etwas machen! Ich glaube schon, dass Zahlen, Daten, Fakten bei bestimmten Themen durchaus nochmal einen Finger in die Wunde legen und auch wirklich hoffentlich eine Auswirkung haben." (ExpC7)
„Ich denke die Punkte sind alle wichtig. Also ich würde nicht bei einem sagen, das ist wichtiger als das andere. Wenn der Mitarbeiter unzufrieden wird, weil die Führungskraft nicht hinterherkommt hier die Freigaben zu machen, hat er genauso ein Problem, wie wenn die Stelle nicht besetzt ist." (ExpC7)
„Oder auch so ein Jubiläum finde ich interessant [...]. Also alles was Personalpolitisch eigentlich schon feststeht. Aber so Mitarbeitergespräche sind ja völlig unterschiedlich, die werden individuell festgelegt! Aber ein Geburtstag ist nicht individuell festlegbar und Jubiläum an sich ist auch nicht festlegbar, sondern der ist zehn Jahre da und hat Jubiläum. Das ist eine systemtechnische Information die ich auslesen kann und hier zur Darstellung bringe. Und so ein Mitarbeitergespräch wird von einem Vorgesetzten mit Mitarbeitern vereinbart, [das] ist ein Outlook Thema." (ExpC6)
DP2$_{FIS}$: Funktionalitäten zum Bereitstellen von Mitarbeiter- und Stellenprofilen, bei gleichzeitiger Beschränkung des Zugriffs auf Mitarbeiterinformationen auf den Verantwortungsbereich der Führungskraft.
„Ja, also die Möglichkeit besteht, dass wenn so eine Information zu einem einzelnen Mitarbeiter abgerufen wird, dass man auch auf die Personalstammdaten zugreifen kann. Ist denke ich durchaus sinnvoll." (ExpC4)
„Krankheitstage, Krankheitszahlen oder so etwas in der Art. Vergütungsinformationen sind drin, was aktuell ist, ist auch ok. Reisekosten ist hier so ein Thema, weiß ich nicht ob das so interessant ist. Für manche Unternehmen mag das interessant sein, wir reisen hier kaum. Frage ist ob man hier solche Grunddaten, ob das heißt wie ich hier auf der linken Seite sehe konfigurierbar ist, dass ich bestimmte Dinge einfach raus lassen kann, [um das] nachher letztendlich wieder übersichtlicher zu machen." (ExpC6)
„Also bei der Personalakte muss man natürlich immer aufpassen. [...] auch da würde ich eher darauf setzen: Es gibt eine digitale Personalakte, [die] muss aber für sich auch berechtigbar sein. Also Führungskraft kann da vielleicht bestimmte Dinge sehen, aber sicherlich nicht Gesundheits- oder Schwerbehinderteninformationen, die auch in der Personalakte sind." (ExpC1)
„Also wenn Sie dann auch so zwischendurch so eine Funktion da mit drin hätten zu sagen ich hab da schon überall auch Stellenbeschreibungen, [...] dann können wir [das] auch so weit aufbauen, dass wir sagen: Wir haben jetzt ein entsprechende Kurzbeschreibungen entweder auf Stellenbasis oder sogar für Mitarbeiter und wenn [...] ich z.B. Softwareentwickler brauche, könnte man sogar tatsächlich hier einen passenden finden." (ExpC6)
DP3$_{FIS}$: Funktionalitäten zum Darstellen der Organisationsstruktur in Form eines Organigramms inkl. ergänzender Kontextinformationen (Kennzahlen und Leiter der jeweiligen Organisationseinheiten).
„Doch das braucht man schon, aber das muss auch abgrenzbar sein... Also eben anbieten, dass man sagt, nur das [Organigramm] seines Unternehmens, oder dass man komplett sagt, man möchte die Unternehmenshierarchie frei machen oder sogar noch KPIs offen legen die von einem anderen Segment, von einer anderen Business Unit." (ExpC1)
„Also beim Organigramm bin ich der Meinung das sollte eigentlich für jeden Mitarbeiter möglich sein das Organigramm in dem ich mich gerade befinde jederzeit tagesaktuell abzurufen. Grundsätzlich egal über welche Oberfläche und das es über so eine Oberfläche passiert ist natürlich toll, weil es integriert." (ExpC9)
DP4$_{FIS}$: Funktionalitäten zum Navigieren zwischen einzelnen Datensätzen anhand der Aggregationsebene (von HR-Kennzahlen, zu Organisationseinheiten, zu Mitarbeiter- und Stellenprofilen).
„Was haben wir denn für Kennzahlen bei uns im Einsatz? Das sind dann z. B. Fehlzeitquoten im Einsatz. Also für mich sind diese Dashboards eigentlich relevant für einen Vorgesetzten mit einer breiten Führungsspanne. Wenn die dann zwei, drei Levels unten drunter sind. Um da einen Überblick zu bekommen. Ja wenn man sagt in meiner Organisation von, was weiß ich, 200-300 Mitarbeitern habe ich eine Fehlzeitquote von 5%, dann entsprechend analysieren gibt es einzelne Bereiche wo diese Fehlzeitquote höher ist, sodass dann Maßnahmen abgeleitet werden können." (ExpC4)
„[...] wenn ich sage ich bin Führungskraft, und ich möchte mal gucken was in dritter oder vierter Ebene an Zielen dort in der Mannschaft angekommen ist, oder wie dort bestimmte Kennzahlen oder Performanceindikatoren aussehen, dann kann das schon Sinn machen." (ExpC1)

Tabelle 71: mobFIS – Zitate zu Designprinzipien

Als generelle Wirkungen, die der Einsatz von mobFIS in der Praxis hätte, wurde vor allem eine verein-fachte Informationsbeschaffung genannt (ExpC4, ExpC6, ExpC7, ExpC9). Aufgrund dessen, dass diese Informationen einfach aufgerufen werden können, ergibt sich laut der Experten eine Beschleunigung anderer HR-bezogener Vorgänge: So sind Führungskräfte auch dann in der Lage, Entscheidungen zu treffen bzw. HR-Aktivitäten auszuführen, wenn sie sich nicht an ihrem Arbeitsplatz befinden und somit über keinen Zugriff auf stationäre Personalinformationssysteme verfügen:

„Also es ist einfach eine größere Transparenz, ein einfacherer Zugang zu relevanten Personaldaten, sodass ge-wisse Personalentscheidungen schneller getroffen werden können." (ExpC4)

„Es kommt immer darauf an, wenn das ein reines Informationssystem ist dann habe ich ja gerade einmal nur die Information und es hilft mir vielleicht jetzt in diesem Moment auch eine Entscheidung weiter vorzubereiten. Also schon so zum Thema Effizienz: Ich habe jetzt gerade irgendwie einen Gedanken im Kopf, kann aber jetzt gerade aufgrund der Information die ich nicht vorliegen habe nicht weiter denken, weil mir gerade etwas fehlt. Mir fehlt ein Grundstein, irgendwie eine Information fehlt mir [...] z. B. ich muss tatsächlich jetzt entscheiden für welchen Be-reich ich welchen Mitarbeiter einsetzen müsste. Und möchte das gerne weiter planen. [...] Das kann ja im Hotel-zimmer sein. Dann kann ich aber auf diese Information schnell zugreifen und kann spontan weiter arbeiten."

(ExpC6)

Darüber hinaus wurde angemerkt, dass gerade bei jungen Führungskräften das Bereitstellen einer sol-chen mobilen Anwendung positive Wirkungen auf ihre Zufriedenheit haben kann (vgl. Abschnitt 6.2.2):

„Einfach [ein] weiteres Setting-Argument zu haben: Mobilität, Industrie 4.0, Generation Y... Da haben wir die Leute die auch schon relativ jung in Führungspositionen sind, solche Themen. Plus eben die ganze Arbeitswelt wird mobil, wir sind viel unterwegs, Smartphones halten Einzug ins Unternehmen. Also wir bieten einfach dafür eine Unterstützung auf einem anderen Kanal." (ExpC1)

In Bezug auf die Wirkungen des Prototyps wurde festgestellt, dass das bereitgestellte Dashboard, die vorhandenen Mitarbeiter- und Stellenprofile sowie das Organigramm vor allem die Informationsgrund-lage von Führungskräften verbessern. Somit können diese Funktionen dazu beitragen, dass bessere Entscheidungen getroffen und HR-Aktivitäten effektiver ausgeführt werden (vgl. **EP1$_{FIS}$ bis EP3$_{FIS}$**). Dar-über hinaus wurde erwähnt, dass die Navigationsmöglichkeiten zwischen den einzelnen Aggregations-ebenen (**EP4$_{FIS}$**) innerhalb von mobFIS das Auffinden relevanter Informationen vereinfachen und die Transparenz der Organisation (bspw. in Bezug auf HR-Kennzahlen) erhöhen kann. Tabelle 72 fasst die Ergebnisse in Bezug auf die Evaluationspropositionen zusammen.

Evaluationspropositionen und beispielhafte Zitate

EP1FIS: Das Bereitstellen von Informationen über HR-bezogene Ereignisse und kritische Kennzahlen verbessert den Informationsstand von Führungskräften über ihren eigenen Verantwortungsbereich und erhöht somit die Effektivität der von ihnen ausgeführten HR-Aktivitäten.

„[...] also vermutlich würden die es sich auch öfter angucken, weil es leichter zugänglich ist. Und entsprechend wären sie a) besser informiert und könnten vielleicht auch b) dann entsprechend die eine oder andere Entscheidung auch anders treffen." (ExpC3)

„Ich brauche diese mobile Lösung eigentlich immer dann, wenn ich schnell und spontan, gerade insbesondere spontan, Informationen benötige wo ich jetzt gerade nicht an meinem Arbeitsplatz bin. Ich stelle mal wieder fest ich bin gerade auf dem Heimweg und stelle fest, boah Geburtstage, hat der nicht Geburtstag? Ja oder Nein. Damit ich morgen nicht wie ein Depp hier in das Büro reinkomme und der einzige bin der keine Ahnung hat, gucke ich nochmal kurz rein in die Geburtstagsliste. Um mich einfach auch vielleicht auf bestimmte Dinge noch vorbereiten zu können." (ExpC6)

EP2FIS: Das Bereitstellen von Mitarbeiter- und Stellenprofilen ermöglicht es Führungskräften auf entscheidungsrelevante Informationen zuzugreifen, sodass sich die Qualität von getroffenen (HR-bezogenen) Entscheidungen erhöht.

„Also wenn es wirklich so eine integrierte Lösung ist, wie Sie es gerade angezeigt haben glaube ich würde das in vielen Fällen einfach helfen. Denn ein Tablet hat man glaube ich dann tatsächlich eher dabei als einen Laptop. Man kann eben schnell nochmal Sachen nachschauen, auch gerade aus der HR-Perspektive. Man kann nochmal schnell Dinge nachschauen ohne sagen zu müssen, ja ich komme wieder zurück zu Ihnen sondern man macht „zack-zack-zack" auf dem Tablet und hat die Informationen die man braucht." (ExpC3)

„Also ich glaube das Ganze ist wirklich schön wenn man neu in einer Funktion ist, neu seine Organisationsstruktur kennen lernt, vielleicht neu seine Mitarbeiter kennen lernt. Dann ist so etwas wirklich toll und ich glaube so der Effekt des Wow-Faktors [...] ebbt wahrscheinlich im Laufe der Zeit etwas ab je länger man in seiner OE beschäftigt ist und in seiner aktuellen Aufgabe ist." (ExpC9)

EP3FIS: Das Bereitstellen von Informationen über die Organisationsstruktur ermöglicht es Führungskräften auf entscheidungsrelevante Informationen zuzugreifen, sodass sich die Qualität von getroffenen (HR-bezogenen) Entscheidungen erhöht.

„Das sind häufig Diskussionen, die man auch einfach führt. Wie sieht noch einmal das Organigramm aus? Und das würde vielleicht auch vermeiden, dass Leute mit PowerPoint-Folien oder selbst gebastelten Excel Organigrammen durch die Gegend laufen, wenn man es einfach immer dabei hat. Und das würde vielleicht auch zu einer erhöhten Datenqualität führen, denn ein Problem was wir manchmal haben ist, dass Manager glauben wenn sie es in einer PowerPoint Präsentation nieder schreiben, [dass] es automatisch im SAP auch hinterlegt ist. (ExpC3)

„Also es ist definitiv einfacher wenn sie hier vorhanden sind und ich nicht in verschiedenen anderen Systemen suchen muss und alles integriert ist. [...] Und zusätzliche Informationen die ich vielleicht sonst nicht kriege, klar. (ExpC9)

EP4FIS: Die Navigation durch HR-Datensätze über unterschiedliche Aggregationsebenen hinweg ermöglicht das schnellere Auffinden relevanter Informationen und erhöht somit die Effizienz bei der Informationssuche.

„Gut und dann könnte ich vielleicht tatsächlich da drauf springen und dann erkenne ich [etwas] bei einer bestimmten Person und dann kann ich da noch einmal reinspringen, also an sich hier z. B. das eigene Zeitkonto. [...] Ich möchte halt bestimmte Informationen, die ich im Tagesgeschäft einfach brauche. Z. B ich sitze jetzt wieder vor den Bahngleisen oder zu Hause oder so: Ah jetzt kommt da wieder die Anfrage von der Geschäftsleitung, wie weit seid ihr mit der Urlaubsabtragung. Ich weiß, dass das kommt, denke jetzt gerade dran, nehme mein Tablet, greif da rein, sage: Zack gib mir mal bitte die folgende Abteilung, wie sieht es denn da aus?" (ExpC6)

Tabelle 72: mobFIS – Zitate zu Evaluationspropositionen

In Bezug auf auftretende Herausforderungen beim betrieblichen Einsatz des Prototyps wurde zunächst die notwendige Integration von Informationen aus anderen Personalinformationssystemen genannt (die bereits im Rahmen der Prototypentwicklung als notwendig beschrieben wurde; vgl. Abschnitt 7.3.2.2). So kommen die unterschiedlichen Informationen aus verschiedenen Systemen (bspw. liegen Mitarbeiterprofile in HR-Stammdatensystemen, HR-Kennzahlen in Reportingsystemen und Informationen über offene Workflows in den jeweiligen abwickelnden Systemen vor). Für eine integrierte Darstellung (bspw. innerhalb des Dashboards) sind dementsprechend Schnittstellen zu einer Vielzahl von Systemen notwendig, die in der Praxis geschaffen werden müssten:

„[Hier] ist sicherlich die größte Herausforderung, dass man alle darunter liegende Systeme in diesem Dashboard verbindet. Die Voraussetzung ist natürlich, dass alle Daten vorhanden sind und dass die entsprechenden Applikationen implementiert sind, sodass man dann die Verbindung zu einem übergeordneten Dashboard herleiten kann." (ExpC4)

Als eine weitere Herausforderung wurde von einem Experten ein mögliches „Mikro-Management" von Führungskräften angesprochen. So sei es denkbar, dass die verbesserte Informationsgrundlage der Führungskräfte zu einem vermehrten Interesse dieser an (und somit zu einer Einmischung in) HR-Themen führt:

„Eine Herausforderung könnte sein, wenn die Manager natürlich immer so unglaublich gut informiert sind und alles so wunderbar gut im Überblick haben, dass sie sich auch tatsächlich mehr Gedanken dazu machen, was im ersten Moment natürlich positiv ist. [...] aber ich glaube das kann schon auch bestimmte Themen einfach nochmal „an triggern". Das kann positiv, aber auch eine Herausforderung sein. [...] Ich kann das ja immer nur auf unsere Organisation beziehen. Und wenn ich mir dann vorstelle unsere Manager sehen dann: Aha jetzt habe ich doch nochmal die Gehälter verglichen zwischen den Beiden. Da ist mir jetzt gerade aufgefallen, der eine kriegt ja doch noch mehr als der andere, ich dachte aber das wäre anders. Momentan ist da die Hürde einfach größer."

(ExpC3)

Es ist allerdings kritisch anzumerken, dass ein gesteigertes Interesse durchaus im Sinne des Unternehmens sein sollte, da Personalmanagement keine reine Aufgabe der Personalabteilung darstellt (vgl. Abschnitt 2.1.1). Hier liegt die Herausforderung wohl eher darin, auf Seiten des Personalwesens die vermehrten Anfragen von Führungskräften zeitnah und angemessen zu bearbeiten.

7.3.3.2 Implikationen für die Designprinzipien

Aus der Evaluation ergibt sich ein neues Designprinzip für mobile HR-Führungsinformationssysteme: So wurde von einem Experten vorgeschlagen (ExpC6), dass eine Suche nach Mitarbeiterkompetenzen innerhalb des Prototyps sinnvoll wäre ($DP5_{FIS}$). So könnte der Aufwand für die Suche nach dem passenden Ansprechpartner für Problem- bzw. Aufgabenstellungen verringert werden, sodass Experten einfacher gefunden werden können ($EP5_{FIS}$). Tabelle 73 fasst das neue Designprinzip zusammen.

Neue Designprinzipien / Evaluationspropositionen und beispielhafte Zitate	
$DP5_{FIS}$: Funktionalitäten zum Suchen von Mitarbeitern aufgrund hinterlegter Kompetenzen.	$EP5_{FIS}$: Das Suchen von Mitarbeitern anhand ihrer Kompetenzen verringert den Aufwand zum Auffinden von Experten, sodass diese einfacher gefunden werden können.
„Wir haben jetzt auch entsprechende Kurzbeschreibungen [...] für Mitarbeiter und wenn [...] ich z. B. Softwareentwickler brauche, könnte man sogar tatsächlich hier jemanden finden. [...] Dass ich mindestens aber einen Ansprechpartner habe und jemanden finde, der mir da mit meinem Problem oder mit meiner Aufgabenstellung weiterhelfen kann." (ExpC6)	

Tabelle 73: mobFIS – Neue Designprinzipien aufgrund der Evaluationsergebnisse

In Bezug auf die in Abschnitt 7.3.2.1 abgeleiteten Designprinzipien ergeben sich leichte Veränderungen: So sollte die Darstellung von Terminen bzw. Ereignissen innerhalb des Dashboards (vgl. $DP2_{FIS}$) klar auf nicht-Prozess-bezogene Termine eingeschränkt werden, da andere Termine (wie bspw. das Durchführen von Mitarbeitergesprächen) über andere Systeme (wie bspw. Outlook) vereinbart werden. Darüber hinaus sollte das Organigramm neben der Organisationsstruktur die Projektstruktur des Unternehmens abbilden können (vgl. $DP3_{FIS}$). Tabelle 74 fasst die auf Basis der Evaluation überarbeiteten und ergänzten Designprinzipien zusammen.

Designprinzip	Evaluationsproposition
DP1$_{FIS}$: Funktionalitäten zum Bereitstellen von Informationen über HR-bezogene **(nicht-Prozess-bezogene)** Ereignisse und kritische Kennzahlen im Verantwortungsbereich der Führungskraft in Form eines Dashboards.	**EP1$_{FIS}$:** Das Bereitstellen von Informationen über HR-bezogene Ereignisse und kritische Kennzahlen verbessert den Informationsstand von Führungskräften über ihren eigenen Verantwortungsbereich und erhöht somit die Effektivität der von ihnen ausgeführten HR-Aktivitäten.
DP2$_{FIS}$: Funktionalitäten zum Bereitstellen von Mitarbeiter- und Stellenprofilen, bei gleichzeitiger Beschränkung des Zugriffs auf Mitarbeiterinformationen auf den Verantwortungsbereich der Führungskraft.	**EP2$_{FIS}$:** Das Bereitstellen von Mitarbeiter- und Stellenprofilen ermöglicht es Führungskräften auf entscheidungsrelevante Informationen zuzugreifen, sodass sich die Qualität von getroffenen (HR-bezogenen) Entscheidungen erhöht.
DP3$_{FIS}$: Funktionalitäten zum Darstellen der **Organisations- und Projektstruktur** in Form eines Organigramms inkl. ergänzender Kontextinformationen (Kennzahlen und Leiter der jeweiligen Organisationseinheiten).	**EP3$_{FIS}$:** Das Bereitstellen von Informationen über die **Organisations- und Projektstruktur** ermöglicht es Führungskräften auf entscheidungsrelevante Informationen zuzugreifen, sodass sich die Qualität von getroffenen (HR-bezogenen) Entscheidungen erhöht.
DP4$_{FIS}$: Funktionalitäten zum Navigieren zwischen einzelnen Datensätzen anhand der Aggregationsebene (von HR-Kennzahlen, zu Organisationseinheiten **und Projekten**, zu Mitarbeiter- und Stellenprofilen).	**EP4$_{FIS}$:** Die Navigation durch HR-Datensätze über unterschiedliche Aggregationsebenen hinweg ermöglicht ein schnelleres Auffinden relevanter Informationen und erhöht somit die Effizienz bei der Informationssuche.
DP5$_{FIS}$: Funktionalitäten zum Suchen von Mitarbeitern aufgrund hinterlegter Kompetenzen.	**EP5$_{FIS}$:** Das Suchen von Mitarbeitern anhand ihrer Kompetenzen verringert den Aufwand zum Auffinden von Experten, sodass diese einfacher gefunden werden können.

Tabelle 74: mobFIS – Überarbeitete Designprinzipien nach Evaluation

7.4 ThreeSixty: Prototyp zum Unterstützen der Kompetenzerfassung

In den folgenden Abschnitten wird die Entwicklung des Prototyps ThreeSixty beschrieben, der die Kompetenzerfassung unter Nutzung von 360°-Feedback Bewertungen unterstützt. Hierzu wird in Abschnitt 7.4.1 zunächst die Problemstellung erläutert, die sich beim Erfassen von Mitarbeiterkompetenzen ergibt. Anschließend werden in Abschnitt 7.4.2 die Konzeption und Entwicklung von ThreeSixty beschrieben, bevor in Abschnitt 7.4.3 auf die Evaluation des Prototyps eingegangen wird.

7.4.1 Problemstellung der Kompetenzerfassung

7.4.1.1 Schwachstellen des Kompetenzerfassungsprozesses

Um eine langfristige, zielgerichtete Entwicklung von Mitarbeitern (bzw. deren Kompetenzen) zu ermöglichen (und somit die Abhängigkeit vom externen Arbeitsmarkt zu senken; vgl. Abschnitt 7.2.1) setzen Unternehmen Personalmanagementinstrumente, wie bspw. Kompetenz-, Talent- oder Nachfolgemanagement ein (vgl. Lindgren et al. 2004, S. 436; Lewis/Heckman 2006, S. 141; Silzer/Dowell 2009, S. 9; Tornack 2015, S. 11). Da der aktuelle Kompetenzstand der Mitarbeiter die Ausgangslage für deren Weiterentwicklung darstellt (vgl. Mansfield 1996, S. 7), ist dessen Erfassung eine notwendige Voraussetzung (vgl. Kaslow et al. 2009, S. 828).

Innerhalb der durchgeführten Interviewstudien (vgl. Abschnitt 6.2) erfassten bereits 19 von 21 Unternehmen die Kompetenzen ihrer Mitarbeiter (zumindest für einen Teil der Belegschaft). Die Experten aus den Unternehmen, die dies zum Zeitpunkt der Studie nicht taten, gaben dabei an, dass dies in der Praxis immer wieder zu Problemen führt (bspw. beim Finden potenzieller Nachfolger für Stellen):

"Weil wir zurzeit Nachfolgeentscheidungen treffen anhand von dem Werdegang einer Person, der Leistungsbe-
wertung, Zielerreichung und Sozialabschätzung. Und das sind wiederum keine wirklichen Daten die [sich] als An-
forderungskriterium einer Stelle [...] eignen. So ein Matching heißt ja immer, ich brauche gleichartige Kriterien auf
Mitarbeiter- und Stellenseite. Das haben wir derzeit nicht." (ExpA18)

Da mehrstufige Verfahren zum Erfassen von Mitarbeiterkompetenzen meist einen hohen Grad an Komplexität besitzen setzen die meisten Unternehmen hierfür vor allem Selbsteinschätzungen (ggf. kombiniert mit einer Einschätzung der Führungskraft) ein. Diese Ansätze wurden von den Experten in Bezug
auf die Validität der Ergebnisse jedoch als problematisch beschrieben, da es zu einer Reihe von Verfäl-
schungen kommen kann (vgl. Borman 1974, S. 106):

„Je nach Mitarbeitertypus kommst du dann in die Situation, [dass] der eine [...] sich dann in seinen Kompetenzen
überschätzt. [...] Und da ist wieder [...] die Schwierigkeit, wie valide sind diese Daten. Wenn die Mitarbeiter be-
greifen, dass Mobilität ein Kriterium ist, das bei Stellenbesetzungen ausgewählt wird, dann werden die immer sa-
gen, ich bin mobil, um nicht ausgeschlossen zu werden. Das ist auch aus der Praxis: Wie valide ist so eine An-
gabe, wie mobil bin ich wirklich" (ExpA2)

Dementsprechend ist eine Kompetenzerfassung basierend auf Selbsteinschätzungen und Bewertungen
durch Führungskräfte nicht ausreichend, um den aktuellen Kompetenzstand von Mitarbeitern valide zu
erfassen. Ein Ansatz, um dieses Problem zu lösen, ist das Durchführen sog. 360°-Feedback-Evaluatio-
nen (vgl. London/Beatty 1993, S. 370; Tyson/Ward 2004; Goldsmith/Carter 2010, S. 22; Mansfield 1996,
S. 13). Dabei wird Feedback in Bezug auf die Leistung, das Verhalten sowie die Kompetenzen von
Mitarbeitern sowohl von Führungskräften, als auch von Kollegen, untergeordneten Mitarbeitern und ggf.
externen Kontakten (bspw. Kunden) eingeholt (vgl. Hazucha et al. 1993, S. 326; London/Beatty 1993,
S. 354). Hierdurch wird ein umfassenderes, valideres Erfassungsergebnis ermöglicht. Allerdings exis-
tieren auch Herausforderungen, die sich beim Durchführen von 360°-Feedback Evaluationen ergeben:
Zunächst hängt die Validität der Ergebnisse direkt von der Teilnahme aller als Feedbackgeber (bzw.
Bewerter) fungierenden Akteure ab. Da jedoch einer der Kernaspekte von 360°-Feedback die Anonymität der Ergebnisse darstellt, kann nicht nachvollzogen werden, welche Mitarbeiter tatsächlich Feedback abgegeben haben. Dies kann dazu führen, dass Mitarbeiter nicht am Prozess teilnehmen oder die
Feedbackfragebögen nur oberflächlich bearbeiten (vgl. McCarthy/Garavan 2001, S. 14), da sie keine
Konsequenzen fürchten müssen (vgl. Westerman/Rosse 1997, S. 289). Des Weiteren kann das gründ-
liche Bearbeiten von Feedbackfragebögen sehr aufwendig sein, vor allem wenn ein Mitarbeiter mehrere
andere Personen bewerten muss (vgl. Garavan et al. 1997, S. 144; Romano 1994, S. 9; Milliman/Za-
wacki 1994, S. 103), was negative Auswirkungen auf die Bereitschaft der Mitarbeiter haben kann, an
dem Prozess teilzunehmen („Umfragemüdigkeit"; vgl. Garavan et al. 1997, S. 145). Schließlich können
die im Rahmen von 360°-Feedback generierten Informationen sehr umfangreich sein (was zu einer
Informationsüberflutung führen kann; Rodgers 2002, S. 1303), sodass das Ziehen der richtigen
Schlüsse aus den Daten (bspw. in Bezug auf passende Kompetenzentwicklungsmaßnahmen) erschwert wird (vgl. Cleveland et al. 2007, S. 170).

Mobile Anwendungen können genutzt werden, um die Herausforderungen zu adressieren, indem orts-
und zeitunabhängige Werkzeuge für das Sammeln und Analysieren von Kompetenzbewertungen bereitgestellt werden. Mitarbeiter und externe Kontakte können so ihre Kompetenzbewertungen in Leer-

zeiten (bspw. während Reisezeiten) eingeben, sodass Zugriffsbarrieren reduziert werden und die zeitliche und örtliche Flexibilität beim Abgeben der Bewertungen erhöht wird (vgl. Abschnitt 6.2.1, Einsatzmöglichkeit E6). Hierdurch können die Akzeptanz der Mitarbeiter für die 360°-Feedback Evaluationen erhöht und die Umfragemüdigkeit reduziert werden:

„[…] dass der Mitarbeiter und / oder Manager das [Assessment] auch mal außerhalb seines Arbeitsumfeldes [vornehmen] kann [...]. [Dass] sich [die Führungskraft] wirklich mal raus nehmen und sagen kann: Ich gehe jetzt mal eine Stunde vor die Tür [...] und mache in Ruhe mein Assessment [...]. [...] es ist ja schon unser Ziel, dass die Mitarbeiter das während der Arbeitszeit machen, aber es gibt doch einige Mitarbeiter, die [das] dann mal abends [...] [machen]. [Wir wollen erreichen], dass sie da flexibel sind." (ExpA12)

Darüber stellen Anwendungen auf Tablet PCs eine Möglichkeit dar, um Mitarbeitergespräche zu unterstützen, indem die Ergebnisse der Kompetenzbewertung sowie passende Entwicklungsmaßnahmen (in Bezug auf ggf. existierende Kompetenzlücken) dargestellt werden. Somit wäre es möglich, diese direkt innerhalb desselben Gesprächs zu diskutieren und einen Entwicklungsplan für den Mitarbeiter zu erstellen (vgl. Abschnitt 6.2.1, Einsatzmöglichkeit E5).

„Wenn [...] eine Kompetenz nicht ganz so ausgeprägt ist, dass man dann gleich Angebote macht und [...] automatisch bei der Kompetenzausprägung ein Entwicklungsangebot bekommt, [das man] gleich [besprechen] [...] kann [...] mit dem Mitarbeiter. [Das] wäre perfekt." (ExpA16)

Sowohl im Rahmen der durchgeführten Interviews (vgl. Abschnitt 6.2.3.2), als auch in anderen Studien (vgl. Breu et al. 2005; Kleinman 2009) wurde bereits festgestellt, dass Anwendungen auf Tablet PCs angemessenere Werkzeuge für die Unterstützung von solchen Gesprächssituationen darstellen, als bspw. Laptops oder stationäre PCs:

„Bei einem Notebook ist ja allein schon das Problem, dass Sie es in der Regel aufklappen müssen. [Bereits] die Barriere, die Sie plötzlich zwischen sich und dem Mitarbeiter haben. Deswegen ist so ein Tablett schon charmanter, [...] das ist ja wie ein Block [zum] mitschreiben. Man darf nur nicht den Eindruck erwecken, dass die Person, die das Gerät nutzt, abgelenkt ist. [...] das ist für mich sehr interessant und ich sehe da schon den Vorteil in der Qualität der Inhalte, der Kommunikation und der Schnelligkeit." (ExpA24)

Es existieren zwar keine Lösungen, welche die oben beschriebenen Funktionalitäten bereitstellen (vgl. Abschnitte 3.2 und 7.1), allerdings sind Systeme zum Erstellen und Verteilen von Fragebögen am Markt verfügbar, die mobile Erfassungskomponenten beinhalten (vgl. bspw. SurveyMonkey 2016; IfaD 2016; Mixpanel 2016). Diese weisen jedoch keinen Bezug zum Personalmanagement auf, sodass die weiterführenden Funktionen (wie bspw. das Vorschlagen passender Entwicklungsmaßnahmen oder das Erstellen von Fragebögen auf Basis von Stellenanforderungen) nicht unterstützt werden. Da in der Forschung ebenfalls keine Erkenntnisse in Bezug auf die Nutzung solcher mobilen PIS zum Unterstützen des 360°-Feedback-Prozesses existieren, wird dieser in den folgenden Abschnitten zunächst erläutert und dessen zentrale Problemstellung anhand des Konzepts der Informationsasymmetrien (vgl. Petersen 1993, S. 279; Waterman/Meier 1998, S. 174; Arrow 1985) theoretisch analysiert. Anschließend werden auf dieser Basis Anforderungen an ein mobiles PIS zum Unterstützen der Kompetenzerfassung beim Nutzen von 360°-Feedback Bewertungen abgeleitet.

7.4.1.2 Theoretische Fundierung des Problems

Die im Rahmen des 360°-Feedback[78] verwendeten unterschiedlichen Perspektiven beim Erfassen der Mitarbeiterkompetenzen resultieren aus dem Nutzen von Evaluationsergebnissen von Feedbackgebern aus unterschiedlichen Zielgruppen (vgl. Kurer 2005, S. 12): Neben einer Selbstbewertung und einer Evaluation durch übergeordnete Führungskräfte („downward (abwärts) feedback") werden Bewertungen von Kollegen, untergeordneten Mitarbeitern („upward (aufwärts) feedback") und externen Kontakten (bspw. Kunden) integriert (vgl. Scherm/Sarges 2002, S. 2; Hazucha et al. 1993, S. 325; London/Beatty 1993, S. 353). So ist es möglich, Verzerrungen, die in einseitigen Kompetenzbewertungen vorkommen (wie bspw. der „Halo"-Effekt[79]; vgl. Borman 1974, S. 106), zu vermeiden oder zumindest stark zu reduzieren (vgl. London/Beatty 1993, S. 360; Fox/Dinur 1988, S. 590). Ob externe Kontakte explizit als seine Feedbackquelle angesehen werden sollten, unterscheidet sich zwischen Autoren (vgl. bspw. Brett/Atwater 2001, S. 930; London/Beatty 1993, S. 353; Garavan et al. 1997, S. 153). Einige Autoren merken an, dass das Weglassen von externen Kontakten eher einem „270°-Feedback" entspricht (vgl. London/Beatty 1993, S. 353; Garavan et al. 1997, S. 153), da eine wichtige Bewertungsquelle außer Acht gelassen wird und somit kein vollständiges Bild für die bewerteten Mitarbeiter entsteht. Da es jedoch Situationen geben kann, in denen externe Kontakte nicht effektiv in die Bewertung von Mitarbeiterkompetenzen mit einbezogen werden können (bspw. wenn Mitarbeiter nur wenige Kontakte außerhalb der Organisation haben), wird diese Feedbackquelle in den folgenden Abschnitten als optional betrachtet. Abbildung 55 stellt den Prozess der Kompetenzerfassung mit 360°-Feedback basierend auf KURER (2005, S. 19) sowie die in Abschnitt 2.1.2 vorgenommene Aufteilung des Personalbeurteilungsprozesses dar.

Abbildung 55: Prozess der Kompetenzerfassung anhand von 360°-Feedback

Beim **Vorbereiten der Beurteilungsmaßnahmen (8.1)** muss zunächst festgestellt werden, welche Mitarbeiter (Feedbackempfänger) bewertet werden müssen, bevor für jeden Feedbackempfänger Feedbackgeber festgelegt werden (vgl. McCarthy/Garavan 2001, S. 11). Hierbei schlagen einige Autoren vor, dass Feedbackempfänger selbst Personen nominieren sollten, die sie bewerten, um sicherzustellen, dass diese eine ausreichende Kenntnis über die Kompetenzen besitzen (vgl. McCarthy/Garavan 2001, S. 11). Demgegenüber argumentieren andere Autoren, dass dies zu Verzerrungen bei den Bewertungen führen kann, da Mitarbeiter dazu tendieren, Bewerter zu nominieren, die ihnen selbst „wohlgesonnen" gegenüberstehen und somit bessere Bewertungen vornehmen (vgl. Morgeson et al. 2005,

---

[78] Andere Autoren nutzen die Begriffe „multisource feedback" (vgl. bspw. London et al. 1997) oder „multi rater feedback" (vgl. bspw. Handy et al. 1996) anstelle von 360°-Feedback.

[79] Der „Halo-Effekt" ist eine kongnitive Verzerrung, bei der von bekannten Eigenschaften einer Person auf unbekannte Eigenschaften geschlossen wird (vgl. Gratz et al. 2014, S. 39).

S. 204). Da die im 360°-Feedback erfassten Kompetenzen in diesem Fall die Ausgangslage für die Mitarbeiterentwicklung darstellen, können verzerrte Bewertungen des Kompetenzstands jedoch zur Auswahl unpassender Entwicklungsmaßnahmen führen. Aus diesem Grund wird im Folgenden davon ausgegangen, dass Mitarbeiter die Personen, die sie bewerten sollen, nicht selbst nominieren dürfen, sondern stattdessen durch die Führungskraft ausgewählt werden (vgl. Kurer 2005, S. 20). Sobald die Feedbackgeber nominiert sind, startet das **Durchführen der Bewertungsmaßnahmen (8.2)**, indem die Feedbackfragebögen distribuiert werden (vgl. Kurer 2005, S. 21), welche auf Basis der Anforderungen der Stellen der jeweiligen Feedbackempfänger erstellt werden. Hierbei kann es notwendig sein, unterschiedliche Fragebögen an Personen aus unterschiedlichen Zielgruppen zu versenden, da das Erstellen einheitlicher Bewertungsbögen für alle Bewerter nicht immer machbar ist (bspw. können externe Kunden die Programmierkenntnisse einer Person, die sie in Besprechungen treffen, kaum verlässlich einschätzen) (vgl. Kaslow et al. 2009, S. 835). Nachdem alle bewertenden Personen ihr Feedback eingegeben haben, werden die ausgefüllten Feedbackfragebögen eingesammelt. Um eine valide Bewertung der Kompetenzen zu ermöglichen, stellt die Anonymität der einzelnen Bewerter einen Schlüsselaspekt dar (vgl. Garavan et al. 1997, S. 143), da Studien zeigen, dass Mitarbeiter dazu tendieren Führungskräfte und Kollegen anders zu beurteilen, wenn die Anonymität der Ergebnisse nicht gewährleistet ist (vgl. London/Beatty 1993, S. 366). Sobald die Ergebnisse vorliegen, beginnt das **Auswerten der Bewertungsmaßnahmen (8.3)**. Hierbei wird zunächst das Mitarbeitergespräch, in dem die Ergebnisse zwischen Führungskraft und Mitarbeiter besprochen werden, vorbereitet. So werden bspw. Freitextkommentare begutachtet (und ggf. ausgeschlossen, sofern diese unpassend oder nicht hilfreich sind) und nicht-valide Fragebögen ausgeschlossen (bspw. Fragebögen, die vollständig auf der einen oder anderen Seite der Bewertungsskala ausgefüllt wurden), um ein konsistentes, valides Erfassungsergebnis zu erhalten (vgl. Manring et al. 2003, S. 140; vgl. Borman 1974, S. 106). Anschließend werden die Ergebnisse zwischen Führungskraft und Mitarbeiter besprochen (vgl. Kurer 2005, S. 22). Dabei werden Kompetenzlücken aufgezeigt und passende Entwicklungsmaßnahmen zum schließen dieser Lücken vereinbart (vgl. Dalessio/Vasilopoulos 2001, S. 195; McCarthy/Garavan 2001, S. 12).

Wie im vorherigen Abschnitt verdeutlicht, beinhaltet der Kompetenzerfassungsprozess jedoch unterschiedliche Problemstellungen, die mithilfe des Konzepts der Informationsasymmetrien aus der Prinzipal-Agenten-Theorie erklärt werden können. Die Prinzipal-Agenten-Theorie wurde von JENSEN UND MECKLING (1976) entwickelt und beschreibt eine Beziehung zwischen zwei Vertragsparteien (Prinzipal und Agent), bei welcher der Agent Aufgaben für den Prinzipal ausführt (vgl. Jensen/Meckling 1976, S. 308). Da der Prinzipal Aufgaben an den Agenten delegiert, existieren Informationsasymmetrien in Form versteckter Informationen („hidden information") und Aktivitäten („hidden action") (vgl. Arrow 1985, S. 38). Versteckte Aktivitäten liegen vor, da lediglich die Arbeitsergebnisse des Agenten für den Prinzipal sichtbar sind, nicht jedoch die hierfür notwendigen Aktivitäten. Versteckte Informationen bezeichnen eine Situation, in welcher der Agent Informationen besitzt (bspw. Eigenschaften des Agenten oder relevante Informationen über durchgeführte Aktivitäten), die dem Prinzipal nicht zur Verfügung stehen (vgl. Shapiro 2005, S. 264). Die Prinzipal-Agenten-Theorie kann im Bereich des Personalmanagements auf die Beziehung zwischen Mitarbeitern und Führungskräften angewendet werden (vgl. Eisenhardt 1989, S. 60; Klein 2012, S. 146; Tornack 2015, S. 116), bspw. wenn versteckte Informationen in Bezug auf die Mitarbeiter existieren. Zum Reduzieren der bestehenden Informationsasymmetrien werden Screening Aktivitäten durchgeführt (vgl. Stiglitz 1975, S. 283), bspw. indem benötigte Informationen über Mitarbeiter im Rahmen von Mitarbeitergesprächen (oder in diesem Fall Kompetenzbewertungen) erfasst werden (vgl. Tornack 2015, S. 116).

Im Fall der Kompetenzerfassung existieren eine Reihe von Informationsasymmetrien, die in Abbildung 56 zusammengefasst und im Folgenden näher erläutert werden.

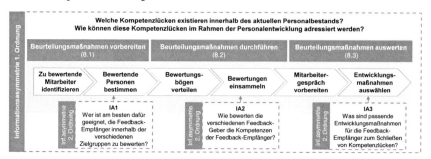

Abbildung 56: Informationsasymmetrien bei der Kompetenzerfassung anhand von 360°-Feedback

Im dargestellten Fall können Informationsasymmetrien erster und zweiter Ordnung unterschieden werden. Die Informationsasymmetrien erster Ordnung ergeben sich aus der im vorherigen Abschnitt erläuterten Problemstellung: Zunächst ist innerhalb des Unternehmens nicht bekannt (oder zumindest nicht vollständig bekannt), welche Kompetenzen die Mitarbeitern innehaben und inwiefern Lücken (bspw. in Bezug auf deren aktuelle oder zukünftige Stellenanforderungen) existieren. Somit ist ebenfalls unklar, inwiefern ggf. existierende Lücken im Rahmen der Personalentwicklung adressiert werden können. Um diese beiden Informationsasymmetrien zu reduzieren, müssen die Kompetenzen der Mitarbeiter erfasst werden (vgl. Abschnitt 7.4.1.1). Im Rahmen des oben dargestellten Kompetenzerfassungsprozesses existieren jedoch weitere, operationalisierte Informationsasymmetrien (zweiter Ordnung), die reduziert werden müssen: Zunächst müssen beim Vorbereiten von Beurteilungsmaßnahmen (8.1) Feedbackgeber nominiert werden. Hierbei ist jedoch nicht bekannt, welche Personen aus den unterschiedlichen Zielgruppen die Kompetenzen der zu bewertenden Mitarbeiter am besten einschätzen können (**Informationsasymmetrie (IA) 1**). Dies ist jedoch für die weitere Kompetenzentwicklung von großer Bedeutung, da von einer validen Bewertung des aktuellen Kompetenzstands die Auswahl passender Entwicklungsmaßnahmen abhängt. Sofern die Bewerter feststehen, ist beim Durchführen der Bewertungen (8.2) unbekannt, wie diese den Kompetenzstand der zu bewertenden Mitarbeiter einschätzen (**IA2**). Sobald diese Informationen (in Form von Bewertungsergebnissen) vorliegen, ist es allerdings weiterhin unklar, welche Personalentwicklungsmaßnahmen am besten dafür geeignet sind, die existierenden Kompetenzlücken zu schließen (**IA3**). Welche Anforderungen sich aus diesen drei Informationsasymmetrien innerhalb des Kompetenzerfassungsprozesses an ein mobiles PIS ergeben, wird im folgenden Abschnitt analysiert.

7.4.1.3 Anforderungen an mobile PIS zum Unterstützen der Kompetenzerfassung

Um beim Vorbereiten der Feedbackdurchführung (8.1) passende Bewerter zu identifizieren (IA1), sollte ein PIS in der Lage sein, diese aus den unterschiedlichen Kontaktgruppen auf Basis der Arbeitsbeziehungen des bewerteten Mitarbeiters vorzuschlagen ($A1_{TS}$). Da frühere Studien Umfragemüdigkeit als ein wesentliches Problem im Zusammenhang mit $360°$-Feedback identifiziert haben (vgl. Abschnitt 7.4.1.1), muss der Arbeitsaufwand für alle bewertenden Personen so gering wie möglich gehalten werden. Hierfür sollte ein Informationssystem die Anzahl der Bewerter in jeder Gruppe auf eine konfigurierbare Menge limitieren und gleichzeitig den Aufwand zwischen allen möglichen Feedbackgebern verteilen (bspw. indem nicht immer dieselben Bewerter für unterschiedliche Mitarbeiter ausgewählt werden). Eine weitere Informationsasymmetrie existiert beim Durchführen der Bewertungsmaßnahmen (8.2), da nicht bekannt ist, wie die verschiedenen Bewerter die Kompetenzen des Feedbackempfängers bewerten (IA2). Um den Kompetenzstand zu erfassen und somit die Informationsasymmetrie zu reduzieren, muss ein IS das Erstellen, Versenden und Einsammeln von Bewertungsergebnissen von allen Feedbackgebern ermöglichen ($A2_{TS}$). Dies sollte sowohl zeit- als auch ortsunabhängig möglich sein, um die Flexibilität der Bewerter zu erhöhen (und somit die Umfragemüdigkeit weiter zu reduzieren; vgl. Abschnitt 7.4.1.1). Nachdem die Bewertungsergebnisse vollständig erfasst wurden, werden diese im Rahmen eines Mitarbeitergesprächs zwischen Führungskraft und Mitarbeiter besprochen (8.3), um passende Entwicklungsmaßnahmen für existierende Kompetenzlücken zu identifizieren (IA3). Hieraus ergeben sich drei weitere Anforderungen: Erstens müssen die einzelnen Freitextkommentare und Erfassungsergebnisse vor dem Durchführen des Mitarbeitergesprächs einem Review unterzogen werden können ($A3_{TS}$), um deren Validität sicherzustellen (vgl. Abschnitt 7.4.1.2). Da im Rahmen des Mitarbeitergesprächs des Weiteren die aggregierten Resultate der Kompetenzerfassung besprochen werden sollen, müssen diese bereitgestellt werden ($A4_{TS}$). Letztlich sollten im Rahmen des Mitarbeitergesprächs auf Basis des Kompetenzstands des Mitarbeiters Entwicklungsmaßnahmen vorgeschlagen werden, mit denen die identifizierten Kompetenzlücken geschlossen werden können ($A5_{TS}$). Tabelle 75 fasst die abgeleiteten Anforderungen (inkl. dazugehöriger Informationsasymmetrien) innerhalb der jeweiligen Teilprozesse zusammen.

Teilprozess	Informationsasymmetrie	Anforderung
Beurteilungsmaßnahmen vorbereiten (8.1)	Es ist nicht bekannt, welche Personen innerhalb der verschiedenen Zielgruppen am besten dafür geeignet sind, die Kompetenzen der Feedbackempfänger zu bewerten. (IA1)	$A1_{TS}$: Vorschlagen von passenden Feedbackgebern aus unterschiedlichen Zielgruppen bei gleichzeitigem Minimieren des Arbeitsaufwands für jeden Bewerter.
Beurteilungsmaßnahmen durchführen (8.2)	Es ist nicht bekannt, wie die jeweiligen Feedbackgeber die Kompetenzen der Feedbackempfänger bewerten. (IA2)	$A2_{TS}$: Erstellen und Distribuieren von Feedback-Fragebögen sowie zeit- und ortsunabhängiges Ausfüllen dieser.
Beurteilungsmaßnahmen auswerten (8.3)	Es ist nicht bekannt, welche Personalentwicklungsmaßnahmen am besten dafür geeignet sind, um existierende Kompetenzlücken der bewerteten Mitarbeiter zu schließen. (IA3)	$A3_{TS}$: Vorbereiten des Mitarbeitergesprächs durch Begutachten und Aufbereiten der Freitextkommentare und Erfassungsergebnisse.
		$A4_{TS}$: Bereitstellen von Bewertungsergebnissen für Mitarbeitergespräche, sodass diese als Diskussionsgrundlage genutzt werden können
		$A5_{TS}$: Identifikation von Kompetenzlücken sowie Vorschlagen passender Entwicklungsmaßnahmen zum Schließen dieser Lücken.

Tabelle 75: Anforderungen an mobile PIS zum Unterstützen der Kompetenzerfassung

7.4.2   Konzeption und Entwicklung des Prototyps

7.4.2.1   Ableitung von Designprinzipien

Um eine durchgängige Unterstützung des Kompetenzerfassungsprozesses zu gewährleisten, muss ein PIS sämtliche Phasen vom Vorbereiten (8.1) über das Durchführen (8.2) bis hin zum Auswerten (8.3) der Beurteilungsmaßnahmen unterstützen. Aufgrund der unterschiedlichen Aufgaben der einzelnen Phasen sind hierfür drei Komponenten notwendig: Zunächst ist eine Komponente zum Vorbereiten der Kompetenzerfassung notwendig, in der das Identifizieren der zu bewertenden Mitarbeiter sowie das Bestimmen der Feedbackgeber unterstützt werden kann. Da diese Vorbereitung i. d. R. nicht zeitkritisch ist (sodass eine orts- und zeitunabhängige Durchführung nicht zwingend notwendig ist) und meist für größere Mitarbeitergruppen auf einmal erfolgt (bspw. im Rahmen jährlicher Erfassungen für alle Mitarbeiter im Verantwortungsbereich der Führungskraft) ist eine Desktop-basierte Komponente ausreichend (Komponente 1; **K1**). Dementsprechend wurde die Vorbereitung von Beurteilungsmaßnahmen in den vorherigen Studien auch weder aus theoretischer, noch aus praktischer Sicht als eine Einsatzmöglichkeit für mobile Anwendungen identifiziert (vgl. Abschnitt 6.3). Für die beiden anderen Phasen können allerdings mobile Anwendungen genutzt werden, um die Kompetenzerfassung zu unterstützen: Beim Durchführen der Erfassung kann eine mobile Smartphone-Komponente genutzt werden, um den Bewertern Fragebögen bereitzustellen und das orts- und zeitunabhängige Eingeben der Beurteilungsergebnisse zu ermöglichen (**K2**). Ebenfalls wurde bereits festgestellt, dass Tablet-basierte PIS genutzt werden können, um Mitarbeitergespräche zu unterstützen (vgl. Abschnitt 6.3), sodass eine Tablet-basierte Komponente genutzt wird, um das Auswerten der Beurteilungsmaßnahmen innerhalb der Gespräche zu unterstützen (**K3**). Im Folgenden werden die Designprinzipien für alle drei Komponenten beschrieben, die sich aus den zuvor abgeleiteten Anforderungen ergeben. Hierbei wird angegeben, inwiefern die einzelnen Designprinzipien die bereits beschriebenen Probleme bei der Kompetenzerfassung adressieren (vgl. Abschnitt 7.2.1).

Um beim Vorbereiten der Kompetenzerfassung (8.1) wurde das Problem beschrieben, dass nicht bekannt ist, welche Personen als Bewerter herangezogen werden sollten. Somit sollte ein System Funktionen enthalten, um passende Bewerter für Mitarbeiter vorzuschlagen (vgl. A1$_{TS}$). Da die Informationen über potenzielle interne Feedbackgeber (Führungskräfte, Kollegen und untergeordnete Mitarbeiter) aus einer anderen Quelle stammen (bspw. aus der Organisationsstruktur) als die über externe Bewerter (bspw. CRM Systeme), ergeben sich zwei Designprinzipien für die Desktopkomponente (K1): Zunächst müssen interne Feedbackgeber auf Basis der aktuellen Organisationsstruktur vorgeschlagen werden (Designprinzip ThreeSixty 1, Komponente 1; **DP1$_{TS-K1}$**). Während eine 1-zu-N-Beziehung zwischen Führungskräften und Mitarbeitern besteht (d. h. eine Führungskraft muss alle ihre untergeordneten Mitarbeiter bewerten), ist dies bei den Zielgruppen der Kollegen und untergeordneten Mitarbeitern nicht der Fall. Um die Arbeitsbelastung durch das Durchführen von 360°-Feedback Bewertungen zu reduzieren (und somit Umfragemüdigkeit vorzubeugen), sollte die Anzahl der durchzuführenden Bewertungen für jede Bewertungsperiode zwischen den Bewertern der einzelnen Gruppen gleichmäßig verteilt werden. Dies kann ermöglicht werden, indem die maximale Anzahl der Feedbackgeber auf eine konfigurierbare Größe reduziert wird. Da es gerade in größeren Abteilungen nicht notwendig ist, dass ein Mitarbeiter von allen Kollegen oder untergeordneten Mitarbeitern bewertet wird, kann der Aufwand für die 360°-

Beurteilungen somit aufgeteilt werden. Durch das Vorschlagen interner Bewerter kann zum einen die Effizienz des Bewertungsprozesses erhöht werden, da der manuelle Vorbereitungsaufwand reduziert wird (Evaluationsproposition ThreeSixty 1a, Komponente 1; **EP1a$_{TS-K1}$**). Zum anderen führt die Verteilung der Arbeitsbelastung zu einem geringeren individuellem Aufwand bei den Akteuren, sodass die Akzeptanz des 360°-Feedbacks erhöht (bzw. die Umfragemüdigkeit reduziert) und somit die Rücklaufquoten bei den Bewertungen erhöht werden können (**EP1b$_{TS-K1}$**). Bewerter außerhalb der Organisation (d. h. externe Kontakte) können nicht direkt aus der Organisationsstruktur abgeleitet werden. Stattdessen muss ein IT-System Schnittstellen zu externen Systemen, über die externe Kontakte importiert und als Feedbackgeber vorgeschlagen werden können (**DP2$_{TS-K1}$**).[80] Sofern externe Kontakte über Schnittstellen importiert werden können, kann der Aufwand für die Konfiguration der Bewertungen weiter gesenkt werden, sodass die Effizienz bei der Vorbereitung der Kompetenzbewertungen erhöht wird (**EP2$_{TS-K1}$**).

Um die Informationsasymmetrien beim Durchführen der Kompetenzbewertungen (8.2) zu reduzieren, sollte ein Informationssystem das zeit- und ortsunabhängige Ausfüllen von Feedbackfragebögen ermöglichen (vgl. A2$_{TS}$). Dementsprechend sollte ein Informationssystem eine mobile Komponente umfassen (K2), welche dies ermöglicht (**DP1$_{TS-K2}$**). Beim Distribuieren und Einsammeln der Feedbackfragebögen müssen des Weiteren zwei Aspekte berücksichtigt werden: Zum einen muss es möglich sein, Bewerter aus unterschiedlichen Gruppen basierend auf ihrer Rolle ggf. verschiedene Bewertungsfragebögen zuzusenden (da ggf. bestimmte Kompetenzen nicht von allen Gruppen gleich gut bewertet werden können; vgl. Abschnitt 7.4.1.2). Zum anderen wurde bereits erläutert, dass die Anonymität der Kompetenzbewertungen beim 360°-Feedback einen wesentlichen Einfluss auf die Validität der Ergebnisse hat (vgl. Abschnitt 7.4.1.2). Dementsprechend sollte nach dem Eingeben der Bewertungen kein Rückschluss mehr auf die bewertende Person, sondern lediglich auf dessen Gruppenzugehörigkeit (Kollege, externer Kontakt etc.) möglich sein. Die erhöhte Flexibilität bei der Feedbackeingabe führt neben einer höheren Akzeptanz des Feedbackprozesses (**EP1a$_{TS-K2}$**; vgl. EP1b$_{TS-K1}$) zudem zu einer Reduktion von Durchlaufzeiten bei der Kompetenzerfassung, da Feedbackgeber Leerzeiten für das Ausfüllen der Fragebögen nutzen können (**EP1b$_{TS-K2}$**).

Nachdem die Bewertungen eingegangen sind, müssen die Beurteilungsergebnisse ausgewertet werden (8.3), sodass passende Personalentwicklungsmaßnahmen für ggf. vorhandene Kompetenzlücken ausgewählt werden können. Dabei ergeben sich drei Designprinzipien für die Tablet-Komponente (K3): Zunächst müssen für die Vorbereitung des Mitarbeitergesprächs die Freitextkommentare und Erfassungsergebnisse begutachtet und aufbereitet werden können (vgl. A3$_{TS}$). Zum einen sollten Freitextkommentare im Mitarbeitergespräch ausgeblendet werden können, welche für die Bewertung des Mitarbeiters nicht hilfreich sind (bspw. inhaltslose oder beleidigende Kommentare). Zum anderen sollte es möglich sein, vor dem Gespräch Fragebögen aus dem Gesamtergebnis zu entfernen, sofern diese offensichtlich nicht valide sind (s. o.; **DP1$_{TS-K3}$**). Hierdurch können die Validität der Kompetenzerfassungs-

---

[80] Voraussetzung hierfür ist, dass über diese Schnittstellen sowohl die Kontaktdaten der externen Feedbackgeber, als auch Informationen in Bezug auf deren Beziehungen zu den bewertenden Mitarbeitern vorhanden sind.

ergebnisse und somit auch die Effektivität des Mitarbeitergesprächs erhöht werden, da passendere Entwicklungsmaßnahmen vereinbart werden können (**EP1**$_{TS-K3}$). Um das Mitarbeitergespräch zu unterstützen, sollte die Tablet-basierte Komponente des Weiteren Funktionen zum Visualisieren der Erfassungsergebnisse bereitstellen (vgl. A4$_{TS}$). Um eine genaue Analyse der Ergebnisse zu ermöglichen, müssen diese für jede erfasste Kompetenz zum einen aggregiert und zum anderen einzeln für die jeweiligen Bewertungsgruppen dargestellt werden können (**DP2**$_{TS-K3}$). Eine separate Auswertung der Kompetenzbewertungen anhand der einzelnen Gruppen ist sinnvoll, da Personen aus den unterschiedlichen Gruppen, die zu bewertende Person ggf. aus unterschiedlichen Situationen heraus bewerten, sodass die Erfassungsergebnisse voneinander abweichen können (vgl. Hazucha et al. 1993, S. 326). Aus diesem Grund sollte eine Anwendung zur Gesprächsunterstützung auch Funktionen besitzen, um innerhalb des Gesprächs zwischen Führungskraft und bewertetem Mitarbeiter das finale Ergebnis der Kompetenzerfassung zu fixieren. Statt die einfachen Mittelwerte über alle Bewertungsgruppen zu verwenden, können so im Einvernehmen Anpassungen an den Ergebnissen vorgenommen werden. Das direkte Erfassen des finalen Kompetenzstands über die Tablet-Komponente reduziert dabei den Aufwand für die Nachbereitung des Mitarbeitergesprächs (d. h. das nachträgliche Übertragen handschriftlicher Notizen), sodass die Effizienz des Prozesses erhöht wird (**EP2**$_{TS-K3}$). Die so festgelegten Erfassungsergebnisse können anschließend in Relation zu den Anforderungen der Stelle des bewerteten Mitarbeiters gesetzt werden, um Kompetenzlücken aufzuzeigen (vgl. A5$_{TS}$). Damit auf dieser Basis eine zielgerichtete Entwicklung der Mitarbeiter erfolgen kann, sollten des Weiteren Funktionen zum Vorschlagen passender Entwicklungsmaßnahmen zum Schließen der Kompetenzlücken vorhanden sein (**DP3**$_{TS-K3}$). Hierfür ist es notwendig, dass die Anwendung Zugriff auf Informationen zu Entwicklungsmaßnahmen besitzt, welche mit Kompetenzen verknüpft sind (in Form von notwendigen Vorbedingungen und vermittelten Kompetenzen). Solche Informationen liegen bspw. in Kompetenzmanagementsystemen vor (vgl. Badgi 2012, S. 114). Da es so ermöglicht wird, direkt innerhalb des Mitarbeitergesprächs einen Entwicklungsplan festzulegen (ohne ein weiteres Gespräch zu benötigen), kann die Effektivität des Gesprächs erhöht werden (**EP3**$_{TS-K3}$).

Tabelle 76 fasst die Designprinzipien und Evaluationspropositionen zusammen, strukturiert anhand der drei Komponenten. Diese bilden die Grundlage für die Entwicklung des Prototyps „ThreeSixty", die im folgenden Abschnitt beschrieben wird.

Designprinzip	Evaluationsproposition(en)
K1: Desktop-basierte Anwendung zum Unterstützen der Vorbereitung von Beurteilungsmaßnahmen	
$A1_{TS}$ → $DP1_{TS-K1}$: Funktionen zum automatischen Vorschlagen von Feedbackgebern aus den Gruppen „Vorgesetzte", „Kollegen" sowie „untergeordnete Mitarbeiter" auf Basis der Organisationsstruktur bei gleichzeitigem Ausgleichen des Arbeitsaufwands zwischen den Bewertern.	$EP1a_{TS-K1}$: Das Vorschlagen von möglichen Vorgesetzten, Kollegen und untergeordneten Mitarbeitern als Feedbackgeber basierend auf der Organisationsstruktur reduziert den manuellen Aufwand für die Vorbereitung der Beurteilungsmaßnahmen und erhöht somit die Effizienz der Kompetenzerfassung.
	$EP1b_{TS-K1}$: Das Ausgleichen des Arbeitsaufwands für die Kompetenzbewertung zwischen den Feedbackgebern reduziert die Umfragemüdigkeit und erhöht somit die Rücklaufquoten der Kompetenzerfassungen, sodass die Validität der Kompetenzerfassung steigt.
$A1_{TS}$ → $DP2_{TS-K1}$: Funktionen zum Importieren externer Kontakte aus weiteren Systemen (bspw. CRM) sowie deren Zuweisen als Feedbackgeber.	$EP2_{TS-K1}$: Das Importieren von Kontakten, um sie als Feedbackgeber zuzuweisen, reduziert den manuellen Aufwand für die Vorbereitung der Beurteilungsmaßnahmen und erhöht somit die Effizienz der Kompetenzerfassung.
K2: Smartphone-basierte mobile Anwendung zum Unterstützen der Durchführung von Beurteilungsmaßnahmen	
$A2_{TS}$ → $DP1_{TS-K2}$: Funktionen zum zeit- und ortsunabhängigen Zugreifen und Ausfüllen von Feedback-Fragebögen für alle Feedbackgeber bei gleichzeitiger Gewährleistung der Anonymität der Beurteilungsergebnisse.	$EP1a_{TS-K2}$: Das zeit- und ortsunabhängige Zugreifen und Ausfüllen von Feedback-Fragebögen erhöht die Flexibilität der Feedbackgeber beim Ausfüllen der Fragebögen, sodass die Akzeptanz und die Rücklaufquoten der Kompetenzerfassungen erhöht werden und somit die Validität der Beurteilungsergebnisse steigt.
	$EP1b_{TS-K2}$: Das zeit- und ortsunabhängige Zugreifen und Ausfüllen von Feedback-Fragebögen ermöglicht das Eingeben von Kompetenzbewertungen in Leerzeiten, sodass die Durchlaufzeiten der Kompetenzerfassung verringert werden können.
K3: Tablet-basierte mobile Anwendung zum Unterstützen der Auswertung von Beurteilungsmaßnahmen	
$A3_{TS}$ → $DP1_{TS-K3}$: Funktionen zum Vorbereiten der Mitarbeitergespräche, indem unangemessene bzw. nicht-valide Erfassungsergebnisse entfernt werden können.	$EP1_{TS-K3}$: Das Vorbereiten und Überprüfen der Beurteilungsergebnisse vor dem Mitarbeitergespräch erhöht die Validität der Ergebnisse und erhöht somit die Effektivität der Kompetenzerfassung und des Gesprächs.
$A4_{TS}$ → $DP2_{TS-K3}$: Funktionen zum Visualisieren der Erfassungsergebnisse (Gesamtergebnisse und Teilergebnisse der Gruppen), um diese mit den Stellenanforderungen vergleichen zu können und um den finalen Kompetenzstand zusammen mit dem bewerteten Mitarbeiter im Gespräch festzulegen.	$EP2_{TS-K3}$: Das direkte Festlegen des Kompetenzstands innerhalb des Mitarbeitergesprächs reduziert den manuellen Aufwand für die nachträgliche Eintragung der Ergebnisse und erhöht somit die Effizienz der Kompetenzerfassung.
$A5_{TS}$ → $DP3_{TS-K3}$: Funktionen zum Vorschlagen passender Entwicklungsmaßnahmen, basierend auf dem finalen Kompetenzstand, um existierende Kompetenzlücken beim bewerteten Mitarbeiter zu reduzieren.	$EP3_{TS-K3}$: Das Vorschlagen passender Entwicklungsmaßnahmen innerhalb des Mitarbeitergesprächs ermöglicht eine zielgerichtete Entwicklungsplanung für den bewerteten Mitarbeiter innerhalb desselben Gesprächs und erhöht somit die Effektivität des Mitarbeitergesprächs.

Tabelle 76: Designprinzipien für mobile Anwendungen zum Unterstützen der Kompetenzerfassung

7.4.2.2 Implementierung der Instanz

Abbildung 57 stellt die Hauptansicht der Desktopkomponente (**K1**) von ThreeSixty dar.[81] Diese zeigt die Mitarbeiter der aktuell angemeldeten Führungskraft an, für die eine Kompetenzbewertung vorgenommen werden muss. Dabei ist die Ansicht unterteilt in die unterschiedlichen Phasen des 360°-Feedbackprozesses: Im oberen Bereich (vgl. Abbildung 57, 1) werden die Mitarbeiter dargestellt, für welche die Bewertung noch nicht konfiguriert wurde. Neben dem Namen und einem Profilbild des Mitarbeiters ist dabei dessen aktuelle Position im Unternehmen sichtbar. Darunter werden die Mitarbeiter angezeigt, deren Kompetenzbewertungen aktuell durchgeführt werden (vgl. Abbildung 57, 2). Hier wird zusätzlich zu den Personendaten angezeigt, wie viele Kompetenzbewertungen bereits abgegeben wurden und wie viele noch ausstehen. Darüber hinaus können über zwei Schaltflächen am rechten Rand die Kom-

---

[81] Die in diesem Abschnitt beschriebene Desktopkomponente des Prototyps „ThreeSixty" ist im Rahmen einer Projektarbeit (vgl. Kretzer/Trümper 2014) unter Betreuung des Autors dieser Arbeit entstanden.

petenzbewertungen gestoppt werden (bspw. wenn nicht alle aber dennoch ausreichend viele Bewertungen vorliegen) oder Feedbackgeber erinnert werden (entweder per E-Mail oder Push-Notification),
die noch keine Bewertungen abgegeben haben. Im unteren Bereich werden Mitarbeiter angezeigt, deren Kompetenzbewertung bereits beendet wurde (vgl. Abbildung 57, 3). Über einen Klick auf den jeweiligen Mitarbeiter, wird die Tabletkomponente (K3) zum Vorbereiten und Durchführen der Mitarbeitergespräche aufgerufen (s. u.), sodass der Nutzer diese ebenfalls am Desktop-PC verwenden kann (bspw.
um sich auf ein Gespräch vorzubereiten). Mit einem Klick auf die Schaltfläche „Configure" im oberen
Bereich, kann eine neue Bewertungsrunde für einen Mitarbeiter gestartet werden (vgl. Abbildung 57, 1).

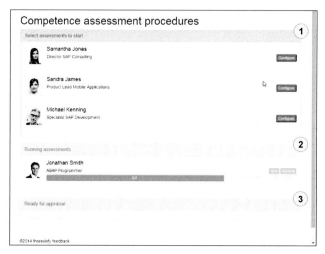

Abbildung 57: ThreeSixty Desktop-Komponente – Übersicht der zu bewertenden Mitarbeiter

Die Maske für die Konfiguration einer neuen Bewertungsrunde ist in Abbildung 58 dargestellt. Hierbei
müssen zunächst Feedbackgeber für die einzelnen Bewertungsgruppen (Vorgesetzte, Kollegen, untergeordnete Mitarbeiter und externe Kontakte) ausgewählt werden (vgl. Abbildung 58). ThreeSixty schlägt
dafür bereits auf Basis der Organisationsstruktur für die Gruppen Vorgesetzte, Kollegen und untergeordnete Mitarbeiter Personen vor (vgl. **DP1**TS-K1). Diese werden innerhalb der jeweiligen Bereiche (nach
Gruppen unterteilt) im Kurzprofil (sofern vorhanden Profilbild, Name und Position) angezeigt (vgl. Abbildung 58, 1). Da aufgrund des prototypischen Charakters der Anwendung keine Schnittstellen zu Systemen existieren, von denen externe Kontakte importiert werden können, können diese direkt in der Datenbank von ThreeSixty hinterlegt werden. Sofern ein externer Kontakt für einen Mitarbeiter dort vorliegt,
wird dieser auch in folgenden Erfassungsperioden wieder als Bewerter vom System vorgeschlagen (vgl.
DP2TS-K1). Sofern ein externer Kontakt mit mehreren Mitarbeitern verknüpft ist, wird auf eine gleichmä-
ßige Verteilung der Bewertungsvorgänge zwischen den externen Kontakten geachtet (vgl. **DP1**TS-K1).

Die vom System erstellten Vorschläge können vom Nutzer angepasst werden. Hierfür ist im unteren
Bereich eine Box vorhanden, in der weitere, mögliche Feedbackgeber angezeigt werden (vgl. Abbildung
58, 2). Diese können dann per Drag-and-Drop in die oberen Boxen verschoben werden. Eine Filterung
der möglichen Bewerter ist entweder über die Auswahl bestimmter Gruppen (bspw. indem nur Kollegen

des Mitarbeiters angezeigt werden; vgl. Abbildung 58, 3) oder über eine Suche nach Namen (vgl. Abbildung 58, 4) möglich. Sobald die Bewerter für die einzelnen Gruppen festgelegt sind, kann über einen Klick auf die Schaltfläche „Finish Configuration" die Konfiguration der Bewertungsrunde abgeschlossen werden (vgl. Abbildung 58, 5). Daraufhin werden die ausgewählten Bewerter per Push-Notification (im Fall interner Bewerter) oder E-Mail (im Fall externer Bewerter) darüber informiert, dass sie eine neue Kompetenzbewertung vornehmen können. Die E-Mail für unternehmensexterne Feedbackgeber enthält einen Direktlink, über den die Komponente zum Abgeben der Kompetenzbewertung aufgerufen werden kann.

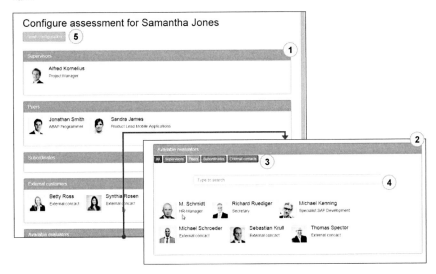

Abbildung 58: ThreeSixty Desktop-Komponente – Konfiguration der Bewertungsrunde

Die Oberfläche der Smartphone-Komponente (K3) ist für interne und externe Bewerter weitestgehend identisch (vgl. Abbildung 59). Im Gegensatz zu externen Bewertern haben Unternehmensinterne Nutzer allerdings neben dem Eingeben von Bewertungen auch die Möglichkeit, vergangene eigene Bewertungsergebnisse[82] einzusehen (vgl. Abbildung 59, 1).

---

[82] Die Darstellung der Bewertungsergebnisse vorheriger Perioden orientiert sich an der Art der Darstellung, die innerhalb der Komponente zum Vorbereiten und Durchführen von Mitarbeitergesprächen (K3) verwendet wird (vgl. Abbildung 63 sowie Abbildung 64). Aus diesem Grund wird diese hier nicht explizit dargestellt.

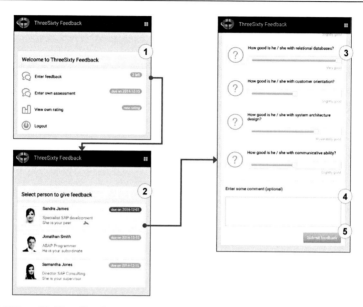

Abbildung 59: ThreeSixty Smartphone-Komponente – Durchführen der Kompetenzbewertung

In der Oberfläche wird angezeigt, ob der Nutzer unter den jeweiligen Menüpunkten aktuell eine Aktion durchführen muss (bspw. das Eingeben von Fremd- oder Selbstbewertungen) oder ob neue Informationen (d. h., ob neue Ergebnisse aus dem Mitarbeitergespräch) verfügbar sind. Sobald der Nutzer auf den Menüpunkt „Enter Feedback" klickt, wird eine Übersicht der Personen geöffnet, für welche der Nutzer noch eine Bewertung abgeben muss (vgl. Abbildung 59, 2). Neben dem bereits bekannten Kurzprofil wird angezeigt, in welcher Beziehung der aktuelle Nutzer zu der jeweiligen Person steht (bspw. Kollege oder untergeordneter Mitarbeiter) und zu welchem Zeitpunkt die Bewertung spätestens erfolgt sein muss. Mit einem Klick auf eine Person wird die Maske zum Abgeben der Bewertung aufgerufen (vgl. Abbildung 59, 3). Sobald dies geschieht, wird auf Basis des Anforderungsprofils der aktuellen Stelle des zu bewertenden Mitarbeiters ein Feedbackfragebogen zum Bewerten der jeweiligen Kompetenzen erstellt. Hierfür sind innerhalb der Datenbank von ThreeSixty zu jeder Kompetenz eine oder mehrere Fragen hinterlegt (inkl. Skalenbeschriftungen von 1-5), anhand derer die Kompetenzen bewertet werden können. Darüber hinaus kann in der Datenbank hinterlegt werden, welche Kompetenzen von einer bestimmten Personengruppe nicht beurteilt werden sollen, sodass in diesem Fall keine Fragen dargestellt werden (vgl. Abschnitt 7.4.1.2). Um eine Bewertung vorzunehmen, kann der Nutzer über vorhandene Schieberegler (engl. Slider) das passende Niveau der Skala auswählen. Darüber hinaus hat jeder Bewerter die Möglichkeit, einen Freitextkommentar einzugeben, auf den anschließend im Mitarbeitergespräch zugegriffen werden kann (vgl. Abbildung 59, 4). Über einen Klick auf „Submit feedback" wird die Kompetenzbewertung abgeschlossen (vgl. **DP1**TS-K2). Um hierbei die Anonymität der Bewertungen sicherzustellen, wird innerhalb der Daten das Bewertungsergebnis von den Feedbackgebern getrennt, indem lediglich die Fokusgruppe zu einem Ergebnis gespeichert wird (um später eine Auswertung zwischen den Gruppen vornehmen zu können). Auf Seite des Nutzers wird ebenfalls lediglich hinterlegt, dass die Bewertung für eine Person abgegeben wurde (notwendig für die Erinnerungsfunktion innerhalb der Desktop-Komponente, K1). Eine direkte Verbindung zwischen Bewertern und Ergebnissen existiert somit jedoch nicht.

Sobald der Bewertungsvorgang für einen Mitarbeiter abgeschlossen ist (entweder indem alle Bewertungen eingegeben wurden oder indem die Bewertung gestoppt wurde; vgl. Abbildung 57, 2), kann die Führungskraft die Komponente für Tablet-PCs (K3) nutzen, um das Mitarbeitergespräch vorzubereiten. Sobald der Nutzer diese Komponente aufruft, erhält er eine Übersicht über alle laufenden und abgeschlossenen Bewertungsvorgänge der aktuellen Periode, die in Abbildung 60 dargestellt ist.

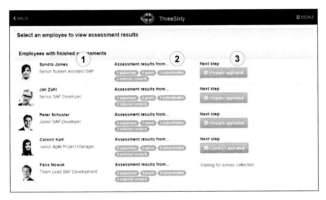

Abbildung 60: ThreeSixty Tablet-Komponente – Übersicht durchgeführter Bewertungen

Neben dem Kurzprofil jedes Mitarbeiters (vgl. Abbildung 60, 1) wird abgebildet, von welchen Gruppen bereits wie viele Bewertungsergebnisse vorliegen (vgl. Abbildung 60, 2). Darüber hinaus wird angezeigt, welchen Status der jeweilige Bewertungsvorgang hat (bspw. „Warten auf Bewertungen; vgl. Abbildung 60, 3) und ob weitere Aktivitäten (Vorbereiten oder Durchführen eines Mitarbeitergesprächs) durchgeführt werden können. Sobald ein Bewertungsdurchlauf abgeschlossen ist, kann über einen Klick auf die Schaltfläche „Prepare appraisal" die Vorbereitung des Mitarbeitergesprächs gestartet werden.

Die Ansicht zum Vorbereiten des Mitarbeitergesprächs ist in Abbildung 61 und Abbildung 62 dargestellt. Im oberen Bereich der Ansicht wird zunächst ein Vergleich der aktuellen Bewertungsergebnisse, der Bewertungsergebnisse der letzten Periode sowie der aktuellen Stellenanforderungen des Nutzers in Form eines Netzdiagramms angezeigt (vgl. Abbildung 61, 1). An dieser Stelle werden die Ergebnisse der aktuellen Periode als Durchschnittswerte angegeben (worauf der Nutzer explizit hingewiesen wird; vgl. Abbildung 61, 2). Diese Kennzeichnung wird vorgenommen, da das Finalisieren der Bewertungsergebnisse erst innerhalb des Mitarbeitergesprächs durchgeführt wird, sodass die abgetragenen Daten lediglich ein Zwischenergebnis darstellen (vgl. DP2$_{TS-K3}$). Unter dem Netzdiagramm werden die Freitextkommentare der einzelnen Feedbackgeber angezeigt. Hier hat der Nutzer die Möglichkeit, einzelne Freitextkommentare zu markieren, die im Rahmen des Mitarbeitergesprächs nicht angezeigt werden sollen (vgl. Abbildung 61, 3). Somit können bspw. unpassende oder nicht-hilfreiche Kommentare entfernt werden (vgl. DP1$_{TS-K3}$).

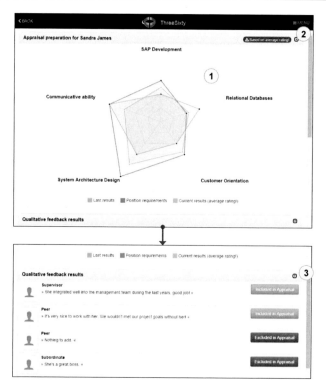

Abbildung 61: ThreeSixty Tablet-Komponente – Vorbereiten des Mitarbeitergesprächs (1)

Unter den Freitextkommentaren werden die Ergebnisse der Kompetenzbewertung weiter aufgeschlüsselt. Zunächst wird eine Übersicht über die durchschnittlichen Bewertungen der einzelnen Bewertungsgruppen angezeigt (vgl. Abbildung 62, 1). Für jede Kompetenz ist jeweils ein Balkendiagramm dargestellt, in dem die Durchschnittsbewertungen der Fokusgruppen in Form von Reihen abgebildet werden, inkl. der Selbstbewertung des Mitarbeiters. Darüber hinaus wird in der Legende der X-Achse im oberen Bereich markiert, welches Niveau der Kompetenz zum Ausführen der Stelle notwendig ist (entspricht der Kompetenzanforderung der Stelle; vgl. Abbildung 62, 2). Unter der grafischen Aufbereitung der Gruppenergebnisse werden die Einzelbewertungen dargestellt (vgl. Abbildung 62, 3). Hierbei wird aufgrund der Anonymisierung neben den Bewertungen der Kompetenzen statt dem Namen des Feedbackgebers lediglich angezeigt, zu welcher Gruppe dieser gehört (bspw. Vorgesetzter). Analog zu den Freitextkommentaren hat der Nutzer hier erneut die Möglichkeit, bestimmte Fragebögen aus den Ergebnissen auszuschließen, um die Validität der Ergebnisse zu erhöhen (vgl. DP1$_{TS-K3}$). Darunter hat der Nutzer die Möglichkeit einen Freitextkommentar (nur sichtbar innerhalb des Mitarbeitergesprächs) zu hinterlegen und die Vorbereitung durch einen Klick auf die Schaltfläche „Save and end preparation" zu beenden (beides hier nicht abgebildet).

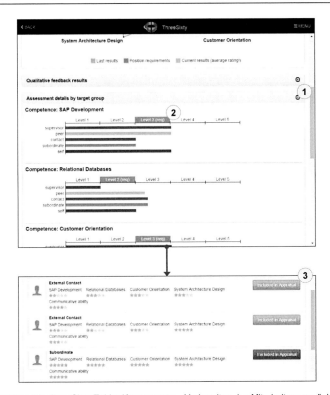

Abbildung 62: ThreeSixty Tablet-Komponente – Vorbereiten des Mitarbeitergesprächs (2)

Nachdem die Vorbereitung abgeschlossen ist, kann über die Startseite der Tablet-Komponente das Mitarbeitergespräch über einen Klick auf die Schaltfläche „Conduct appraisal" gestartet werden (vgl. Abbildung 60, 3). Sobald das Mitarbeitergespräch gestartet wird, werden zunächst die (im Rahmen der Vorbereitung gefilterten) Freitextkommentare der Feedbackgeber angezeigt (vgl. Abbildung 63, 1), sodass die Führungskraft und der Mitarbeiter diese gemeinsam besprechen können. Darunter werden die Ergebnisse der Kompetenzerfassung angezeigt (vgl. Abbildung 63, 2). Hierbei erfolgt erneut eine Darstellung der Gruppenergebnisse für jede Kompetenz anhand eines Balkendiagramms, die analog zur Vorbereitungsphase gestaltet ist. Darüber hinaus kann an dieser Stelle innerhalb des Gesprächs eine Fixierung der Kompetenzbewertungen vorgenommen werden (vgl. DP2$_{TS-K3}$). Hierfür existieren analog zur Bewertungskomponente (vgl. Abbildung 59, 3) Schieberegler, über welche die passenden Kompetenzniveaus ausgewählt werden können. Als Ausgangspunkt werden die Kompetenzniveaus mit dem jeweiligen Durchschnittswert über alle Gruppen (inkl. der Selbstbewertung des Mitarbeiters) vorbelegt und ermöglichen so ein einfaches Justieren der Bewertungsergebnisse. Unter den Ergebnissen der Kompetenzbewertungen kann der im Rahmen der Vorbereitung erstellte Freitextkommentar angezeigt werden (bspw. falls die Führungskraft Aspekte notiert hat, welche sie mit dem Mitarbeiter besprechen möchte; vgl. Abbildung 59, 4). Über einen Klick auf die Schaltfläche „Save competence assessment and

go to development planning" wird die Kompetenzerfassung abgeschlossen und die Entwicklungsplanung aufgerufen.

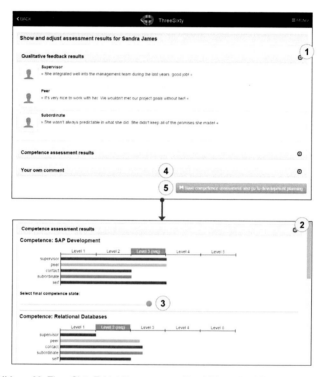

Abbildung 63: ThreeSixty Tablet-Komponente – Durchführen des Mitarbeitergesprächs

Beim Durchführen der Entwicklungsplanung werden erneut die Ergebnisse der aktuellen und vorhergehenden Bewertungsperiode sowie die Stellenanforderungen innerhalb eines Netzdiagramms angezeigt
(vgl. Abbildung 64, 1). Im Gegensatz zur Planungsphase stehen hier (aufgrund der vorher erfolgten
Fixierung) die finalen Kompetenzerfassungsergebnisse des Mitarbeiters zur Verfügung, sodass Kompetenzlücken identifiziert werden können (vgl. **DP2**$_{TS-K3}$). Diese identifizierten Kompetenzlücken werden
in der unteren Box dargestellt (vgl. Abbildung 64, 2). Hierbei werden vom System Maßnahmen zur Weiterentwicklung der jeweiligen Kompetenzen vorgeschlagen. Dabei wird für jede Maßnahme neben dem
Titel angegeben, welche Kompetenz damit adressiert wird sowie welche Kompetenzniveaus vorausgesetzt bzw. durch die Maßnahme erreicht werden sollen (vgl. Abbildung 64, 3). Über die Schaltflächen
im rechten Bereich der Box können die Personalentwicklungsmaßnahmen zum Entwicklungsplan des
Mitarbeiters hinzugefügt und somit zur Durchführung vorgemerkt werden (vgl. **DP3**$_{TS-K3}$). Durch einen
Klick auf „Save development plan and end appraisal" wird der Entwicklungsplan gespeichert und der
Bewertungsdurchlauf für den Mitarbeiter in der aktuellen Periode beendet. Die fixierten Ergebnisse
(Kompetenzstand und Entwicklungsplan) können ab diesem Zeitpunkt durch den Mitarbeiter über die
Smartphone-basierte Komponente aufgerufen werden (vgl. Abbildung 59, 1).

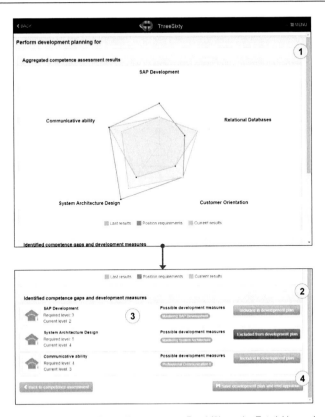

Abbildung 64: ThreeSixty Tablet-Komponente – Durchführen der Entwicklungsplanung

7.4.3 Evaluation des Prototyps

7.4.3.1 Evaluationsergebnisse

Im Folgenden werden die Evaluationsergebnisse des Prototyps dargelegt, strukturiert anhand der drei Komponenten (K1 bis K3). Hierbei wird für jede Komponente zunächst jeweils auf die Designprinzipien eingegangen und Wirkungen der einzelnen Funktionalitäten werden betrachtet. Abschließend werden Herausforderungen für den gesamten Prototyp beschrieben, die in den Experteninterviews thematisiert wurden.

Desktop-Komponente zum Unterstützen der Vorbereitung von Beurteilungsmaßnahmen

Das Vorschlagen von internen Feedbackgebern auf Basis der Organisationsstruktur (vgl. **DP1**$_{TS-K1}$) innerhalb der Desktop-Komponente (K1) wurde von den Experten positiv beurteilt. Die Funktion zum nachträglichen Anpassen der Vorschläge wurde hierbei als zwingend notwendig erachtet, da gerade bei Kollegen auf derselben Hierarchieebene darauf geachtet werden müsste, dass diese genug Erfahrungen mit dem zu bewertenden Mitarbeiter gemacht haben (ExpC1, ExpC2). Darüber hinaus wurde angemerkt, dass weitere Informationen zu den jeweiligen Bewertern in der Ansicht wünschenswert wären (bspw. Position des Bewerters, Einordnung in die Organisationsstruktur), da man bei der Konfiguration des Bewertungsvorgangs so besser die Passgenauigkeit der einzelnen Bewerter beurteilen könnte. Da das Importieren externer Kontakte aus weiteren (bspw. CRM-)Systemen (vgl. **DP2$_{TS-K1}$**) im Rahmen des Prototyps nicht implementiert wurde, konnte dieses Designprinzip nicht evaluiert werden.

Die vorhandene Lösung (das Pflegen von Kontakten innerhalb des Prototyps) wurde eher kritisch betrachtet, da der Pflegeaufwand als sehr groß eingestuft wurde, wobei das Wiederverwenden von einmal eingetragenen Experten in darauffolgenden Perioden (aktuell so im Prototyp implementiert) das Problem verringern würde (ExpC6). Sofern Importfunktionen für externe Kontakte vorhanden wären, wurde der Datenschutz als potenzielle Herausforderung identifiziert. So wurde angemerkt, dass ein aufwändiges Einwilligungsverfahren notwendig wäre, um Zugriff auf die Kontakte der Mitarbeiter bekommen zu können (ExpC8, ExpC9). Als Alternative wurde das Vorschlagen externer Kontakte durch die zu bewertenden Personen genannt, was im Rahmen der Smartphone-Komponente (K2) realisiert werden könnte (ExpC9). Tabelle 77 enthält beispielhafte Zitate zu den Designprinzipien der Desktop-Komponente.

Designprinzipien und beispielhafte Zitate
DP1$_{TS-K1}$: Funktionen zum automatischen Vorschlagen von Feedbackgebern aus den Gruppen „Vorgesetzte", „Kollegen" sowie „untergeordnete Mitarbeiter" auf Basis der Organisationsstruktur bei gleichzeitigem Ausgleichen des Arbeitsaufwands zwischen den Bewertern
„Aus der Organisationsstruktur heraus ja, weil ich da feste Regeln bestimmen kann. Ich kann sagen: Gib mir mal den Abteilungsleiter, vielleicht den nächst höheren und gib mir nochmal die Kollegen dazu. Das würde natürlich als Regel gut funktionieren." (ExpC6)
„Also die Führungskraft muss hier wissen, oder auch der Mitarbeiter, warum, anhand welcher Kriterien, kommen denn jetzt diese Vorschläge hoch? [...] Dass es Vorschläge gibt, ist gut. Auf der anderen Seite, muss man natürlich so flexibel sein, dass man eben als Führungskraft oder auch Mitarbeiter selber noch weitere Bewerter hinzunehmen kann. Das haben Sie aber ja hier abgebildet." (ExpC1)
„Also das mit der Lastenverteilung, das gefällt mir sehr gut, dass ich das sehen kann. Das ist tatsächlich ein Problem bei uns, dass es einfach auch Leute gibt, die auch sehr gerne für Feedback angefragt werden und die haben dann halt extrem viele 360s auf ihrem Schreibtisch und müssen dann eben auswählen, was mache ich wirklich, was mache ich nicht. Von daher finde ich das wirklich eine gute Idee zu sagen ich zeige vorher schon Mal an. Hat da schon jemand 20 auf dem Tisch? Naja dann macht es vielleicht weniger Sinn, wenn ich dem das 21sten auf den Tisch lege." (ExpC3)
DP2$_{TS-K1}$: Funktionen zum Importieren externer Kontakte aus weiteren Systemen (bspw. CRM) sowie deren Zuweisen als Feedbackgeber.
nicht implementiert, daher keine Evaluation möglich

Tabelle 77: ThreeSixty – Zitate zu Designprinzipien der Desktop-Komponente (K1)

In Bezug auf die Wirkungen der Funktionen der Desktop-Komponente wurde erwähnt, dass durch das Vorschlagen von Bewertern die Bewertungsrunden effizienter vorbereitet bzw. konfiguriert werden können (vgl. **EP1a$_{TS-K1}$**). So verringert sich der Aufwand, der beim Raussuchen potenzieller Bewerter aufgewendet werden muss, auch wenn die systemseitigen Vorschläge i. d. R. nachträglich angepasst werden müssen. Durch das Berücksichtigen der Anzahl bereits zugewiesener Bewertungen auf Seiten der Feedbackgeber beim Vorschlagen passender Bewerter würde aus Sicht der Experten der Aufwand der Feedbackgeber reduziert werden. Hieraus folgen wiederum eine höhere Akzeptanz des Feedbacks und eine größere Validität der Ergebnisse, da die Umfragemüdigkeit bei den Bewertern reduziert wird (vgl. **EP1b$_{TS-K1}$**). Tabelle 78 beinhaltet beispielhafte Zitate in Bezug auf die Wirkungen der Desktop-Komponente des Prototyps.

Evaluationspropositionen und beispielhafte Zitate
EP1aTS-K1: Das Vorschlagen von möglichen Vorgesetzten, Kollegen und untergeordneten Mitarbeitern als Feedbackgeber basierend auf der Organisationsstruktur reduziert den manuellen Aufwand für die Vorbereitung der Beurteilungsmaßnahmen und erhöht somit die Effizienz der Kompetenzerfassung.
„Also für mich ist es einfacher. Wenn ich als Konfigurator dieses 360-Grad-Feedbacks nicht bei null starte, sondern Empfehlungen bekomme. […] dann habe ich etwas mit dem ich arbeiten kann. Ich kann das entweder gleich bestätigen, was vielleicht nicht immer der Fall sein wird, aber dann entferne ich einige Sachen oder nehme einige Sachen hinzu. Das ist definitiv arbeitserleichternd!" (ExpC9)
EP1bTS-K1: Das Ausgleichen des Arbeitsaufwands für die Kompetenzbewertung zwischen den Feedbackgebern reduziert die Umfragemüdigkeit und erhöht somit die Rücklaufquoten der Kompetenzerfassungen, sodass die Validität der Beurteilungsergebnisse steigt.
„Ja, weil es tatsächlich abhängig ist davon wie viel Workload ich habe. Wenn ich 20 Bewertungen machen muss, dann tue ich mir wahrscheinlich bei der 20igsten schwieriger als beim ersten und irgendwann ist es noch interessant und irgendwann klicke ich mich nur noch durch. Also vielleicht nimmt im Laufe der Zeit, je mehr Bewertungen ich machen muss, desto weniger genau werden die Bewertungen zum Ende hin wäre jetzt meine Vermutung." (ExpC9)
EP2TS-K1: Das Importieren von Kontakten, um sie als Feedbackgeber zuzuweisen, reduziert den manuellen Aufwand für die Vorbereitung der Beurteilungsmaßnahmen und erhöht somit die Effizienz der Kompetenzerfassung.
Funktion nicht implementiert, daher keine Evaluation möglich

Tabelle 78: ThreeSixty – Zitate zu Evaluationspropositionen der Desktop-Komponente (K1)

Smartphone-Komponente zum Unterstützen der Durchführung von Beurteilungsmaßnahmen

Im Rahmen der Smartphone-Komponente (K2) wurde die Funktion, Bewertungsbögen orts- und zeitunabhängig auszufüllen, ebenfalls als positiv bewertet (vgl. DP1TS-K2), ebenso wie die Funktion, dass Mitarbeiter über die Komponente benachrichtigt werden, sobald diese eine neue Bewertung vornehmen können, da hierdurch der Prozess weiter beschleunigt werden kann. Die Bedeutung der Anonymität der Erfassungsergebnisse wurde durch die Experten betont und die diesbezügliche Umsetzung innerhalb des Prototyps begrüßt. Beim automatischen Generieren der Fragebögen basierend auf den Stellenanforderungen des bewerteten Mitarbeiters wurde ergänzt, dass neben den aktuellen auch die zukünftigen Anforderungen (bspw. basierend auf einer Nachfolgeplanung) sowie generelle Kompetenzen, die meist nicht in Stellenanforderungen abgebildet werden (wie bspw. Sozialkompetenzen), berücksichtigt werden sollten. Hierdurch könnte im darauffolgenden Mitarbeitergespräch die Entwicklungsplanung effektiver gestaltet werden (ExpC6, ExpC8, ExpC9). Ebenfalls wurde von einem Experten gewünscht, dass Erklärungen zu den jeweiligen Kompetenzen bzw. Fragen eingeblendet werden könnten, sodass Missverständnisse beim Ausfüllen der Fragebögen vermieden werden können (ExpC6). Kontrovers betrachtet wurde der Aspekt, dass zu Fragen bzw. Kompetenzen angegeben werden kann, dass diese nur von Feedbackgebern aus bestimmten Gruppen bewertet werden können. Während ein Experte anmerkte, dass dies dem Grundgedanken des 360°-Feedbacks (einen Rundumblick zu erhalten) widersprechen würde (ExpC3), gaben andere Experten an, dass hierdurch die Passgenauigkeit und somit die Validität der Kompetenzbewertungen erhöht werden könnte (ExpC2). Als Alternative zu der Implementierung des Prototyps wurde die Möglichkeit genannt, beim Ausfüllen der Feedbackfragebögen eine Antwortmöglichkeit „Nicht-beantwortbar" vorzusehen und es somit den Bewertern selbst zu überlassen, ob sie eine Kompetenz valide einschätzen können oder nicht. Voraussetzung hierfür wäre demnach das gewissenhafte Ausfüllen der Bögen durch die Feedbackgeber (ExpC3). Tabelle 79 enthält beispielhafte Zitate für das Designprinzip der Smartphone-Komponente.

Designprinzipien und beispielhafte Zitate
DP1_{TS-K2}: Funktionen zum zeit- und ortsunabhängigen Zugreifen und Ausfüllen von Feedback-Fragebögen für alle Feedbackgeber bei gleichzeitiger Gewährleistung der Anonymität der Beurteilungsergebnisse.
„Also als Idee finde ich das super pfiffig! Man ist dadurch natürlich schneller, flexibler, muss das nicht zwingend am Arbeitsplatz machen. [...] Zu sagen man zwingt die Leute nicht dazu [das] so vorm Rechner [zu erledigen], sondern sie können das irgendwo nebenbei mal schnell machen.“ (ExpC10)
„Ich glaube wichtig ist einfach, dass wir eine hohe Rücklaufquote bekommen und überhaupt eine Bewertung vorgenommen wird. Ob das heute jemand auf dem mobilen Endgerät macht oder am Desktop in Ruhe,... also ich weiß nicht ob es da Studien zu gibt, aber ich glaube, am Ende würden die gleich abstimmen. Das hat jetzt nichts damit zu tun, ob sie im Büro sitzen, oder das am Handy machen.“ (ExpC1)
„Nee finde ich gut. Das ist genau wieder die gleiche Sache wie vorhin, vielleicht wird es der eine oder andere mal noch machen, wenn er es eben auf dem Smartphone machen kann. Oder auf dem Tablet und nicht vor einem Laptop sitzen muss. Ich würde das immer so aus meiner Warte sehen und würde sagen: Ja, ich würde das nutzen.“ (ExpC3)
„[...] wenn man letztendlich solche Informationen hat wie: Ich habe jetzt den Mitarbeiter A,B,C gebeten so eine Bewertung abzugeben, A und C haben abgegeben, B noch nicht, dass ich den auch noch einmal ansprechen kann und sagen kann: Mach mal bitte, ich brauche die Information damit ich ein vernünftiges Gespräch führen kann. Finde ich richtig, ich will aber nicht wissen wie er explizit geantwortet hat. Und das mit dieser Zusammenfassung in den Gruppen finde ich auch gut, weil das schon eine gewisse Anonymität gewährleistet. Ich muss nur zusehen, dass ich die kritische Menge an Bewertungen einhalte.“ (ExpC6)

Tabelle 79: ThreeSixty – Zitate zu Designprinzipien der Smartphone-Komponente (K2)

In Bezug auf die Wirkungen wurde zunächst von den Experten angemerkt, dass die Möglichkeit, Feedbackfragebögen orts- und zeitunabhängig ausfüllen zu können, es diesen ermöglicht, selbst zu wählen, wann sie eine Bewertung durchführen möchten und somit deren Flexibilität steigert. Diese erhöhte Flexibilität wurde von den Experten in Verbindung mit einer höheren Rücklaufquote der Fragebögen gebracht, sodass hierdurch die Validität der Beurteilungsergebnisse erhöht werden kann (vgl. **EP1a**_{TS-K2}). Von einem Experten wurde hierbei angesprochen, dass eine Bewertung in Leerzeiten auch die Gefahr bergen könnte, dass Mitarbeiter sich nicht genügend Zeit nehmen, um eine valide Bewertung abzugeben und dies ggf. zu hastig erledigen (ExpC2). Andere Experten bezweifelten jedoch, dass dies tatsächlich einen signifikanten Einfluss auf die Qualität der Bewertungen haben würde (ExpC1, ExpC3) und räumten der ggf. höheren Rücklaufquote eine größere Priorität ein. Darüber hinaus sind die Feedbackgeber hierdurch in der Lage, Leerzeiten für die Kompetenzbewertungen zu nutzen, sodass die Durchlaufzeiten des Kompetenzerfassungsprozesses verringert werden können (vgl. **EP1b**_{TS-K1}). Tabelle 80 enthält beispielhafte Zitate für die Wirkungen der Funktionalitäten der Smartphone-Komponente.

Evaluationspropositionen und beispielhafte Zitate
EP1a_{TS-K2}: Das zeit- und ortsunabhängige Zugreifen und Ausfüllen von Feedback-Fragebögen erhöht die Flexibilität der Feedbackgeber beim Ausfüllen der Fragebögen, sodass die Akzeptanz und die Rücklaufquoten der Kompetenzerfassungen erhöht werden und somit die Validität der Beurteilungsergebnisse steigt.
„Finde ich gut. So erreiche ich die, ich will ja auch eine möglichst hohe Rücklaufquote haben... Also auch da sehe ich den mobilen Charakter für eher gegeben. [...] Ich kann mir nochmal eben im Zug auf dem Weg nach Hause Gedanken machen, den Kollegen oder die Kollegin zu bewerten. Das kann man da gut machen.“ (ExpC1)
„Ich glaube, dass sich Leute tatsächlich mehr damit beschäftigen würden. Wenn man vielleicht doch mal im Zug noch einmal reinschaut und nochmal guckt und vielleicht überlegt: Ach Mensch ja stimmt. Die Komponente sehe ich. Und natürlich auch wieder das Thema Effizienz, keine Frage.“ (ExpC3)
EP1b_{TS-K1}: Das zeit- und ortsunabhängige Zugreifen und Ausfüllen von Feedback-Fragebögen ermöglicht das Eingeben von Kompetenzbewertungen in Leerzeiten, sodass die Durchlaufzeiten der Kompetenzerfassung verringert werden können.
„Es ist für den Prozess gut, weil es schneller geht. [...]ich würde jetzt z. B. an einem Samstagnachmittag und es ist 15 Uhr und ich habe noch 30 Minuten Zeit bis Anpfiff Bundesliga ist und mein Kumpel ist gerade auf der Toilette und ich gucke mir mein Smartphone an und denke: Ach ja und jetzt kann ich hier noch einmal kurz etwas machen ... ich bin dadurch in Zeiten in die Unternehmensabläufe involviert in denen ich es normalerweise nicht bin, aber auf eine angenehme Weise [...]. Ich muss mich nicht irgendwo hinsetzen [und den] Laptop herausholen, sondern ich kann es eben auf dem Smartphone machen. (ExpC9)
„Also wenn man tatsächlich erreichen möchte, dass man möglichst in einer kurzen Zeit auch sein Feedback bekommt. Man hat ja irgendwann die Mitarbeitergespräche und möchte ja letztendlich im Vorfeld dieses Feedback einsammeln und gerade bei Externen, wenn ich die nicht informiere, die gucken ja nicht da rein.“ (ExpC6)

Tabelle 80: ThreeSixty – Zitate zu Evaluationspropositionen der Smartphone-Komponente (K2)

Tablet-Komponente zum Unterstützen der Auswertung von Beurteilungsmaßnahmen

Die Vorbereitung des Mitarbeitergesprächs über eine Tablet-basierte Komponente durchführen zu können (vgl. **DP1**$_{TS-K3}$), wurde von allen Experten als sinnvoll erachtet. Allerdings wurde die Möglichkeit, einzelne Kommentare und Erfassungsergebnisse entfernen zu können, kontrovers diskutiert. So wurde teilweise angemerkt, dass hierdurch eine Möglichkeit der Manipulation gegeben werde, da Führungskräfte so in der Lage wären, das Feedback in eine bestimmte Richtung (positiv oder negativ) zu verändern (ExpC3). Andere Experten wiederum gaben an, dass eine Bereinigung von „Ausreißern" bzw. unangemessenen Freitextkommentaren zwingend notwendig sei, um das Mitarbeitergespräch vernünftig führen zu können (ExpC2, ExpC6). Als eine Möglichkeit, dieses Problem zu umgehen, wurde innerhalb eines Interviews vorgeschlagen, ein Vier-Augen-Prinzip umzusetzen, indem Mitarbeitern aus dem Personalwesen die Möglichkeit gegeben wird, zu prüfen, welche Aspekte von den Führungskräften im Rahmen der Vorbereitung geändert werden (ExpC8, ExpC9). Die Visualisierung der Erfassungsergebnisse sowie das damit verbundene gemeinsame Festlegen der Ergebnisse wurden in allen Interviews als eine gute Umsetzung betrachtet (vgl. **DP2**$_{TS-K3}$). Das gemeinsame Festlegen des finalen Kompetenzstands zusammen mit dem Mitarbeiter wurde als notwendig betrachtet, da eine Anpassung der Erfassungsergebnisse oftmals erforderlich ist, eine intransparente Festsetzung allein durch die Führungskraft jedoch Möglichkeiten zur Manipulation eröffnen würde. Das Durchführen der Entwicklungsplanung für den bewerteten Mitarbeiter innerhalb des Gesprächs, basierend auf den identifizierten Kompetenzlücken (vgl. **DP3**$_{TS-K3}$), betrachteten die Experten als folgerichtige Fortsetzung des Prozesses. Ergänzend wurde von den Experten angemerkt, dass weitere Informationen über vergangene und aktuelle Entwicklungsmaßnahmen, die ein Mitarbeiter aktuell durchläuft, an dieser Stelle sinnvoll wären, um die Entwicklungsplanung effektiver gestalten zu können (ExpC8, ExpC9). Abschließend wurde von zwei Experten angemerkt, dass eine tiefere Verzahnung des Prototyps in weitere Prozesse, wie bspw. Performancemanagement, sinnvoll wäre, da solche Aspekte innerhalb desselben Mitarbeitergesprächs thematisiert würden (ExpC6, ExpC10). Aufgrund der Fokussierung des Prototyps auf die Kompetenzerfassung wird dies hier jedoch nicht weiter berücksichtigt. Tabelle 81 gibt einen Überblick über beispielhafte Zitate in Bezug auf die Designprinzipien der Tablet-Komponente.

Designprinzipien und beispielhafte Zitate
DP1$_{TS-K3}$: Funktionen zum Vorbereiten der Mitarbeitergespräche, indem unangemessene bzw. nicht-valide Erfassungsergebnisse entfernt werden können.
„Wenn ich das dann tatsächlich systemtechnisch mit dem Mitarbeiter durchgehen möchte, muss ich in der Lage sein Dinge rausschmeißen zu können, die ich mit dem Mitarbeiter gar nicht besprechen will, weil vielleicht auch gerade jemand bewertet hat, der einfach negative Befindlichkeiten oder negative Stimmung hat und die gerade verbreitet. Oder die verstehen sich einfach nicht." (ExpC6)
„Das man einzelne Kommentare raus löschen kann, halte ich auch für sinnvoll, aber eher von einer anderen Sichtweise heraus: Manchmal sind ja auch so Kommentare [dabei], die verletzend sind oder wo die Anonymität nicht mehr gewährleistet ist. Das man sowas eben deswegen raus nehmen kann. Ansonsten finde ich durch jeden Eingriff, den ich als Führungskraft mache, so nach dem Motto: Die Bewertung finde ich jetzt gar nicht so wichtig deswegen nehme ich sie mal raus. Halte ich eher für ein bisschen kritisch. Weil dabei habe ich natürlich auch extreme Manipulationsmöglichkeiten [...]." (ExpC3)
„Also ich kann mir schon vorstellen, dass ein Vorgesetzter das sehr gerne haben würde! Also verstehen Sie mich da nicht falsch. Ich sehe einige meiner Vorgesetzten, die ich auch betreue unter anderem vor mir, und ich kann mir original vorstellen, dass die genau dann das machen und zwar immer das schlechte Extrem rausfiltern oder das gute Extrem rausfiltern und das verzerrt genau das was ja das 360-Grad-Feedback sein soll. Ein Rundumblick. Die Gefahr ist extrem groß, wie viele Manager ein Problem damit haben auch negatives Feedback zu geben. Oder auch sehr positives Feedback, es geht im Übrigen in beide Richtungen." (ExpC3)
DP2$_{TS-K3}$: Funktionen zum Visualisieren der Erfassungsergebnisse (Gesamtergebnisse und Teilergebnisse der Gruppen), um diese mit den Stellenanforderungen vergleichen zu können und um den finalen Kompetenzstand zusammen mit dem bewerteten Mitarbeiter im Gespräch festzulegen.
„Das finde ich sehr gut. Ich halte auch die Spinne von der Darstellung und von der Überblicksform für sehr, sehr gut. [...] Wenn ich hinterher in der Bewertung, wo Sie auch diesen Slider mit dem blauen Punkt haben, und sage als Führungskraft: [Ich] bewerte das in der Gesamtsumme aber nochmal so, weil mir die Rückmeldungen von meinen Kunden nochmal wichtiger sind als die von den Kollegen, das passt auch besser zu meiner Einschätzung. [...] Und da kann ich eben jedem meine Begründung auch zu geben. Nur wichtig wäre mir, dass der Mitarbeiter auch die volle Transparenz über die ganzen Daten hat." (ExpC2)
„Ich habe Position-Requirements und matche jetzt meinen Mitarbeiter dagegen, dann finde ich es, um ehrlich zu sein, fair wenn man zu einem gemeinsamen Ergebnis dann sozusagen kommt, wohlwissend dass es vielleicht unterschiedliches Feedback gab, dass man wirklich noch einmal justieren kann und sagen kann: Ok, ich sehe mich jetzt oder wir sehen mich jetzt eher an der Stelle, aber das Ergebnis an sich wird ja davon nicht beeinflusst. Von daher fand ich das wirklich eine gute Idee. Finde ich interessant. Wenn es halt so genutzt wird mit diesen Position-Requirements. Denn wir benutzen das rein auf Kompetenzbasis und es wird gegen nichts gematched. Also gegen keine Position z. B. und dann fände ich das wieder manipulativ. Aber so wie Sie es aufgesetzt haben finde ich es gut." (ExpC3)
„[...] die (Anm.: in Bezug auf die Feedbackgeber) werden auch subjektiv geantwortet haben und da möchte ich eigentlich schon ganz gerne in der Diskussion mit dem Mitarbeiter festlegen, wie wir gemeinsam eigentlich seine Qualifikation sehen. In allerletzter Instanz will ich das festlegen, weil ich muss auch festlegen wie die entsprechende Entwicklungsplanung oder Weiterbildung aussehen muss. Ich bin schließlich dafür verantwortlich, dass ich hier Mitarbeiter habe die ihre Funktion auch ausüben können." (ExpC6)
„Für mich ist bei so einer Bewertung wichtig, dass der Mitarbeiter gemeinsam mit seinem engsten Vorgesetzten darüber spricht, wie die Bewertung ausfallen soll und alles andere ist dazu informierend. Also alle anderen Bewertungen sind informierend und deswegen denke ich, dass der Mitarbeiter definitiv Mitsprache am finalen Ergebnis haben sollte und dementsprechend gibt es kaum eine Alternative dazu, dass in dieser Gesprächssituation erst dann zu finalisieren, wenn es fertig ist." (ExpC9)
DP3$_{TS-K3}$: Funktionen zum Vorschlagen passender Entwicklungsmaßnahmen, basierend auf dem finalen Kompetenzstand, um existierende Kompetenzlücken beim bewerteten Mitarbeiter zu reduzieren.
„Letzten Endes ist es ja die notwendige Folge daraus. Wenn ich feststelle das irgendeiner der Mitarbeiter in irgendeinem der Punkte ein Defizit aufweist oder noch nicht genug ausgeprägt oder weiterentwickelt ist, dann sofort zu sagen: Jawoll, ich habe so ein Angebot, dann können wir es machen."
„Also auf der Ebene über Entwicklungsplanung zu sprechen [...] ist für mich sehr, sehr hilfreich [...]. Es geht insbesondere auch da sehr gut, wo sie eine größere Anzahl von Mitarbeitern an den gleichen Funktion haben. Also wenn wir jetzt irgendwelche Vermögensberater haben, wo man eben ganz viele von hat, dann kann man auch dadurch sehr dezidiert die ganzen Fortbildungsmaßnahmen raussuchen, zudem auch da sehr, sehr praxisgerecht." (ExpC2)
„Und was ich sehr sinnvoll finde daraus einen Entwicklungsplan, also als Ergebnis dieser Gesprächskomponente zu generieren auf dem ich auf einen Blick sehe, was hat der eigentlich jetzt demnächst für ein Tun. Was hier eigentlich auch noch viel sinnvoller ist, auch hier mal in die Vergangenheit zu schauen, weil das ist ja nur der Blick in die Zukunft. Auch zu gucken, was gab es eigentlich in der Vergangenheit für Entwicklungsmaßnahmen. Was z. B. hier, was mir hier fehlen würde ist so etwas wie Ongoing-Entwicklungsmaßnahmen die man gerade angedeckt werden, ob es jetzt ein Projekt ist indem man partizipiert oder eine Maßnahme die man gerade durchführt oder auch ein Talentpool ist, also ein Entwicklungspaket indem man gerade partizipiert. Weil auch hier könnte man ja sagen: Ich könnte so eine Maßnahme jetzt stoppen, weil ich sage die Kernkompetenz ist vielleicht in Zukunft nicht mehr relevant. Oder ich könnte sagen: Maßnahme intensivieren. Oder neue hinzufügen. Das wäre eigentlich die Stelle an der so etwas passieren kann." (ExpC9)

Tabelle 81: ThreeSixty – Zitate zu Designprinzipien der Tablet-Komponente (K3)

In Bezug auf die Wirkungen merkten die Experten zunächst an, dass das Vorbereiten und Überprüfen der Beurteilungsergebnisse vor dem Mitarbeitergespräch zu einer höheren Validität der Ergebnisse führen würde (vgl. **EP1$_{TS-K3}$**). Hierbei ist allerdings zu beachten, dass das Überarbeiten bzw. Ausklammern einzelner Feedbackfragebögen teilweise kritisch betrachtet wurde (s. o.). Dennoch wurde von den Experten angeführt, dass die Verfügbarkeit der Informationen auf dem Tablet insgesamt zu einer besseren Gesprächsvorbereitung der Führungskräfte führen könnte, sodass sich die Effektivität des Gesprächs erhöht. Die Möglichkeit, direkt innerhalb des Gesprächs die finalen Kompetenzergebnisse zu fixieren, führt laut den Experten dazu, dass nachträglicher Aufwand für die Dokumentation der Ergebnisse reduziert wird, sodass die Effizienz des Kompetenzerfassungsprozesses erhöht wird (vgl. **EP2$_{TS-K3}$**). Laut den Experten stellt die direkte Erfassung der Ergebnisse dabei eine Voraussetzung für das Durchführen der Entwicklungsplanung dar, da so passende Entwicklungsmaßnahmen überhaupt erst vorgeschlagen werden können. Die innerhalb des Gesprächs verfügbaren Informationen über passende Entwicklungsmaßnahmen ermöglichen es hierbei, einen Entwicklungsplan aufzustellen, was nach Ansicht der Experten sonst nur schwer möglich gewesen wäre. Somit kann das Mitarbeitergespräch in Bezug auf die Entwicklungsplanung effektiver gestaltet werden (vgl. **EP3$_{TS-K3}$**).

Generell bestätigten die Experten das Ergebnis der vorherigen Studie (vgl. Abschnitt 6.2.2), dass eine mobile Anwendung auf einem Tablet-PC eine angemessene Unterstützung für das Gespräch darstellt und in Bezug auf die Gesprächsatmosphäre einem Desktop-PC, einem Laptop o. Ä., vorzuziehen wäre:

„Beim Desktop ist immer eine Barriere dazwischen, zwischen Führungskraft und Mitarbeiter und der Tablet-PC ist natürlich mobil, man kann sich eigentlich eben mal zusammen setzen, die Themen besprechen bzw. ein Kompetenzgespräch führen. Was ja eigentlich eher in so, ich sag mal, lockerer Atmosphäre stattfinden sollte, also deswegen definitiv, ja, Tablet ist ein Vorteil!"

(ExpC1)

Tabelle 82 enthält beispielhafte Zitate für die Evaluationspropositionen der Tablet-Komponente.

Evaluationspropositionen und beispielhafte Zitate
EP1$_{TS-K3}$: Das Vorbereiten und Überprüfen der Beurteilungsergebnisse vor dem Mitarbeitergespräch erhöht die Validität der Ergebnisse und erhöht somit die Effektivität der Kompetenzerfassung und des Gesprächs.
„Das ist wie beim Turmspringen, dass man die geringen und die hohen Werte rausnimmt, weil das statistisch bei einer so kleinen Datenbasis doch verzerren kann." (ExpC8)
„Also es gibt die Menschen, die sich die Informationen egal in welcher Situation irgendwie beschaffen, weil sie denken sie brauchen sie und es gibt Leute, die sich die Informationen dann nicht holen, wenn sie nicht gerade einfach die Möglichkeit dazu haben. Und ich weiß es nicht, also ich würde mir die Informationen holen egal wie, einfach ist es vielleicht in jeder möglichen Situation und nicht erst zu meinem Schreibtisch laufen zu müssen." (ExpC9)
EP2$_{TS-K3}$: Das direkte Festlegen des Kompetenzstands innerhalb des Mitarbeitergesprächs reduziert den manuellen Aufwand für die nachträgliche Eintragung der Ergebnisse und erhöht somit die Effizienz der Kompetenzerfassung.
„Das ist natürlich auch ein Zeitgewinn glaube ich am Ende des Tages für den Vorgesetzen, weil wenn ich jetzt so überlege so ich muss meinen Rechner hochfahren, ich muss irgendein System einschalten [...] und dort dann händisch irgendwie was eintragen. [...] oder ich dann irgendeinen Thesaurus hätte (Anm.: auf dem Tablet), wo ich dann kurz drei, vier Sachen irgendwie so anklicke, die ich dem Mitarbeiter mit auf den Weg geben möchte, aber es halt nicht mehr händisch ins System gebe. Man wird halt schon effizienter und schneller sehr wahrscheinlich." (ExpC10)
EP3$_{TS-K3}$: Das Vorschlagen passender Entwicklungsmaßnahmen innerhalb des Mitarbeitergesprächs ermöglicht eine zielgerichtete Entwicklungsplanung für den bewerteten Mitarbeiter innerhalb desselben Gesprächs und erhöht somit die Effektivität des Mitarbeitergesprächs.
„Aber also es gibt ja durchaus die Situation im Mitarbeitergespräch in der Mitarbeiter mit dem Unterstellten zusammen sitzt und es irgendwo eine Komponente geben muss, in der sowohl der Mitarbeiter als auch der Chef vielleicht noch einmal irgendetwas nachschauen kann. Zur Zeit bei [Name des Unternehmens] ist es [...] papiergestützt, da ist kein Laptop auf dem Tisch, kein Tablet auf dem Tisch, im Idealfall auch kein Handy auf dem Tisch, ich habe also nur Papier. Wenn ich mich dann gut vorbereitet habe, dann habe ich vielleicht Informationen dabei, die ich im Laufe des Gesprächs immer mal wieder ansprechen und anbringen kann (Anm.: in Bezug auf die Entwicklungsplanung). Wenn ich aber in der Vorbereitung etwas vergessen habe an Informationen, dann habe ich es in dieser Situation nicht dabei." (ExpC9)
„Ich finde es halt sehr gut, dass man die Ergebnisse, die man bespricht, sofort dokumentiert. Nicht wieder anfängt ein Papier auszufüllen, sondern das was man bespricht, die Ergebnisse, die man diskutiert und festgelegt hat, hier sofort hinterlegen kann und letztendlich als Dokument für den Vorgesetzten und den Mitarbeiter hat." (ExpC6)

Tabelle 82: ThreeSixty – Zitate zu Evaluationspropositionen der Tablet-Komponente (K3)

Als wesentliche Herausforderung in Bezug auf den betrieblichen Einsatz des Prototyps ThreeSixty wurde die Verfügbarkeit der notwendigen Informationen genannt (ExpC6, ExpC8, ExpC9). So wurde erläutert, dass in der Praxis nicht davon ausgegangen werden kann, dass Stellenanforderungen (inkl. zu den jeweiligen Kompetenzen zugehöriger Entwicklungsmaßnahmen) auf einem Niveau, das von dem Prototyp benötigt wird, abgebildet sind:

> *„Anstrebenswert hundertprozentig! Implementierung, je nachdem wie groß der Laden ist und wie offen man für die Einführung solcher Prozesse ist und auch der Ressourcen die man einmal aufwenden muss, um das erstmal hinzustellen! Ich meine die Kompetenzen und dann die Pflege. Also am Anfang habe ich ja einen mega Berg an Arbeit und auch Ressourcen, die ich da reinstecken muss [...]! Und ich glaube das hängt sehr mit der Größe zusammen [...]." (ExpC8)*

Dementsprechend wurde von einem Experten angesprochen, dass ein Unternehmen, das die Funktionalitäten des Prototyps nutzen möchte, dies auf Mitarbeiter bzw. Stellen beschränken könnte, bei denen der Aufwand für die Abbildung der Stellenanforderungen und Entwicklungsmaßnahmen ein größerer Nutzen gegenüber steht:

> *„An der Stelle, wo man natürlich hinterher nur vereinzelte Spezialisten hat, wo man vielleicht nur ein, zwei im Unternehmen hat, irgendwie ein Spezialist zum Thema Datenschutz beispielsweise, und da noch irgendwelche fachlichen Kompetenzen hinterlegen... das wird natürlich in der Praxis relativ schwierig sein [...] oder sehr arbeitsaufwendig, weil ich dann für ein, zwei Personen sehr viel Aufwand betreibe, für einen Fall der eventuell irgendwann mal eintritt, den ich dann aber nicht nur raussuchen sondern dann ja auch jedes Jahr wieder aktualisieren muss. Also für große Mitarbeitergruppen: Hervorragend." (ExpC2)*

7.4.3.2 Implikationen für die Designprinzipien

Aus den Evaluationsergebnissen ergibt sich ein neues Designprinzip in Bezug auf die Vorbereitung der Ergebnisse für das Mitarbeitergespräch innerhalb der Desktop-Komponente: Wie oben bereits beschrieben, sollten Funktionalitäten vorhanden sein, mit denen Mitarbeiter aus dem Personalwesen in der Lage sind, zu überprüfen, inwiefern Feedbackergebnisse von Führungskräften aus dem Gesamtergebnis ausgeschlossen wurden. Da bei Mitarbeitern aus dem Personalwesen nicht von einer erhöhten Mobilität ausgegangen wird (vgl. Abschnitt 5.1), wird dieses Designprinzip der Desktop-Komponente (K1) zugeordnet (**DP3$_{TS-K1}$**). Durch eine solche Kontrollmöglichkeit für das Personalwesen kann einer Manipulation der Ergebnisse durch Führungskräfte vorgebeugt werden, sodass die Validität der Erfassungsergebnisse erhöht wird (**EP3$_{TS-K1}$**).

Neue Designprinzipien / Evaluationspropositionen und beispielhafte Zitate	
DP3$_{TS-K1}$: Funktionen zum Nachverfolgen des Ausschließens von Feedbackergebnissen durch Führungskräfte im Rahmen der Gesprächsvorbereitung für Mitarbeiter des Personalwesens.	**EP3$_{TS-K1}$:** Das Nachverfolgen vom Ausschließen einzelner Erfassungsergebnisse verringert die Wahrscheinlichkeit einer Manipulation durch Führungskräfte, sodass die Validität der Kompetenzerfassung erhöht wird.
„Also ich bin ein ganz großer Verfechter [davon], dass zumindest das Personalwesen draufguckt. [...] Um alleine auch Vorgesetzte, die vielleicht genau solche Eigenschaften an den Tag legen wie du sie gerade beschrieben hast, kontrollieren und überprüfen zu können. Wenn der Personaler weiß es gibt Chefs, die ticken so und die ticken so, dann könnt ich da vielleicht doch mal reinschauen." (ExpC8)	

Tabelle 83: ThreeSixty – Neue Designprinzipien der Desktop-Komponente (K1) aufgrund der Evaluationsergebnisse

Für die Smartphone-Komponente ergibt sich ein neues Designprinzip: So wurde angemerkt, dass beim Erstellen der Fragebögen neben aktuellen auch zukünftige Stellenanforderungen sowie generelle Kompetenzen berücksichtigt werden sollten (**DP2$_{TS-K2}$**). Hierdurch kann im Rahmen der Entwicklungsplanung die zukünftige Rolle des Mitarbeiters innerhalb des Unternehmens besser bedacht werden, sodass die Effektivität der Entwicklungsplanung gesteigert wird (**EP2$_{TS-K2}$**). Tabelle 84 fasst das neue Designprinzip für die Smartphone-Komponente zusammen.

Neue Designprinzipien / Evaluationspropositionen und beispielhafte Zitate	
DP2$_{TS-K2}$: Funktionen zum automatischen Generieren von Feedbackfragebögen basierend auf den aktuellen und zukünftigen (bspw. basierend auf Nachfolgeplänen) Stellenanforderungen des bewerteten Mitarbeiters sowie generellen Kompetenzen (bspw. Sozialkompetenzen).	**EP2$_{TS-K2}$**: Das Berücksichtigen von zukünftigen sowie generellen Kompetenzen beim Erstellen der Feedbackfragebögen ermöglicht es, die zukünftige Rolle des Mitarbeiters besser miteinzubeziehen, sodass die Effektivität der Entwicklungsplanung erhöht wird.
„Da ist auch wieder der Link in die andere Richtung zu einer Nachfolge- oder Entwicklungsplanung: Wenn man nämlich eventuell Kandidat auf [einer] Stelle ist, die im Rahmen einer Nachfolgeplanung oder Personalplanung identifiziert wurde, dann kann man die ja quasi hier als Vorgesetzter oder auch Personaler mit einbeziehen […], dass man als Personaler weiß: Ah ja, derjenige ist jetzt aber Kandidat auf diesen zwei Stellen, die Stellen haben wiederum Anforderungsprofile und warum soll ich nicht in die Feedbacks schon einmal die Bewertung mit einbringen." (ExpC9)	
„Ich hätte vielleicht aber auch ganz gerne das ein paar weiche Faktoren von meinen Mitarbeitern […] oder von dem nächst höheren Vorgesetzten bewertet werden für diesen Mitarbeiter. […] wie gliedert der sich in ein Team? Findste gut, findste nicht gut. Also mehr so weiche Fragen […]. Und ich weiß gerade nicht, ob die Unternehmen tatsächlich solche weichen Faktoren tatsächlich auch als Anforderung an die Stelle mit hinterlegen würden." (ExpC6)	

Tabelle 84: ThreeSixty – Neue Designprinzipien der Smartphone-Komponente (K2) aufgrund der Evaluationsergebnisse

Darüber hinaus ergeben sich für den Prototyp kaum Änderungen innerhalb der bestehenden Designprinzipien. Lediglich im Rahmen der Tablet-Komponente (K3) wurde ergänzt, dass die Entwicklungsplanung neben den aktuellen Erfassungsergebnissen auch aktuell laufende Entwicklungsmaßnahmen berücksichtigen sollte (vgl. **DP3$_{TS-K3}$**). Hierdurch wird verhindert, dass Maßnahmen für Kompetenzen vereinbart werden, die bereits durch andere, laufende Maßnahmen entwickelt werden. Tabelle 85 fasst die auf Basis der Evaluation überarbeiteten Designprinzipien und Evaluationspropositionen zusammen.

Designprinzip	Evaluationsproposition(en)
K1: Desktop-basierte Anwendung zum Unterstützen der Vorbereitung von Beurteilungsmaßnahmen	
$DP1_{TS-K1}$: Funktionen zum automatischen Vorschlagen von Feedbackgebern aus den Gruppen „Vorgesetzte", „Kollegen" sowie „untergeordnete Mitarbeiter" auf Basis der Organisationsstruktur bei gleichzeitigem Ausgleichen des Arbeitsaufwands zwischen den Bewertern.	$EP1a_{TS-K1}$: Das Vorschlagen von möglichen Vorgesetzten, Kollegen und untergeordneten Mitarbeitern als Feedbackgeber basierend auf der Vorbereitung der Beurteilungsmaßnahmen und erhöht somit die Effizienz der Kompetenzerfassung. $EP1b_{TS-K1}$: Das Ausgleichen des Arbeitsaufwands für die Kompetenzbewertung zwischen den Feedbackgebern reduziert die Umfragemüdigkeit und erhöht somit die Rücklaufquoten für Kompetenzerfassungen, sodass die Validität der Beurteilungsergebnisse steigt.
$DP2_{TS-K1}$: Funktionen zum Importieren externer Kontakte aus weiteren Systemen (bspw. CRM) sowie deren Zuweisen als Feedbackgeber.	$EP2_{TS-K1}$: Das Importieren von Kontakten, um sie als Feedbackgeber zuzuweisen, reduziert den manuellen Aufwand bei der Vorbereitung der Beurteilungsmaßnahmen und erhöht somit die Effizienz der Kompetenzerfassung.
$DP3_{TS-K1}$: Funktionen zum Nachverfolgen des Ausschließens von Feedbackergebnissen durch Führungskräfte im Rahmen der Gesprächsvorbereitung für Mitarbeiter des Personalwesens.	$EP3_{TS-K1}$: Das Nachverfolgen vom Ausschließen einzelner Erfassungsergebnisse verringert die Wahrscheinlichkeit einer Manipulation durch Führungskräfte, sodass die Validität der Kompetenzerfassung erhöht wird.
K2: Smartphone-basierte mobile Anwendung zum Unterstützen der Durchführung von Beurteilungsmaßnahmen	
$DP1_{TS-K2}$: Funktionen zum zeit- und ortsunabhängigen Zugreifen und Ausfüllen von Feedback-Fragebögen für alle Feedbackgeber bei gleichzeitiger Gewährleistung der Anonymität der Beurteilungsergebnisse.	$EP1a_{TS-K2}$: Das zeit- und ortsunabhängige Zugreifen und Ausfüllen von Feedback-Fragebögen erhöht die Flexibilität für Feedbackgeber beim Ausfüllen der Fragebögen, sodass die Akzeptanz und die Rücklaufquoten der Kompetenzerfassungen erhöht werden und somit die Validität der Beurteilungserfassung steigt. $EP1b_{TS-K2}$: Das zeit- und ortsunabhängige Zugreifen und Ausfüllen von Feedback-Fragebögen ermöglicht das Eingeben von Kompetenzbewertungen in Leerzeiten, sodass die Durchlaufzeiten der Kompetenzerfassung verringert werden können.
$DP2_{TS-K2}$: Funktionen zum automatischen Generieren von Feedbackfragebögen basierend auf den aktuellen und zukünftigen (bspw. basierend auf Nachfolgeplänen) Stellenanforderungen des bewerteten Mitarbeiters sowie generellen Kompetenzen (bspw. Sozialkompetenzen).	$EP2_{TS-K2}$: Das Berücksichtigen von zukünftigen sowie generellen Kompetenzen beim Erstellen der Feedbackfragebögen ermöglicht es, die zukünftige Rolle des Mitarbeiters besser miteinzubeziehen, sodass die Effektivität der Entwicklungsplanung erhöht wird.
K3: Tablet-basierte mobile Anwendung zum Unterstützen der Auswertung von Beurteilungsmaßnahmen	
$DP1_{TS-K3}$: Funktionen zum Vorbereiten der Mitarbeitergespräche, indem unangemessene bzw. nicht-valide Erfassungsergebnisse entfernt werden können.	$EP1_{TS-K3}$: Das Vorbereiten und Überprüfen der Beurteilungsergebnisse vor dem Mitarbeitergespräch erhöht die Validität der Ergebnisse und erhöht somit die Effektivität der Kompetenzerfassung und des Gesprächs.
$DP2_{TS-K3}$: Funktionen zum Visualisieren der Erfassungsergebnisse (Gesamtergebnisse und Teilergebnisse der Gruppen), um diese mit den Stellenanforderungen vergleichen zu können und um den finalen Kompetenzstand zusammen mit dem bewerteten Mitarbeiter im Gespräch festzulegen.	$EP2_{TS-K3}$: Das direkte Festlegen des Kompetenzstands innerhalb des Mitarbeitergesprächs reduziert den manuellen Aufwand für die nachträgliche Eintragung der Ergebnisse und erhöht somit die Effizienz der Kompetenzerfassung.
$DP3_{TS-K3}$: Funktionen zum Vorschlagen passender Entwicklungsmaßnahmen, basierend auf dem finalen Kompetenzstand **sowie den aktuell laufenden Maßnahmen**, um existierende Kompetenzlücken beim bewerteten Mitarbeiter zu reduzieren.	$EP3_{TS-K3}$: Das Vorschlagen passender Entwicklungsmaßnahmen innerhalb des Mitarbeitergesprächs ermöglicht eine zielgerichtete Entwicklungsplanung für den bewerteten Mitarbeiter innerhalb desselben Gesprächs und erhöht somit die Effektivität des Mitarbeitergesprächs.

Tabelle 85: ThreeSixty – Überarbeitete Designprinzipien nach Evaluation

7.5   Diskussion der Ergebnisse

Im Rahmen des Prototyps zum Unterstützen des Rekrutierungsprozesses **MobiRecruit** (vgl. Abschnitt 7.2) ergaben sich auf Basis der Evaluation die größten Änderungen an den zuvor entwickelten Designprinzipien. Dies lässt sich im Wesentlichen durch die unterschiedlichen Ausgestaltungen des Rekrutierungsprozesses in den Unternehmen der befragten Experten erklären: So wünschten sich die Experten vor allem eine stärkere Differenzierung und Flexibilisierung der an den Aktivitäten beteiligten Akteure, da die Beteiligung einzelner Akteure in den einzelnen Prozessschritten variiert. Ebenso wurde angesprochen, dass die Relevanz der Stelle innerhalb des Unternehmens einen Einfluss auf die Beteiligung der Akteure haben kann. So sind Führungskräfte bspw. bei einer weniger relevanten Stelle eher nicht in die Auswahl von Ausschreibungskanälen eingebunden, was bei einer höheren Führungsposition durchaus der Fall sein kann. Darüber hinaus wurde festgestellt, dass der Prototyp insgesamt zwar als sehr nützlich eingeschätzt wurde (insb. in Bezug auf die Reduktion der Prozessdurchlaufzeit), jedoch die Art und Weise des Einsatzes zwischen den Unternehmen variieren würde: Während einige Experten die mobile Komponente lediglich im Vorschlagsschritt der Entscheidungsfindung nutzen würden (indem bspw. Vorschläge zu Kandidaten eingegeben und in einer Gesprächsrunde finalisiert würden), waren Experten anderer Unternehmen der Meinung, dass der Prozess vollständig durch die Applikation abgewickelt werden könnte. Im Rahmen der Evaluation wurden die antizipierten Wirkungen des Einsatzes mobiler Anwendungen im Rekrutierungsprozess bestätigt, die bereits in den Experteninterviews thematisiert wurden (vgl. Abschnitt 6.2.3.1). So wurde angesprochen, dass eine solche Anwendung dabei helfen kann, die Durchlaufzeiten des Rekrutierungsprozesses zu senken und somit die Chance des Unternehmens zu erhöhen, die besten Bewerber zu gewinnen. Darüber hinaus wurde festgestellt, dass der Einsatz mobiler PIS zu einer höheren Prozesseffizienz und aufgrund der permanenten Verfügbarkeit von Bewerber- und Stelleninformationen zu einer höheren Qualität von Besetzungsentscheidungen führen kann.

Für den Prototyp zur Distribution HR-bezogener Führungsinformationen **mobFIS** (vgl. Abschnitt 7.3) ergaben sich aus der Evaluation lediglich kleinere Änderungen an den Designprinzipien, wie bspw. das Einbinden einer Expertensuche oder das Abbilden der Projektstruktur des Unternehmens. Als wesentliche Herausforderung beim Einsatz des Prototyps in der Praxis wurde die Verfügbarkeit bzw. Integration aller für den Prototyp notwendigen Daten erachtet, da diese innerhalb der Unternehmen jeweils in unterschiedlichen PIS vorliegen: Während Stammdaten von Mitarbeitern und Stellen in HR-Basissystemen vorliegen, sind Informationen über offene Workflows ggf. über mehrere Systeme verteilt, bspw. in Rekrutierungssystemen oder in Kompetenzmanagementsystemen (bspw. in Bezug auf offene Kompetenzbewertungen). Eine Integration dieser unterschiedlichen Informationsquellen wäre jedoch zwingend notwendig, um sämtliche Funktionalitäten des Prototyps sinnvoll nutzen zu können (bspw. das Dashboard). Insgesamt schätzten die befragten HR-Experten den Prototyp als ein nützliches Werkzeug ein, um die Informationsgrundlage bei Führungskräften zu verbessern und somit die Qualität getroffener Entscheidungen zu erhöhen. Somit konnte die bereits in Abschnitt 6.2.3.3 identifizierte Wirkung bestätigt werden.

Die mobile Anwendung zum Unterstützen der Kompetenzerfassung anhand von 360°-Feedback **ThreeSixty** (vgl. Abschnitt 7.4) wurde von den Experten insgesamt als sehr gute Umsetzung betrachtet. Auch das Nutzen der Tablet-Komponente innerhalb der Mitarbeitergespräche wurde als eine passende Möglichkeit angesehen, diese Gespräche medial zu unterstützen. Kontrovers betrachtet wurden von den Experten die Funktionen zum Vorbereiten des erhaltenen Feedbacks vor dem Mitarbeitergespräch. Während ein Experte große Bedenken diesbezüglich anbrachte und darin eine Manipulationsmöglichkeit für Führungskräfte sah, wurden diese Bedenken von anderen Teilnehmern der Evaluationsstudie jedoch nicht geteilt. Um die Wahrscheinlichkeit einer Manipulation durch Führungskräfte zu verringern, wurden Funktionalitäten für Mitarbeiter aus dem Personalwesen als ein Designprinzip aufgenommen, welche es ermöglichen, Änderungen an den Erfassungsergebnissen nachzuverfolgen und somit auf Manipulationen zu überprüfen. Bei der Evaluation des Prototyps wurden erneut einige der in den vorhergehenden Interviewstudien identifizierten Wirkungen bestätigt: So können nach Ansicht der Experten durch den Einsatz von ThreeSixty die Effizienz des Prozesses verbessert (insb. bei der Vorbereitung der Kompetenzbewertungen) und die Prozessdurchlaufzeiten verringert werden. Des Weiteren können Mitarbeitergespräche effektiver gestaltet werden (bspw. aufgrund der verfügbaren Informationen zu Entwicklungsmaßnahmen). Darüber hinaus wurde von den Experten thematisiert, dass die Anwendung insgesamt dabei helfen könnte, validere Kompetenzeinschätzungen der Mitarbeiter zu erhalten und somit eine zielgerichtetere Kompetenzentwicklung zu fördern. Beachtet werden muss bei diesem Prototyp, dass das Designprinzip zum Importieren externer Kontakte aus weiteren Systemen aufgrund der fehlenden Implementierung nicht hinreichend evaluiert werden konnte.

Aufgrund der Ausgestaltung der Evaluation ergeben sich allerdings auch **Limitationen** für die in diesem Kapitel gewonnenen Erkenntnisse. So fand lediglich eine künstliche Evaluation der Prototypen statt, da diese nicht direkt innerhalb eines Unternehmens eingesetzt wurden (vgl. Abschnitt 7.1). Aus diesem Grund kann nicht sichergestellt werden, dass die von den Experten genannten Wirkungen in der Praxis tatsächlich auch eintreten. Somit kann lediglich von antizipierten Wirkungen gesprochen werden (vgl. Goldkuhl et al. 2015, S. 58). Des Weiteren erfolgte aufgrund des prototypischen Charakters der Anwendungen keine Integration in bereits bestehende, stationäre PIS, die für einen Einsatz in der Praxis jedoch zwingend notwendig wäre. Aus diesem Grund wären aus Forschungssicht die nächsten Schritte die Anpassung der Prototypen aufgrund der veränderten Designprinzipien sowie deren Einsatz in der Unternehmenspraxis. Dies ist jedoch nicht mehr Teil dieser Arbeit.

Um dennoch die **Validität** der Ergebnisse sicherzustellen, wurde darauf geachtet, dass innerhalb der Evaluation Unternehmen unterschiedlicher Größe und Branchen sowie Experten aus unterschiedlichen Hierarchieebenen interviewt wurden, die selbst auch potenzielle Nutzer der Systeme darstellen. Hierdurch können negative Effekte reduziert werden, wie z. B. der Elite-Verzerrungseffekt (vgl. Abschnitt 6.3). Darüber hinaus wurden neben Experten, die bereits an der vorherigen Interviewstudie teilgenommen hatten, weitere Experten bei der Evaluation hinzugezogen, um einer Voreingenommenheit der Evaluationsergebnisse aufgrund von Vorkenntnissen vorzubeugen.

7.6 Zwischenfazit

In den vorherigen Abschnitten wurde mithilfe des DSR-Paradigmas die letzte verbleibende Forschungsfrage (FF5) beantwortet. Dabei wurden die folgenden zentralen Erkenntnisse erarbeitet:

1. Mobile HR-Anwendungen können die Durchlaufzeiten des Rekrutierungsprozesses verkürzen und somit die Chance erhöhen, dass Unternehmen sehr gute Bewerber für sich gewinnen können.

2. Mobile Führungsinformationssysteme können genutzt werden, um entscheidungsrelevante HR-Informationen zu distribuieren und hierdurch die Geschwindigkeit mit der Entscheidungen getroffen werden zu erhöhen sowie die Qualität von Entscheidungen zu verbessern.

3. Der Einsatz mobiler HR-Anwendungen kann das Erfassen von Mitarbeiterkompetenzen vereinfachen, die Validität von Erfassungsergebnissen erhöhen und die Effektivität von Mitarbeitergesprächen verbessern.

Abschließend kann festgehalten werden, dass die bereits in Abschnitt 6 identifizierten potenziellen Wirkungen für die Anwendungsfälle der prototypisch implementierten mobilen PIS (geringere Prozessdurchlaufzeiten, höhere Prozesseffizienz, höhere Chance zum Gewinnen der besten Bewerber sowie verbesserte Entscheidungen) durch die Evaluation der entwickelten Prototypen bestätigt und um weitere Wirkungen ergänzt werden konnten.

8 Schlussbetrachtung

In dieser Arbeit wurde der Einsatz mobiler Anwendungen innerhalb des Personalmanagements untersucht (Mobile HR). Hierbei wurde festgestellt, dass

1) Unternehmen teilweise bereits mobile Anwendungen im Personalmanagement einsetzen, dies jedoch vornehmlich zum Unterstützen von weniger komplexen, administrativen Aktivitäten,

2) Einsatzgebiete in einer Vielzahl von HR-Prozessen existieren, die sich anhand der Anwendungsklassen „HR-Workflow Unterstützung", „Distribution HR-bezogener Informationen" und „Unterstützung von Mitarbeitergesprächen" klassifizieren lassen,

3) durch mobile PIS vor allem an der Nahtstelle zwischen Führungskräften, dem Personalwesen und Mitarbeitern positive Wirkungen realisiert werden können,

4) mobile Anwendungen insb. den Rekrutierungsprozess, die Distribution von Informationen an Führungskräfte sowie die Kompetenzerfassung unterstützen können und deren Einsatz dort Prozessdurchlaufzeiten verkürzt und das orts- und zeitunabhängige Treffen von Entscheidungen unterstützt.

Im Folgenden werden zunächst die zentralen Ergebnisse der Arbeit anhand der aufgestellten Forschungsfragen zusammengefasst (Abschnitt 8.1) und Implikationen für Wissenschaft und Praxis erläutert (Abschnitt 8.2), bevor weiterer Forschungsbedarf aufgezeigt wird (Abschnitt 8.3).

8.1 Zentrale Ergebnisse der Arbeit

Die oben herausgestellten zentralen Erkenntnisse dieser Arbeit wurden auf Basis der in Abschnitt 1.2 beschriebenen Forschungsfragen erarbeitet. Diese können wie folgt beantwortet werden:

	Wie ist das Forschungsfeld für mobile Anwendungen im Personalmanagement zu systematisieren?

Um diese Forschungsfrage zu beantworten, wurde in Kapitel 3 zunächst der aktuelle Stand der betrieblichen Praxis erfasst, bevor in Kapitel 4 der aktuelle Stand der Forschung analysiert wurde. In Bezug auf den aktuellen Stand der Praxis wurde festgestellt, dass zwar bereits ca. 40 % der befragten Unternehmen mobile Anwendungen zum Unterstützen von Personalmanagementaktivitäten einsetzen, jedoch vor allem in Bereichen, die der Personaladministration und -betreuung zugeordnet werden können. Dieses Ergebnis spiegelte sich bei der Untersuchung des Marktangebots nur teilweise wider: Zwar ergab sich das größte Markangebot ebenfalls für den Bereich der Personaladministration, jedoch existierte eine Reihe weiterer mobiler Anwendungen, die komplexere HR-Aktivitäten unterstützen. Diese wurden von den zuvor befragten Unternehmen jedoch nicht eingesetzt. Beim Untersuchen des aktuellen Forschungsstands mobiler HR-Anwendungen wurde festgestellt, dass neben einer Reihe von Publikationen, welche den Einsatz mobiler Anwendungen im Personalmarketing untersuchen, kaum Erkenntnisse zum Einsatz mobiler PIS existieren. Aus diesem Grund wurden abschließend die existierenden Forschungslücken aufgezeigt, welche die Basis für die weiteren Forschungsfragen bildeten.

| FF2 | In welchen Personalmanagementprozessen können mobile Anwendungen sinnvoll einge- setzt werden? |

In Kapitel 5 wurden auf Basis des Task-Technology-Fit-Modells zunächst aus theoretischer Sicht Einsatzmöglichkeiten mobiler HR-Anwendungen analysiert. Die dabei gewonnenen Erkenntnisse wurden anschließend in Kapitel 6 um die Ergebnisse aus zwei qualitativen Interviewstudien ergänzt. Hierbei wurden alle theoretischen Einsatzgebiete von den befragten Experten bestätigt und um weitere Anwendungsfälle ergänzt. Insgesamt wurden zwölf Einsatzmöglichkeiten innerhalb verschiedener HR-Prozesse identifiziert, die auch über die, in der Praxis bereits unterstützte, Personaladministration hinausgehen. Neben der Einordnung in die unterschiedlichen Personalmanagementprozesse konnten die Einsatzgebiete aufgrund ihres Einsatzzweckes in mobile Anwendungen zum Unterstützen von HR-Workflows, zur Informationsdistribution sowie zur Gesprächsunterstützung klassifiziert werden. Letztlich wurde festgestellt, dass ein großer Anteil der Einsatzmöglichkeiten noch nicht durch am Markt verfügbare Anwendungen abgedeckt wird. Diese Anwendungsfälle bildeten die Grundlage zum Beantworten der letzten Forschungsfrage (FF5).

| FF3 | Welche positiven und negativen Wirkungen hat der Einsatz mobiler Anwendungen im Personalmanagement? |

Innerhalb der qualitativ-empirischen Studien wurden in Kapitel 6 darüber hinaus positive und negative Wirkungen mobiler PIS untersucht. Hierbei wurde zunächst festgestellt, dass mobile PIS auf Prozessebene wirken, indem bspw. Prozessdurchlaufzeiten verkürzt oder Prozesse effizienter gestaltet werden können. Ebenfalls können mobile PIS zur Informationsdistribution dazu beitragen, die Informationsgrundlage beim orts- und zeitunabhängigen Treffen von Entscheidungen zu verbessern, sodass sich die Qualität getroffener Entscheidungen erhöht und somit HR-Aktivitäten effektiver durchgeführt werden können. Darüber hinaus wurde festgestellt, dass auf Ebene der Mitarbeiter der Einsatz mobiler HR-Anwendungen zum einen zu einer höheren Mitarbeiterzufriedenheit führen kann (vor allem bei Mitarbeitern jüngerer Generationen). Zum anderen kann bei den Mitarbeitern jedoch eine Erwartungshaltung in Bezug auf die Bearbeitungszeit von HR-Aufgaben durch Führungskräfte erzeugt werden, sodass die Zufriedenheit bei Nichterfüllung der Erwartungen sinken kann. Letztlich wurde festgestellt, dass der generelle Einsatz mobiler Anwendungen innerhalb des Personalmanagements einen positiven Einfluss auf die Wahrnehmung des Unternehmens als innovative Organisation haben kann, was wiederum mit einer höheren Mitarbeiterzufriedenheit und einem höheren Ansehen bei externen Bewerbern in Verbindung gebracht wird.

| FF4 | Welche Rahmenbedingungen müssen beim Einsatz mobiler Anwendungen im Personalmanagement beachtet werden? |

Schließlich wurden innerhalb der Experteninterviews in Kapitel 6 Rahmenbedingungen untersucht, die beim Einsatz mobiler Anwendungen im Personalmanagement beachtet werden müssen, und den Kategorien des Technology-Organization-Environment-Modells zugeordnet wurden. Als technische Rahmenbedingungen wurden hierbei vor allem verfügbare Basissysteme (die angebunden werden müssen) sowie die im Unternehmen eingesetzten mobilen Endgeräte (für welche die Applikationen bereitgestellt werden müssen) genannt. Als externe Rahmenbedingungen wurden neben Datenschutz und Datensicherheit die Verfügbarkeit des mobilen Internets von Experten genannt. Die meisten Rahmenbedingungen konnten allerdings auf Organisationsebene identifiziert werden. Zu beachten ist dabei insb. die Altersstruktur der Mitarbeiter des Unternehmens, da laut den Experten gerade ältere Mitarbeitergenerationen eine geringere IT-Affinität aufweisen und Bedenken gegenüber mobilen Anwendungen haben, was letztlich zu einer geringeren Akzeptanz mobiler PIS führen kann. Ebenfalls identifiziert wurden die Unternehmens- bzw. Landeskultur sowie die Größe des Unternehmens, das mobile Anwendungen einsetzt.

FF5	Wie müssen mobile Anwendungen für die identifizierten Einsatzgebiete gestaltet und umgesetzt werden?

Auf Basis der zuvor erarbeiteten Erkenntnisse wurden in Kapitel 7 drei prototypische Anwendungen implementiert und durch Experteninterviews evaluiert: Die Anwendung MobiRecruit wurde zum Unterstützen des Rekrutierungsprozesses konzipiert und unterstützt Führungskräfte und Mitarbeiter des Personalwesens bei der Entscheidungsfindung innerhalb des Prozesses. Hierbei wurde von den Experten festgestellt, dass durch den Einsatz einer solchen Anwendung vor allem die Prozessdurchlaufzeiten reduziert werden könnten, was einen zentralen Erfolgsfaktor bei der Rekrutierung von qualifiziertem Personal darstellt. Das mobile Führungsinformationssystem mobFIS wurde entwickelt, um HR-bezogene Informationen an Führungskräfte zu verteilen und somit deren Informationsgrundlage zu verbessern. Laut den Experten kann der Einsatz der Anwendung dazu führen, dass HR-bezogene Entscheidungen besser getroffen werden, da der Zugang zu Informationen vereinfacht wird, sodass Führungskräfte Informationen einholen können, die sie sonst nicht zur Verfügung hätten. Der letzte Prototyp ThreeSixty unterstützt Unternehmen durch drei Komponenten bei der Erfassung von Mitarbeiterkompetenzen sowie der Personalentwicklungsplanung innerhalb von Mitarbeitergesprächen. Nach Meinung der Experten kann das mobile PIS dabei helfen, die Validität von Erfassungsergebnissen zu erhöhen, Prozessdurchlaufzeiten zu verkürzen und die Effektivität von Mitarbeitergesprächen durch die Gesprächsunterstützung zu verbessern.

8.2 Implikationen für Wissenschaft und Praxis

Aus **Sicht von Unternehmen** gibt diese Arbeit einen Überblick darüber, wie mobile Anwendungen innerhalb des Personalmanagements sinnvoll eingesetzt werden können und inwieweit bereits ein Angebot am Markt existiert. Die Untersuchungen zeigen Unternehmen auf, dass vor allem an der Nahtstelle zwischen Führungskräften und dem Personalmanagement potenzielle Einsatzmöglichkeiten für mobile HR-Anwendungen existieren. Ebenso wurde festgestellt, dass Unternehmen neben technischen (bspw. im Unternehmen eingesetzte stationäre PIS) und rechtlichen Gegebenheiten (bspw. Datenschutzaspekte) vor allem organisatorische Rahmenbedingungen, wie bspw. die Kultur oder Altersstruktur des Unternehmens berücksichtigen müssen. Hieraus können in der Praxis Maßnahmen abgeleitet werden, um eine reibungslose Einführung bzw. einen reibungslosen Betrieb mobiler PIS sicherzustellen (bspw. indem in Schulungen die Vorkenntnisse und die Affinität der Mitarbeiter in Bezug auf mobile Anwendun-

gen berücksichtigt wird). Im Rahmen der Prototypentwicklung wurden des Weiteren konkrete Umset-
zungskonzepte für mobile PIS entwickelt und gezeigt, dass mobile Anwendungen den Rekrutierungsprozess, die Distribution von HR-Informationen sowie das Erfassen von Mitarbeiterkompetenzen unterstützen können. Deren Einsatz kann in der Praxis dazu führen, dass Prozesse beschleunigt, die Qualität
getroffener Entscheidungen verbessert und die Effektivität von Mitarbeitergesprächen erhöht wird.
Diese Erkenntnisse können die Ausgangsbasis für die Entwicklung mobiler PIS in Unternehmen darstellen. Neben dem Entwickeln mobiler HR-Anwendungen auf Basis der vorgestellten Prototypen ist
hierbei ebenso eine Übertragung der entwickelten Konzepte (bspw. in Bezug auf die Mechanismen zur
Entscheidungsfindung im Prototyp MobiRecruit oder die Gesprächsunterstützung innerhalb von
ThreeSixty) auf andere Anwendungsbereiche (auch außerhalb des Personalwesens) denkbar.

Aus **wissenschaftlicher Sicht** wurden zunächst der Forschungsstand sowie der Stand der betrieblichen Praxis innerhalb der Domäne „Mobile-HR" festgestellt und ergänzt um potenzielle Einsatzgebiete,
Wirkungen und Rahmenbedingungen sowie Gestaltungsempfehlungen für mobile PIS. Bei der Analyse
potenzieller Einsatzbereiche konnte gezeigt werden, dass die in der Literatur häufig diskutierte geringere Datensicherheit mobiler Anwendungen (vgl. Christmann 2012, S. 57; Milligan/Hutcheson 2007,
S. 190; Wang et al. 2012, S. 56) aus Sicht der Praxis kaum einen negativen Einfluss auf den Einsatz
mobiler PIS hat. Der häufig angeführte Vorteil mobiler Endgeräte, auf ortsbezogene Informationen zugreifen zu können (vgl. van der Heijden/Valiente 2002, S. 1151; Chin/Siau 2012, S. 2), kann innerhalb
von HR-Prozessen hingegen kaum nutzenstiftend eingesetzt werden. In Bezug auf die in der Analyse
erarbeiteten Kriterien ist zudem eine Übertragung auf andere Geschäftsbereiche denkbar. Des Weiteren
wurde festgestellt, dass mobile HR-Anwendungen neben den im Rahmen der eHRM-Forschung häufig
diskutierten Effizienz- und Effektivitätssteigerungen durch den Einsatz von PIS im Allgemeinen (vgl.
bspw. Bondarouk et al. 2009; Parry/Tyson 2011; Klein 2012), positive Auswirkungen auf die Zufriedenheit von Mitarbeitern sowie die Wahrnehmung des Unternehmens haben können. Die im letzten Abschnitt der Arbeit entwickelten Gestaltungsempfehlungen wurden dabei auf Basis bestehender wissenschaftlicher Theorien entwickelt und durch Experten aus der Praxis evaluiert. Diese verdeutlichen die
Funktionsweise mobiler PIS in der Praxis und können als Grundlage für die Entwicklung weiterer mobiler
PIS verwendet werden. Konkret wurde gezeigt, wie mobile HR-Anwendungen gestaltet sein müssen,
um die Kommunikation zwischen den Verantwortlichen des Personalwesens und Führungskräften zu
verbessern. Hierfür wurden Mechanismen entwickelt, die eine ubiquitäre, von anderen Akteuren zunächst unabhängige Entscheidungsfindung ermöglichen. Des Weiteren wurde beschrieben, welche Informationen innerhalb mobiler HR-Führungsinformationssysteme enthalten sein müssen und wie deren
Darstellung umgesetzt werden muss (bspw. in Bezug auf die Anordnung und Verknüpfung von Informationen), um das Auffinden relevanter Informationen zu vereinfachen. Schließlich wurde gezeigt, dass
Tablet-basierte HR-Anwendungen ein geeignetes Medium darstellen, um Gesprächssituationen zwischen Führungskräften und Mitarbeitern zu unterstützen, sodass Mitarbeitergespräche effektiver gestaltet werden können. In Bezug auf die entwickelten Designprinzipien ist ebenfalls eine Übertragung auf
andere Anwendungsbereiche denkbar (bspw. andere entscheidungsintensive HR-Workflows oder Formen von Mitarbeitergesprächen), sodass ggf. generalisierte Aussagen über die Gestaltung mobiler HR-
Anwendungen getroffen werden können.

8.3   Weiterer Forschungsbedarf und Ausblick

Trotz der Beiträge dieser Arbeit für den Forschungsstand der Domäne Mobile HR existiert weiterer Forschungsbedarf:

Zunächst wurde eine Reihe von Einsatzmöglichkeiten innerhalb der zweiten Forschungsfrage identifiziert, die bei der Entwicklung konkreter Lösungsvorschläge nicht weiter betrachtet wurde. Dementsprechend existieren keine Gestaltungsempfehlungen für diese Einsatzgebiete. Ebenfalls können somit keine abschließenden Aussagen über die Wirkungen getroffen werden, die durch solche Anwendungen (bspw. zum Unterstützen des Ideen- oder Gesundheitsmanagements) eintreten können. Zwar wurden diese Wirkungen durch die ersten Experteninterviews angedeutet, jedoch können genauere Aussagen lediglich anhand konkreter Artefakte sowie der zusammenhängender Evaluationsstudien getroffen werden.

Die bereits entwickelten Designprinzipien und prototypischen mobilen PIS wurden darüber hinaus bisher lediglich künstlich evaluiert, sodass keine abschließende Beurteilung der Gestaltungsempfehlungen erfolgen kann. Dementsprechend stellt der nächste Schritt in diesem Fall die Anpassung der Prototypen auf Basis der evaluierten Designprinzipien sowie deren Implementierung innerhalb eines Unternehmens dar. Aufgrund dessen, dass nur eine künstliche Evaluation der Prototypen durchgeführt wurde, kann nicht mit Sicherheit festgestellt werden, dass die antizipierten Wirkungen der entwickelten mobilen PIS in der Praxis auch tatsächlich eintreten. Dies gilt ebenso wie die allgemeinen Wirkungen mobiler PIS, wie bspw. eine verbesserte Wahrnehmung des Unternehmens. Um dies abschließend feststellen zu können, ist ebenfalls eine Evaluation der Anwendungen in einem Unternehmenskontext notwendig. Hier könnten bspw. die Durchlaufzeiten spezifischer HR-Workflows gemessen und somit festgestellt werden, inwiefern der Einsatz mobiler PIS tatsächlich zu verringerten Durchlaufzeiten führt.

Darüber hinaus wurden zwar Rahmenbedingungen für den Einsatz mobiler PIS in der Praxis identifiziert, jedoch keine weiterführenden Analysen vorgenommen. Hier können weitere Forschungsarbeiten ansetzen und Handlungsempfehlungen für Unternehmen ableiten, die bei der Einführung und dem Betrieb mobiler PIS berücksichtigt werden können. Darüber hinaus wurden externe Rahmenbedingungen lediglich für Deutschland betrachtet, sodass Untersuchungen, insb. in Bezug auf regulatorische Aspekte, in einem internationalen Kontext sinnvoll wären.

Ein Aspekt, der in dieser Arbeit nicht betrachtet wurde, ist die Akzeptanz mobiler Anwendung zum Unterstützen von HR-Aktivitäten. Zwar wurden innerhalb der Rahmenbedingungen bereits einzelne Faktoren identifiziert, welche die Akzeptanz von Nutzern beeinflussen können (bspw. die Altersstruktur des Unternehmens), eine nähere Untersuchung fand jedoch nicht statt. Hierbei können etablierte Modelle aus der Akzeptanzforschung verwendet werden (Venkatesh et al. 2003; vgl. bspw. Dishaw/Strong 1999), um zu untersuchen, welche Faktoren die Akzeptanz mobiler PIS beeinflussen und inwiefern sich hieraus weitere Handlungsempfehlungen für Unternehmen ergeben.

Insgesamt sollten somit Arbeiten innerhalb der Forschungsdomäne den praktischen Einsatz mobiler PIS innerhalb konkreter Einsatzbereiche fokussieren. Hierdurch können weitere Erkenntnisse sowohl in Bezug auf die Gestaltung und Wirkungen mobiler PIS als auch in Bezug auf Handlungsempfehlungen für deren Einführung und Betrieb gewonnen werden.

Literaturverzeichnis

(Achouri 2011): Achouri, C. 2011: Human Resource Management - Eine praxisbasierte Einführung. 1. Aufl. Wiesbaden 2011.

(Adipat et al. 2011): Adipat, B.; Zhang, D.; Zhou, L. 2011: The effects of tree-view based presentation adaptation on mobile web browsing. In: MIS Quarterly, 35 (2011) 1, S. 99 - 122.

(Adipat/Zhang 2005): Adipat, B.; Zhang, D. 2005: Interface Design for Mobile Applications. In: AMCIS 2005 Proceedings. Omaha 2005, S. 494.

(Aier et al. 2012): Aier, S.; Fischer, C.; Winter, R. 2012: Theoretical Stability of Information Systems Design Theory Evaluations Based upon Habermas's Discourse Theory. In: ECIS 2012 Proceedings 2012, S. 226.

(Albers et al. 2009): Albers, S.; Klapper, D., et al. 2009: Methodik der empirischen Forschung. 3. Aufl. Berlin 2009.

(Alby 2008): Alby, T. 2008: Das Mobile Web. München 2008.

(Al-Dabbagh et al. 2010): Al-Dabbagh, B.; Scornavacca, E.; Hoehle, H. 2010: User Perceived Requirements for a Mobile Accounting Information System. In: ACIS 2010 Proceedings. Brisbane 2010, S. 102.

(Anckar/D'Incau 2002): Anckar, B.; D'Incau, D. 2002: Value Creation in Mobile Commerce: Findings from a Consumer Survey. In: Journal of Information Technology, Theory and Application, 4 (2002) 1, S. 43 - 64.

(Antoni 2005): Antoni, C. 2005: Management by objectives - an effective tool for teamwork? In: International Journal of Human Resource Management, 16 (2005) 2, S. 174 - 184.

(Armstrong 2012): Armstrong, M. 2012: Armstrong's Handbook of Human Resource Management Practice. 12. Aufl. London 2012.

(Arrow 1985): Arrow, K. J. 1985: The Economics of Agency. In: Pratt, J.; Kenneth, K. (Hrsg.): Principals and agents the structure of business. Boston 1985, S. 37 - 51.

(Ashbaugh/Miranda 2002): Ashbaugh, S.; Miranda, R. 2002: Technology for Human Resources Management: Seven Questions and Answers. In: Public Personnel Management, 31 (2002) 1, S. 7 - 20.

(Atteslander 2003): Atteslander, P. 2003: Methoden der empirischen Sozialforschung. 10., neu bearbeitete und erweiterte Aufl. Berlin 2003.

(Backhaus 2011): Backhaus, K. 2011: Multivariate Analysemethoden - Eine anwendungsorientierte Einführung. 13. Aufl. Berlin 2011.

(Badgi 2012): Badgi, S. 2012: Practical Human Resource Information Systems. New Delhi 2012.

(Bamba/Barnes 2006): Bamba, F.; Barnes, S. 2006: Evaluating Consumer Permission in SMS Advertising. In: Proceedings of Helsinki Mobility Roundtable. Helsinki 2006, S. 41.

(Barjis 2007): Barjis, J. 2007: Executable Ontological Business Process Model. In: ECIS 2007 Proceedings. St. Gallen 2007, S. 8.

(Barney/Wright 1997): Barney, J.; Wright, P. 1997: Becoming a Strategic Partner: The Role of Human Resources in Gaining Competitive Ad-vantage. Center for Advanced Human Resource Studies, Working Paper 97-09 1997.

(Bartscher/Huber 2007): Bartscher, T.; Huber, A. 2007: Praktische Personalwirtschaft: Eine Praxisorientierte Einführung. 2. Aufl. Wiesbaden 2007.

(Baskerville et al. 2009): Baskerville, R.; Pries-Heje, J.; Venable, J. 2009: Soft design science methodology. In: DESRIST 2009 Proceedings. Philadelphia 2009, S. 1 - 11.

(Bazeley 2013): Bazeley, P. 2013: Qualitative data analysis - Practical strategies. Los Angeles 2013.

(Beardwell/Claydon 2007): Beardwell, J.; Claydon, T. 2007: Human Resource Management – A Contemporary Approach. 5. Aufl. Harlow 2007.

(Beck 2008): Beck, C. 2008: Personalmarketing in der nächsten Stufe ist Präferenz-Management. In: Beck, C. (Hrsg.): Personalmarketing 2.0 – Vom Employer Branding zum Recruiting. Köln 2008.

(Becker 2009): Becker, M. 2009: Personalentwicklung - Bildung, Förderung und Organisationsentwicklung in Theorie und Praxis. 5. Aufl. Stuttgart 2009.

(Becker 2014): Becker, A. 2014: Konzeption und Implementierung eines mobilen HR-Führungsinformationssystems. Göttingen 2014.

(Becker/Huselid 2006): Becker, B.; Huselid, M. 2006: Strategic Human Resource Management – Where Do We Go From Here? In: Journal of Management, 32 (2006) 6, S. 898 - 925.

(Beckers/Bsat 2002): Beckers, A. M.; Bsat, M. Z. 2002: A DSS Classification Model for Research in Human Resource Information Systems. In: Information Systems Management, 19 (2002) 3, S. 41 - 50.

(Beechler/Woodward 2009): Beechler, S.; Woodward, I. C. 2009: The global "war for talent". In: Journal of International Management, 15 (2009) 3, S. 273 - 285.

(Bellavista et al. 2008): Bellavista, P.; K, A.; Helal, S. 2008: Location-Based Services: Back to the Future. In: IEEE Pervasive Computing, 7 (2008) 2, S. 85 - 89.

(Bennett et al. 2008): Bennett, S.; Maton, K.; Kervin, L. 2008: The 'digital natives' debate: A critical review of the evidence. In: British journal of educational technology, 39 (2008) 5, S. 775 - 786.

(Berghaus/Back 2014): Berghaus, S.; Back, A. 2014: Adoption of Mobile Business Solutions and its Impact on Organizational Stakeholders. In: Bled 2014 Proceedings. Bled 2014, S. 8.

(Berthel/Becker 2007): Berthel, J.; Becker, F. 2007: Personal-Management: Grundzüge für Konzeptionen betrieblicher Personalarbeit. 8. Aufl. Stuttgart 2007.

(Best/Wolf 2010): Best, H.; Wolf, C. 2010: Logistische Regression. In: Wolf, C. (Hrsg.): Handbuch der sozialwissenschaftlichen Datenanalyse. Wiesbaden 2010, S. 827 - 854.

(Bharadwaj 2000): Bharadwaj, A. 2000: A Resource-Based Perspective on Information Technology Capability and Firm Performance – An Empirical Investigation. In: MIS Quarterly, 24 (2000) 1, S. 169 - 196.

(Bhattacherjee 2001a): Bhattacherjee, A. 2001: An empirical analysis of the antecedents of electronic commerce service continuance. In: Decision Support Systems, 32 (2001) 2, S. 201 - 214.

(Bhattacherjee 2001b): Bhattacherjee, A. 2001: Understanding Information Systems Continuance: An Expectation-Confirmation Model. In: MIS Quarterly, 25 (2001) 3, S. 351 - 370.

(Bisnode 2015): Bisnode 2015: Bisnode Firmenadressen. http://www.bisnode.de/product/firmenadressen-2/. Abruf am 26.10.2015.

(BITKOM 2014): BITKOM 2014: Smartphones stärker verbreitet als normale Handys. http://www.bitkom.org/files/documents/BITKOM-Presseinfo_Smartphone-Nutzung_in_Deutschland_11_06_2014(1).pdf. Abruf am 11.06.2014.

(Böck 2002): Böck, R. 2002: Personalmanagement. München 2002.

(Bodker et al. 2009): Bodker, M.; Gimpel, G.; Hedman, J. 2009: Smart Phones and Their Substitutes: Task-Medium Fit and Business Models. In: ICMB 2009 Proceedings. Dalian 2009, S. 24 - 29.

(Bogner/Menz 2002): Bogner, A.; Menz, W. 2002: Expertenwissen und Forschungspraxis: die modernisierungstheoretische und die methodische Debatte um die Experten - Zur Einführung in ein unübersichtliches Problemfeld. In: Bogner, A.; Littig, B.; Menz, W. (Hrsg.): Das Experteninterview: Theorie, Methode, Anwendung. Wiesbaden 2002, S. 7 - 30.

(Böhm et al. 2011): Böhm, S.; Jäger, W.; Niklas, S. 2011: Mobile Applikationen im Recruiting und Personalmarketing. In: Wirtschaftsinformatik & Management, 3 (2011) 4, S. 14 - 23.

(Böhm et al. 2013): Böhm, S.; Niklas, S.; Jäger, W. 2013: A Multi-Method Approach to Assessing the Usability of Mobile Job Advertisements. In: CENTRIC 2013 Proceedings. Venedig 2013, S. 108 - 111.

(Böhm 2013): Böhm, S. 2013: Behavior and Expectations of Mobile Job Seekers: An Industry Study Focusing on Job Boards. In: Ferratt, T. (Hrsg.): SIGMIS-CPR 2013 Proceedings. Cincinnati 2013, S. 105 - 110.

(Böhm/Jäger 2013): Böhm, S.; Jäger, W. 2013: Mobile Recruiting 2013: Ergebnisse einer empirischen Studie zur Bewerberansprache über mobile Endgeräte. Wiesbaden 2013.

(Böhm/Niklas 2012): Böhm, S.; Niklas, S. J. 2012: Mobile recruiting: insights from a survey among german HR managers. In: SIGMIS-CPR 2012 Proceedings. New York 2012, S. 117 - 122.

(Böhmer 2006): Böhmer, N. 2006: Leistungs- und Erfolgsorientierte Vergütung – Variabilisierungstendenzen im Tarifbereich deut-scher Kreditinstitute. Düsseldorf 2006.

(Böhmer et al. 2013): Böhmer, M.; Saponas, T.; Teevan, J. 2013: Smartphone use does not have to be rude. In: Rohs, M.; Schmidt, A.; Ashbrook, D.; Rukzio, E. (Hrsg.): Mobile HCI 2013 Proceedings. München 2013, S. 342 - 351.

(Bondarouk et al. 2009): Bondarouk, T.; Ruël, H.; van der Heijden, B. 2009: e-HRM effectiveness in a public sector organization: a multi-stakeholder perspective. In: The International Journal of Human Resource Management, 20 (2009) 3, S. 578 - 590.

(Bondarouk/Ruël 2009): Bondarouk, T. V.; Ruël, H. J. M. 2009: Electronic Human Resource Management: challenges in the digital era. In: International Journal of Human Resource Management, 20 (2009) 3, S. 505 - 514.

(Book et al. 2005): Book, M.; Gruhn, V.; Hülder, M.; Schäfer, C. 2005: Der Einfluss verschiedener Mobilitätsgrade auf die Architektur von Informationssystemen. In: MCTA 2005 Proceedings. Augsburg 2005.

(Bootstrap 2015): Bootstrap 2015: Bootstrap - The world's most popular mobile-first and responsive front-end framework. http://getbootstrap.com/. Abruf am 10.12.2015.

(Borman 1974): Borman, W. C. 1974: The rating of individuals in organizations: An alternate approach. In: Organizational Behavior and Human Performance, 12 (1974) 1, S. 105 - 124.

(Bortz/Döring 2006): Bortz, J.; Döring, N. 2006: Forschungsmethoden und Evaluation: Für Human- und Sozialwissenschaftler. 4. Aufl. Berlin 2006.

(Botzenhardt/Pousttchi 2008): Botzenhardt, T.; Pousttchi, K. 2008: Analyzing the Benefits of Mobile Enterprise Solutions Using the Example of Dispatching Processes. In: ICMB 2008 Proceedings. Barcelona 2008, S. 260 - 269.

(Boxall/Purcell 2000): Boxall, P.; Purcell, J. 2000: Strategic human resource management: where have we come from and where should we be going? In: International Journal of Management Reviews, 2 (2000) 2, S. 183 - 203.

(Brett/Atwater 2001): Brett, J. F.; Atwater, L. E. 2001: 360° feedback: Accuracy, reactions, and perceptions of usefulness. In: Journal of Applied Psychology, 86 (2001) 5, S. 930 - 942.

(Breu et al. 2005): Breu, K.; Hemingway, C.; Ahurst, C. 2005: The Impact of Mobile and Wireless Technology on Knowledge Workers: An Exploratory Study. In: ECIS 2005 Proceedings. Regensburg 2005, S. 79.

(Broeckelmann 2010): Broeckelmann, P. 2010: Konsumentenentscheidungen im Mobile Commerce - Eine empirische Untersuchung des Einflusses von mobilen Services auf das Kaufverhalten. 1. Aufl. Wiesbaden 2010.

(Büdenbender/Strutz 2011): Büdenbender, U.; Strutz, H. 2011: Gabler Kompaktlexikon Personal – Wichtige Begriffe zu Personalwirtschaft, Personalmanage-ment, Arbeits- und Sozialrecht. 3. Aufl. Wiesbaden 2011.

(Buhl et al. 2010): Buhl, H. U.; Mertens, P.; Schumann, M.; Urbach, N.; Smolnik, S.; Riempp, G. 2010: Leserbrief: Stellungnahme zum Beitrag von Urbach et al. aus Heft 4/2009. In: Wirtschaftsinformatik, 52 (2010) 2, S. 109 - 114.

(Bühl 2008): Bühl, A. 2008: SPSS 16: Einführung in die moderne Datenanalyse 2008.

(Bühner 2005): Bühner, R. 2005: Personalmanagement. 3. Aufl. Berlin 2005.

(Bulander et al. 2005): Bulander, R.; Decker, M.; Schiefer, G.; Högler, T. 2005: Kontextsensitive Werbung auf mobilen Endgeräten unter Wahrung des Datenschutzes. In: Stucky, W.; Schiefer, G. (Hrsg.): Perspektiven des Mobile Business. Wiesbaden 2005.

(Bulander 2008): Bulander, R. 2008: Customer-Relationship-Management-Systeme unter Nutzung mobiler Endgeräte. Karlsruhe 2008.

(Bundesagentur für Arbeit 2015): Bundesagentur für Arbeit 2015: Der Arbeitsmarkt in Deutschland - Fachkräfteengpassanalyse. https://statistik.arbeitsagentur.de/Statischer-Content/Arbeitsmarktberichte/Fachkraeftebedarf-Stellen/Fachkraefte/BA-FK-Engpassanalyse-2015-06.pdf. Abruf am 02.12.2015.

(Burgard/Piazza 2008): Burgard, M.; Piazza, F. 2008: Data Warehouse and Business Intelligence Systems in the Context of E-HRM. In: Torres-Coronas, T. (Hrsg.): Encyclopedia of Human Resources Information Systems: Challenges in e-HRM 2008, S. 223 - 229.

(Buse 2002): Buse, S. 2002: Der mobile Erfolg, Ergebnisse einer empirischen Untersuchung in ausgewählten Branchen. In: Keuper, F. (Hrsg.): Electronic Business und Mobile Business - Ansätze, Konzepte und Geschäftsmodelle. Wiesbaden 2002, S. 91 - 116.

(BvD 2015): BvD 2015: Amadeus. https://amadeus.bvdinfo.com/version-20151023/home.serv?product=amadeusneo. Abruf am 26.10.2015.

(Cakar et al. 2003): Cakar, F.; Bititci, U. S.; MacBryde, J. 2003: A business process approach to human resource management. In: Business Process Management Journal, 9 (2003) 2, S. 190 - 207.

(CAL 2014): CAL 2014: CAL Business Solutions: Microsoft Dynamics GP 2013 Human Resources. http://www.calszone.com/wp-content/uploads/HR-Stacey.pdf. Abruf am 22.11.2014.

(Cao 2010): Cao, G. 2010: A Four-Dimensional View of IT Business Value. In: Systems Research and Behavioral Science, 27 (2010) 3, S. 267 - 284.

(Caruth et al. 2009): Caruth, D. L.; Caruth, G. D., et al. 2009: Staffing the contemporary organization - A guide to planning, recruiting, and selecting for human resource professionals. 3. Aufl. Westport 2009.

(Cederblom 1982): Cederblom, D. 1982: The Performance Appraisal Interview: A Review, Implications, and Suggestions. In: The Academy of Management Review, 7 (1982) 2, S. 219 - 227.

(Chambers et al. 1998): Chambers, E. G.; Foulton, M.; Handfield-Jones, H.; Hankin, S. M.; Michaels III, Edward G. 1998: The War for Talent. In: McKinsey Quarterly (1998) 3, S. 44 - 57.

(Chandra 2009): Chandra, R. P. 2009: Role of HRIS in improving Modern HR operations. In: Advances in Management, 2 (2009) 12, S. 21 - 24.

(Chang 2010): Chang, H. 2010: Task-technology fit and user acceptance of online auction. In: Human-Computer Studies, 68 (2010) 1-2, S. 69 - 89.

(Chapman/Webster 2003): Chapman, D.; Webster, J. 2003: The Use of Technologies in the Recruiting, Screening, and Selection Processes for Job Candidates. In: International Journal of Selection and Assessment, 11 (2003) 2-3, S. 113 - 120.

(Charland/Leroux 2011): Charland, A.; Leroux, B. 2011: Mobile Application Development: Web vs. Native. In: Communications of the ACM, 54 (2011) 5, S. 49 - 53.

(Charmaz 2006): Charmaz, K. 2006: Constructing grounded theory - A practical guide through qualitative analysis. Los Angeles 2006.

(Chin/Siau 2012): Chin, N.; Siau, K. 2012: Critical Success Factors of Location-Based Services. In: ICIS 2012 Proceedings. Orlando 2012, S. 17.

(Chittaro 2006): Chittaro, L. 2006: Visualizing Information on Mobile Devices. In: Computer, 39 (2006) 3, S. 40 - 45.

(Christmann 2012): Christmann, S. 2012: Mobiles Internet im Unternehmenskontext – Webtechnologien als technische Basis für Ge-schäftsanwendungen auf mobilen Endgeräten. Göttingen 2012.

(Christmann/Hagenhoff 2009): Christmann, S.; Hagenhoff, S. 2009: Mobiles Internet im Business-to-Business-Bereich - Eine Fallstudienuntersuchung. Arbeitsberichte des Instituts für Wirtschaftsinformatik, Professor für Anwendungssysteme und E-Business, Universität Göttingen, Nr. 4. Göttingen 2009.

(Cleveland et al. 2007): Cleveland, J. N.; Lim, A. S.; Murphy, K. R. 2007: Feedback phobia? Why employees do not want to give or receive performance feedback. In: Langan-Fox, J.; Cooper, C.; Klimoski, R. (Hrsg.): Research companion to the dysfunctional workplace: Management challenges and symptoms. Cheltenham 2007, S. 168 - 187.

(Compton et al. 2009): Compton, R.; Morrissey, W., et al. 2009: Effective Recruitment and Selection Practices. 5. Aufl. North Ryde 2009.

(Cooper 1988): Cooper, H. M. 1988: Organizing knowledge syntheses: A taxonomy of literature reviews. In: Knowledge in Society, 1 (1988) 1, S. 104 - 126.

(Corbin/Strauss 1990): Corbin, J. M.; Strauss, A. 1990: Grounded theory research: Procedures, canons, and evaluative criteria. In: Qualitative sociology, 13 (1990) 1, S. 3 - 21.

(Cordts et al. 2011): Cordts, S.; Blakowski, G., et al. 2011: Datenbanken für Wirtschaftsinformatiker - Nach dem aktuellen Standard SQL:2008. Wiesbaden 2011.

(Coursaris et al. 2006): Coursaris, C.; Hassanein, K.; Head, M. 2006: Mobile Technologies and the Value Chain: Participants, Activities and Value Creation. In: ICMB 2006 Proceedings. Kopenhagen 2006, S. 1 - 9.

(Cross 2001): Cross, N. 2001: Designerly Ways of Knowing - Design Discipline Versus Design Science. In: Design Issues, 17 (2001) 3, S. 49 - 55.

(Crowston 1997): Crowston, K. 1997: A Coordination Theory Approach to Organizational Process Design. In: Organization Science, 8 (1997) 2, S. 157 - 175.

(Dahlberg/McCaig 2010): Dahlberg, L.; McCaig, C. 2010: Practical Research and Evaluation: A Start-to-Finish Guide for Practitioners. Los Angeles 2010.

(Dahnken et al. 2003): Dahnken, O.; Keller, P., et al. 2003: 16 Software-Plattformen für den Aufbau unternehmensweiter Planungsapplikationen - eine Studie des Business Application Research Center. München 2003.

(Dalessio/Vasilopoulos 2001): Dalessio, A.; Vasilopoulos, N. 2001: Multisource Feedback Reports: Contents, Formats, and Level of Analysis. In: Bracken, D.; Timmreck, C.; Church, A. (Hrsg.): The Handbook of Multisource Feedback. San Francisco 2001, S. 181 - 203.

(D'Aubeterre et al. 2008): D'Aubeterre, F.; Singh, R.; Iyer, L. 2008: Secure activity resource coordination: empirical evidence of enhanced security awareness in designing secure business processes. In: European Journal of Information Systems, 17 (2008) 5, S. 528 - 542.

(Davenport 1993): Davenport, T. 1993: Process Innovation – Reengineering Work through Information Technology. Boston 1993.

(Decker 2011): Decker, M. 2011: Modellierung ortsabhängiger Zugriffskontrolle für mobile Geschäftsprozesse. Karlsruhe 2011.

(Delery/Doty 1996): Delery, J. E.; Doty, D. H. 1996: Modes of Theorizing in Strategic Human Resource Management: Tests of Universalistic, Contingency, and Configurational Performance Predictions. In: The Academy of Management Journal, 39 (1996) 4, S. 802 - 835.

(Deller et al. 2008): Deller, J.; Kern, S., et al. 2008: Personalmanagement im demografischen Wandel – Ein Handbuch für den Veränderungsprozess. Heidelberg 2008.

(DeLone/McLean 1992): DeLone, W. H.; McLean, E. R. 1992: Information Systems Success: The Quest for the Dependent Variable. In: Information Systems Research, 3 (1992) 1, S. 60 - 95.

(Derks et al. 2015): Derks, D.; van Duin, D.; Tims, M.; Bakker, A. 2015: Smartphone use and work-home interference: The moderating role of social norms and employee work engagement. In: Journal of Occupational and Organizational Psychology, 88 (2015) 1, S. 155 - 177.

(Derks/Bakker 2014): Derks, D.; Bakker, A. 2014: Smartphone Use, Work-Home Interference, and Burnout: A Diary Study on the Role of Recovery. In: Applied psychology, 63 (2014) 3, S. 411 - 440.

(Dery et al. 2014): Dery, K.; Kolb, D.; MacCormick, J. 2014: Working with connective flow: how smartphone use is evolving in practice. In: European Journal of Information Systems, 23 (2014) 5, S. 558 - 570.

(DeSanctis 1986): DeSanctis, G. 1986: Human Resource Information Systems: A Current Assessment. In: MIS Quarterly, 10 (1986) 1, S. 15 - 27.

(DeSanctis/Poole 1994): DeSanctis, G.; Poole, M. S. 1994: Capturing the Complexity in Advanced Technology Use: Adaptive Structuration Theory. In: Organization Science, 5 (1994) 2, S. 121 - 147.

(Dishaw/Strong 1999): Dishaw, M. T.; Strong, D. M. 1999: Extending the technology acceptance model with task-technology fit constructs. In: Information & Management, 36 (1999) 1, S. 9 - 21.

(Drucker 1954): Drucker, P. 1954: The Practice of Management. New York 1954.

(Drumm 2008): Drumm 2008: Personalwirtschaft. 5. Aufl. Berlin 2008.

(DuBrin 2010): DuBrin, A. 2010: Leadership – Research Findings, Practice, and Skills. 7. Aufl. Mason 2010.

(Dudenredaktion 2010): Dudenredaktion 2010: Duden Band 5 – Das Fremdwörterbuch. 10. Aufl. Mannheim 2010.

(Dulebohn/Johnson 2013): Dulebohn, J. H.; Johnson, R. D. 2013: Human resource metrics and decision support: A classification framework. In: Emerging Issues in Theory and Research on Electronic Human Resource Management (eHRM), 23 (2013) 1, S. 71 - 83.

(Eckert 2006): Eckert, C. 2006: IT-Sicherheit – Konzepte, Verfahren, Protokolle. München 2006.

(Eisenhardt 1989): Eisenhardt, K. M. 1989: Agency theory: An assessment and review. In: Academy of Management Review, 14 (1989) 1, S. 57 - 74.

(Elfers 2010): Elfers, S. 2010: Experimente sind erwünscht. In: Horizont (2010) 31, S. 17.

(Epicor 2014): Epicor 2014: Epicor: Direct Access. http://www.epicor.com/Solutions/Pages/Employee-Self-Service.aspx. Abruf am 22.11.2014.

(Erpenbeck/Sauter 2007): Erpenbeck, J.; Sauter, W. 2007: Kompetenzentwicklung im Netz. In: New Blended Learning mit Web, 2 (2007) 1.

(Euler et al. 2012): Euler, M.; Hacke, M.; Hartherz, C.; Steiner, S.; Verclas, S. 2012: Herausforderungen bei der Mobilisierung von Business Applikationen und erste Lösungsansätze. In: Verclas, S.; Linnhoff-Popien, C. (Hrsg.): Smart Mobile Apps. Berlin 2012, S. 107 - 121.

(Faißt 1993): Faißt, J. 1993: Hierarchische Planung unter Einsatz Neuronaler Netze - Illustriert an Untersuchungen zum flexiblen Personalmanagement. Heidelberg 1993.

(Falk 2007): Falk, S. 2007: Personalentwicklung, Wissensmanagement und Lernende Organisation in der Praxis 2007.

(Falk/Leist 2014): Falk, T.; Leist, S. 2014: Effects of Mobile Solutions for Improving Business Processes. In: ECIS 2014 Proceedings. Tel Aviv 2014, S. 9.

(Fettke 2006): Fettke, P. 2006: State-of-the-Art des State-of-the-Art. In: Wirtschaftsinformatik, 48 (2006) 4, S. 257 - 266.

(Field 2013): Field, A. P. 2013: Discovering statistics using IBM SPSS statistics - And sex and drugs and rock 'n' roll. 4. Aufl. Los Angeles 2013.

(Fielding/Taylor 2002): Fielding, R.; Taylor, R. 2002: Principled Design of the Modern Web Architecture. In: ACM Transactions on Internet Technology, 2 (2002) 2, S. 115 - 150.

(Fischer/Gourmelon 2013): Fischer, T.; Gourmelon, A. 2013: IT-gestütztes Personalmanagement: Ein Wegweiser durch den Digitalisierungsdschungel 2013.

(Flato/Reinbold-Scheible 2008): Flato, E.; Reinbold-Scheible, S. 2008: Zukunftsweisendes Personalmanagement - Herausforderung demografischer Wandel. München 2008.

(Fleming et al. 2013): Fleming, S. D.; Scaffidi, C.; Piorkowski, D.; Burnett, M.; Bellamy, R.; Lawrance, J.; Kwan, I. 2013: An Information Foraging Theory Perspective on Tools for Debugging, Refactoring, and Reuse Tasks. In: ACM Transactions on Software Engineering and Methodology, 22 (2013) 2, S. 1 - 41.

(Focus 2013): Focus 2013: Mobile Zeiterfassung für Unternehmen mit Außendienstlern. http://unternehmen.focus.de/mobile-zeiterfassung.html. Abruf am 22.09.2015.

(Forster et al. 2012): Forster, A.; Erz, A.; Jenewein, W. 2012: Employer Branding – Ein konzeptioneller Ansatz zur markenorientierten Mitarbeiterführung. In: Tomczak, T.; Esch, F.: Kernstock, J.; Hermann, A. (Hrsg.): Behavioral Branding – Wie Mitarbeiterverhalten die Marke stärkt. Wiesbaden 2012, S. 277 - 294.

(Fox/Dinur 1988): Fox, S.; Dinur, Y. 1988: Validity of Self-Assessment: A Field Evaluation. In: Personnel Psychology, 41 (1988) 3, S. 581 - 592.

(Fröhlich/Holländer 2004): Fröhlich, W.; Holländer, K. 2004: Personalbeschaffung und -akquisition. In: Gaugler, E.; Oechsler, W.; Kammlott, J. (Hrsg.): Handwörterbuch des Personalwesens. Stuttgart 2004, S. 1403 - 1419.

(Fuchß 2009): Fuchß, T. 2009: Mobile Computing – Grundlagen und Konzepte für mobile Anwendungen. München 2009.

(Garavan et al. 1997): Garavan, T. N.; Morley, M.; Flynn, M. 1997: 360 degree feedback: its role in employee development. In: Journal of Management Development, 16 (1997) 2, S. 134 - 147.

(Garcia-Gonzalez et al. 2010): Garcia-Gonzalez, J.; Gacitua-Decar, G.; Pahl, C. 2010: A Service Architecture Solution for Mobile Enterprise Resources: A Case Study in the Banking Industry. In: Binder, W.; Dustdar, S. (Hrsg.): Emerging Web Services Technology Volume III 2010, S. 143 - 155.

(Gatewood et al. 2011): Gatewood, R.; Feild, H., et al. 2011: Human Resource Selection. 7. Aufl. Mason 2011.

(Gaugler et al. 2004): Gaugler, E.; Oechsler, W., et al. 2004: Handwörterbuch des Personalwesens. 3. Aufl. Stuttgart 2004.

(Gebauer/Shaw 2004): Gebauer, J.; Shaw, M. J. 2004: Success Factors and Impacts of Mobile Business Applications: Results from a Mobile e-Procurement Study. In: International Journal of Electronic Commerce, 8 (2004) 3, S. 19 - 41.

(Gericke/Winter 2009): Gericke, A.; Winter, R. 2009: Entwicklung eines Bezugsrahmens für Konstruktionsforschung und Artefaktkonstruktion in der gestaltungsorientierten Wirtschaftsinformatik. In: Becker, J.; Krcmar, H.; Niehaves, B. (Hrsg.): Wissenschaftstheorie und gestaltungsorientierte Wirtschaftsinformatik. Heidelberg 2009, S. 195 - 210.

(Glaser/Strauss 1967): Glaser, B. G.; Strauss, A. L. 1967: The discovery of grounded theory - Strategies for qualitative research. Chicago 1967.

(Goldkuhl et al. 2015): Goldkuhl, G.; Persson, A.; Röstlinger, A. 2015: Visionary Design Research: Re-
newing e-government Support for Business Set Up. In: Donnellan, B.; Helfert, M.; Kenneally, J.;
VanderMeer, D.; Rothenberger, M.; Winter, R. (Hrsg.): New Horizons in Design Science: Broadening the Research Agenda. Cham 2015, S. 55 - 70.

(Goldkuhl/Lind 2010): Goldkuhl, G.; Lind, M. 2010: A Multi-Grounded Design Research Process. In:
Winter, R.; Zhao, J.; Aier, S. (Hrsg.): DESRIST 2010 Proceedings. St. Gallen 2010, S. 45 - 60.

(Goldsmith/Carter 2010): Goldsmith, M.; Carter, L. 2010: Best practices in talent management - How
the world's leading corporations manage, develop, and retain top talent. San Francisco 2010.

(Goodhue/Thompson 1995): Goodhue, D. L.; Thompson, R. L. 1995: Task-Technology Fit and Individual Performance. In: MIS Quarterly, 19 (1995) 2, S. 213 - 236.

(Google 2015): Google 2015: AngularJS - Superheroic JavaScript MVW Framework. https://angu-
larjs.org/. Abruf am 10.12.2015.

(Gräning et al. 2011): Gräning, A.; Felden, C.; Piechocki, M. 2011: Status Quo und Potenziale der eX-
tensible Business Reporting Language für die Wirtschaftsinformatik. In: Wirtschaftsinformatik, 53
(2011) 4, S. 225 - 234.

(Gratz et al. 2014): Gratz, W.; Röthel, H., et al. 2014: Gesund führen - Mitarbeitergespräche zur Erhal-
tung von Leistungsfähigkeit und Gesundheit in Unternehmen. 1. Aufl. Wien 2014.

(Greenwood 1981): Greenwood, R. 1981: Management by Objectives: As Developed by Peter
Drucker, Assisted by Harold Smiddy. In: The Academy of Management Journal, 6 (1981) 2, S. 225
- 230.

(Gregor/Hevner 2013): Gregor, S.; Hevner, A. R. 2013: Positioning and presenting design science research for maximum impact. In: MIS Quarterly, 37 (2013) 2, S. 337 - 355.

(Gregor/Jones 2007): Gregor, S.; Jones, D. 2007: The anatomy of a design theory. In: Journal of the
Association for Information Systems, 8 (2007) 5, S. 312 - 335.

(Groe et al. 1996): Groe, G. M.; Pyle, W.; Jamrog, J. J. 1996: Information Technology and HR. In: Human Resource Planning, 19 (1996) 1, S. 56 - 61.

(Groening 2005): Groening, Y. 2005: Personalmanagement in dezentralen Entscheidungsstrukturen -
Ein agenturtheoretischer Erklärungsansatz. Paderborn 2005.

(Guida et al. 1999): Guida, G.; Lamperti, G., et al. 1999: Software Prototyping in Data and Knowledge
Engineering. Dordrecht 1999.

(Gumpp/Pousttchi 2005): Gumpp, A.; Pousttchi, K. 2005: The "Mobility-M"-framework for Application of
Mobile Technology in Business Processes. In: INFORMATIK 2005 Proceedings. Bonn 2005, S.
523 - 527.

(Günther 2010): Günther, T. 2010: Die demografische Entwicklung und ihre Konsequenzen für das Personalmanagement. In: Preißing, D. (Hrsg.): Erfolgreiches Personalmanagement im demografischen Wandel. München 2010, S. 1 - 40.

(Hahn/Wang 2009): Hahn, J.; Wang, T. 2009: Knowledge management systems and organizational knowledge processing challenges: A field experiment. In: Smart Business Networks: Concepts and Empirical Evidence, 47 (2009) 4, S. 332 - 342.

(Handwerker Magazin 2012): Handwerker Magazin 2012: Handwerker-Apps: In fünf Schritten zur mobilen Zeiterfassung. http://www.handwerk-magazin.de/mobile-zeiterfassung-handwerker-apps-boomen/150/2/188458. Abruf am 22.09.2015.

(Handy et al. 1996): Handy, L.; Devine, M., et al. 1996: Feedback: Unguided Missile or Powerful Weapon. Ashridge 1996.

(Harris et al. 2012): Harris, J.; Ives, B.; Junglas, I. 2012: IT Consumerization: When Gadgets Turn Into Enterprise IT Tools. In: MIS Quarterly Executive, 11 (2012) 3, S. 99 - 112.

(Hartung et al. 2005): Hartung, J.; Elpelt, B., et al. 2005: Statistik: Lehr- und Handbuch der angewandten Statistik - mit zahlreichen, vollständig durchgerechneten Beispielen. 3. Aufl. München 2005.

(Haubrock/Öhlschlegel-Haubrock 2009): Haubrock, A.; Öhlschlegel-Haubrock, S. 2009: Personalmanagement. 2., vollständig überarbeitete Auflage. Stuttgart 2009.

(Hauff 2010): Hauff, S. 2010: Früherkennung im Human Resource Management - Sozio-kulturelle Entwicklungen und die Antizipierbarkeit von Personalrisiken. Mering 2010.

(Hazucha et al. 1993): Hazucha, J. F.; Hezlett, S. A.; Schneider, R. J. 1993: The impact of 360-degree feedback on management skills development. In: Human Resource Management, 32 (1993) 2-3, S. 325 - 351.

(Hendrickson 2003): Hendrickson, A. 2003: Human Resource Information Systems: Backbone Technology of Contemporary Human Resources. In: Journal of Labor Research, 24 (2003) 3, S. 381 - 394.

(Hentze/Kammel 2001): Hentze, J.; Kammel, A. 2001: Personalwirtschaftslehre – Grundlagen, Personalbedarfsermittlung, -beschaffung, -entwicklung und -einsatz. 7. Aufl. Bern 2001.

(Herczeg 2005): Herczeg, M. 2005: Software-Ergonomie. München 2005.

(Hermann/Pifko 2009): Hermann, M.; Pifko, C. 2009: Personalmanagement. 2. Aufl. Zürich 2009.

(Hess et al. 2005): Hess, T.; Figge, S.; Hanekop, H.; Hochstatter, I.; Hogrefe, D.; Kaspar, C.; Rauscher, B.; Richter, M.; Riedel, A.; Zibull, M. 2005: Technische Möglichkeiten und Akzeptanz mobiler Anwendungen - Eine interdisziplinäre Betrachtung. In: Wirtschaftsinformatik, 47 (2005) 1, S. 6 - 16.

(Hevner et al. 2004): Hevner, A.; March, S. T.; Park, J.; Ram, S. 2004: Design Science in Information Systems Research. In: MIS Quarterly, 28 (2004) 1, S. 75 - 105.

(Hevner 2007): Hevner, A. 2007: A three-cycle view of design science research. In: Scandinavian journal of information systems, 19 (2007) 2, S. 87 - 92.

(Heyse/Ortmann 2008): Heyse, V.; Ortmann, S. 2008: Talent Management in der Praxis. Münster 2008.

(Hiltrop 1999): Hiltrop, J.-M. 1999: The quest for the best: human resource practices to attract and retain talent. In: European Management Journal, 17 (1999) 4, S. 422 - 430.

(Holtbrügge 2010): Holtbrügge, D. 2010: Personalmanagement. 4. Aufl. Heidelberg 2010.

(Hopf 1978): Hopf, C. 1978: Die Pseudo-Exploration – Überlegungen zur Technik qualitativer Interviews in der Sozialforschung / Pseudo-exploration – Thoughts on the techniques of qualitative interviews in social research. In: Zeitschrift für Soziologie, 7 (1978) 2, S. 97 - 115.

(Houy 2008): Houy, C. 2008: Mobile Customer Relationship Management – Nutzenpotenziale und praktische Akzeptanz mobi-ler Anwendungen zur Gestaltung von Geschäftsprozessen des Kundenbeziehungsmanage-ments. Saarbrücken 2008.

(Howell 1967): Howell, R. A. 1967: A Fresh Look at Management by Objectives. In: Business Horizons, 10 (1967) 3, S. 51.

(hr-software.net 2015): hr-software.net 2015: Human Resources Mobile Apps. http://www.hr-software.net/HR_MobileApps.htm. Abruf am 20.07.2015.

(IDC 2013): IDC 2013: Enterprise Mobility in Deutschland 2013 - Mobile Enterprise Management und Applications im Fokus 2013.

(IDC 2015): IDC 2015: Enterprise Mobility in Deutschland 2015 - Von Consumerization zu "Mobile First" - Mobility Strategien in deutschen Unternehmen 2015.

(IfaD 2016): IfaD 2016: CIS Befragungssoftware - Mobile Research. http://www.ifad.de/de/cis/228-mobile-research.php. Abruf am 12.01.2016.

(is report 2015): is report 2015: Software-Marktplatz. http://sm.isreport.de/. Abruf am 20.07.2015.

(Jäger/Böhm 2012): Jäger, W.; Böhm, S. 2012: Mobiles Personalmarketing und Recruiting. In: Beck, C. (Hrsg.): Personalmarketing 2.0: vom Employer Branding zum Recruiting. Köln 2012.

(Jansen/Bloemendal 2013): Jansen, S.; Bloemendal, E. 2013: Defining App Stores: The Role of Curated Marketplaces in Software Ecosystems. In: Herzwurm, G.; Margaria-Steffen, T. (Hrsg.): ICSOB 2013 Proceedings. Berlin 2013, S. 195 - 206.

(Jarvenpaa 1989): Jarvenpaa, S. 1989: The Effect of Task Demands and Graphical Format on Information Processing Strategies. In: Management Science, 35 (1989) 3, S. 285 - 303.

(Jarvenpaa et al. 2003): Jarvenpaa, S. L.; Lang, K. R.; Takeda, Y.; Tuunainen, V. K. 2003: Mobile commerce at crossroads. In: Communications of the ACM, 46 (2003) 12, S. 41 - 44.

(Järvinen 2007): Järvinen, P. 2007: Action Research is Similar to Design Science. In: Quality & Quantity, 41 (2007) 1, S. 37 - 54.

(Jensen/Meckling 1976): Jensen, M.; Meckling, W. 1976: Theory of the firm: Managerial behavior, agency costs and ownership structure. In: Journal of financial economics, 3 (1976) 4, S. 305 - 360.

(Johnson/Foote 1988): Johnson, R. E.; Foote, B. 1988: Designing reusable classes. In: Journal of object-oriented programming, 1 (1988) 2, S. 1 - 27.

(Jonas 2009): Jonas, R. 2009: Erfolg durch praxisnahe Personalarbeit – Grundlagen und Anwendungen für Mitarbeiter im Per-sonalwesen. 2. Aufl. Renningen 2009.

(Jung 2011): Jung, H. 2011: Personalwirtschaft. 9. Aufl. München 2011.

(Juntunen et al. 2012): Juntunen, A.; Kemppainen, M.; Luukkainen, S. 2012: Mobile Computation Offloading - Factors Affecting Technology Evolution. In: ICMB 2012 Proceedings. Delft 2012, S. 9.

(Kammel 2004): Kammel, A. 2004: Personalabbau/-freisetzung. In: Gaugler, E.; Oechsler, W.; Kammlott, J. (Hrsg.): Handwörterbuch des Personalwesens. Stuttgart 2004, S. 1343 - 1358.

(Kaslow et al. 2009): Kaslow, N. J.; Grus, C. L.; Campbell, L. F.; Fouad, N. A.; Hatcher, R. L.; Rodolfa, E. R. 2009: Competency Assessment Toolkit for professional psychology. In: Training and Education in Professional Psychology, 3 (2009) 4S, S. S27.

(Kaul/Krapoth 2005): Kaul, C.; Krapoth, S. 2005: "Das habe ich nie so gesehen, ... ich dachte immer ..." 360°-Einschätzung bei der VOLKSWAGEN AG. In: Scherm, M. (Hrsg.): 360-Grad-Beurteilungen. Göttingen 2005, S. 147 - 158.

(Kavai 2007): Kavai, A. 2007: Auswirkungen von internen elektronischen Jobbörsen auf Koordinationsform und Transaktionskosten im Rahmen interner Arbeitsmärkte. Frankfurt am Main 2007.

(Keebler 2014): Keebler, T. 2014: New Considerations for HR Service Delivery Success: Where to Begin? In: Workforce Solutions Review, 4 (2014) 6, S. 17 - 19.

(Kendall 1999): Kendall, J. 1999: Axial coding and the grounded theory controversy. In: Western journal of nursing research, 21 (1999) 6, S. 743 - 757.

(Kern 2012): Kern, M. 2012: Eine neue Generation von Geschäftsanwendungen. In: Verclas, S.; Linnhoff-Popien, C. (Hrsg.): Smart Mobile Apps. Berlin 2012, S. 95 - 106.

(Kim/Hwang 2006): Kim, D.; Hwang, Y. 2006: A Study of Mobile Internet Usage from Utilitarian and Hedonic User Tendency Perspectives. In: AMCIS 2006 Proceedings. Acapulco 2006, S. 251.

(Kinnunen et al. 2006): Kinnunen, U.; Feldt, T.; Geurts, S.; Pulkkinen, L. 2006: Types of work–family interface: Well-being correlates of negative and positive spillover between work and family. In: Scandinavian Journal of Psychology (2006) 47, S. 149 - 162.

(Klann et al. 2005): Klann, M.; Humberg, D.; Wulf, V. 2005: iManual - Mobile Endgeräte als kontextsensitive integrierte Bedien- und Hilfesysteme. In: Wirtschaftsinformatik, 47 (2005) 1, S. 36 - 44.

(Klarl 2011): Klarl, H. 2011: Zugriffskontrolle in Geschäftsprozessen. Regensburg 2011.

(Klein 2012): Klein, M. 2012: HR Social Software – Unternehmensinterne Weblogs, Wikis und Social Networking Services für Prozesse des Personalmanagements. Göttingen 2012.

(Klein et al. 2012): Klein, M.; Heuschneider, S., et al. 2012: Innerbetriebliche Social Software Anwendungen in Personalmanagementprozessen - Qualitativ-empirische Erhebung von Einsatzgebieten, Wirkungen und Rahmenbedingungen. Arbeitsberichte der Professur für Anwendungssysteme und E-Business. Göttingen 2012.

(Klein/Schumann 2011): Klein, M.; Schumann, M. 2011: Personalmanagementprozesse - Stand der Forschung und zukünftige Forschungsrichtungen. Arbeitsberichte der Professur für Anwendungssysteme und E-Business (Nr. 2). Göttingen 2011.

(Kleinman 2009): Kleinman, L. 2009: Perceived productivity and the social rules for laptop use in work meetings. In: CHI EA 2009 Proceedings 2009, S. 3895 - 3900.

(Kolb 2010): Kolb, M. 2010: Personalmanagement – Grundlagen und Praxis des Human Resources Managements. 2. Aufl. Wiesbaden 2010.

(Kovach et al. 2002): Kovach, K. A.; Hughes, A. A.; Fagan, P.; Maggitti, P. G. 2002: Administrative and Strategic Advantages of HRIS. In: Employment Relations Today, 29 (2002) 2, S. 43 - 48.

(Krannich 2010): Krannich, D. 2010: Mobile Usability-Testing - Ein toolbasiertes Vorgehensmodell zum Rapid-Prototyping und Usability-Testing von Mobilen Systemen im originären Benutzungskontext. Norderstedt 2010.

(Kretzer/Trümper 2014): Kretzer, F.; Trümper, C. 2014: Mobile Anwendung zum Durchführen von 360-Grad-Feedback-Evaluationen in Unternehmen. Göttingen 2014.

(Küpper et al. 2004): Küpper, A.; Reiser, H.; Schiffers, M. 2004: Mobilitätsmanagement im Überblick: Von 2G zu 3,5G. In: Praxis der Informationsverarbeitung und Kommunikation, 27 (2004) 4, S. 68 - 73.

(Kurer 2005): Kurer, B. 2005: Prozess- und Nutzenanalyse des 360° Feedbacks - Ein Modell und dessen Überprüfung in einem Schweizer Dienstleistungsunternehmen. Zürich 2005.

(Lanninger 2009): Lanninger, V. 2009: Prozessmodell zur Auswahl betrieblicher Standardanwendungssoftware für KMU. 1. Aufl. Lohmar, Köln 2009.

(Leff/Rayfield 2001): Leff, A.; Rayfield, J. T. 2001: Web-application development using the model/view/controller design pattern. In: EDOC 2001 Proceedings. Seattle 2001.

(Lehner 2003): Lehner, F. 2003: Mobile und drahtlose Informationssysteme. Berlin 2003.

(Lengnick-Hall et al. 2009): Lengnick-Hall, M.; Lengnick-Hall, C.; Andrade, L.; Drake, B. 2009: Strategic human resource management – The evolution of the field. In: Human Resource Management Review, 19 (2009) 2, S. 64 - 85.

(Lengnick-Hall/Moritz 2003): Lengnick-Hall, M. L.; Moritz, S. 2003: The Impact of e-HR on the Human Resource Management Function. In: Journal of Labor Research, 24 (2003) 3, S. 365 - 379.

(Levy/Ellis 2006): Levy, Y.; Ellis, T. J. 2006: A Systems Approach to Conduct an Effective Literature Review in Support of Information Systems Research. In: Informing Science, 9 (2006), S. 181 - 212.

(Lewis/Heckman 2006): Lewis, R. E.; Heckman, R. J. 2006: Talent management: A critical review - The New World of Work and Organizations. In: Human Resource Management Review, 16 (2006) 2, S. 139 - 154.

(Lieber 2007): Lieber, B. 2007: Personalführung. Stuttgart 2007.

(Lindgren et al. 2004): Lindgren, R.; Henfridsson, O.; Schultze, U. 2004: Design Principles for Competence Management Systems: A Synthesis of an Action Research Study. In: MIS Quarterly, 28 (2004) 3, S. 435 - 472.

(Link 2013): Link, J. 2013: Mobile Commerce - Gewinnpotenziale einer Stillen Revolution. Berlin 2013.

(Linnhoff-Popien/Verclas 2012): Linnhoff-Popien, C.; Verclas, S. 2012: Mit Business-Apps ins Zeitalter mobiler Geschäftsprozesse. In: Verclas, S.; Linnhoff-Popien, C. (Hrsg.): Smart Mobile Apps. Berlin 2012, S. 3 - 16.

(Lippert/Swiercz 2005): Lippert, S.; Swiercz, M. 2005: Human resource information systems (HRIS) and technology trust. In: Journal of Information Science, 31 (2005) 5, S. 340 - 353.

(Logara 2009): Logara, T. 2009: Mobile Business im B2C – Komplexität als Ursache von Produktivitätsengpässen in den Distributionskanälen des deutschen B2C Marktes. Norderstedt 2009.

(London et al. 1997): London, M.; Smither, J. W.; Adsit, D. J. 1997: Accountability The Achilles' Heel of Multisource Feedback. In: Group & Organization Management, 22 (1997) 2, S. 162 - 184.

(London/Beatty 1993): London, M.; Beatty, R. 1993: 360-degree feedback as a competitive advantage. In: Human Resource Management, 32 (1993) 2-3, S. 353 - 372.

(Lucas 1993): Lucas, H. 1993: The Business Value of Information Technology – A Historical Perspective and Thoughts for Fu-ture Research. In: Banker, R.; Kauffmann, R.; Mahmood, M. (Hrsg.):

Strategic Information Technology Management: Perspectives on Organizational Growth and Competitive Advantage. Harrisburg 1993, S. 359 - 374.

(Luff/Heath 1998): Luff, P.; Heath, C. 1998: Mobility in Collabiration. In: Proceedings of the 1998 ACM conference on Computer supported cooperative work. New York 1998, S. 305 - 314.

(Lukasczyk 2012): Lukasczyk, A. 2012: Personalmarketing und Employer Branding – Zusammenhänge und Abgrenzung. In: Deutsche Gesellschaft für Personalführung e.V. (Hrsg.): Employer Branding – Die Arbeitgebermarke gestalten und im Personalmarketing umsetzen. Bielefeld 2012, S. 11 - 18.

(Malik 2005): Malik, S. 2005: Enterprise dashboards - Design and best practices for IT. Hoboken 2005.

(Malone/Crowston 1990): Malone, T. W.; Crowston, K. 1990: What is coordination theory and how can it help design cooperative work systems? In: Halasz, F. (Hrsg.): ACM conference 1990 Proceedings 1990, S. 357 - 370.

(Malone/Crowston 1994): Malone, T. W.; Crowston, K. 1994: The interdisciplinary study of coordination. In: ACM Computing Surveys, 26 (1994) 1, S. 87 - 119.

(Manpower 2015): Manpower 2015: Studie Fachkräftemangel - Deutsche Wirtschaft muss Aufträge ablehnen. https://www.manpower.de/fileadmin/user_upload/2015_06_22_MPG_TalentShortageSurvey_Broschuere_Deutschland_8Seiten.pdf. Abruf am 02.12.2015.

(Manring et al. 2003): Manring, J.; Beitman, B. D.; Dewan, M. J. 2003: Evaluating competence in psychotherapy. In: Academic Psychiatry, 27 (2003) 3, S. 136 - 144.

(Mansfield 1996): Mansfield, R. S. 1996: Building competency models: Approaches for HR professionals. In: Human Resource Management, 35 (1996) 1, S. 7 - 18.

(March/Smith 1995): March, S. T.; Smith, G. F. 1995: Design and natural science research on information technology. In: Decision Support Systems, 15 (1995) 4, S. 251 - 266.

(Markus et al. 2002): Markus, M. L.; Majchrzak, A.; Gasser, L. 2002: A design theory for systems that support emergent knowledge processes. In: MIS Quarterly, 26 (2002) 3, S. 179 - 212.

(Marler et al. 2009): Marler, J.; Fisher, S.; Ke, W. 2009: Employee Self-Service Technology Acceptance: A Comparison of Pre-Implementation and Post-Implementation Relationships. In: Personnel Psychology, 62 (2009) 2, S. 327 - 358.

(Marler/Fisher 2013): Marler, J. H.; Fisher, S. L. 2013: An evidence-based review of e-HRM and strategic human resource management. In: Emerging Issues in Theory and Research on Electronic Human Resource Management (eHRM), 23 (2013) 1, S. 18 - 36.

(Martin/Reddington 2010): Martin, G.; Reddington, M. 2010: Theorizing the links between e-HR and strategic HRM: a model, case illustration and reflections. In: The International Journal of Human Resource Management, 21 (2010) 10, S. 1553 - 1574.

(Mathis/Jackson 2011): Mathis, R.; Jackson, J. 2011: Human Resource Management. 13. Aufl. Mason 2011.

(Matthiessen/Unterstein 2008): Matthiessen, G.; Unterstein, M. 2008: Relationale Datenbanken und Standard-SQL - Konzepte der Entwicklung und Anwendung. 4. Aufl. München 2008.

(Mayer 2006): Mayer, H. 2006: Interview und schriftliche Befragung: Entwicklung, Durchführung und Auswertung. München 2006.

(Mayoral et al. 2007): Mayoral, M.; Palacios, R.; Gómez, J.; Crespo, A. 2007: A Mobile Framework for Competence Evaluation: Innovation Assessment Using Mobile Information Systems. In: Journal of Technology Management & Innovation, 2 (2007) 3, S. 49 - 57.

(Mayring 2007): Mayring, P. 2007: Qualitative Inhaltsanalyse - Grundlagen und Techniken. 9. Aufl. Weinheim 2007.

(McCarthy/Garavan 2001): McCarthy, A. M.; Garavan, T. N. 2001: 360° feedback process: performance, improvement and employee career development. In: Journal of European Industrial Training, 25 (2001) 1, S. 5 - 32.

(Medvidovic/Edwards 2010): Medvidovic, N.; Edwards, G. 2010: Software architecture and mobility: A roadmap - Software Architecture and Mobility. In: Journal of Systems and Software, 83 (2010) 6, S. 885 - 898.

(Meier/Stormer 2009): Meier, A.; Stormer, H. 2009: eBusiness & eCommerce - Managing the Digital Value Chain. Berlin 2009.

(Melville et al. 2004): Melville, N.; Kraemer, K.; Gurbaxani, V. 2004: Information Technology and Organizational Performance – An Integrative Model of IT Business Value. In: MIS Quarterly, 28 (2004) 2, S. 283 - 322.

(Mentzel et al. 2010): Mentzel, W.; Grotzfeld, S., et al. 2010: Mitarbeitergespräche. 9. Aufl. München 2010.

(Merriam/Tisdell 2015): Merriam, S. B.; Tisdell, E. J. 2015: Qualitative research - A guide to design and implementation. 4. Aufl. San Francisco 2015.

(Meyer et al. 2012): Meyer, E.; Wichmann, D.; Büsch, H.; Boll, S. 2012: Supporting Mobile Collaboration in Spatially Distributed Workgroups with Digital Interactive Maps. In: Mobile Networks and Applications, 17 (2012) 3, S. 365 - 375.

(Microsoft 2007): Microsoft 2007: Human Resources Online for Microsoft Dynamics GP. http://www.ignify.com/PDFs/human-resources.pdf. Abruf am 18.04.2016.

(Miles et al. 2013): Miles, M. B.; Huberman, A. M., et al. 2013: Qualitative Data Analysis: A Methods Sourcebook. Los Angeles 2013.

(Milligan/Hutcheson 2007): Milligan, P.; Hutcheson, D. 2007: Business risks and security assessment for mobile devices. In: MCBE 2007 Proceedings. Vancouver 2007, S. 189 - 193.

(Milliman/Zawacki 1994): Milliman, J.; Zawacki, R. 1994: Companies evaluate employees from all perspectives. In: Personnel Journal, 73 (1994) 11, S. 99 - 104.

(Mixpanel 2016): Mixpanel 2016: Get answers to tough questions with mobile surveys. https://mixpanel.com/mobile-surveys/. Abruf am 12.01.2016.

(Mladenova et al. 2011): Mladenova, V.; Homann, M.; Kienegger, H.; Wittges, H.; Krcmar, H. 2011: Towards an Approach to Identify and Assess the Mobile Eligibility of Business Processes. In: AMCIS 2011 Proceedings 2011, S. 264.

(Moreno-Jiménez et al. 2009): Moreno-Jiménez, B.; Mayo, M.; Sanz-Vergel, A.; Geurts, S.; Rodríguez-Muñoz, A.; Garrosa, E. 2009: Effects of work–family conflict on employees' well-being: The moderating role of recovery strategies. In: Journal of occupational health psychology (2009) 4, S. 427 - 440.

(Morgeson et al. 2005): Morgeson, F. P.; Mumford, T. V.; Campion, M. A. 2005: Coming Full Circle: Using Research and Practice to Address 27 Questions About 360-Degree Feedback Programs. In: Consulting Psychology Journal: Practice and Research, 57 (2005) 3, S. 196.

(Moroko/Uncles 2008): Moroko, L.; Uncles, M. 2008: Characteristics of successful employer brands. In: Journal of brand management, 16 (2008) 3, S. 160 - 175.

(Morse 1990): Morse, J. 1990: Qualitative Nursing Research - A Contemporary Dialogue. Thousand Oaks 1990.

(Mukhopadhyay et al. 1995): Mukhopadhyay, T.; Kekre, S.; Kalathur, S. 1995: Business Value of Information Technology: A Study of Electronic Data Interchange. In: MIS Quarterly, 19 (1995) 2, S. 137 - 156.

(Myers 2013): Myers, M. D. 2013: Qualitative research in business & management. 2. Aufl. London 2013.

(Mylonas et al. 2011): Mylonas, A.; Dritsas, S.; Tsoumas, B.; Gritzalis, D. 2011: Smartphone security evaluation The malware attack case. In: SECRYPT 2011 Proceedings. Sevilla 2011, S. 25 - 36.

(Nieder 2004): Nieder, P. 2004: Fluktuation. In: Gaugler, E.; Oechsler, W.; Kammlott, J. (Hrsg.): Handwörterbuch des Personalwesens. Stuttgart 2004, S. 758 - 767.

(Niklas 2011): Niklas, S. 2011: Mobile is success in personnel marketing: a consumer-based analysis of quality and perceived value. In: SIGMIS 2011 Proceedings. San Antonio 2011, S. 91 - 95.

(Niklas et al. 2012): Niklas, S.; Strohmeier, S.; Böhm, S. 2012: Mobile Job Board Applications -- Which are the Key Success Factors? A Literature Review and Conceptual Framework. In: Tansley, C.; Williams, H. (Hrsg.): Proceedings of the 4th European Academic Workshop on Electronic Human Resource Management 2012. Nottingham 2012.

(Niklas/Strohmeier 2011): Niklas, S.; Strohmeier, S. 2011: Exploring the Impact of Usefulness and Enjoyment on Mobile Service Acceptance: A Comparative Study. In: HICSS 2011 Proceedings. Manoa 2011, S. 1530 - 1605.

(Nunamaker et al. 1990): Nunamaker, J. F.; Chen, M.; Purdin, T. D. M. 1990: Systems development in information systems research. In: Journal of Management Information Systems, 7 (1990) 3, S. 89 - 106.

(Obeidat 2012): Obeidat, Y. 2012: The Relationship between Human Resource Information System (HRIS) Functions and Human Resource Management (HRM) Functionalities. In: Journal of Management Research, 4 (2012) 4, S. 192 - 211.

(Oechsler 2006): Oechsler, W. 2006: Personal und Arbeit: Grundlagen des Human Resource Management und der Arbeitgeber-Arbeitnehmer-Beziehungen. 8. Aufl. München 2006.

(Offermann et al. 2009): Offermann, P.; Levina, O.; Schönherr, M.; Bub, U. 2009: Outline of a design science research process. In: Vaishanvi, V.; Purao, S. (Hrsg.): DESRIST 2009 Proceedings. Philadelphia 2009, S. 7.

(OGC 2004): OGC 2004: Buying software - A best practice approach. London 2004.

(Ohly/Latour 2014): Ohly, S.; Latour, A. 2014: Work-Related Smartphone Use and Well-Being in the Evening. In: Journal of personnel psychology, 13 (2014) 4, S. 174 - 183.

(Oliver 1977): Oliver, R. L. 1977: Effect of expectation and disconfirmation on postexposure product
evaluations - An alternative interpretation. In: Journal of Applied Psychology, 62 (1977) 4, S. 480 -
486.

(Oliver 1980): Oliver, R. L. 1980: A Cognitive Model of the Antecedents and Consequences of Satisfaction Decisions. In: Journal of Marketing Research (JMR), 17 (1980) 4, S. 460 - 469.

(Oracle 2012): Oracle 2012: PeopleSoft eProfile Manager Desktop 9.1 PeopleBook. http://docs.ora-
cle.com/cd/E28728_01/psft/acrobat/hcm91fp2hepm-b0312.pdf. Abruf am 22.11.2014.

(Oracle 2014): Oracle 2014: JD Edwards EnterpriseOne Applications Human Capital Management
Self-Service Im-plementation Guide - 28 Manager Self Service. http://docs.ora-
cle.com/cd/E16582_01/doc.91/e15118/mgr_slf_srvc.htm#autoId8. Abruf am 22.11.2014.

(Ostrowski/Helfert 2012): Ostrowski, L.; Helfert, M. 2012: Reference Model in Design Science Research to Gather and Model Informatione. In: AMCIS 2012 Proceedings. Seattle 2012, S. 3.

(Paavilainen 2002): Paavilainen, J. 2002: Mobile Business Strategies – Understanding the Technologies and Opportunities. London 2002.

(Page 2013): Page, T. 2013: Usability of text input interfaces in smartphones. In: Journal of Design
Research, 11 (2013) 1, S. 39 - 56.

(Parhi et al. 2006): Parhi, P.; Karlson, A.; Bederson, B. 2006: Target size study for one-handed thumb
use on small touchscreen devices. In: Nieminen, M.; Röykkee, M. (Hrsg.): MobileHCI 2006 Proceedings. Helsinki 2006, S. 203 - 211.

(Parry/Tyson 2011): Parry, E.; Tyson, S. 2011: Desired goals and actual outcomes of e-HRM. In: Human Resource Management Journal, 21 (2011) 3, S. 335 - 354.

(Pawlowsky et al. 2005): Pawlowsky, P.; Menzel, D.; Wilkens, U. 2005: Wissens- und Kompetenzerfassung in Organisationen. In: Kompetenzmessung im Unternehmen: Lernkultur- und Kompe-
tenzanalysen im betrieblichen Umfeld. Münster 2005, S. 341 - 451.

(Peffers et al. 2007): Peffers, K.; Tuunanen, T.; Rothenberger, M. A.; Chatterjee, S. 2007: A Design
Science Research Methodology for Information Systems Research. In: Journal of Management
Information Systems, 24 (2007) 3, S. 45 - 77.

(Pei et al. 2012): Pei, Y.; Yuan, Y.; Xu, Z. 2012: A Conceptual Framework for Mobile Group Support
Systems. In: ICMB 2012 Proceedings. Delft 2012, S. 1.

(Peltier et al. 2013): Peltier, T. R.; Peltier, J., et al. 2013: Information security fundamentals. 2. Aufl.
Boca Raton, Fla 2013.

(Perez et al. 2010): Perez, I. J.; Cabrerizo, F. J.; Herrera-Viedma, E. 2010: A Mobile Decision Support
System for Dynamic Group Decision-Making Problems. In: IEEE Transactions on Systems, Man,
and Cybernetics - Part A: Systems and Humans, 40 (2010) 6, S. 1244 - 1256.

(Perry et al. 2001): Perry, M.; O'Hara, K.; Sellen, A.; Brown, B.; Harper, R. 2001: Dealing with Mobility
– Understanding Access Anytime, Anywhere. In: ACM Transactions on Computer-Human Interaction, 8 (2001) 4, S. 323 - 347.

(Personalwirtschaft 2013): Personalwirtschaft 2013: Personalwirtschaft: Marktcheck - Anbieter
HRMSysteme. In: Personalwirtschaft extra (2013) 16, S. 31 - 34.

(Petersen 1993): Petersen, T. 1993: The Economics of Organization - The Principal-Agent Relationship. In: Acta Sociologica, 36 (1993) 3, S. 277 - 293.

(Phillips/Connell 2004): Phillips, J. J.; Connell, A. O. 2004: Managing Employee Retention 2004.

(Pickel et al. 2009): Pickel, S.; Jahn, D., et al. 2009: Methoden der vergleichenden Politik- und Sozialwissenschaft - Neue Entwicklungen und Anwendungen. Wiesbaden 2009.

(Picoto et al. 2010): Picoto, W.; Palma-dos-Reis, A.; Bélanger, F. 2010: How Does Mobile Business Create Value for Firms? In: ICMB-GMR 2010 Proceedings. Athen 2010, S. 9 - 16.

(Pilarski et al. 2012): Pilarski, B.; Tornack, C.; Klein, M.; Schumann, M. 2012: Mobile Anwendungen im Personalmanagement – Marktüberblick und Eignung. In: HMD - Praxis der Wirtschaftsinformatik, 49 (2012) 286, S. 63 - 72.

(Pilarski et al. 2015): Pilarski, B.; Tornack, C.; Schumann, M. 2015: Enhancing Coordination through Mobile Applications - The Case of Mobile Recruiting. In: Thomas, O.; Teuteberg, F. (Hrsg.): WI 2015 Proceedings. Osnabrück 2015, S. 82.

(Pilarski et al. 2016): Pilarski, B.; Tornack, C.; Klein, M.; Pengl, A.; Löwe, B.; Prael, S.; Torno, A.; Schumann, M. 2016: Mobile Personalinformationssysteme - Marktüberblick, Nutzenpotenziale und Rahmenbedingungen. In: Mobile Computing: Grundlagen - Prozesse und Plattformen - Branchen und Anwendungsszenarien. Wiesbaden 2016, S. 95 - 112.

(Pilarski/Schumann 2014): Pilarski, B.; Schumann, M. 2014: Mobile Applications in Human Resource Management - A Task-Technology-Fit Perspective. In: Kundisch, D.; Suhl, L.; Beckmann, L. (Hrsg.): MKWI 2014 Proceedings. Paderborn 2014, S. 1526 - 1538.

(Pilarski/Schumann 2015a): Pilarski, B.; Schumann, M. 2015: Empirische Erkenntnisse zum Einsatz mobiler Personalinformationssysteme. Arbeitsberichte der Professur für Anwendungssysteme und E-Business (Nr. 3). Göttingen 2015.

(Pilarski/Schumann 2015b): Pilarski, B.; Schumann, M. 2015: Mobile Personalinformationssysteme - Stand der Forschung und Einsatzmöglichkeiten. Arbeitsberichte der Professur für Anwendungssysteme und E-Business (Nr. 1). Göttingen 2015.

(Pirolli/Card 1999): Pirolli, P.; Card, S. 1999: Information foraging. In: Psychological review, 106 (1999) 4, S. 643 - 727.

(Porter 1986): Porter, M. 1986: Wettbewerbsvorteile – Spitzenleistungen erreichen und behaupten. Frankfurt am Main 1986.

(Pousttchi et al. 2003): Pousttchi, K.; Turowski, K.; Weizmann, M. 2003: Added Value-based Approach to Analyze Electronic Commerce and Mobile Commerce Business Models. In: International Conference Management and Technology in the New Enterprise Proceedings 2003 2003, S. 414 - 423.

(Pousttchi/Becker 2012): Pousttchi, K.; Becker, F. 2012: Gestaltung mobil-integrierter Geschäftsprozesse. In: HMD - Praxis der Wirtschaftsinformatik (2012) 286, S. 15 - 22.

(Prezewowsky 2007): Prezewowsky, M. 2007: Demografischer Wandel und Personalmanagement - Herausforderungen und Handlungsalternativen vor dem Hintergrund der Bevölkerungsentwicklung. Wiesbaden 2007.

(Price 2011): Price, A. 2011: Human Resource Management. 4. Aufl. Andover 2011.

(Quiskamp 2005): Quiskamp, D. 2005: Veränderungsprozesse auf Individual-, Team- und Organisationsebene erfolgreich gestalten - das 360°-Feedback im Unternehmen Deutsche Post World Net. In: Scherm, M. (Hrsg.): 360-Grad-Beurteilungen. Göttingen 2005, S. 339 - 350.

(Rainlall 2004): Rainlall, S. 2004: A review of employee motivation theories and their implications for employee retention within organizations. In: The Journal of American Academy of Business, 9 (2004), S. 21 - 26.

(Raposo et al.): Raposo, A.; Magalhaes, L.; Ricarte, I.; Fuks, H.: Coordination of collaborative activities: a framework for the definition of tasks interdependencies. In: CRIWG 2001 Proceedings, S. 170 - 179.

(Rasmussen et al. 2009): Rasmussen, N.; Chen, C. Y., et al. 2009: Business dashboards - A visual catalog for design and deployment. Hoboken 2009.

(Reichwald et al. 2002): Reichwald, R.; Meier, R.; Fremuth, N. 2002: Die mobile Ökonomie – Definition und Spezifika. In: Reichwald, R. (Hrsg.): Mobile Kommunikation – Wertschöpfung, Technologien, neue Dienste. Wiesbaden 2002, S. 3 - 16.

(Reynolds/Weiner 2009): Reynolds, D.; Weiner, J. 2009: Online recruiting and selection - Innovations in talent acquisition. Chichester 2009.

(Ritchie/Lewis 2003): Ritchie, J.; Lewis, J. 2003: Qualitative research practice - A guide for social science students and researchers. London 2003.

(Rodgers 2002): Rodgers, K. G. 2002: 360-degree Feedback: Possibilities for Assessment of the ACGME Core Competencies for Emergency Medicine Residents. In: Academic Emergency Medicine, 9 (2002) 11, S. 1300 - 1304.

(Romano 1994): Romano, C. 1994: Conquering the fear of feedback. In: HR Focus, 71 (1994) 3, S. 9.

(Rompelberg 1997): Rompelberg, H. 1997: Nachfolgemanagement auf mittlerer Führungsebene – Ein personalwirtschaftlicher und organisationspsychologischer Ansatz. Lohmar 1997.

(Roth 2005): Roth, J. 2005: Mobile Computing - Grundlagen, Technik, Konzepte. 2., aktualisierte Auflage. Heidelberg 2005.

(Rothwell 2010): Rothwell, W. 2010: Effective Succession Planning – Ensuring Leadership Continuity and Building Talent from With-in. New York 2010.

(Rugina/Rinard 2001): Rugina, R.; Rinard, M. 2001: Recursion Unrolling for Divide and Conquer Programs. In: Midkiff, S.; Moreira, J.; Gupta, M.; Chatterjee, S.; Ferrante, J.; Prins, J.; Pugh, W.; Tseng, C. (Hrsg.): LCPC 2001 Proceedings. Berlin 2001, S. 34 - 48.

(Rynes et al. 1991): Rynes, S.; Bretz, R.; Gerhart, B. 1991: The Importance of Recruitment in Job Choice: A Different Way Of Looking. In: Personnel Psychology, 44 (1991) 3, S. 487 - 521.

(SAP 2014a): SAP 2014: Genehmigungen im zentralen Arbeitsvorrat. http://help.sap.com/erp2005_ehp_05/helpdata/de/2f/8063c8439740c69e2be3165d15ff5b/content.htm?frameset=/de/48/e1fd00ef0f2fb8e10000000a421937/frameset.htm. Abruf am 22.11.2014.

(SAP 2014b): SAP 2014: Manager Self-Service 1.51. http://help.sap.com/erp2005_ehp_05/helpdata/de/03/145f56fcd048e0bf43c03549549963/content.htm?frameset=/de/fb/a2ef15af5e4ac5aefb344512c1df4b/frameset.htm. Abruf am 22.11.2014.

(Schax/Dobischat 2007): Schax, E.; Dobischat, P. 2007: Strategieorientierte Personalentwicklung in Genossenschaftsbanken: Eine empirische Untersuchung zur betrieblichen Weiterbildung. Wiesbaden 2007.

(Schein 1993): Schein, E. 1993: The Role of the CEO in the Management of Change: The Case of Information Tech-nology. In: Allen, T.; Morton, M. (Hrsg.): Information Technology and the Corporation of the 1990s. New York 1993.

(Scherch 2014): Scherch, C. 2014: Arbeitszeit mit dem Android-Smartphone erfassen. http://praxistipps.chip.de/arbeitszeit-mit-dem-android-smartphone-erfassen_31258. Abruf am 22.09.2015.

(Scherm/Sarges 2002): Scherm, M.; Sarges, W. 2002: 360°-Feedback. Göttingen 2002.

(Scherm/Süß 2011): Scherm, E.; Süß, S. 2011: Personalmanagement. München 2011.

(Schiller/Voisard 2004): Schiller, J.; Voisard, A. 2004: Location Based Services. San Francisco 2004.

(Schindler/Liller 2011): Schindler, M.; Liller, T. 2011: PR im Social Web – Das Handbuch für Kommunikationsprofis. Köln 2011.

(Schneyder 2007): Schneyder, W. 2007: Kennzahlen für die Personalentwicklung - Referenzmodellbasiertes System zur Quantifizierung erzeugter Wirkungen. Wiesbaden 2007.

(Schönenberg 2010): Schönenberg, U. 2010: Prozessexzellenz Im Hr-Management: Professionelle Prozesse Mit Dem Hr-Management Maturity Model. Heidelberg 2010.

(Schulte 2012): Schulte, C. 2012: Personal-Controlling mit Kennzahlen. München 2012.

(Schumann 1992): Schumann, M. 1992: Betriebliche Nutzeffekte und Strategiebeiträge der großintegrierten Informationsverarbeitung. Berlin 1992.

(Scornavacca et al. 2006): Scornavacca, E.; Barnes, S. J.; Huff, S. L. 2006: Mobile business research published in 2000-2004: emergence, current status, and future opportunities. In: Communications of the Association for Information Systems, 17 (2006) 1, S. 28.

(Sein et al. 2011): Sein, M. K.; Henfridsson, O.; Purao, S.; Rossi, M.; Lindgren, R. 2011: Action design research. In: MIS Quarterly, 35 (2011) 1, S. 37 - 56.

(Shapiro 2005): Shapiro, S. P. 2005: Agency Theory. In: Annual Review of Sociology, 31 (2005), S. 263 - 284.

(Sheng et al. 2005): Sheng, H.; Nah, F. F.-H.; Siau, K. 2005: Strategic implications of mobile technology: A case study using Value-Focused Thinking. In: The Journal of Strategic Information Systems, 14 (2005) 3, S. 269 - 290.

(Sheskin 2003): Sheskin, D. J. 2003: Handbook of Parametric and Nonparametric Statistical Procedures. 3. Aufl. Boca Raton 2003.

(Silzer/Dowell 2009): Silzer, R.; Dowell, B. E. 2009: Strategy-Driven Talent Management - A Leadership Imperative. Somerset 2009.

(Sims 2002): Sims, R. R. 2002: Organizational success through effective human resources management. Westport 2002.

(Singh/Salam 2006): Singh, R.; Salam, A. F. 2006: Semantic information assurance for secure distributed knowledge management: a business process perspective. In: IEEE Transactions on Systems, Man and Cybernetics, 36 (2006) 3, S. 472 - 486.

(Snell 2006): Snell, A. 2006: Researching onboarding best practice: using research to connect onboarding processes with employee satisfaction. In: Strategic HR Review, 5 (2006) 6, S. 32 - 35.

(Softguide 2015): Softguide 2015: Marktübersicht über Standardsoftware, Business Software und Branchenlösungen. http://www.softguide.de/. Abruf am 20.07.2015.

(SoftSelect 2013): SoftSelect 2013: HR-Software 2013 - SoftTrend Studie 266. Hamburg 2013.

(SoftSelect 2015): SoftSelect 2015: HR-Anbieter und HR-Hersteller für Unternehmenssoftware. http://www.softselect.de/human-resources-software-anbieter. Abruf am 20.07.2015.

(Soltys 2012): Soltys, M. 2012: An introduction to the analysis of algorithms. 2. Aufl. Singapore 2012.

(Sonnentag 2001): Sonnentag, S. 2001: Work, recovery activities, and individual well-being: A diary study. In: Journal of occupational health psychology (2001) 6, S. 196 - 210.

(Sowa 2010): Sowa, A. 2010: IT-relevante Aspekte einer Prüfung von Datenschutz-Compliance. In: Datenschutz und Datensicherheit - DuD, 34 (2010) 2, S. 104 - 107.

(Spink/Cole 2006): Spink, A.; Cole, C. 2006: Human information behavior: Integrating diverse approaches and information use. In: Journal of the American Society for Information Science and Technology, 57 (2006) 1, S. 25 - 35.

(Spitta 1989): Spitta, T. 1989: Software Engineering und Prototyping - Eine Konstruktionslehre für administrative Softwaresysteme. Berlin 1989.

(Srivastava 2005): Srivastava, L. 2005: Mobile phones and the evolution of social behaviour. In: Behaviour & Information Technology, 24 (2005) 2, S. 111 - 129.

(Staehle 1999): Staehle, W. 1999: Management - Eine verhaltenswissenschaftliche Perspektive. 8. Aufl. München 1999.

(Stanoevska-Slabeva 2004): Stanoevska-Slabeva, K. 2004: The Transition From E- To M-Business – Chances And Challenges For Enterprises. In: Proceedings of the 17th Bled Electronic Commerce Conference. Bled 2004, S. 48.

(Staples et al. 2002): Staples, D.; Wong, I.; Seddon, P. B. 2002: Having expectations of information systems benefits that match received benefits - Does it really matter? In: Information & Management, 40 (2002) 2, S. 115 - 131.

(Stebbins 2001): Stebbins, R. A. 2001: Exploratory research in the social sciences. Thousand Oaks 2001.

(Stiglitz 1975): Stiglitz, J. E. 1975: The theory of screening, education, and the distribution of income. In: The American Economic Review (1975), S. 283 - 300.

(Stock-Homburg 2010): Stock-Homburg, R. 2010: Personalmanagement – Theorien, Konzepte, Instrumente. Wiesbaden 2010.

(Storey 2007): Storey, J. 2007: Human Resource Management – A Critical Text. London 2007.

(Stormer et al. 2005): Stormer, H.; Meier, A.; Lehner, F. 2005: Mobile Business - eine Übersicht. In: HMD - Praxis der Wirtschaftsinformatik (2005) 244, S. 7 - 17.

(Strauss/Corbin 1990): Strauss, A. L.; Corbin, J. M. 1990: Basics of qualitative research - Grounded theory procedures and techniques. Newbury Park 1990.

(Strohmeier 2008): Strohmeier, S. 2008: Informationssysteme im Personalmanagement – Architektur – Funktionalität – Anwendung. Wiesbaden 2008.

(Strunz/Dorsch 2009): Strunz, H.; Dorsch, M. 2009: Management im internationalen Kontext. München 2009.

(Suddaby 2006): Suddaby, R. 2006: From the Editors: What Grounded Theory is not. In: Academy of Management Journal, 49 (2006) 4, S. 633 - 642.

(Sullivan 2010): Sullivan, E. 2010: Marketing Apptitude. In: Marketing News, 3 (2010) 15, S. 6.

(Sure 2011): Sure, M. 2011: Moderne Controlling Instrumente – Bewährte Konzepte für das Operative Controlling. München 2011.

(SurveyMonkey 2016): SurveyMonkey 2016: Umfragen für Mobiltelefone - Umfragen erstellen und Ergebnisse verfolgen – überall! https://de.surveymonkey.com/mp/mobile-surveys/. Abruf am 12.01.2016.

(Takeda et al. 1990): Takeda, H.; Veerkamp, P.; Yoshikawa, H. 1990: Modeling Design Processes. In: AI Magazine, 11 (1990) 4, S. 37 - 48.

(Tarasewich et al. 2007): Tarasewich, P.; Gong, J.; Nah, F. F.-H. 2007: Interface Design for Handheld Mobile Devices. In: AMCIS 2007 Proceedings. Keystone 2007, S. 352.

(Teichmann/Lehner 2002): Teichmann, R.; Lehner, F. 2002: Mobile Commerce – Strategien, Geschäftsmodelle, Fallstudien. Berlin 2002.

(Thong et al. 2006): Thong, J. Y.; Hong, S.-J.; Tam, K. Y. 2006: The effects of post-adoption beliefs on the expectation-confirmation model for information technology continuance. In: International Journal of Human-Computer Studies, 64 (2006) 9, S. 799 - 810.

(Töpfer 2007): Töpfer, A. 2007: Betriebswirtschaftslehre – Anwendungen und prozessorientierte Grundlagen. 2. Aufl. Berlin 2007.

(Tornack et al. 2014): Tornack, C.; Pilarski, B.; Schumann, M. 2014: Who's up Next? A design science research project to support succession management through information systems. In: Goldkuhl, G. (Hrsg.): ADWI 2014 Proceedings. Friedrichshafen 2014.

(Tornack et al. 2015): Tornack, C.; Pilarski, B.; Schumann, M. 2015: Decision Support for Succession Management Conferences Using Mobile Applications – Results from the 3rd Iteration of a Design Science Research Project. In: New Horizons in Design Science: Broadening the Research Agenda: DESRIST 2015 Proceedings 2015, S. 421 - 429.

(Tornack 2015): Tornack, C. 2015: IT-gestütztes Nachfolgemanagement in Großunternehmen - Untersuchung von Einsatzpotenzialen und Gestaltungsansätzen für Entscheidungsunterstützungssysteme im Nachfolgemanage. Göttingen 2015.

(Tornack/Schumann 2013): Tornack, C.; Schumann, M. 2013: IT-Unterstützung des Nachfolgemanagements in Unternehmen - Grundlagen und aktueller Forschungsstand. Arbeitsberichte der Professur für Anwendungssysteme und E-Business (Nr. 2). Göttingen 2013.

(Tornatzky/Fleischer 1990): Tornatzky, L. G.; Fleischer, M. 1990: The processes of technological innovation. Lexington 1990.

(Torraco 2005): Torraco, R. J. 2005: Writing Integrative Literature Reviews: Guidelines and Examples. In: Human Resource Development Review, 4 (2005) 3, S. 356 - 367.

(Truss et al. 1997): Truss, C.; Gatton, L.; Hope-Hailey, V.; McGovern, P.; Stiles, P. 1997: Soft and Hard Models of Human Resource Management – A Reappraisal. In: Journal of Management Studies, 34 (1997) 1, S. 53 - 73.

(Turowski/Pousttchi 2003): Turowski, K.; Pousttchi, K. 2003: Mobile Commerce - Grundlagen und Techniken. Berlin 2003.

(Tyson/Ward 2004): Tyson, S.; Ward, P. 2004: The Use of 360 Degree Feedback Technique in the Evaluation of Management Development. In: Management Learning, 35 (2004) 2, S. 205 - 223.

(Unhelkar/Murugesan 2010): Unhelkar, B.; Murugesan, S. 2010: The Enterprise Mobile Applications Development Framework. In: IT Professional, 12 (2010) 3, S. 33 - 39.

(Vaishnavi/Kuechler 2008): Vaishnavi, V.; Kuechler, W. 2008: Design science research methods and patterns - Innovating information and communication technology. Boca Raton 2008.

(van Aken 2004): van Aken, J. E. 2004: Management Research Based on the Paradigm of the Design Sciences - The Quest for Field-Tested and Grounded Technological Rules. In: Journal of Management Studies, 41 (2004) 2, S. 219 - 246.

(van der Heijden/Valiente 2002): van der Heijden; Valiente, P. 2002: The Value of Mobility for Business Process Performance: Evidence from Sweden and the Netherlands. In: ECIS 2002 Proceedings. Danzig 2002, S. 34.

(Venable 2006): Venable, J. 2006: The Role of Theory and Theorising in Design Science Research. In: DESRIST 2006 Proceedings. Claremont 2006, S. 1 - 18.

(Venable et al. 2012): Venable, J.; Pries-Heje, J.; Baskerville, R. 2012: A Comprehensive Framework for Evaluation in Design Science Research. In: Peffers, K.; Rothenberger, M.; Kuechler, B. (Hrsg.): Design Science Research in Information Systems. Advances in Theory and Practice 2012, S. 423 - 438.

(Venkatesh et al. 2003): Venkatesh, V.; Morris, M. G.; Gordon B. Davis; Davis, F. D. 2003: User Acceptance of Information Technology: Toward a Unified View. In: MIS Quarterly, 27 (2003) 3, S. 425 - 478.

(Vom Brocke et al. 2009): Vom Brocke, J.; Simons, A.; Niehaves, B.; Riemer, K.; Plattfaut, R.; Cleven, A. 2009: Reconstructing the Giant: On the Importance of Rigour in Documenting the Literature Search Process. In: ECIS 2009 Proceedings. Verona 2009, S. 2206 - 2217.

(Walliman 2011): Walliman, N. S. R. 2011: Research methods - The basics. London, New York 2011.

(Walls et al. 1992): Walls, J.; Widmeyer, G.; El Sawy, O. 1992: Building an Information System Design Theory for Vigilant EIS. In: Information Systems Research, 3 (1992) 1, S. 36 - 59.

(Wang et al. 2012): Wang, Y.; Streff, K.; Raman, S. 2012: Smartphone Security Challenges. In: Computer (2012) 12, S. 52 - 58.

(Waterman/Meier 1998): Waterman, R. W.; Meier, K. J. 1998: Principal-agent models: an expansion? In: Journal of public administration research and theory, 8 (1998) 2, S. 173 - 202.

(Watson 2010): Watson, T. 2010: Critical social science, pragmatism and the realities of HRM. In: The International Journal of Human Resource Management, 21 (2010) 6, S. 915 - 931.

(Webster/Watson 2002): Webster, J.; Watson, R. T. 2002: Analyzing the past to prepare for the future: Writing a literature review. In: MIS Quarterly, 26 (2002) 2, S. 13 - 23.

(Wegerich 2011): Wegerich, C. 2011: Strategische Personalentwicklung in der Praxis – Instrumente, Erfolgsmodelle, Checklisten, Praxisbeispiele. 2. Aufl. Weinheim 2011.

(Werner/DeSimone 2012): Werner, J.; DeSimone, R. 2012: Human Resource Development. 6. Aufl. Mason 2012.

(Westerman/Rosse 1997): Westerman, J. W.; Rosse, J. G. 1997: Reducing the Threat of Rater Nonparticipation in 360-Degree Feedback Systems: An Exploratory Examination of Antecedents to Participation in Upward Ratings. In: Group & Organization Management, 22 (1997) 2, S. 288 - 309.

(Western 2008): Western, S. 2008: Leadership – A Critical Text. London 2008.

(Weuster 2008): Weuster, A. 2008: Personalauswahl - Anforderungsprofil, Bewerbersuche, Vorauswahl und Vorstellungsgespräch. 2. Aufl. Wiesbaden 2008.

(White et al. 2010): White, B.-K.; Rice, S.; Chen, C.-Y. 2010: Designing enterprise applications that
connect employees on the go. In: MobileHCI 2010 Proceedings. Lissabon 2010, S. 349 - 352.

(Wickel-Kirsch et al. 2008): Wickel-Kirsch, S.; Janusch, M., et al. 2008: Personalwirtschaft - Grundlagen der Personalarbeit in Unternehmen. 1. Aufl. Wiesbaden 2008.

(Wilde/Hess 2007): Wilde, T.; Hess, T. 2007: Forschungsmethoden der Wirtschaftsinformatik - Eine
empirische Untersuchung. In: Wirtschaftsinformatik, 49 (2007) 4, S. 280 - 287.

(Willett et al. 2007): Willett, W.; Heer, J.; Agrawala, M. 2007: Scented Widgets: Improving Navigation
Cues with Embedded Visualizations. In: IEEE Transactions on Visualization and Computer
Graphics, 13 (2007) 6, S. 1129 - 1136.

(Wirtz 2010): Wirtz, B. 2010: Electronic Business. 3. Aufl. Wiesbaden 2010.

(Wright/McMahan 1992): Wright, P. M.; McMahan, G. C. 1992: Theoretical Perspectives for Strategic
Human Resource Management. In: Journal of Management, 18 (1992) 2, S. 295.

(Wu/Chang 2013): Wu, Y.; Chang, K. 2013: An Empirical Study of Designing Simplicity for Mobile Application Interaction. In: Shim, J.; Hwang, Y.; Petter, S. (Hrsg.): AMCIS 2013 Proceedings. Chicago 2013, S. 10.

(XING 2015): XING 2015: XING. http://www.xing.com. Abruf am 26.10.2015.

(Yuan/Zheng 2005): Yuan, Y.; Zheng, W. 2005: From stationary work support to mobile work support –
a theoretical framework. In: ICMB 2005 Proceedings. Sydney 2005, S. 315 - 321.

(Zaugg 2007): Zaugg, R. 2007: Nachhaltige Personalentwicklung – Von der Schulung zum Kompe-
tenzmanagement. In: Thom, N.; Zaugg, R. (Hrsg.): Moderne Personalentwicklung. Wiesbaden
2007, S. 21 - 35.

(Zend Technologies Ltd. 2015): Zend Technologies Ltd. 2015: Zend Framework. http://frame-
work.zend.com/. Abruf am 10.12.2015.

Anhang

A1 Kurzinformationen zur Studie zum aktuellen Einsatz mobiler Personalinformationssysteme

Georg-August-Universität
Göttingen

Wirtschaftswissenschaftliche Fakultät
Professur für Anwendungssysteme und E-Business
Prof. Dr. Matthias Schumann

Forschungsprojekt zum Thema

Einsatz mobiler Anwendungen in Unternehmen

Expertenbefragung hinsichtlich des Einsatzes mobiler Anwendungen in innerbetrieblichen Geschäftsprozessen

FORSCHUNGSVORHABEN

Im Rahmen des Forschungsprojekts werden Experten aus der Praxis zu obiger Themenstellung befragt. Die Umfrage richtet sich an Unternehmensvertreter, die Expertise im Bereich Informationstechnologien besitzen und in ihrer Position als Entscheidungsträger agieren.

Innerhalb dieser Studie werden der aktuelle und geplante Einsatz mobiler Anwendungen in den Bereichen Personalmanagement, Marketing und Vertrieb, Kundendienst sowie Logistik untersucht und Nutzeffekte sowie Herausforderungen ermittelt, die durch deren Einsatz entstehen. Dabei sollen die folgenden Forschungsfragen beantwortet werden:

1. Wie werden mobile Anwendungen momentan in den genannten Bereichen eingesetzt und wo ist ihr Einsatz geplant?

2. Welche Nutzeffekte erhoffen sich Unternehmen durch den Einsatz mobiler Anwendungen?

3. Wo sehen Unternehmen Herausforderungen beim Einsatz mobiler Anwendungen?

Unter Mobilen Anwendungen werden innerhalb dieser empirischen Studie Anwendungen verstanden, die auf mobilen Endgeräten wie bspw. Smartphones oder Tablet PCs ausgeführt werden. Die Nutzung von Anwendungen auf Notebooks wird hierbei explizit ausgeklammert.

Die Erkenntnisse aus den Expertenbefragungen werden **anonymisiert** und ausschließlich für wissenschaftliche Zwecke verwendet. Die Ergebnisse des Forschungsprojekts werden den Umfrageteilnehmern auf Wunsch zur Verfügung gestellt.

HINTERGRUND DER FORSCHUNG

Durch die steigende Verbreitung leistungsfähiger mobiler Endgeräte ist auch die Nutzung mobiler Anwendung für die Unterstützung innerbetrieblicher Geschäftsprozesse in den Fokus von Unternehmen geraten. Die permanente Erreichbarkeit der Nutzer und damit verbundene Zeiteinsparungen beim Durchführen von Geschäftsprozessen sind ein Beispiel für Potenziale, die durch den Einsatz mobiler Anwendungen realisiert werden können. Darüber hinaus können Medienbrüche vermieden werden und die Koordination zwischen Mitarbeitern wird vereinfacht.

Trotz der genannten Potenziale mobiler Anwendungen existieren bislang kaum empirische Studien darüber, wie diese aktuell innerhalb von Unternehmen zum Einsatz kommen. Ziel dieser Studie ist es zunächst festzustellen, inwiefern mobile Anwendungen in den genannten Bereichen eingesetzt werden und inwiefern deren Einsatz in der Zukunft geplant ist. Die daraus gewonnenen Erkenntnisse können genutzt werden, um Unternehmen weitere Einsatzgebiete für mobile Anwendungen aufzuzeigen.

Darüber hinaus ist unklar, inwiefern die oben genannten Potenziale in der Praxis tatsächlich eine Rolle spielen und wo Unternehmen Herausforderungen bei der Umsetzung mobiler Anwendungen sehen. Aus diesem Grund ist es des Weiteren das Ziel herauszufinden, welche Nutzeffekte Unternehmen in der Praxis tatsächlich durch den Einsatz mobiler Anwendungen realisieren können und wo Unternehmen bei der innerbetrieblichen Umsetzung mobiler Lösungen mit Herausforderungen konfrontiert sind. Die so identifizierten Herausforderungen können dabei als Ausgangspunkt für die Entwicklung entsprechender Lösungen dienen.

Kontakt

M. Sc. in Wirtsch.-Inf. Björn Pilarski
Prof. Dr. Matthias Schumann

Georg-August-Universität Göttingen
Professur für Anwendungssysteme und E-Business

Platz der Göttinger Sieben 5
37073 Göttingen

Tel.: +49 (0) 551 39-7331
Fax: +49 (0) 551/39-9735

bpilars@uni-goettingen.de

A2   Fragebogen zur Studie zum aktuellen Einsatz mobiler Personalinformationssysteme

GEORG-AUGUST-UNIVERSITÄT | 0% ausgefüllt |
GÖTTINGEN

Willkommen zur Umfrage der Studie

"Einsatz mobiler Anwendungen in innerbetrieblichen Geschäftsprozessen"

Professur für Anwendungssysteme und E-Business Georg-August-Universität Göttingen

Vielen Dank, dass Sie sich einen Moment Zeit für unsere Umfrage nehmen. Im Folgenden werden Ihnen
einige Fragen zu Ihrem Unternehmen bzgl. des Einsatzes von mobilen Anwendungen gestellt.
Selbstverständlich werden alle ihre Angaben ausschließlich in anonymisierter Form erhoben.

| Weiter |

Unternehmensdaten

Wie hoch ist der Jahresumsatz Ihres Unternehmens ungefähr?

○ Jahresumsatz [_____]   Mio. €
○ Keine Angabe

In welcher Branche ist Ihr Unternehmen hauptsächlich tätig?

[Bitte auswählen]

Welcher Anteil Ihrer Mitarbeiter sind mehr als ein Fünftel ihrer Arbeitszeit mobil tätig, d. h.
nicht am Arbeitsplatz? (z. B. Produktpräsentationen eines Vertriebsmitarbeiters)

○ < 25% der Mitarbeiter
○ 25% - 50% der Mitarbeiter
○ 50% - 75% der Mitarbeiter
○ > 75% der Mitarbeiter

Setzen Sie in Ihrem Unternehmen mobile Anwendungen ein?

○ Ja
○ Nein

| Zurück | | Weiter |

Einsatz mobiler Anwendungen

Bitte füllen Sie die folgende Tabelle bezüglich des (geplanten) Einsatzes von mobilen Anwendungen in Ihrem Unternehmen aus

Bereich: Personalmanagement

	Wird eingesetzt	Wird nicht eingesetzt	Einsatz geplant	Art der Implementierung			Art der Software		Integrationslandschaft	
				Nativ	Webbasiert	Hybrid	Standardsoftware	Individualsoftware	Nicht integriert	Integriert mit
Mobiles Arbeitszeitmanagement	☑	☐	☐	●	○	○	●	○	○	●
Mobiles Employee Self-Service	☐	☑	☐							
Mobiles Lernen	☐	☑	☐							
Mobiler Manager Self-Service	☐	☐	☑							
Mobile Personalakte	☑	☐	☐	○	●	○	○	●	●	○
Mobiles Reisemanagement	☐	☐	☐							
Mobiles Spesenmanagement	☐	☐	☐							
Andere	☐	☐	☐							

Zurück   Weiter

Prozesseigenschaften

Bitte nehmen Sie Stellung zu folgenden Aussagen:

Ein Prozess sollte eher mit einer mobilen Anwendung unterstützt werden, wenn...

	stimme nicht zu				stimme zu	keine Angabe
...mehrere kooperierende, örtlich mobile Akteure beteiligt sind.	○	○	○	○	○	○
...er zeitkritisch ist.	○	○	○	○	○	○
...die Akteure überwiegend mobil tätig sind. (d. h. mehr als 25% ihrer Arbeitszeit)	○	○	○	○	○	○
...er häufig ausgeführt wird.	○	○	○	○	○	○
...keine sensiblen Geschäftsdaten vewendet werden.	○	○	○	○	○	○
...im Prozess eine überschaubare Anzahl an Informationen benötigt wird.	○	○	○	○	○	○
...im Prozess ortsbezogene Informationen verwendet werden.	○	○	○	○	○	○
...Medienbrüche durch direkte Dateneingabe vermieden werden können.	○	○	○	○	○	○

[Zurück]   [Weiter]

A3 Statistische Tests zur Studie zum aktuellen Einsatz mobiler Personalinformationssysteme

Kriterium	Median (im Einsatz)	Medien (nicht im Einsatz)	U	Z	Sig. (p)	r[83]
K1: Ortsbezogene Informationen	4	3	218,5	-1,010	,313	-
K2: Anzahl der Akteure	4	3,5	190,5	-1,746	,081 *	-,26
K3: Mobilität der Akteure	5	4	239,0	-2,007	,045 **	-,26
K4: Zeithorizont	4	3	263,0	-1,423	,155	-
K5: Medienbrüche	5	4	271,0	-1,002	,316	-
K6: Informationsbedarf	4	3	262,5	-1,326	,185	-
K7: Ausführungshäufigkeit	3	4	381,5	1,238	,216	-
K8: Vertraulichkeit der Informationen	3	4	412,5	1,196	,232	-

* signifikant bei p<0,1; ** signifikant bei p<0,05; *** signifikant bei p<0,01; N=59

Tabelle 86: Ergebnisse Wilcoxon-Rangsummentest – Einsatz mobiler Anwendungen

Kriterium	MR (keine Verteilung)	MR (Deutschland)	MR (Europa)	MR (Welt)	Sig. (p)
K1: Ortsbezogene Informationen	19,12	21,21	20,75	18,80	,942
K2: Anzahl der Akteure	24,90	17,50	24,50	18,73	,402
K3: Mobilität der Akteure	18,80	22,80	21,43	22,50	,899
K4: Zeithorizont	21,30	21,13	20,07	23,88	,885
K5: Medienbrüche	20,12	20,73	18,43	23,91	,701
K6: Informationsbedarf	28,20	26,87	21,07	14,10	,014 **
K7: Ausführungshäufigkeit	25,40	26,17	15,33	18,22	,130
K8: Vertraulichkeit der Informationen	31,30	23,67	17,29	19,59	,182

* signifikant bei p<0,1; ** signifikant bei p<0,05; *** signifikant bei p<0,01; MR: Mittlerer Rang; N=59

Tabelle 87: Ergebnisse Kruskal-Wallis-Test – Standortverteilung

Kriterium	MR (<=2000)	MR (2001-5000)	MR (5001-10000)	MR (10001-25000)	MR (>25000)	Sig. (p)
K1: Ortsbezogene Informationen	25,71	12,86	17,75	24,88	27,38	,021 **
K2: Anzahl der Akteure	17,93	20,58	18,00	19,30	27,75	,616
K3: Mobilität der Akteure	23,94	21,80	16,20	26,60	27,75	,532
K4: Zeithorizont	22,88	23,17	17,10	25,00	27,75	,772
K5: Medienbrüche	21,38	25,33	16,00	23,40	29,00	,453
K6: Informationsbedarf	26,31	21,00	14,80	26,60	17,00	,287
K7: Ausführungshäufigkeit	21,87	23,53	20,90	29,90	13,75	,415
K8: Vertraulichkeit der Informationen	24,97	21,13	30,10	18,20	19,25	,511

* signifikant bei p<0,1; ** signifikant bei p<0,05; *** signifikant bei p<0,01; MR: Mittlerer Rang; N=59

Tabelle 88: Ergebnisse Kruskal-Wallis-Test – Anzahl Mitarbeiter

---

[83] Die Effektgröße r (vgl. Fußnote 35) wurde lediglich für signifikante Testergebnisse berechnet.

Kriterium	MR (<=10)	MR (11-25)	MR (26-50)	MR (51-100)	MR (>100)	Sig. (p)
K1: Ortsbezogene Informationen	21,75	20,44	17,06	22,30	18,88	,891
K2: Anzahl der Akteure	13,91	20,25	19,06	22,30	27,00	,174
K3: Mobilität der Akteure	17,42	24,00	23,55	27,50	21,50	,437
K4: Zeithorizont	17,79	17,56	26,40	26,30	24,56	,299
K5: Medienbrüche	21,88	20,19	22,40	29,30	18,94	,589
K6: Informationsbedarf	22,42	21,25	20,72	24,10	19,62	,968
K7: Ausführungshäufigkeit	20,12	20,12	21,75	24,00	23,38	,958
K8: Vertraulichkeit der Informationen	23,79	20,25	19,15	19,80	26,00	,740

* signifikant bei p<0,1; ** signifikant bei p<0,05; *** signifikant bei p<0,01; MR: Mittlerer Rang; N=59

Tabelle 89: Ergebnisse Kruskal-Wallis-Test – Anzahl Standorte

Kriterium	MR (<=250)	MR (251-500)	MR (501-1000)	MR (1001-2000)	MR (>2000)	Sig. (p)
K1: Ortsbezogene Informationen	18,56	18,10	12,67	21,17	19,83	,508
K2: Anzahl der Akteure	19,62	12,17	15,17	9,33	18,89	,338
K3: Mobilität der Akteure	22,50	15,00	15,00	21,00	19,80	,382
K4: Zeithorizont	14,88	23,33	15,50	17,33	21,55	,397
K5: Medienbrüche	16,69	22,33	18,61	17,17	17,95	,854
K6: Informationsbedarf	23,44	19,92	18,83	16,67	11,50	,155
K7: Ausführungshäufigkeit	20,93	20,92	15,61	25,00	14,25	,336
K8: Vertraulichkeit der Informationen	23,12	18,00	17,11	25,00	14,40	,329

* signifikant bei p<0,1; ** signifikant bei p<0,05; *** signifikant bei p<0,01; MR: Mittlerer Rang; N=59

Tabelle 90: Ergebnisse Kruskal-Wallis-Test – Umsatz (in Mio. €)

Kriterium	MR (<25 %)	MR (25-50 %)	MR (50-75 %)	MR (>75 %)	Sig. (p)
K1: Ortsbezogene Informationen	27,59	18,02	43,67	30,17	,048 **
K2: Anzahl der Akteure	27,54	31,20	19,88	16,00	,324
K3: Mobilität der Akteure	31,99	28,27	16,50	29,67	,269
K4: Zeithorizont	27,69	36,69	35,00	24,33	,314
K5: Medienbrüche	32,66	27,81	16,75	13,83	,055 *
K6: Informationsbedarf	31,97	24,77	28,25	20,33	,400
K7: Ausführungshäufigkeit	26,61	33,31	38,38	27,33	,374
K8: Vertraulichkeit der Informationen	32,53	26,81	15,50	30,33	,226

* signifikant bei p<0,1; ** signifikant bei p<0,05; *** signifikant bei p<0,01; MR: Mittlerer Rang; N=59

Tabelle 91: Ergebnisse Kruskal-Wallis-Test – Anteil mobiler Mitarbeiter

A4   Anbieter- und Anwendungsübersicht der Marktanalyse

Nr.	Hersteller	Hauptsitz	Software	Art der mobilen Anwendung
1	aconso AG www.aconso.com	Deutschland	aconso Mobile	Smartphone&Tablet App für iOS
2	ADP Deutschland GmbH www.de-adp.com	USA	ADP TravelMobileLog	Smartphone App für iOS, Android
			ADP Mobile Solutions	Smartphone App für iOS, Android
3	ATOSS Software AG www.atoss.com	Deutschland	Mobile Workforce Management	Smartphone&Tablet App für iOS, Android
4	audeoSoft GmbH www.staffitpro.de	Deutschland	staffiTpro	Smartphone App für iOS
5	BITE GmbH www.b-ite.de	Deutschland	BITE App	Smartphone&Tablet App für iOS, Android
6	Breitenbach Software Engineering GmbH www.bb-sw.de	Deutschland	ZMS Online	Smartphone App für Android
7	careSocial GmbH caresocial.de	Deutschland	CareSmart	Smartphone App für Android
9	dna Gesellschaft für IT Services mbH www.hrecruiting.de/e-recruiting	Deutschland	HReMOBILITY	Smartphone&Tablet App für iOS
10	ETHALON GmbH www.ethalon.de	Deutschland	ARGOS App	Smartphone App, nativ für iOS, Android
11	Exact Software GmbH www.exact.de	Deutschland	Exact Synergy Enterprise	Smartphone App, nativ für iOS, Anrdroid
12	Exelsys Ltd. www.exelsys.co.uk	England	Exelsys Human Capital Management	Smartphone&Tablet App, nativ für iOS
13	fecher GmbH www.hunter-software.eu	Deutschland	hunter®MOBILE	Tablet App, webbasiert
14	Gebos m.b.H. www.zeiterfassungssoftware.at	Österreich	TM Anywhere	Smartphone App, webbasiert
15	GDI mbH www.gdi.de	Deutschland	GDI Personalzeiterfassung	Smartphone&Tablet App
16	GfOS mbH www.gfos.com	Deutschland	gfos.Workforce | Mobile	Smartphone&Tablet App, webbasiert
17	GIP www.gipmbh.de	Deutschland	KIDICAP DiVA	Smartphone&Tablet App, webbasiert
18	HR Access Solutions GmbH hraccess.com	Frankreich	Hra Access App	Smartphone App, nativ für iOS, Android
19	HR4YOU Solutions GmbH & Co. KG www.hr4you.de	Deutschland	HR4YOU-TRM mHR	Smartphone App, webbasiert
			HRR4YOU-eTemp mHR	Smartphone App, webbasiert
20	HRworks GmbH www.hrworks.de	Deutschland	HRworks	Smartphone App, nativ für iOS, Android
21	ibo Software GmbH www.ibo.de	Deutschland	ibo Mein Urlaub.NET	Tablet App, nativ für iOS
22	ISGUS GmbH www.isgus.de	Deutschland	ISGUS App ZEUS® mobile	Smartphone App, nativ für iOS, Android
23	IT2 Solutions AG www.it20solutions.com	Deutschland	SAP HCM eAkte	Tablet App, nativ für iOS
24	itara GmbH (Microsoft Corporation) www.xrm1.com	Deutschland	xRM1 HR Management für MS	Smartphone&Tablet App für iOS, Android, Blackberry, Windows Phone
25	Kenexa Germany GmbH www.kenexa.com	UK	Kenexa 2xMobile	Smartphone App, nativ für iOS, Blackberry
26	Kronos Inc. www.kronosglobal.de	USA	Workforce Mobile	Smartphone&Tablet App, nativ für iOS, Android, Blackberry, Nokia
27	Lumesse GmbH www.lumesse.com	UK	Lumesse TalentLink Mobile	Smartphone&Tablet App, nativ für iOS, Android, Blackberry
			Lumesse ETWeb Mobile	Smartphone App, nativ für iOS, Android
28	Meffert Software GmbH & Co. KG www.meffert.de	Deutschland	Meffert WebRecruiter	Smartphone&Tablet App, webbasiert
29	MHM HR // MHM-Systemhaus GmbH www.mhm-hr.com	Deutschland	MHM eRECRUITING 2014 mobile	Smartphone&Tablet App, webbasiert
			XING Talentmanager	Tablet App, webbasiert

Nr.	Hersteller	Hauptsitz	Software	Art der mobilen Anwendung
30	milch&zucker AG www.milchundzucker.de	Deutschland	BeeSite Mobile	Smartphone&Tablet App, webbasiert
31	ORACLE Deutschland B.V. & Co. KG www.oracle.com	USA	People Soft Mobile Expenses & Time	Smartphone&Tablet App, webbasiert
			PeopleSoft Mobile Approvals	Smartphone&Tablet App, webbasiert
			PeopleSoft Mobile Company Directory	Smartphone&Tablet App, webbasiert
			Oracle Fusion Mobile Expenses	Smartphone App, nativ für iOS
			Oracle Tap	Tablet App, nativ für iOS, Android
32	Questionmark Computing Ltd. www.questionmark.com	UK	Questionmark Perception	Smartphone&Tablet App, webbasiert
33	Saba Software GmbH www.saba.com	USA	Saba (Enterprise Cloud) Anywhere	Smartphone&Tablet Apps, nativ für iOS, Android
34	Sage HR Solutions AG www.sage.de/hr	UK	Sage HR Suite	Smartphone&Tablet App
35	SAP Deutschland AG & Co. KG www.sap.com	Deutschland	Interview Assistant	Tablet App, nativ für iOS, Anroid
			AMT Smart Approvals	Tablet App, nativ für iOS
			Manager Insight	Tablet App, nativ für iOS
			EvolaTimesheet	Smartphone App, nativ für Android
			Travel Expense Report	Smartphone App, nativ für iOS, Android, Blackberry
			Travel Receipt Capture	Smartphone App, nativ für iOS, Android, Blackberry
36	SilkRoad technology GmbH www.silkroad.com	USA	SilkRoad Point	Smartphone&Tablet App, webbasiert
			SilkRoad Green Light	Smartphone&Tablet App, webbasiert
37	Softgarden GmbH www.softgarden.de	Deutschland	Softgarden Mobile Recruiting	Smartphone&Tablet App, webbasiert
38	Sovanta AG www.sovanta.com	Deutschland	sovanta iPeople	Tablet App, nativ
			sovanta iPeople Web	Tablet App, webbasiert
			sovanta iTalent	Tablet App, nativ
			sovante SAP Fiori Starter	Smartphone&Tablet App
			sovanta Performance & Talent Management	Tablet App, nativ für iOS
39	SP_Data GmbH & Co. KG www.spdata.de	Deutschland	Personalzeitwirtschaft; Mitarbeiterportal	Smartphone App, webbasiert
40	SuccessFactors Germany GmbH www.successfactors.com	USA	BizX Mobile Organigramm	Smartphone&Tablet App, nativ für iOS, Android, Blackberry
			BizX Mobile Touchbase	Smartphone&Tablet App, nativ für iOS, Android, Blackberry
			BizX Mobile Recruiting	Smartphone&Tablet App, nativ für iOS, Android, Blackberry
			BizX Mobile Learning	Smartphone&Tablet App, nativ für iOS, Android, Blackberry
41	time4you GmbH communication & learning www.time4you.de	Deutschland	IBT Mobile	Smartphone&Tablet App, webbasiert
42	TimeTac GmbH www.timetac.com	Österreich	TimeTac	Smartphone&Tablet App, webbasiert
43	tisoware Gesellschaft für Zeitwirtschaft mbH www.tisoware.de	Deutschland	tisoware.WEBmobile	Smartphone App, webbasiert
44	UNIT4 Business Software GmbH www.unit4software.de	Deutschland	Agresso	Smartphone&Tablet App, nativ für iOS
45	Workday GmbH www.workday.com	USA	Workday HCM	Smartphone&Tablet App, nativ für iOS, Android

A5 Prozessunterstützung der in der Marktanalyse untersuchten Anwendungen

#	Hersteller	Software	Beschaffung	Entwicklung	Einsatz	Führung	Administration	Controlling
1	aconso AG	aconso Mobile	◑	○	○	○	◑	○
2	ADP Deutschland GmbH	ADP TravelMobileLog	○	○	○	○	◑	○
		ADP Mobile Solutions	○	○	○	○	◑	○
3	ATOSS Software AG	Mobile Workforce Management	○	○	◑	○	◑	○
4	audeoSoft GmbH	staffITpro	◑	○	◑	○	○	○
5	BITE GmbH	BITE App	○	○	○	○	◑	○
6	Breitenbach Software Engineering GmbH	ZMS Online	○	○	○	○	◑	○
7	careSocial GmbH	CareSmart	○	○	◑	○	◑	○
8	dna Gesellschaft für IT Services mbH	HReMOBILITY	◑	○	○	○	○	○
9	ETHALON GmbH	ARGOS App	○	○	○	○	◑	○
10	Exact Software GmbH	Exact Synergy Enterprise	○	○	○	○	◑	○
11	Exelsys Ltd.	Exelsys Human Capital Management	◑	○	○	○	◑	○
12	fecher GmbH	hunter®MOBILE	◑	○	○	○	○	○
13	Gebos m.b.H.	TM Anywhere	○	○	○	○	◑	○
14	Ges. für Datentechnik & Informationssysteme mbH	GDI Personalzeiterfassung	○	○	○	○	◑	○
15	Gesellschaft für Organisationsberatung und Softwareentwicklung mbH	gfos.Workforce | Mobile	○	○	◑	○	◑	○
16	GIP Gesellschaft für innovative Personalwirtschaftssysteme	KIDICAP DiVA	○	○	○	○	◑	○
17	HR Access Solutions GmbH	Hra Access App	○	○	○	○	◑	○
18	HR4YOU Solutions GmbH & Co. KG	HR4YOU-TRM mHR	◑	○	○	○	○	○
		HRR4YOU-eTemp mHR	◑	○	○	○	○	○
19	HRworks GmbH	HRworks	○	○	○	○	◑	○
20	ibo Software GmbH	ibo Mein Urlaub.NET	○	○	○	○	◑	○

| Vollständig unterstützt ● | Teilweise unterstützt ◑ | nicht unterstützt ○ |

			Personalmanagementprozess					
#	Hersteller	Software	Beschaffung	Entwicklung	Einsatz	Führung	Administration	Controlling
21	ISGUS GmbH	ISGUS App ZEUS® mobile	O	O	O	O	◑	O
22	IT2 Solutions AG	SAP HCM eAkte	O	O	O	O	◑	O
23	itara GmbH (Microsoft Corporation)	xRM1 HR Management für MS Dynamics CRM*	O	O	O	O	◑	O
24	Kenexa Germany GmbH	Kenexa 2xMobile	◑	O	O	O	O	O
25	Kronos Inc.	Workforce Mobile	O	O	O	O	◑	O
26	Lumesse GmbH	Lumesse TalentLink Mobile	◑	O	O	O	◑	O
		Lumesse ETWeb Mobile	O	◑	O	O	◑	O
27	Meffert Software GmbH & Co. KG	Meffert WebRecruiter	◑	O	O	O	O	O
28	MHM HR // MHM-Systemhaus GmbH	MHM eRECRUITING 2014 mobile	◑	O	O	O	O	O
		XING Talentmanager	◑	O	O	O	O	O
29	milch&zucker AG	BeeSite Mobile	◑	O	O	O	O	O
30	ORACLE Deutschland B.V. & Co. KG	People Soft Mobile Expenses & Time Entry	O	O	O	O	◑	O
		PeopleSoft Mobile Approvals	O	O	O	O	◑	O
		PeopleSoft Mobile Company Directory	O	O	O	O	◑	O
		Oracle Fusion Mobile Expenses	O	O	O	O	◑	O
		Oracle Tap	◑	◑	◑	◑	◑	O
31	Questionmark Computing Ltd.	Questionmark Perception	O	◑	O	O	O	O
32	Saba Software GmbH	Saba (Enterprise Cloud) Anywhere	O	◑	O	O	O	O
33	Sage HR Solutions AG	Sage HR Suite	O	O	O	O	◑	O

| Vollständig unterstützt ● | Teilweise unterstützt ◑ | nicht unterstützt O |

		Personalmanagementprozess					
#	Hersteller	Software	Beschaffung	Entwicklung	Einsatz	Führung	Administration	Controlling
34	SAP Deutschland AG & Co. KG	Interview Assistant	◐	○	○	○	○	○
		AMT Smart Approvals	○	○	○	○	◐	○
		Manager Insight	○	◐	○	○	○	○
		EvolaTimesheet	○	○	○	○	◐	○
		Travel Expense Report	○	○	○	○	◐	○
		Travel Receipt Capture	○	○	○	○	◐	○
35	SilkRoad technology GmbH	SilkRoad Point	○	◐	○	○	○	○
		SilkRoad Green Light	○	◐	○	○	○	○
36	Softgarden GmbH	Softgarden Recruiting	◐	○	○	○	○	○
37	Sovanta AG	sovanta iPeople	○	○	○	○	◐	◐
		sovanta iPeople Web	○	○	○	○	◐	◐
		sovanta iTalent	○	◐	○	○	○	○
		sovante SAP Fiori Starter	○	○	○	○	◐	○
		sovanta Performance & Talent Management	○	○	○	◐	○	○
38	SP_Data GmbH & Co. KG	Personalzeitwirtschaft; Mitarbeiterportal	○	○	○	○	◐	○
39	SuccessFactors Germany GmbH	BizX Mobile Organigramm	○	◐	○	○	○	○
		BizX Mobile Touchbase	○	○	○	◐	○	○
		BizX Mobile Recruiting	◐	○	○	○	○	○
		BizX Mobile Learning	○	◐	○	○	○	○
40	time4you GmbH communication & learning	IBT Mobile	○	◐	○	○	○	○
41	TimeTac GmbH	TimeTac	○	○	○	○	◐	○
42	tisoware Gesellschaft für Zeitwirtschaft mbH	tisoware.WEBmobile	○	○	○	○	◐	○
43	UNIT4 Business Software GmbH	Agresso	○	○	○	○	◐	○
44	Workday GmbH	Workday HCM	◐	○	○	○	◐	◐

Vollständig unterstützt ●	Teilweise unterstützt ◐	nicht unterstützt ○

A6   Anwendungsfallunterstützung der in der Marktanalyse untersuchten Anwendungen

Anwendungsfall	1	2	3	4	5	6	7	8	9	10	11	12	13	14	15
Controlling — Personalkostenanalyse durchführen	○	○	○	○	○	○	○	○	○	○	○	○	○	○	○
Gehaltsabrechnung einsehen	○	○	●	○	○	○	○	○	○	○	○	○	○	○	○
Entwicklungsmaßnahmen beantragen und genehmigen	○	○	○	○	○	○	○	○	○	●	○	○	○	○	○
Arbeitszeiten erfassen und einsehen	○	○	●	●	○	○	●	●	○	◑	○	◑	○	●	●
Reisekosten erfassen und ab...	○	◑	○	○	○	○	○	◑	○	○	●	◑	○	○	○
Abwesenheitsanträge stellen und genehmigen	●	○	○	●	○	◑	○	○	○	◑	●	●	○	○	○
Administration — elektronische Personalakte verwalten	●	○	○	○	○	○	○	○	○	○	○	○	○	○	○
Mitarbeitergespräche durchführen	○	○	○	○	○	○	○	○	○	○	○	○	○	○	○
Führung — Zielvereinbahrungen durchführen	○	○	○	○	○	○	○	○	○	○	○	○	○	○	○
Nachfolgeplanung erstellen	○	○	○	○	○	○	○	○	○	○	○	○	○	○	○
Einsatz — Einsatzplanung durchführen	○	○	○	◑	◑	○	○	◑	○	○	○	○	○	○	○
Maßnahmen vorbereiten	○	○	○	○	○	○	○	○	○	○	○	○	○	○	○
Maßnahmen durchführen	○	○	○	○	○	○	○	○	○	○	○	○	○	○	○
Entwicklung — Entwicklungsstand ermitteln und überwachen	○	○	○	○	○	○	○	○	○	○	○	○	○	○	○
Stellenprofile erstellen und veröffentlichen	○	○	○	○	○	○	○	○	○	○	○	○	◑	○	○
Bewerbung einreichen	○	○	○	○	○	○	○	○	●	○	○	○	○	○	○
Vorselektion durchführen	◑	○	○	○	◑	○	○	○	○	○	○	○	○	○	○
Beschaffung — Kandidaten auswählen und vergleichen	◑	○	○	○	◑	○	○	○	◑	○	◑	○	○	○	○

Hersteller-Nr. Software

1. aconso Mobile
2. ADP TravelMobileLog
3. ADP Mobile Solutions
4. Mobile Workforce Management
5. staffITpro
6. BITE App
7. ZMS Online
8. CareSmart
9. HReMOBILITY
10. ARGOS App
11. Exact Synergy Enterprise
12. Exelsys Human Capital Management
13. hunter@MOBILE
14. TM Anywhere
15. GDI Personalzeiterfassung

Vollständig unterstützt ●	Teilweise unterstützt ◑	nicht unterstützt ○

Kategorie	Aufgabe	15	16	17	18	19	20	21	22	23	24	25	26	27	28	29
Controlling	Personalkostenanalyse durchführen	○	○	○	○	○	○	○	○	○	○	○	○	○	○	○
	Gehaltsabrechnung einsehen	○	○	●	○	○	○	○	○	○	○	○	○	●	○	○
	Entwicklungsmaßnahmen beantragen und genehmigen	○	○	○	○	○	○	○	○	○	○	○	○	●	○	○
	Arbeitszeiten erfassen und einsehen	●	○	◐	○	○	○	●	○	●	○	●	○	○	○	○
	Reisekosten erfassen und ab...	○	◐	○	○	○	◐	○	○	◐	○	○	○	○	○	○
	Abwesenheitsanträge stellen und genehmigen	◐	●	◐	○	○	◐	○	○	◐	○	◐	○	◐	○	○
Administration	elektronische Personalakte verwalten	○	○	○	○	○	○	○	○	◐	○	○	○	○	○	○
	Mitarbeitergespräche durchführen	○	○	○	○	○	○	○	○	○	○	○	○	○	○	○
Führung	Zielvereinbahrungen durchführen	○	○	○	○	○	○	○	○	○	○	○	○	○	○	○
	Nachfolgeplanung erstellen	○	○	○	○	○	○	○	○	○	○	○	○	○	○	○
Einsatz	Einsatzplanung durchführen	◐	○	○	○	○	○	○	○	○	○	○	○	○	○	○
	Maßnahmen vorbereiten	○	○	○	○	○	○	○	○	○	○	○	○	○	○	○
	Maßnahmen durchführen	○	○	○	○	○	○	○	○	○	○	○	○	○	○	○
Entwicklung	Entwicklungsstand ermitteln und überwachen	○	○	○	○	○	○	○	○	○	○	○	◐	○	○	○
	Stellenprofile erstellen und veröffentlichen	○	○	○	◐	●	○	○	○	○	○	◐	○	◐	●	●
	Bewerbung einreichen	○	○	○	◐	○	○	○	○	○	○	○	○	◐	○	●
	Vorselektion durchführen	○	○	○	○	○	○	○	○	◐	○	◐	○	◐	◐	○
Beschaffung	Kandidaten auswählen und vergleichen	○	○	○	◐	●	○	○	○	◐	○	◐	○	◐	◐	●

Hersteller-Nr. Software

Nr.	Software
15	gfos.Workforce | Mobile
16	KIDICAP DIVA
17	Hra Access App
18	HR4YOU-TRM mHR / HRR4YOU-eTemp mHR
19	HRworks
20	ibo Mein Urlaub.NET
21	ISGUS App ZEUS® mobile
22	SAP HCM eAkte
23	xRM1 HR Management für MS Dynamics CRM
24	Kenexa 2xMobile
25	Workforce Mobile
26	Lumesse TalentLink Mobile / Lumesse ETWeb Mobile
27	Meffert WebRecruiter
28	MHM eRECRUITING 2014 mobile / XING Talentmanager
29	BeeSite Mobile

Legende: Vollständig unterstützt ● — Teilweise unterstützt ◐ — nicht unterstützt ○

Legende: Vollständig unterstützt ●   Teilweise unterstützt ◑   nicht unterstützt ○

Aufgabe	PeopleSoft Mobile Expenses & Time Entry	PeopleSoft Mobile Approvals	PeopleSoft Mobile Company Directory	Oracle Fusion Mobile Expenses	Oracle Tap	Questionmark Perception	Saba (Enterprise Cloud) Anywhere	Sage HR Suite	Interview Assistant	AMT Smart Approvals	Manager Insight	EvolaTimesheet	Travel Expense Report	Travel Receipt Capture	SilkRoad Point	SilkRoad Green Light	Softgarden Mobile Recruiting
HerstellerNr.	30					31	32	33	34						35		36
Controlling — Personalkostenanalyse durchführen	○	○	○	○	○	○	○	○	○	○	○	○	○	○	○	○	○
Gehaltsabrechnung einsehen	○	○	○	○	○	○	○	○	○	○	○	○	○	○	○	○	○
Entwicklungsmaßnahmen beantragen und genehmigen	○	○	○	○	○	○	○	○	○	○	○	○	○	○	○	○	○
Arbeitszeiten erfassen und einsehen	●	○	○	○	◑	○	○	●	○	○	○	●	○	○	○	○	○
Reisekosten erfassen und ab…	◑	◑	○	●	○	○	○	○	○	○	○	○	◑	◑	○	○	○
Abwesenheitsanträge stellen und genehmigen	●	○	○	○	◑	○	○	○	●	○	○	○	○	○	○	○	○
Administration — elektronische Personalakte verwalten	○	○	◑	○	◑	○	○	○	○	○	○	○	○	○	○	○	○
Führung — Mitarbeitergespräche durchführen	○	○	○	○	○	○	○	○	○	○	○	○	○	○	○	○	○
Zielvereinbahrungen durchführen	○	○	○	○	◑	○	○	○	○	○	○	○	○	○	○	○	○
Einsatz — Nachfolgeplanung erstellen	○	○	○	○	◑	○	○	○	○	○	○	○	○	○	○	○	○
Einsatzplanung durchführen	○	○	○	○	◑	○	○	○	○	○	○	○	○	○	○	○	○
Entwicklung — Maßnahmen vorbereiten	○	○	○	○	◑	○	○	○	○	○	○	○	○	○	○	●	○
Maßnahmen durchführen	○	○	○	○	◑	◑	○	○	○	○	○	○	○	○	○	◑	○
Entwicklungsstand ermitteln und überwachen	○	○	○	○	◑	○	◑	○	○	○	●	○	○	○	◑	◑	○
Beschaffung — Stellenprofile erstellen und veröffentlichen	○	○	○	○	○	○	○	○	○	○	○	○	○	○	○	○	●
Bewerbung einreichen	○	○	○	○	○	○	○	○	○	○	○	○	○	○	○	○	●
Vorselektion durchführen	○	○	○	○	○	○	○	◑	○	○	○	○	○	○	○	○	○
Kandidaten auswählen und vergleichen	○	○	○	○	◑	○	○	●	○	○	○	○	○	○	○	○	○

Vollständig unterstützt ●   Teilweise unterstützt ◑   nicht unterstützt ○

Funktion	sovanta iPeople	sovanta iPeople Web	sovanta iTalent	sovante SAP Fiori Starter	sovanta Performance & Talent Management	Personalzeitwirtschaft;Mitarbeiterportal	BizX Mobile Organigramm	BizX Mobile Touchbase	BizX Mobile Recruiting	BizX Mobile Learning	IBT Mobile	TimeTac	tisoware.WEBmobile	Agresso	Workday HCM
Personalkostenanalyse durchführen	●	●	○	○	○	○	○	○	○	○	○	○	○	○	●
Gehaltsabrechnung einsehen	○	○	○	○	○	○	○	○	○	○	○	○	○	○	●
Entwicklungsmaßnahmen beantragen und genehmigen	○	○	○	○	○	○	○	○	○	○	○	○	○	○	○
Arbeitszeiten erfassen und einsehen	○	○	○	●	○	●	○	○	○	○	○	●	●	●	●
Reisekosten erfassen und ab…	○	○	○	○	○	○	○	○	○	○	○	○	○	◐	●
Abwesenheitsanträge stellen und genehmigen	○	○	○	●	○	○	○	○	○	○	○	○	●	◐	●
elektronische Personalakte verwalten	●	◐	○	○	○	○	○	○	○	○	○	○	○	○	●
Mitarbeitergespräche durchführen	○	○	○	○	●	○	○	◐	○	○	○	○	○	○	○
Zielvereinbahrungen durchführen	○	○	○	○	◐	○	○	◐	○	○	○	○	○	○	○
Nachfolgeplanung erstellen	○	○	○	○	○	○	○	○	○	○	○	○	○	○	○
Einsatzplanung durchführen	○	○	○	○	○	○	○	○	○	○	○	○	○	○	○
Maßnahmen vorbereiten	○	○	○	○	○	○	○	○	○	◐	○	○	○	○	○
Maßnahmen durchführen	○	○	○	○	○	○	○	○	○	◐	◐	○	○	○	○
Entwicklungsstand ermitteln und überwachen	○	○	◐	○	○	○	◐	○	○	○	○	○	○	○	○
Stellenprofile erstellen und veröffentlichen	○	○	○	○	○	○	○	○	◐	○	○	○	○	○	○
Bewerbung einreichen	○	○	○	○	○	○	○	○	○	○	○	○	○	○	○
Vorselektion durchführen	○	○	○	○	○	○	○	○	○	○	○	○	○	○	◐
Kandidaten auswählen und vergleichen	○	○	○	○	○	○	○	○	◐	○	○	○	○	○	○

Kategorien: Controlling, Administration, Führung, Einsatz, Entwicklung, Beschaffung

Hersteller-Nr. Software: 37, 38, 39, 40, 41, 42, 43, 44

| Vollständig unterstützt ● | Teilweise unterstützt ◐ | nicht unterstützt ○ |

A7   Definition der Anwendungsfälle in der Marktanalyse

Pro-zess	Anwendungsfall	Definition
Beschaffung	Kandidaten auswählen und vergleichen	- Bewerbungen einsehen und Kandidaten vergleichen - Kandidaten mit Stellenanforderungen abgleichen - Kandidaten bewerten - Bewerbungsgesprächsnotizen aufnehmen
	Vorselektion durchführen	- Bewerbungen sichten - Bewerber kontaktieren
	Bewerbung einreichen	- Stelle auswählen - Bewerbung einreichen - Bewerbungsstatus einsehen
	Stellenprofile erstellen und veröffentlichen	- Stellenprofile mit Stellenanforderungen generieren - Stellenprofile genehmigen - Stellenanzeigen veröffentlichen
Entwicklung	Entwicklungsstand ermitteln und überwachen	- Kompetenzprofile und Qualifikationen einsehen - Fortbildungsmöglichkeiten ermitteln, festlegen und überwachen - Fortschritte beurteilen und vergleichen
	Maßnahmen durchführen	- Materialien verbreiten - Training und Tests durchführen - Lernerfolg überwachen
	Maßnahmen vorbereiten	- Entwicklungsmaßnahme erstellen und gestalten - Maßnahmenkatalog managen - Kurstermine und Räume organisieren - Registrierung organisieren
	Entwicklungsmaßnahmen beantragen und genehmigen	- Entwicklungsmaßnahme beantragen - Entwicklungsmaßnahme genehmigen
Einsatz	Einsatzplanung durchführen	- Einsatzzeiten planen und abstimmen - Auslastungen überprüfen - Einsatzpläne erstellen - Einsatzpläne kommunizieren
	Nachfolgeplanung erstellen	- Schlüsselpositionen identifizieren - geeignete Nachfolger identifizieren - Nachfolge planen
Führung	Zielvereinbarungen durchführen	- Ziele vereinbaren und anpassen - Zielerreichung überprüfen - Zielerreichung bewerten
	Mitarbeitergespräche durchführen	- Mitarbeitergespräche vorbereiten - Mitarbeitergespräche durchführen
Administration	elektronische Personalakte einsehen	- elektronische Personalakte einsehen - Stammdaten bearbeiten
	Abwesenheitsanträge stellen und genehmigen	- Abwesenheitsanträge stellen - Abwesenheitsanträge genehmigen
	Reisekosten erfassen und abrechnen	- Reisekosten erfassen - Reisekosten abrechnen
	Arbeitszeiten erfassen und einsehen	- Zeiten und Saldenstände kommunizieren - Zeiten pflegen - Abwesenheiten kommunizieren
	Gehaltsabrechnung einsehen	- Zusammensetzung Entgelt einsehen

Controlling	Personalkostenanalyse durchführen	- HR-Kennzahlen analysieren - Soll/Ist-Abweichungsanalyse

A8   Kurzinformationen zur Befragung von Anwenderunternehmen mobiler Personalinformationssysteme

Georg-August-Universität
Göttingen

Wirtschaftswissenschaftliche Fakultät
Professur für Anwendungssysteme und E-Business
Prof. Dr. Matthias Schumann

Forschungsprojekt zum Thema

Einsatz von Personalinformationssystemen
Experteninterviews hinsichtlich IT-gestützten Nachfolgemanagements
und mobilen HR-Anwendungen

FORSCHUNGSVORHABEN

Im Rahmen des Forschungsprojekts werden Experten aus der Praxis zu obiger Themenstellung befragt. Als Interviewpartner dienen Unternehmensvertreter, die Expertise in den Bereichen Personalmanagement und Personalinformationssystemen besitzen und in ihrer Position als Entscheidungsträger agieren.

Dabei werden Einsatzgebiete, Voraussetzungen, Nutzeffekte und Grenzen von IT-basiertem Nachfolgemanagement und mobilen HR-Anwendungen untersucht. Um einen gegenseitigen Wissenstransfer zu gewährleisten, stehen nicht nur die Praxissicht, sondern gleichermaßen wissenschaftliche Ansätze zur Diskussion.

Folgende *Forschungsfragen* sollen mithilfe der Interviews beantwortet werden:

1. In welchen HR-Prozessen werden momentan Informationssysteme eingesetzt und wie sind diese gestaltet?

2. Inwiefern wird Nachfolgemanagement momentan in Unternehmen eingesetzt und durch IT unterstützt?

3. In welchen Bereichen des Personalmanagements werden bereits mobile HR-Anwendungen eingesetzt?

Die Erkenntnisse aus den Experteninterviews werden anonymisiert und ausschließlich für wissenschaftliche Zwecke verwendet. Resultierende Ergebnisse des Forschungsprojekts werden den Interviewpartnern auf Wunsch zur Verfügung gestellt.

HINTERGRUND DER FORSCHUNG

Als Folge des demografischen Wandels werden für Unternehmen Human Resource (HR)-Methoden wie Nachfolgemanagement immer wichtiger. Unter Nachfolgemanagement wird bei dieser Studie ein systematisches Vorgehen verstanden, das dazu dient, dass Schlüsselpositionen in einem Unternehmen im Vorfeld bzw. zeitnah nach einer Vakanz einer qualifizierten Wiederbesetzung zugeführt werden können. Ein wichtiger Aspekt in diesem Prozess ist die Entwicklung von Mitarbeitern, damit diese die für eine qualifizierte Besetzung einer Stelle benötigten Kompetenzen erwerben können. Dementsprechend kann dieses Instrument Unternehmen bei der zielgerichteten Aus- und Weiterbildung von Mitarbeiterinnen und Mitarbeitern unterstützen, um dem Fachkräftemangel entgegenzuwirken.

Ein anderes aktuelles Thema ist der Einsatz mobiler HR-Anwendungen. Mobile Informationssysteme sind Anwendungen, die in der Lage sind drahtlos mit anderen Systemen zu kommunizieren und auf portablen Endgeräten ausgeführt werden. Die permanente Erreichbarkeit der Nutzer und damit verbundene Zeiteinsparungen beim Durchführen von Geschäftsprozessen sind ein Beispiel für Potenziale, die durch den Einsatz mobiler Anwendungen realisiert werden können. Darüber hinaus können Medienbrüche vermieden und die Koordination zwischen Mitarbeitern vereinfacht werden. Der Einsatz mobiler Anwendungen kann auch in HR-Prozessen Nutzeffekte generieren, beispielsweise indem die Informationsgrundlage von Entscheidungsträgern verbessert wird und somit Entscheidungen beschleunigt werden können.

Kontakt

M. Sc. in Wirtsch.-Inf. Björn Pilarski

Georg-August-Universität Göttingen
Professur für Anwendungssysteme und E-Business

Platz der Göttinger Sieben 5
37073 Göttingen

Tel.: +49 (0) 551 39-7331
Fax: +49 (0) 551 39-9735
bpilars@uni-goettingen.de

M. Sc. in Wirtsch.-Inf. Christian Tornack

Georg-August-Universität Göttingen
Professur für Anwendungssysteme und E-Business

Platz der Göttinger Sieben 5
37073 Göttingen

Tel.: +49 (0) 551 39-4331
Fax: +49 (0) 551 39-9735
ctornac1@uni-goettingen.de

A9 Interviewleitfaden zur Befragung von Anwenderunternehmen mobiler Personalinformationssysteme

Georg-August-Universität
Göttingen

Wirtschaftswissenschaftliche Fakultät
Professur für Anwendungssysteme und E-Business
Prof. Dr. Matthias Schumann

Interviewleitfaden: PiN-App

[Block A] Gesprächseinführung, Rahmenbedingungen

- Vorstellen der Interviewer und der Interviewten
- Aufklären über Datenschutz (Anonymisierung der Ergebnisse)
- Hinweis zur Aufzeichnung des Interviews (nochmals Zustimmung einholen)
- Vorstellen des Forschungsprojektes und der Rahmenbedingungen
- Bestehen noch weitere Fragen zu den bereits zugestellten Unterlagen?
- Vorstellen des Interviewablaufs:

1. Allgemeine Einführung zum Themenbereich IS im Personalmanagement
2. Nachfolgemanagement und IT-Unterstützung
3. Mobile Anwendungen im Personalmanagement

[Block B] Themenhinführung: Aktueller Stand PIS (kurz)

Allgemeine Themenhinführung:

Einleitung zum Thema Personalinformationssysteme
(Definition unsererseits – zum Schaffen einer einheitlichen Gesprächsgrundlage)

Fragen zum aktuellen Einsatz von PIS im Unternehmen:

- In welchen HR-Prozessen / Teilaufgaben werden Systeme eingesetzt?
  (Bspw. im Kompetenz- / Skillmanagement oder Talentmanagement)
- Welche Arten von Systemen werden eingesetzt (Standardsoftware / Eigenlösung)?
- Welche Technologien werden eingesetzt (webbasierte / mobile / stationäre PIS)?
- Welche Akteure werden in den Systemen unterstützt?

[Block C] Mobile Applikationen im Personalmanagement

Allgemeine Themenhinführung:

Einleitung zum Thema mobile Personalinformationssysteme
(Definition unsererseits – zum Schaffen einer einheitlichen Gesprächsgrundlage)

Fragen zum aktuellen Einsatz mobiler Personalinformationssysteme im Unternehmen

- In welchen HR-Prozessen werden mobile PIS eingesetzt?
- Wie sind existierende Lösungen technisch umgesetzt?
- In welchen HR-Prozessen ist der Einsatz zukünftig geplant?
- Inwiefern sind existierende mobile PIS in andere Systeme integriert?
- Anhand welcher Kriterien wurde der Einsatz in bestimmten Prozessen entschieden?

Fragen zu den Rahmenbedingungen des Einsatzes mobiler Personalinformationssysteme

- Unter welchen Umständen ist der Einsatz mobiler PIS sinnvoll?
  (für welche Arten von Aufgaben: bspw. zeitkritische Aktivitäten; in welchen Situationen: bspw. bei Mobilität)
- Was sind fördernde Faktoren für den Einsatz mobiler PIS (unabhängig von Vorteilen)?
  (Anhand des TOE-Modells: technische, organisatorische und umweltbedingte Faktoren)
- Was sind hemmende Faktoren (Herausforderungen) für den Einsatz mobiler PIS?
  (Anhand des TOE-Modells: technische, organisatorische und umweltbedingte Faktoren)

1

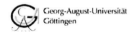

**Georg-August-Universität
Göttingen**

Wirtschaftswissenschaftliche Fakultät
Professur für Anwendungssysteme und E-Business
Prof. Dr. Matthias Schumann

Fragen zu Anforderungen, Potenzialen und Grenzen mobiler Personalinformationssysteme

- Welche Anforderungen muss ein mobiles PIS erfüllen (bspw. Integration, Datensicherheit etc.)?
  (bspw. in Bezug auf Integration, Oberflächen-Design (HCI) oder Datensicherheit)
- Welche Vorteile sind erhofft / haben sich durch mobile PIS ergeben?
  (bspw. Effektivität- oder Effizienzsteigerungen, oder Steigerung der Service-Qualität)
- Unter welchen Umständen ist ein Einsatz nicht sinnvoll?

[Block D] Ausklang, Gesprächsabschluss

- Was möchten Sie noch ergänzen?
- Was können wir noch für Sie tun?
- Besteht Interesse an den Ergebnissen der Untersuchung?
- Haben Sie noch Interesse an weiteren Forschungsaktivitäten?
  (bspw. idealtypische Lösungen / Nachfolgemanagementprozess evaluieren)

2

A10 Kurzinformationen zur Befragung von Herstellern mobiler Personalinformationssysteme

 Georg-August-Universität
Göttingen

Wirtschaftswissenschaftliche Fakultät
Professur für Anwendungssysteme und E-Business
Prof. Dr. Matthias Schumann

Forschungsprojekt zum Thema

Marktanalyse von Personalmanagement Anwendungen für mobile Endgeräte

Befragung von Herstellern mobiler Anwendungen im Bereich des Personalmanagements

FORSCHUNGSVORHABEN

Im Rahmen des Forschungsprojekts werden Experten aus der Praxis zu obiger Themenstellung befragt. Die Befragung richtet sich an Unternehmensvertreter von Herstellern mobiler Anwendungen für das Personalmanagement (mobiler HR-Anwendungen), die in ihrer Position als Entscheidungsträger agieren.

Innerhalb dieser Studie werden das aktuelle und das geplante Angebot mobiler Anwendungen im Bereich Personalmanagement untersucht. Darüber hinaus werden Kundennutzen und Herausforderungen analysiert, die sich aus Sicht der Softwarehersteller durch den Einsatz mobiler HR-Anwendungen ergeben. Dabei sollen die folgenden Forschungsfragen beantwortet werden:

1. Welche Aktivitäten des Personalmanagements werden durch aktuell am Markt verfügbare mobile Anwendungen unterstützt?

2. Welche Personalmanagementaktivitäten planen Softwarehersteller in Zukunft durch mobile Anwendungen zu unterstützen?

3. Welchen Kundennutzen und welche Herausforderungen sehen Softwarehersteller bei dem Einsatz mobiler Anwendungen im Personalmanagement?

Unter mobilen Anwendungen werden innerhalb dieser empirischen Studie Anwendungen verstanden, die auf mobilen Endgeräten wie bspw. Smartphones oder Tablet PCs ausgeführt werden. Die Nutzung von Anwendungen auf Notebooks wird hierbei explizit ausgeklammert.

Die Erkenntnisse aus den Expertenbefragungen werden anonymisiert und ausschließlich für wissenschaftliche Zwecke verwendet. Die Ergebnisse des Forschungsprojekts werden den Interviewpartnern auf Wunsch zur Verfügung gestellt.

HINTERGRUND DER FORSCHUNG

Durch die steigende Verbreitung leistungsfähiger mobiler Endgeräte ist auch die Nutzung mobiler Anwendungen für die Unterstützung innerbetrieblicher Prozesse in den Fokus von Unternehmen geraten. Die permanente Erreichbarkeit der Nutzer und damit verbundene Zeiteinsparungen beim Durchführen von Tätigkeiten sind Beispiele für Potenziale, die durch den Einsatz mobiler Anwendungen realisiert werden können. Darüber hinaus können Medienbrüche vermieden und die Koordination zwischen Mitarbeitern vereinfacht werden.

Trotz der genannten Potenziale werden mobile Anwendungen im Personalmanagement, im Gegensatz zu anderen Unternehmensbereichen, noch wenig eingesetzt. Ziel dieser Studie ist es daher zunächst einen Überblick über das derzeitige Angebot mobiler HR-Anwendungen auf dem deutschen Markt zu erlangen. Hierdurch kann analysiert werden, ob Zusammenhänge zwischen dem Einsatz mobiler HR-Anwendungen in der Praxis und dem aktuellen Marktangebot bestehen.

Darüber hinaus ist unklar, inwiefern die oben genannten Nutzeffekte beim Einsatz mobiler Anwendungen im Personalmanagement realisiert werden können und welche Problemstellungen dabei zu berücksichtigen sind. Aus diesem Grund sollen sowohl Kundennutzen als auch Herausforderungen ermittelt werden, die Softwarehersteller hinsichtlich des Einsatzes mobiler HR-Anwendungen beim Kunden sehen. Die daraus gewonnenen Erkenntnisse für den Markt mobiler HR-Anwendungen können von Softwareherstellern als Entscheidungsgrundlage für die weitere Entwicklung entsprechender Lösung genutzt werden. Anwenderunternehmen gibt diese Studie einen Überblick über das aktuell am Markt verfügbare Angebot und kann somit als Entscheidungsgrundlage bzgl. des zukünftigen Einsatzes mobiler HR-Anwendungen dienen.

Kontakt

M. Sc. in Wirtsch.-Inf. Björn Pilarski
Prof. Dr. Matthias Schumann

Georg-August-Universität Göttingen
Professur für Anwendungssysteme und E-Business

Platz der Göttinger Sieben 5
37073 Göttingen

Tel.: +49 (0) 551 39-7331
Fax: +49 (0) 551/39-9735

bpilars@uni-goettingen.de

A11 Interviewleitfaden zur Befragung von Herstellern mobiler Personalinformationssysteme

Interviewleitfaden: Einsatz mobiler Anwendungen im Personalmanagement

Zielgruppe: Hersteller mobiler Personalinformationssysteme

Themenblock A: Vorstellungsrunde und Vorstellung des Forschungsvorhabens

Gesprächseinleitung:

* Kurze gegenseitige Vorstellung

* Vorstellung des Forschungsvorhabens (Projekt, Veröffentlichung der Ergebnisse)

* Interviewdauer (ca. 45 min.)

* Aufzeichnung des Interviews auf Tonband

* Datenschutz: Zusicherung, dass die gewonnenen Interviewdaten vertraulich behandelt werden

Themenblock B: Aktueller Stand mobiler HR-Anwendungen
Ziel: Erfassen des aktuellen Marktangebots

Welche HR-Prozesse werden derzeitig durch Ihre mobilen Anwendung(en) unterstützt?
[Strukturierte Abfrage anhand der HR-Prozesse]

[jeweils für jede vorhandene Anwendung]:

Welche Aktivitäten des HR-Prozesses werden durch die mobile Anwendung unterstützt?
[bspw. Zeiterfassung/Genehmigungen/Mitarbeitergespräche führen]

Welche Akteure werden durch die mobile HR-Anwendung unterstützt?
[bspw. Personalwesen/Führungskräfte/Mitarbeiter]

Handelt es sich um eine native oder um eine webbasierte Applikation?

Für welche Plattform steht die mobile HR-Anwendungen zur Verfügung?
[bspw. Android/iOS/Windows Phone]

Welche Schnittstellen existieren zu anderen IT-Systemen?
[zu HR-Systemen (bspw. E-Recruiting) und allgemein (bspw. Finanzbuchhaltung)]

Wie werden die HR-Daten abgespeichert?
[auf dem mobilen Endgerät/zentral auf dem Server]

Warum werden diese Prozesse unterstützt? / Wie wurden diese Prozesse identifiziert?
[Kriterien, die zur Entscheidung geführt haben: bspw. Prozesse mit Medienbrüchen]

Wurden im Zuge der Entwicklung und Einführung der mobilen HR-Anwendung Geschäftsprozesse verändert?

Themenblock C: Zukünftige Entwicklung mobiler HR-Anwendungen
Ziel: Einschätzung der zukünftigen Marktentwicklung

Welche weiteren, bislang nicht unterstützen Funktionen und Prozessen werden derzeit von Ihren Kunden nachgefragt?
[Strukturierte Abfrage anhand der HR-Prozesse]

Welche HR-Prozesse planen Sie in Zukunft durch mobile Anwendungen zu unterstützen?
[Strukturierte Abfrage anhand der HR-Prozesse]

Wie schätzen Sie die zukünftige Entwicklung mobiler HR-Anwendungen insgesamt ein?
[bspw. steigende Bedeutung in der IT-Unterstützung des Personalwesens]

Themenblock D: Potenziale und Grenzen beim Einsatz mobiler HR-Anwendungen
Ziel: Potenziale und Grenzen aus Sicht der Hersteller erfassen

Welche Vorteile ergeben sich durch die Verwendung mobiler HR-Anwendungen?
[bspw. vermeiden von Medienbrüchen; erhöhen der MA-Zufriedenheit]

Welche organisatorischen Merkmale von Unternehmen haben Einfluss auf die Verwendung mobiler HR-Anwendungen?
[bspw. geografische Verteilung der Standorte]

Welche technischen Voraussetzungen müssen gegeben sein, damit der Einsatz mobiler HR-Anwendungen für den Kunden sinnvoll ist?
[bspw. Endgeräteinfrastruktur]

Unter welchen Umständen ist der Einsatz von mobilen HR-Anwendungen nicht sinnvoll?

Themenblock E: Gesprächsabschluss

Sehen Sie weitere wichtige Aspekte für mobile HR-Anwendungen, auf die wir bislang noch nicht eingegangen sind?

Gesprächsabschluss: Bedanken für das Gespräch und Verabschiedung.

A12 Funktionsanalyse stationärer MSS-Systeme

Oracle JD Edwards EnterpriseOne 9.1

Funktionen	Abgeleitete Informationsklassen
Angestelltenstatus bearbeiten	Planstelle, Organisationseinheit, Vorgesetzter, MA-Karriereplan
Berichte öffnen (Individuelle Berichte der Personalabteilung, Angestelltenanzahl, Mitarbeiterumsatz, Organigramm)	MA-Arbeitszeitkonto, Kennzahlen
Vertreter bestimmen	Planstellenvertreter
Organigramm anzeigen	Planstelle, Besetzungsplan
Hierarchische Übersicht von Planstellen anzeigen	Planstelle, Besetzungsplan
Stellen und Stellenanforderungen anzeigen	Planstelle, Planstellenanforderungen
Vergleich von Stellenanforderungen und Mitarbeiterkompetenzen	Planstellenanforderungen, MA-Kompetenzen
Mitarbeiterkompetenzen erfassen	MA-Kompetenzen
Mitarbeiterakte anzeigen	MA-Kontaktdaten, -Notfallkontakt, -Urlaubskonto, -Kompetenzen, -Vergütung, Besetzungsplan
aktuelle und vergangene Mitarbeiterbewertungen ansehen und verändern	MA-Leistungsbewertung
Gehälter anzeigen	MA-Vergütung
Übersicht über kommende Mitarbeitergespräche	MA-Leistungsbewertung
Informationen aus ESS bestätigen	MA-Kompetenzen, -Arbeitszeitkonto
vgl. Oracle 2014.	

SAP ERP 6.0 Manager Self-Service 1.51

Funktionen	Abgeleitete Informationsklassen
Allgemeine Informationen abrufen	MA-Kontaktdaten
Vergütungsinformationen überwachen	MA-Vergütung
Personalentwicklung mitwirken	MA-Ziele, MA-Zielerreichung, MA-Leistungsbewertung, MA-Kompetenzen, MA-Fortbildung, MA-Karriereplan
Talenteinschätzung durchführen	MA-Talenteinschätzung
Beurteilungen für Mitarbeiter anlegen	MA-Leistungsbewertung
Vergütungsplanung durchführen	MA-Vergütung
Vergütungsplanung überführen und genehmigen	MA-Vergütung
Planstellendetails ändern	Planstelle
Versetzungsprozess starten	Besetzungsplan
Prozesse für Objekttypen Stelle, Planstelle oder Orga-Einheit starten	Planstelle, Organisationseinheit
Gehaltsentwicklung der Mitarbeiter verfolgen und mit der allgemeinen Gehaltsentwicklung im Unternehmen vergleichen	MA-Vergütung
Long-Term-Incentives der Mitarbeiter anzeigen	MA-Vergütung
Zulässigkeit der Mitarbeiter für Vergütungspläne prüfen	MA-Leistungsbewertung, MA-Zielerreichung
Vergütung planen und anpassen	MA-Vergütung
Vergütungsplanung anderer Manager genehmigen	MA-Vergütung
An- und Abwesenheiten der Mitarbeiter überwachen	MA-Arbeitszeitkonto
Abwesenheitsanträge und im Arbeitszeitblatt gebuchte Arbeitszeiten der Mitarbeiter genehmigen	MA-Arbeitszeitkonto
Reisen und Spesen genehmigen	MA-Reisekosten
Stellvertreter für den Genehmigungsprozess einrichten und Stellvertretung übernehmen	Planstellenvertreter
Auffällige Abweichungen für Kostenstellen, Profitcenter, Aufträge und Equipment und Buchungen prüfen	Kennzahlen
Budgetausschöpfung für Kostenarten, Leistungsarten und statistische Kennzahlen überwachen	Kennzahlen
Kennzahlen überwachen	Kennzahlen
vgl. SAP 2014a, 2014b.	

Microsoft Dynamics GP 2013

Funktionen	Abgeleitete Informationsklassen
Stempelkarten von Mitarbeitern einsehen und freigeben	MA-Arbeitszeitkonto
Urlaubsanträge freigeben	MA-Urlaubszeiten
Vergütungen anzeigen	MA-Vergütung
Leistungsbewertungen anzeigen	MA-Leistungsbewertung
Notfallkontakte anzeigen	MA-Notfallkontakt
Teamfähigkeiten evaluieren und anpassen	MA-Kompetenzen
Stellenanzeigen anlegen	Planstelle
vgl. Microsoft 2007; CAL 2014.	

PeopleSoft eProfile Manager Desktop 9.1

Funktionen	Abgeleitete Informationsklassen
Mitarbeiterstatus bearbeiten (Persönliche Daten , Beförderung, Gehalt, Versetzung)	MA-Vergütung, - Stammdaten, Besetzungsplan
Mitarbeiter kontaktieren	MA-Kontaktdaten
Arbeitszeiten anzeigen (Krankheitstage, Urlaub)	MA-Arbeitszeitkonto
Vergütung anzeigen (Boni, Verlauf)	MA-Vergütung
Mitarbeiterbewertung anzeigen (Leistung, Entwicklung)	MA-Leistungsbewertung
Leistungsziele anzeigen	MA-Ziele
Fortbildungen anzeigen	MA-Fortbildung
Talentbewertung anzeigen	MA-Talenteinschätzung
Karriereplanung anzeigen (Fortschritt, Pläne)	MA-Karriereplan
Nachfolgepläne anzeigen	Nachfolgeplan
Termine anzeigen (Geburtstage, Jubiläen)	MA-Stammdaten
Firmenverzeichnis	Mitarbeiter, Planstelle, Organisationseinheit
vgl. Oracle 2012.	

Epicor HCM

Funktionen	Abgeleitete Informationsklassen
Urlaubsanträge freigeben	MA-Urlaubszeiten
Leistungsbewertungen vervollständigen	MA-Leistungsbewertung
Mitarbeiterziele aktualisieren	MA-Zielvereinbarungen
Mitarbeiterqualifikationen aktualisieren	MA-Kompetenzen
vgl. Epicor 2014.	

A13   Evaluationsstudie: Kurzinformation zum Projekt (Anlage zum Anschreiben)

Georg-August-Universität
Göttingen

Wirtschaftswissenschaftliche Fakultät
Professur für Anwendungssysteme und E-Business
Prof. Dr. Matthias Schumann

Forschungsprojekt zum Thema

Mobile Personalinformationssysteme
Evaluation prototypischer mobiler Anwendungen zum Unterstützen von HR-Aktivitäten

NACHFOLGEMANAGEMENTKONFERENZEN: MoRE.ORG

MoRE.ORG ist eine mobile Anwendung für die Nachfolgeplanung in HR-Konferenzen. Mit Hilfe dieser Anwendung für Tablet-PCs kann jeder Teilnehmer (Führungskräfte und HR-Mitarbeiter) während der Konferenzen individuell auf die benötigten Informationen zu Mitarbeitern (bspw. Kompetenzen, Präferenzen) sowie Stellen (bspw. Anforderungen) und Qualifizierungsmaßnahmen zugreifen. Darüber hinaus verfügt die mobile Anwendung über Funktionen, welche die Entscheidungsprozesse in den Konferenzen unterstützen:

Die Diskussion bzgl. der Nachfolgekandidaten für eine Stelle wird unterstützt, da für die als Kandidaten vorgeschlagenen Mitarbeiter sofort die Übereinstimmung zwischen Mitarbeiter- und Stellenprofil ermittelt wird. Zudem wird geprüft und dargestellt, wie oft ein Mitarbeiter bereits als Nachfolger nominiert ist. Ferner bietet die Anwendung jedem Teilnehmer die Möglichkeit, Nachfolgekandidaten direkt miteinander zu vergleichen. Nach Abschluss der Diskussion kann der Nachfolgeplan mit den ausgewählten Kandidaten gespeichert werden.

Die Diskussion zur Auswahl von Qualifizierungsmaßnahmen für die verabschiedeten Nachfolgekandidaten wird ebenfalls unterstützt. Über eine Funktion werden zu den Kompetenzlücken der Nachfolgekandidaten passende Qualifizierungsmaßnahmen identifiziert und die dazugehörenden Informationen für die Diskussion verfügbar gemacht.

Das Vorbereiten der im nächsten Jahr anstehenden Nachfolgebesetzungen unterstützt die mobile Anwendung durch das Identifizieren der betroffenen Stellen sowie das Bereitstellen des entsprechenden Nachfolgeplans.

REKRUTIERUNGSPROZESS: MOBIRECRUIT

MobiRecruit ist eine mobile Anwendung für Smartphones mit welcher die Aktivitäten des Rekrutierungsprozesses unterstützt werden können.

Zum einen werden hierfür im Prozess benötigte Informationen über Stellenanforderungen, Bewerberprofile sowie aktuell durchzuführende Aktivitäten angezeigt. Dies ermöglicht es den Prozessbeteiligten alle relevanten Informationen orts- und zeitunabhängig einzusehen und somit zu jederzeit Entscheidungen in Bezug auf die einzelnen Aktivitäten innerhalb eines Rekrutierungsprozesses zu treffen.

Zum anderen bietet der Prototyp Funktionen, welche die Koordination zwischen den Akteuren innerhalb des Rekrutierungsaktivitäten verbessern (z. B. im Zusammenspiel zwischen der Personal- und Fachabteilung). Hierfür stellt der Prototyp neben einem standardisierten Workflow für den gesamten Rekrutierungsprozess auch Funktionalitäten für die gemeinsame Entscheidungs- und Terminfindung bereit (bspw. in Bezug auf die Auswahl von Kanälen für die Stellenausschreibung, das Einladen von Bewerbern im Rahmen der Vorselektion oder das Durchführen von Bewerbungsgesprächen). Darüber hinaus werden die einzelnen Akteure informiert, sobald innerhalb eines Rekrutierungsprozesses Aktivitäten von ihnen durchgeführt werden müssen, um Wartezeiten aufgrund von Unwissenheit zu vermeiden.

 Georg-August-Universität
Göttingen

Wirtschaftswissenschaftliche Fakultät
Professur für Anwendungssysteme und E-Business
Prof. Dr. Matthias Schumann

KOMPETENZERFASSUNG: THREESIXTY FEEDBACK

Der Prototyp ThreeSixty Feedback unterstützt das Durchführen von Kompetenzerfassungen im Rahmen von 360°-Feedback Evaluationen sowie die Ergebnisauswertung in Mitarbeitergesprächen.

Hierfür ist das Anwendungssystem in drei Komponenten gegliedert: Zunächst kann die Führungskraft Bewertungsrunden konfigurieren (Desktop-Komponente), indem sie festlegt, welche konkreten Personen innerhalb der Bewertungsgruppen (bspw. Vorgesetzte oder Kollegen) den jeweiligen Mitarbeiter bewerten sollen (das System erstellt einen Vorschlag). Die Kompetenzbewertungen erfolgen dann durch die ausgewählten Personen über eine Smartphone-Komponente. Dazu beantworten die Nutzer Skalen-basierte Fragen zu den jeweiligen Kompetenzen der zu bewertenden Mitarbeiter und hinterlegen ergänzende Freitext-Bemerkungen. Die Fragebögen werden dabei automatisch aus dem Anforderungsprofil der Stelle der zu bewertenden Person generiert. Die erfassten Ergebnisse werden anschließend innerhalb einer Komponente für Tablet-PCs aufbereitet und für die Führungskraft zur Verfügung gestellt. Diese Komponente stellt neben Funktionen zum Vorbereiten des Mitarbeitergesprächs auch Funktionalitäten für das Anpassen und Fixieren des erfassten Kompetenzstands des bewerteten Mitarbeiters sowie die Auswahl von passenden Personalentwicklungsmaßnahmen bereit (auf Basis von Lücken zwischen Anforderungsprofil und Ist-Kompetenzen).

FÜHRUNGSINFORMATIONEN: MOBFIS

mobFIS stellt ein mobiles Führungsinformationssystem für Tablet-PCs dar. Ziel des Systems ist es, Führungskräfte mit relevanten HR-Informationen für ihren eigenen Verantwortungsbereich zu versorgen.

So können über ein Dashboard auf einen Blick kritische HR-Kennzahlen, Termine (wie bspw. durchzuführende Mitarbeitergespräche), offene Workflows (wie bspw. Rekrutierungsprozesse) oder vakante Stellen eingesehen werden.

Darüber hinaus können neben Informationen zu existierenden Planstellen (bspw. Anforderungsprofile oder Nachfolgeplan) auch Informationen über Mitarbeiter eingesehen werden (bspw. Personalentwicklungs- oder Leistungsdaten). Die vorliegenden Kompetenzprofile (Stellenanfor-  derungen bzw. Mitarbeiterkompetenzen) können darüber hinaus miteinander verglichen werden, sodass Führungskräfte sich einen einfacheren Überblick über die Fähigkeiten ihrer Mitarbeiter verschaffen können.

Des Weiteren visualisiert mobFIS die Struktur des Unternehmens und ermöglicht es, HR-Kennzahlen für die jeweiligen Organisationseinheiten einzusehen.

Kontakt

M. Sc. in Wirtsch.-Inf. Björn Pilarski

Georg-August-Universität Göttingen
Professur für Anwendungssysteme und E-Business

Tel.: +49 (0) 551 39-7331
Fax: +49 (0) 551/39-9735
bpilars@uni-goettingen.de

M. Sc. in Wirtsch.-Inf. Christian Tomack

Georg-August-Universität Göttingen
Professur für Anwendungssysteme und E-Business

Tel.: +49 (0) 551 39-4331
Fax: +49 (0) 551/39-9735
ctomac1@uni-goettingen.de

A14   Evaluationsstudie: Interviewleitfaden

Evaluation – Interviewleitfaden

[Block A] Gesprächseinführung, Rahmenbedingungen

➤ Aufklären über Datenschutz (Anonymisierung der Ergebnisse)
➤ Hinweis zur Aufzeichnung des Interviews (Zustimmung einholen)
➤ Erläutern der Zielsetzung des Interviews

[Block B] Vorstellung der mobilen Anwendung [vor jedem Prototyp]

➤ Darlegen der Ausgangsszenarios für die mobile Anwendung
➤ Vorstellen der mobilen Anwendung mittels Screen Sharing
➤ Klären von Fragen zur mobilen Anwendung

[Block C] Evaluation MobiRecruit

➤ [Vor der Vorstellung des Prototyps]: Welche Art von IT-Unterstützung haben Sie aktuell innerhalb des Rekrutierungsprozesses?
➤ Wie bewerten Sie die vorhandenen Funktionen?
   ○ Anzeigen einer Übersicht aller Prozesse an denen der Nutzer beteiligt ist (inkl. deren Status)
   ○ Anzeigen von Stellenanforderungen und Bewerberprofilen
   ○ Unterstützen der Entscheidungsfindung für die Auswahl von Ausschreibungskanälen und Bewerbern (Vor- und finale Selektion)
   ○ Unterstützen der Terminfindung für das Durchführen von Auswahlmaßnahmen
   ○ Benachrichtigen der Prozessakteure, sobald von Ihnen eine Entscheidung getroffen werden muss
➤ Ist der Mechanismus für die Entscheidungsfindung so wie er umgesetzt ist sinnvoll / praktikabel für den Einsatz in der Praxis?
➤ Fehlen Funktionen, die zur Unterstützung des Rekrutierungsprozesses notwendig sind bzw. nützlich wären?
➤ Sind die Informationen, die zu Stellen- und Bewerberprofilen angezeigt werden, ausreichend oder fehlen notwendige Informationen?
➤ Wie bewerten Sie die Benutzungsfreundlichkeit der mobilen Anwendung?
➤ Wie schätzen Sie den Nutzen der mobilen Anwendung ein?
➤ Sehen Sie negative Wirkungen, die beim Nutzen der mobilen Anwendung auftreten könnten?

1 / 2

[Block D] Evaluation ThreeSixty

➢ [Vor der Vorstellung des Prototyps]: Erfassen Sie aktuell Mitarbeiterkompetenzen? Wenn Ja: Wird diese Erfassung durch IT unterstützt?
➢ Wie bewerten Sie die vorhandenen Funktionen?
   ○ Vorschlagen von bewertenden Personen für einen Mitarbeiter auf Grundlage der Organisationsstruktur (Vorgesetzte, Kollegen und untergeordnete Mitarbeiter) oder hinterlegten unternehmensexternen Kontakten *(Akteur: Führungskraft; Komponente: Desktop)*
   ○ Einsehen eigener zurückliegender Bewertungen bzw. den Ergebnisse aus Mitarbeitergesprächen *(Akteur: Bewertende Person; Komponente: Smartphone)*
   ○ Abgeben von Kompetenzbewertungen (quantitativ) und Freitext-Kommentaren *(Akteur: Bewertende Person; Komponente: Smartphone)*
   ○ Vorbereiten von Mitarbeitergesprächen durch Einsehen der Bewertungsergebnisse und Auswählen von Freitext-Kommentaren zur Ansicht innerhalb des Mitarbeitergesprächs *(Akteur: Führungskraft; Komponente: Tablet)*
   ○ Festlegen des finalen Ergebnisses der Kompetenzbewertung innerhalb des Mitarbeitergesprächs *(Akteur: Führungskraft; Komponente: Tablet)*
   ○ Visualisieren der Lücken zwischen Kompetenzerfassungsergebnis und Stellenanforderungen im Mitarbeitergespräch *(Akteur: Führungskraft; Komponente: Tablet)*
   ○ Vorschlagen von Personalentwicklungsmaßnahmen zum Schließen der Kompetenzlücken *(Akteur: Führungskraft; Komponente: Tablet)*
➢ Fehlen Funktionen, die zum Unterstützen der Kompetenzerfassung oder der Mitarbeitergespräche notwendig sind bzw. nützlich wären?
➢ Wie bewerten Sie die Benutzungsfreundlichkeit der mobilen Anwendung?
➢ Wie schätzen Sie den Nutzen bzw. Mehrwert des Anwendungssystems ein?
➢ Sehen Sie negative Wirkungen, die beim Nutzen der mobilen Anwendung auftreten könnten?

[Block E] Evaluation mobFIS

➢ [Vor der Vorstellung des Prototyps]: Welche Art von IT-Unterstützung haben Sie aktuell für die Informationsdistribution an Führungskräfte?
➢ Wie bewerten Sie die vorhandenen Funktionen?
   ○ Anzeigen einer Übersicht über relevante HR-Informationen (kritische Kennzahlen, HR-Termine, offene HR-Workflows, vakante Stellen) auf einer Startseite
   ○ Darstellen des Organigramms (auf Ebene der Organisationseinheiten) inkl. Kennzahlen
   ○ Darstellen von Mitarbeiter- und Stellenprofilen
   ○ Vergleichen von Mitarbeiterkompetenzen und Stellen(anforderungs)profilen
➢ Fehlen Funktionen, die für ein mobiles HR-Führungsinformationssystem notwendig bzw. nützlich wären?
➢ Fehlen Informationen, die für ein mobiles HR-Führungsinformationssystem notwendig bzw. nützlich wären?
➢ Wie bewerten Sie das Berechtigungskonzept der mobilen Anwendung?
➢ Wie bewerten Sie die Benutzungsfreundlichkeit der mobilen Anwendung?
➢ Wie schätzen Sie den Nutzen bzw. Mehrwert der mobilen Anwendung ein?
➢ Sehen Sie negative Wirkungen, die beim Nutzen der mobilen Anwendung auftreten könnten?

[Block F] Ausklang, Gesprächsabschluss

➢ Möchten Sie noch etwas ergänzen?

2 / 2

Göttinger Wirtschaftsinformatik

Herausgeber: Prof. Dr. J. Biethahn[†] • Prof. Dr. L. M. Kolbe • Prof. Dr. M. Schumann

Band 31: Christian Stummeyer

Integration von Simulationsmethoden und hochintegrierter betriebswirtschaftlicher PPS-Standardsoftware im Rahmen eines ganzheitlichen Entwicklungsansatzes

ISBN 3-89712-874-8

Band 32: Stefan Wegert

Gestaltungsansätze zur IV-Integration von elektronischen und konventionellen Vertriebsstrukturen bei Kreditinstituten

ISBN 3-89712-924-8

Band 33: Ernst von Stegmann und Stein

Ansätze zur Risikosteuerung einer Kreditversicherung unter Berücksichtigung von Unternehmensverflechtungen

ISBN 3-89873-003-4

Band 34: Gerald Wissel

Konzeption eines Managementsystems für die Nutzung von internen sowie externen Wissen zur Generierung von Innovationen

ISBN 3-89873-194-4

Band 35: Wolfgang Greve-Kramer

Konzeption internetbasierter Informationssysteme in Konzernen Inhaltliche, organisatorische und technische Überlegungen zur internetbasierten Informationsverarbeitung in Konzernen

ISBN 3-89873-207-X

Band 36: Tim Veil

Internes Rechnungswesen zur Unterstützung der Führung in Unternehmensnetzwerken

ISBN 3-89873-237-1

Band 37: Mark Althans

Konzeption eines Vertriebscontrolling-Informationssystems für Unternehmen der liberalisierten Elektrizitätswirtschaft

ISBN 3-89873-326-2

Band 38: Jörn Propach

Methoden zur Spielplangestaltung öffentlicher Theater Konzeption eines Entscheidungsunterstützungssystems auf der Basis Evolutionärer Algorithmen

ISBN 3-89873-496-X

Cuvillier Verlag Göttingen

Nonnenstieg 8 • 37075 Göttingen

Göttinger Wirtschaftsinformatik

Herausgeber: Prof. Dr. J. Biethahn† • Prof. Dr. L. M. Kolbe • Prof. Dr. M. Schumann

Band 39:   Jochen Heimann

DV-gestützte Jahresabschlußanalyse
Möglichkeiten und Grenzen beim Einsatz computergeschützter Verfahren zur Analyse und
Bewertung von Jahresabschlüssen
ISBN 3-89873-499-4

Band 40:   Patricia Böning Spohr

Controlling für Medienunternehmen im Online-Markt
Gestaltung ausgewählter Controllinginstrumente
ISBN 3-89873-677-6

Band 41:   Jörg Koschate

Methoden und Vorgehensmodelle zur strategischen Planung von
Electronic-Business-Anwendungen
ISBN 3-89873-808-6

Band 42:   Yang Liu

A theoretical and empirical study on the data mining process for credit scoring
ISBN 3-89873-823-X

Band 43:   Antonios Tzouvaras

Referenzmodellierung für Buchverlage
Prozess- und Klassenmodelle für den Leistungsprozess
ISBN 3-89873-844-2

Band 44:   Marina Nomikos

Hemmnisse der Nutzung Elektronischer Marktplätze aus der Sicht von kleinen
und mittleren Unternehmen eine theoriegeleitete Untersuchung
ISBN 3-89873-847-7

Band 45:   Boris Fredrich

Wissensmanagement und Weiterbildungsmanagement
Gestaltungs- und Kombinationsansätze im Rahmen einer lernenden Organisation
ISBN 3-89873-870-1

Band 46:   Thomas Arens

Methodische Auswahl von CRM Software
Ein Referenz-Vorgehensmodell zur methodengestützten Beurteilung und Auswahl von
Customer Relationship Management Informationssystemen
ISBN 3-86537-054-3

Cuvillier Verlag Göttingen

Nonnenstieg 8 • 37075 Göttingen

Göttinger Wirtschaftsinformatik

Herausgeber: Prof. Dr. J. Biethahn[†] • Prof. Dr. L. M. Kolbe • Prof. Dr. M. Schumann

Cuvillier Verlag Göttingen

Nonnenstieg 8 • 37075 Göttingen

Göttinger Wirtschaftsinformatik

Herausgeber: Prof. Dr. J. Biethahn[†] • Prof. Dr. L. M. Kolbe • Prof. Dr. M. Schumann

Band 55: Jan Eric Borchert
Operatives Innovationsmanagement in Unternehmensnetzwerken
Gestaltung von Instrumenten für Innovationsprojekte
ISBN 3-86537-984-2

Band 56: Andre Daldrup
Konzeption eines integrierten IV-Systems zur ratingbasierten Quantifizierung
des regulatorischen und ökonomischen Eigenkapitals im Unternehmenskreditgeschäft
unter Berücksichtigung von Basel II
ISBN 978-3-86727-189-9

Band 57: Thomas Diekmann
Ubiquitous Computing-Technologien im betrieblichen Umfeld
Technische Überlegungen, Einsatzmöglichkeiten und Bewertungsansätze
ISBN 978-3-86727-194-3

Band 58: Lutz Seidenfaden
Ein Peer-to-Peer-basierter Ansatz zur digitalen Distribution wissenschaftlicher Informationen
ISBN 978-3-86727-321-3

Band 59: Sebastian Rieger
Einheitliche Authentifizierung in heterogenen IT-Strukturen für ein sicheres
e-Science-Umfeld
ISBN 978-3-86727-329-9

Band 60: Ole Björn Brodersen
Eignung schwarmintelligenter Verfahren für die betriebliche Entscheidungsunterstützung
Untersuchungen der Particle Swarm Optimization und Ant Colony Optimization anhand
eines stochastischen Lagerhaltungs- und eines universitären Stundenplanungsproblems
ISBN 978-3-86727-777-5

Band 61: Jan Sauer
Konzeption eines wertorientierten Managementsystems unter besonderer Berücksichtigung
des versicherungstechnischen Risikos
ISBN 978-3-86727-858-4

Band 62: Adam Melski
Datenmanagement in RFID-gestützten Logistiknetzwerken
RFID-induzierte Veränderungen, Gestaltungsmöglichkeiten und Handlungsempfehlungen
ISBN 978-3-86955-041-1

Cuvillier Verlag Göttingen

Nonnenstieg 8 • 37075 Göttingen

Göttinger Wirtschaftsinformatik

Herausgeber: Prof. Dr. J. Biethahn† • Prof. Dr. L. M. Kolbe • Prof. Dr. M. Schumann

Cuvillier Verlag Göttingen

Nonnenstieg 8 • 37075 Göttingen

Göttinger Wirtschaftsinformatik

Herausgeber: Prof. Dr. J. Biethahn[†] • Prof. Dr. L. M. Kolbe • Prof. Dr. M. Schumann

Band 71:   Stefan Friedemann
IT-gestützte Produktionsplanung mit nachwachsenden Rohstoffen
unter Berücksichtigung von Unsicherheiten
ISBN 978-3-95404-606-5

Band 72:   Arne Frerichs
Unternehmensfinanzierung mit Peer-to-Peer-gestützter Mittelvergabe
ISBN 978-3-95404-624-9

Band 73:   Ullrich C. C. Jagstaidt
Smart Metering Information Management
Gestaltungsansätze für das Informationsmanagement und für
Geschäftsmodelle der Marktakteure in der Energiewirtschaft
ISBN 978-3-95404-696-6

Band 74:   Sebastian Busse
Exploring the Role of Information Systems in the Development of Electric Mobility
Understanding the Domain and Designing the Path
ISBN 978-3-95404-727-7

Band 75:   Christoph Beckers
Management von Wasserinformationen in der Fleischindustrie
Analyse von Sytemanforderungen zur produktspezifischen Ausweisung
von Water Footprints
ISBN 978-3-95404-809-0

Band 76:   Hendrik Hilpert
Informationssysteme für die Nachhaltigkeitsberichterstattung in Unternehmen
Empirische Erkenntnisse und Gestaltungsansätze zur Datengrundlage, Erfassung
und Berichterstattung von Treibhausgasemissionen
ISBN 978-3-95404-908-0

Band 77:   Simon Thanh-Nam Trang
Adoption, Value Co-Creation, and Governance of Inter-Organizational Information
Technology in Wood Networks
ISBN 978-3-7369-9031-9

Band 78:   Stefan Gröger
IT-Unterstützung zur Verbesserung der Drittmittel-Projekt-Bewirtschaftung an
Hochschulen - Referenzprozessgestaltung, Artefakt-Design und Nutzenpotenziale
ISBN 978-3-7369-9077-7

Cuvillier Verlag Göttingen

Nonnenstieg 8 • 37075 Göttingen

Göttinger Wirtschaftsinformatik

Herausgeber: Prof. Dr. J. Biethahn[†] • Prof. Dr. L. M. Kolbe • Prof. Dr. M. Schumann

Band 79:   Johannes Schmidt
             Demand-Side Integration Programs for Electric Transport Vehicles
             unter Berücksichtigung von Unsicherheiten
             ISBN 978-3-7369-9123-1

Band 80:   Christian Tornack
             IT-gestütztes Nachfolgemanagement in Großunternehmen
             ISBN 978-3-7369-9161-3

Band 81:   Shanna Appelhanz
             Tracking & Tracing-Systeme in Wertschöpfungsnetzwerken für die
             industrielle stoffliche Nutzung nachwachsender Rohstoffe
             ISBN 978-3-7369-9207-8

Band 82:   Henning Krüp
             IT Corporate Entrepreneurship – Identifying Factors for IT Innovations
             in Non-IT Companies
             ISBN 978-3-7369-9253-5

Band 83:   Andre Hanelt
             Managing the Digital Transformation of Business Models –
             An Incumbent Firm Perspective
             ISBN 978-3-7369-9254-2

Cuvillier Verlag Göttingen

Nonnenstieg 8 • 37075 Göttingen